調達発注の理論

今井良夫

五絃舎

調達発注の理論

今井良夫

五絃舎

はじめに

読者には誠に申し訳ない。本書は難解で、冗長で、複雑である。著者がそう言わざるを得ないのは、著者の力量の無さ故なのだが、致し方ないのでお許し願えれば幸いである。

しかし、本書で著者の言いたいことは、極めて単純なことである。物を売り買いし、工事や仕事を発注する時には、値決めを行う必要がある。この値決めの方法は千差万別なのだが、これを大別すると方法は２通りしかない。正札による売買と、交渉による値決めである。今は、スーパー、コンビニ、デパート、宅配、電車、バスが正札で、オフィスや住宅の改築、新車の購入や家電製品を量販店で買うときなど見積と値引きの交渉ができる。昔は、肉や野菜を買う時も、「おっちゃんこれなんぼ」、「千円や」、「そんな高いのこうたら、お母ちゃんに怒られるわ」とやっていた。

この２種類の値決めの方法があるのは、どちらも必要だからである。そのことは、昔も、今も変わりがない。しかし、どちらの方法が適しているのかは、その時、その場に応じて変化する。スーパーのレジで、値引きの交渉を行えば、延々長蛇の列ができて、そこに並ぶ人々から顰蹙を買うのは必至である。一方、増改築の発注や新車の購入を業者の言いなりの値段で行っていれば、せっかく貯めた預金は底をつくし、会社の経営は成り立たなくなる。政府や企業の行う調達発注も、値決めを行うということに関しては、その例外たりえない。

それを論証し、ではどうすれば良いのかを説明しようとしたら、いささか難解で、冗長で、複雑なものになってしまい、冒頭からお詫びをしなくてはならなくなった。誠に申し訳ない次第である。

本書は、筆者が千葉商科大学大学院政策研究科に提出した学位論文、

平成21年度　博　士　論　文

（**政府の調達発注システムの研究**
次世代の政府の調達発注システムに必要な要素について）

（A Study of Government Acquisition System
Factors to Design the Next Generation System）

に、手を加えて読みやすくしたものである。

本書の出版をお願いした理由は次の 2 つである。1つ目は研究の御指導を頂いた方々や、有益なコメントを下さった方々、そして、様々な形で筆者が研究を行えるように支援して下さった方々へ、研究の成果を御報告させていただくためである。もう1つは、この分野に関する専門的な書物がきわめて少ないのが現状で、この方面の研究を行っておられる方々、官公庁で調達発注に関する規定の整備や、調達発注業務に実際に当たっておられる方々、さらには、その官公庁との取引に当たられている民間の企業の官公庁営業担当の方々の参考にしていただくためである。

従って、本書は一般の読者を対象として書いたものではなく、現場の経験や、専門的な知識の無い方には、わかりにくいものであろうと思われる。筆者はこの点を重々承知しており、この第3の目的のために、一般の読者や学生のために、わかりやすく説明したものを書く準備を行っている。まだ、いつ出版できるのか、予定がたつほどには準備が進んでいないが、ともかく準備をすすめているので、それまでの間は、分かりにくさ、読みにくさに関しては御容赦頂ければ幸いである。

目次

はしがき

本書ができあがるまでのプロセスを**はしがき**としてまとめておく。

筆者は20歳代～30歳代には財政のマクロ的な効果やその調整に興味をもって研究を行っていた。マクロ計量経済モデルの開発、産業連関表を用いた投入産出分析、農業補助金の効果の計測、年金のシミュレーション、国際協調政策の効果の測定などの研究に携わってきた。それぞれの時期に問題になっていたことをひとつひとつ研究してきたわけであるが、今になって振り返ってみると、次第に効果の低下していくマクロ的な補正政策は、どのような理由から効果が低下していて、どうすればその効果を再び有効なものにすることができるのかを研究し続けてきたように思う。

本書はその一連の研究の最近のものをまとめたものである。しかし、本書が分析の対象にしているのは、調達発注における主として値決めのプロセスであり、ミクロの経済現象である。その理由は、このミクロ的経済現象がマクロ的政策の効果を、低下させている可能性が出てきているためである。マクロ的な意味で財政の不均衡が解消できない現状に対して、補正政策の執行の現場の段階、つまり、政府の調達発注の段階で官民が何をしなくてはならないのかという基本的な発想によるものである。

40 歳を過ぎたころに、その研究を専門にしていた筆者が会社の組織作りに参加させていただく機会を得た。社内の調査部門、図書館、情報インフラ、官公庁営業部門、総務部、管理部を作る仕事に十数年を費やして、市場調査、営業、経理事務や管理会計システムの改良、データの作成、実際の検収事務も経験した。そして、そのころに持った疑問や読んだ文献から、経済政策の研究分野に新しい研究領域が広がり始めていることに気付いた。

経済全体を良くするとか、大きくするとかいった視点ではなく、個別の問題を、その問題にかかわっている経済主体の行動原理にまで立ち入って分析していく研究領域である。幸運が重なり50歳を過ぎてから、大学院に入り直し、その研究を続けさせていただくことになり、書き始めたのが本書である。

最初に行った研究は、上述の新しい分野の応用例として、その当時問題になり始めていた、情報システムの不当廉売に関する分析を試みたものであり、いくつかの学会で報告させていただいた。

コメンテーターの吉田和男先生(京都大学)からは、こんなはなしをしても理解してもらえないという厳しいコメントをいただき、学会のレフリーからは、アイデアスケッチのようでよくわからないとのコメントが返ってきた。指導に当たってくださった宇田川璋仁先生からは啓蒙的な論文は別のところで発表すべきであるとのコメントをいただいた。新しい分析手法で研究している人は少なく、新しい問題を研究している人も少ない。新しい手法で新しい問題を分析してもだれにもわかってもらえない。

そこで、徹底的に古典的な手法で、価格の決定メカニズムの観点から、不当廉売やその後に発生する水増し請求などを分析することにして、背景となったGATTからWTOへの移行、日米の比較、不当廉売の発生に関する理論的なモデルをまとめてみたところ、千葉商科大学政策研究科の公聴会で、博士論文執筆の許可が頂けた。

しかし、そこでは、樹下明先生から、従来あった談合などの問題を明からしたうえでないと不当廉売の問題がなぜ新しい問題なのかわからない、熊田貞宣先生からは、情報や情報公開もこのテーマにはかかわっているがそこが明らかになっていない、というように、非常に参考になるご意見をいただいた。

また、石山嘉英先生からは、論文の構成、政府調達の歴史や改革に関する文献、日米の統計や資料、両国政府のこれまでとってきた方針に関する研究資料の集め方について忍耐強いご指導をいただいた。また、小倉信次先生からは、企業の行動、モジュール化、管理会計、下請け制度の変化に関する先行研究についてのご指導を頂いた。そして宇田川璋仁先生からは、何十年もかかって勉強したことを簡潔に書こうとすれば誰にもわからなくなるので、少し多くなっても良いから丁寧に書くようにご指導をいただいた。

こうして、まとめなおしたのが、本書である。以上の御指導を受け、国際法や日米の制度とその沿革についてまとめるとともに、特に日本の制度については、千年を超える改革の歴史についてまとめ、競争原理の導入や制度の整備の循環があった事を説明した。日米で行われた制度の改革についても問題点との関係の説明を試みてある。その中では談合、廉売、手抜き、水増しなどがどのように発生してきてどのような対策が取られてきたのかについて説明を行った。

そして、市場原理とマークアップ原理による価格決定メカニズムの違いが、政府の調達発注の現場で起こる現象とどのように結びついているのかを説明することで、問題の所在を明からするとともに、先行研究と本書の関係を明らかにしたうえで、予定価格、見積価格、市場価格に関する情報のやりとりと贈収賄や談合の関係、情報の蓄積と公開が改革に果たす役割などについても説明した。さらに、重厚長大の量産体制が軽薄短小の多品種少量生産に移行したことにより、企業の行動原理が変化していることが、政府の調達発注に与えた影響について説明し、不当廉売の問題が新しい問題であり、経済的な波及効果も違ったものである可能性のあることを説明した。

調達発注に関する、過去に行われてきた先行研究の間には一見しただけでは矛盾があるように見える。つまり、課徴金などのペナルティーを強化したり、競争原理を導入したりすることで、問題の解決を図ろうとするものと、そうした、方法では問題は解決しないとするものである。しかし、本書に示した研究の結論としては、こうした相違は、調達発注の対象に市場が存在するか否か、生産の規模の違いにより限界費用による市場価格が形成されているか、マークアップ原理により積算された価格で取引されているか、などによっても発生するし、また、業者の数、発注件数、発注窓口の数が異なると、その組み合わせで状況が異なり、競争入札の導入や不正の取締が有効になったりならなかったりする。そして、そうした状況の相違から競争が談合の原因や、ダンピングの原因になったりするというように、条件次第で随分違う状況が起きてしまうというものである。従って、過去の研究はそのそれぞれの側面を研究したものであり、矛盾したものではないこと、また、対策は問題を切り分けて、一つ一つ立てて行かなくてはならないということを本書では説明する。

本書はそういう経過でできたものであり、公聴会まで半年余り、その後仕事が忙しかったこともあるが７年間を上記の追加作業にあててきたので、各先生方の御指導にお答えできているのではないかと思っているが、日米の法令だけでも数百件に上り、参考にした文献の数は数え切れていない。なるべく電子ファイルの形で収拾し、ある程度蔵書を処分して書籍や論文の保管場所を確保しているほどで、参考文献リストにはその何割かしか掲載できていない。そういう意味では、宇田川先生の御指導にだけはお応えできていないかもしれない。

本書の概要

本書は、政府の調達発注システムに生じている問題を解決するために、次の世代の調達発注システムを作る上で、考えておかなければならない要素とは何かということを研究し、まとめたものである。本書は、分析の方法論について述べた**序論**と、政府の調達発注システムを規定している法令、制度の日米比較、歴史、今進められている改革やそこに生じている問題についてまとめた**第 1 章と第 2 章**、問題の発生するメカニズムを経済学やゲーム理論を用いて分析した**第 3 章と第 4 章**、先行研究と本書の関係とそこから得られた改革に必要な要素についてまとめた**第 5 章**からなっている。

序論においては、政府の調達発注に関する政策学の研究分野が、非常に広い研究の対象であることを示す。また、調達発注の規模のコントロールによるマクロ経済政策、とりわけ補正的財政政策の研究を一方の極とすれば、本書の取り扱う調達発注のシステムの研究はもう一方の極に当たることを示し、この研究分野の位置を明らかにする。また、それぞれの分野の研究の成果が、政府の調達発注に与えている影響についても説明した。

政府の調達発注に関する創意工夫や研究は非常に古い歴史をもっているが、その研究がなぜ今日の研究テーマなのかということを説明したのがこの序論である。物を買ったり、仕事を発注するという行為は、極めて日常的なことであり、誰でもやっていることなのであるが、そのあたりまえのことを分析の対象として、突き詰めて研究するためには、政策学のツールが整備され、様々な目的をもった経済主体の複雑な行動様式を分析する環境が整う必要があった。

次いで、**第 1 章 政府の調達発注システム**においては、現在の政府の調達発注システムがどのようなものであるのかを、目的、制度、手順、国際法、米国における政府の調達発注の規模、国内法と制度及びそこで行われている改革、日本における政府の調達発注の規模、国内法と制度及びそこで行われている改革についてまとめた。

政府の調達発注は、個人の家計や企業が行う調達発注では思いもよらないような規則に縛られて行われている。個人的な買い物を奥さんがするときに、御主人が「それは私の好みに合わないから、こちらにしてはどうか」というのは、よくあることである。会社が工事を発注するのに「専務の同級生が、この工事をぜひやらせてほしいと言っているので、そうしてやってはどうか」と社長から話があるなどというのは何も不思議なことではない。しかし、市長が調達品に対して好みを主張したり、次官の友人の会社に工事を発注するように大臣が口を出したりすると、犯罪に当たる。

このような、少し特殊な規定がなぜ必要になっているのか、具体的にどんな制度になっているのかを説明するのがこの第 1 章の主たる目的である。本書は、この第1章で説明した制度について研究したものであり、特にこの分野の法令に精通されている専門家以外の方には、第1章に目を通しておいて頂くことをお勧めしたい。

第 2 章 調達発注制度の歴史においては、政府の調達発注をめぐって、制度が工夫され、改良されるたびに、次々と難問が生じて、さらなる改革が必要になってきた歴史的過程を説明する。そして、歴史とともにある古い研究課題であるが、最近 20 年ほどの間に生じてきた新たな問題のあることにも触れる。それは、政府の調達発注の増加がマクロ経済にマイナスの効果をもたらす現象である。この低価格入札と、それに対して整備がすすめられた法律や制度が思うようには機能しなかったため、さらに改良された次の世代の調達発注システムが制度として必要になっていることを説明した。

この第 1 章と第 2 章では、日本と米国の制度は良く似ていて、整備された殆ど同じ法体系があり、調達手順もほとんど変わりがないし、電子化するための改革が行われたことも同じであることを述べた。しかし、この 20 年ほどの改革の方針は随分と異なるものであり、米国では議会が主導し集権的に競争政策の緩和が行われ、米軍の縮小という大きな負のインパクトを経済に直に与えないで済ますことに成功したと考えられているのに対して、日本では、公共投資中心の調達発注がサービスの調達と提供へ移行していく中で、それぞれの立場から競争の徹底、電子化による事務の軽減などを追及する政策がとられ、一部では成功例もあるものの、不当廉売、談合、贈収賄の事件は後をたたず、さらなる改革が必要になっていることを論じた。

第 3 章 政府調達発注システムが所望の機能を発揮する条件と問題においては、まず、市場価格と落札価格が乖離するメカニズムを分析した。また、企業の行動原理が単なる利益の極大化行動ではない場合にどのように問題が発生するのかについて分析した。市場のないものや、市場の形成が妨げられる場合のあることも論じた。市場メカニズムが利用できない場合、積算方式(平均費用に利益をマークアップする方式)の値決めが行われるが、この平均費用からも落札価格が乖離する現象が起きることについても分析した。

そして、**第4章 調達発注の現場で問題の発生するメカニズムの分析**では、ある程度条件が整っていることを前提としても、現場においては業者の数や発注の数、業者のおかれている状況が少し変わっただけで、現行の制度がうまく機能しなくなり、手抜き、贈収賄、政治家等への請託、談合、官製談合といった様々な不正が起きることを、比較的単純なモデルを使って示した。つまり、競争入札が有効な場合もあれば、随意契約をして価格交渉をしなくてはならない場合もあり、個別の対策が必要であることを論証しようとしたのがこの第 4 章である。

以上の分析を踏まえて、**第5章 解決に必要な要素の検討**では、個々のケース毎に異なった対応を採るために必要な要素を示した。

その手始めは、これまでに積み重ねられてきた研究が、どのようなケースを取り扱ってきたのかをサーベイし、それぞれの研究が対応できるケースが限られたものであり、総合的な視点からの解決策を必要としていることを示す。

次に、かつての重厚長大産業が市場価格を見ながら大量生産の生産量を調整していた時代から、現在は軽薄短小と呼ばれる情報システムなどの産業や自動車のように多品種少量生産を可能にした産業の時代となっていることを考えると、こうした新しい産業分野では市場メカニズムを利用して価格を決めているのではなく、需要に基づいて個別の随意契約で製品の生産や価格が決まる仕組みになってきているので、競争入札では問題に対処できなくなっていることを明らかにした。つまり、こうした品目で競争を強化すると、無理な値引きが起こり、それが転嫁され、さらには、従来の業種品目で起きる手抜きなどのメカニズムよりももっと大きな負のインパクトをマクロ経済に与えている可能性がある。

その、硬直化しつつある現行の政府の調達発注システムを柔軟なものにして個々の問題に対応できるようにするためには、具体的には、次のようなことを検討しなくてはならない。

- ・個々の公務員が文房具などを入手する小額調達の制度など、市場のあるものは入札や随意契約には頼らず、なるべく市場から**直接調達**すること、
- ・業務や物の**モジュール**化を行い市場原理の適用できるケースを増やすこと、
- ・**管理会計**制度をうまく利用して企業が原価を正確に知った上で行動すること、
- ・情報の蓄積と開示を利用して**審査や検査の合理化**を図ること、
- ・情報システムを活用することで、官公庁案件の**市場を作ったり、事務を軽減**すること、
- ・案件ごとに、どのような**方式**(小額調達、市場からの調達、随意契約、指名競争、一般競争)でどのように調達発注すべきかを**切り分け**るために、業種品目別に生産体制を調査したり監視したりする観測担当の機関と、切り分けた上で**制度を法令化し改定していく機関**が、取締りに当たる機関や、調達発注を行う現場の窓口とは別に必要であること、

である。範囲は広く、発官民両サイドで課題に取り組まなくてはならない、というのが、本書の結論である。

学位論文では論旨を明確にするために、注をつける形式をとったが、その結果、読んで行くと、何度もページを行き来しなくてはならない煩わしいものになってしまった。このため、本書ではこれを改めて、文中で説明を行うようにした。また、参考文献に関しては、分野別にまとめたリストを付してあるので、巻末の文献索引から、リストに掲載されたページを検索て参照して頂きたい。

序論

政府の調達発注 Acquisition は政策学の観点からは、興味の尽きない研究の対象である。はじめに、本書の研究の対象が、政府の調達発注に関連する研究分野の中でどのような位置にあるのかを見ておこう。政府の調達発注に関連する政策学の研究領域を分類してみると、その視点と研究の対象は次の表のようになる。ここでは、比較的古い研究分野から、現在の先端的な研究分野の順にそれぞれの分野を視点と対象により分類整理して並べてある。政府の調達発注に関する研究分野は、その最後に位置する先端分野のひとつである。

表 1　政府の調達発注と政策学の研究領域

視点	対象	分野、テーマ
(1)調達発注の規模	転移効果 景気の補正 貯蓄投資ギャップ クラウディングアウト 国際政策協調 ターンパイク	戦争、災害、経済発展に伴う調達発注規模の変化、財政政策の効果、政策効果の計量分析、GDP の予測、GDP の速報、政策シミュレーション、IS/LM 分析、最適成長とターンパイク、転移効果、国際協調理論、政策協調の余地の計測
(2)調達発注、補助の対象の選択	財の性格 プライオリティー 産業政策	公共財の理論、非排除性、選好の顕示、外部性、政治的決定過程の及ぼす政策への影響、目標の選択、多目的最適化、産業連関分析、部門別計量経済モデル、地域経済モデル、農業経済モデルなど産業分野別の計量分析、補助金の効果の推定、地域経済の研究、産業組織の研究、ベンチマーク、プロジェクト評価、政策評価、費用効果分析、PPBS、ZBB
(3)調達発注に必要な負担の方法	財源と支出、 公的介入、 政治の介入、	手数料、使用料、通行料、目的税、特定財源と一般財源の選択、積立か財政負担かの選択、貧富の格差の是正、免税点と累進課税、補助政策、世代間移転、転嫁と帰着、フェアネス、正義、モラル、環境負荷、公共選択、政治経済学、厚生経済学
(4)供給主体 (5)調達主体 行動原理、所有形態、業績の比較と評価	中央地方政府、国有企業、公社、公団、第 3 セクター、NPO、企業、団体、個人、民と官、町会、管理組合、生協、集団農場、人民公社	国有化、民営化、地方分権、中央集権、広域事務、広域行政、企業団体、圧力団体、軍産複合体、公共施設の配置、機関委任事務、ボランティア活動、福祉団体、各種免許制度、職能組合、業界団体、外郭団体、企業、企業集団、独占、寡占、均衡の有無、社会主義、共産主義、独占禁止法、ベンチマーク、プロジェクト評価、政策評価
(6)調達発注の方法、システム、制度	WTO、FTA、アクションプラン、入札制度、	比較優位、関税障壁、政府調達取り決め、自由貿易協定、政府調達の制度と規則、商品・工業

	談合、贈収賄、オークション、随意契約、調達仕様、電子入札、検収、監査、監察、積算	品・農産物・食品などの分類と規格、価格決定メカニズム、マークアップ、積算、均衡価格、合理的資源配分、談合、汚職、贈収賄、入札、競売、モニタリング、情報公開、モジュール化、スピンオフ、電子政府、公共工事、調達本部、Acquisition Corps、サプライヤーシステム

(出所)筆者が作成したもの。

(1)政府調達と発注の規模

政府の調達発注に関する政策学的研究の中で古くからよく研究されてきた領域が、調達発注の規模に関する研究である。戦争、災害、経済の発展に伴い、政府が果たさなければならない役割は変化し、これに伴い政府が調達したり発注したりするものの種類や規模が大きく変化してきた。ワグナーやピーコック、ワイズマン、わが国では江見、篠原以後、多くの研究者が経費の膨張、転移効果、長期波動などの研究を重ねてきた。

生産設備や労働力の供給に余剰があるとき、政府が物品、役務、工事などの調達発注を増やし、景気補正のために財政支出を拡大するのが短期～中期的景気補正政策である。防災、交通、食料、医療、教育、行政、社会保障、防衛、最近では介護や年金のシステムを提供するために、様々な物品(財)、役務（サービス)、工事を政府は調達したり発注したりしており、その規模を調整することで需給の調整を行う。

もう少し長い期間を対象にした政策もある。高齢化、技術革新、環境負荷など外生的要因で、国内需要には変化が生じる。そこで発生する産業分野別の需給ギャップを調整するために作られるのが中長期的な経済計画である。そこでは、経済の構造を変化させるための資金や資本財の調達が大きすぎると、資金や資本財の市場の供給側にボトルネックが発生して民間の投資が締め出されてしまうクラウディングアウト効果が発生する場合もある。生産設備や原材料の資源制約により物品(財)または役務(サービス)の供給に不足が生じて、インフレーションが発生するか否かの判断も必要になる。さらに、国際的な政策協調の調整管理も財政支出の規模、つまり政府の調達発注の規模を調整手段の一つにしている。

また、持続的で安定した経済の発展を維持していくにはどうすればよいのかも研究されてきた。一定の成長目標に到達するのに、消費と投資をどのように時間的に配分するか、平時と危機を乗り越える時との間で、投資と消費のバランスをどのように保つのかといった研究のテーマがあり、政府の調達発注(財政支出)の規模の動学的コントロール問題と呼ばれている。さらに、政治過程が影響して、財政の運営にどのようにしてひずみが起こるのかについても研究されてきた。

この分野における研究の特徴は、政府、納税者、有権者、議会などをひとつひとつの行動主体と考え、調達発注については、その支出総額(規模)を研究の対象としている点である。そして、経済的な側面では、国民経済の全体を研究の対象として考えており、その中に占める政府投資、政府消費、民間消費支出、国民所得といった、いわゆるマクロ経済変数が、コントロールの手段であったり、目標であったりする。

政府の調達発注システムはこの政策により大きな影響を受ける。つまり、戦争や不況の時には支出が増加して調達発注が増加するし、逆に、財政の均衡が求められる局面では、調達発注の縮小が求められる。これに対する対処の方法は一律ではない。自由化や競争原理を利用して、必要な資源を集めることもあったし、逆に、戦争の時期には統制や動員が必要になり、競争を制限する政策が取られたこともある。つまり、政府の調達発注システムはこうした大きな変化に対応できる柔軟なものであることが要求されている。本書は、業種品目毎に、生産の規模を分析し、対応する仕組みを制度に取り入れる必要のあることを述べている。

(2) 調達、発注、補助の対象

規模に次いで研究されてきたテーマは、政府は何を調達し、何を供給すべきかという問題である。理論的には、公共財の性質について研究が行われ、外部性、非排除性、非選択性といった財やサービスの持つ性質を基に、消費者はその選好を顕示するか否か、政府が手を出さないでも、うまく供給のできるものはどんなものであり、うまく供給のできないものにはどのようなものがあるのかが研究されてきた。

また、限られた予算を有効に使うためには、政府が調達したり発注したりするものに優先順位をつけていくわけであるが、この優先順位に関する研究も行われてきた。住宅、教育、福祉、交通、防災、用地、防衛など、どのニーズを優先するのかといった、政府予算全体を適正化するため政策目標の優先順位(national priority)の研究もあれば、防衛予算のうちどのプロジェクトの予算を優先すべきかについて検討するための PPBS のようなプロジェクトの単位の比較や評価を目標にした研究もある。具体的な手法としては、費用対効果分析、一対比較を総合して優先順位を決める AHP、多数の評価項目にわけてそれぞれを比較していくベンチマーク、などがあり、多次元の評価をいかにして解決するかが課題である。しかし、静学的には、民主的な多数決原理では解決できない問題のあることも知られている。

どの産業のものを買うか、どの産業に補助するかについての研究も古くからあり、農産物、石炭、鉄鋼、造船、IT など、それぞれの時代に対応した研究が行われ、実際の補助政策の参考にされてきた。

こうした各種の政策の立案方法の研究と並行して、政策の効果を比較する手法の研究も進んでいる。産業、企業、プロジェクト、製品など、それぞれの単位毎に実施される優遇処置、規制、補助金、事業等の政策の成果を比較して、次期の政策の選択、言い換えると、次年度の予算や、次期中長期計画における政策の効果を高めようとする研究が最近では盛んに行われるようになり、政策評価の研究と呼ばれるようになっている。

この 2 番目の分類に属する研究の特徴は、政府や国民経済を一体として考えるのではなく、その分野、部門、組織、業務といった異なる政府サービスの供給の内容に焦点を合わせて比較し、その内のいくつかの間で、どちらに資源を投入すべきかを考える点にある。第1の分類がパイの大きさを決める話であるとすると、この第2の分類はパイを切り分ける根拠の研究である。この研究の結果、場合によっては、予算が縮小されたり、与えられなかったりする分野や部門、プロジェクトなどもでてくる。

政府の調達発注システムは、この政策からも大きな影響を受ける。国内のインフラの整備が必要な時期に、鉄道、道路網などの整備が急がれたり、災害の頻発した時期に治山、治水、洪水、地震対策の土木事業や建設工事が優先されたりしたこともあった。高齢化社会の到来により、病院や医療体制の整備も行われている。このように、政府の重点施策が変化すると、個別の官公庁から発注される物品、役務、工事の金額、件数、内容が大きく変化する。政府の調達発注システムはこの変化に耐えられるものであることが求められている。発注の規模や件数の増減が調達発注の現場での問題の発生メカニズムを変化させることを本書では説明し、局面が変われば競争(入札や見積合わせ)が最適な方法にならないことを説明する。

(3)調達発注と負担

政府の提供するサービスを受ける者と、その費用を負担する者を分離することで、政府は裁量の余地を持ち、政府が様々なツール(規格の統一、規制、専売、民間の補完)を駆使してそれぞれの財サービスの供給を調整することができる。本書をまとめている 2008 年春の時点で、ガソリンなど車両の燃料に課されている税を従来の通り道路特定財源として扱うか、一般財源とすべきか、廃止すべきかについて、与野党が対立している。この議論と調達発注の問題は表面的には無関係に見えるが、仮に一般財源とすることになると、道路の建設補修に充当される財源が減少し、道路の建設工事をめぐる受注獲得競争は激しさを増すことになる。一方、そのまま道路特定財源として残されたとしても、一旦注目を浴びて様々な角度から批判を浴びた道路整備事業は厳しい目で見直しを迫られており、道路の建設補修に充当される財源が減少することは避けられないだろう。このように政策の問題は、いつも調達発注とかかわりあいを持っている。

行政サービスを供給するためには、その投入要素として、物品や役務を調達しなくてはならない。この投入要素の負担の形態は、租税、使用料、物納、没収、罰金などであり、政府は議会の同意が得られ、国民がそれに従う限り、様々な方法で国民に負担させることができる。さらに、補助金や課徴金を利用すれば、行政サービス需要をより良くコントロールできるわけである。受益者と負担者を積極的に分離することもできるし、逆に一致させることもできる。さらに需要を抑制し、禁止的にするために、課税や専売により高価なものにしてしまうこともできる。そして、受益者と負担者を分離することにより、所得の再分配も行えるのである。

具体的には、食糧、医療、住居、防疫、保健、教育といった現物給付に近いものから、生活扶助、雇用保険、公的年金など直接的な所得の再分配に近いものまでの様々なサービスの分野で、市場メカニズムではうまく供給できないサービスを政府が供給し、政府が直接供給しない場合には需給の調整を行っている。

このシステムがうまく機能するためには、そのシステムに投入される、食品、薬品、建材といった物品(財)、調理師、医師、看護師、ヘルパー、ケースワーカー、社会保険関係職員、事務員などの役務(サービス)の調達や、工事、管理、運営の委託が恒常的に、安定して、健全に行われなくてはならない。このことの意味は、単に帳尻があっているということだけではなく、その調達される物品や役務や委託先の質が安定的で、自律的、かつ必要な水準に維持できなくてはならないという意味でもある。サボータジュ、着服、横領、特定の利益集団の優遇、特定の利益を得るための不要な備蓄の積み増しなどが起こり得る。各サービスを政府が提供していることの可否、現政権の政府の管理方法の適否を判断する上で、根幹にかかわる不祥事を避けるためには、投入要素の調達の方法やそれを支える仕組みについて、十分な検討が必要なのである。

こうした観点からの政策の研究には、公共選択、政治経済学、厚生経済学などの様々な視点から非常に多くのものがある。

何が公平で、何が正義であって、どういう状態が環境にやさしく、どうなっていれば効率がよく、どの程度までの過不足が容認でき、その担当者がどの程度の仕事を、どのような態度で行って、何時間くらいの余暇をあたえられるべきか、そして、資源の配分に悪い影響はないのかといったことについて、負担と受益の間に介入する政府や政治は責任を負うわけである。

この第3の分類では、個々の経済主体の行動が研究の対象に明示的に入ってくる。ただし、この分野で研究されてきた経済主体は、非常に多く存在する一律に行動する主体か、独占または寡占のケースである。つまり、個々の経済主体の顔が見えないという点においては、(1)(2)と大差はない。

また、この分類に属する研究は、市場における均衡状態を前提にしている場合が多い。価格が上がれば需要が減り、価格の低い財やサービスへ需要がシフトするので、望ましくない財やサービスに課税し、価格を上げて望ましい方向へ需要を誘導するなどの解決策が提示されるのは、その例である。

政府は、財やサービスやインフラを提供することを求められ、また、あるときには、業務を委託するよう求められたりする。また、その調達や発注のプロセスの透明性、公平性のための情報の開示などが要求される。これについては、複数の調達発注窓口が、どのように費用を負担するのかといった観点で、本書にも関係している。

(4)サービスの供給主体の選択に関する研究

(3)において、望ましい状態が規定されると、その実現に最も適している者はどんな種類の人または組織なのかを考えることになる。政府が財やサービスの需給に関与するとしても、どのレベルの政府が関与すべきかは政策学の研究の対象である。政府とは中央政府と地方自治体であるが、独立行政法人、公益法人、社団法人など準政府的な組織もある。

供給すべきものの中には、登記、戸籍、住民登録、印鑑登録など経済主体や取引対象のアイデンティフィケーション、通貨の供給その他決済手段の提供、高速道路網、幹線鉄道網、電話通信網、郵便配達網、といった、人、物、情報を伝達するネットワーク、医療保険、雇用保険、凶作保険、などの保険事業、救急、消防、警察、清掃、保険所、病院、中央市場、バス事業、天気予報、などの公益事業、学校、大学、図書館、美術館、オーケストラ、スポーツチームなどの教育、教養、娯楽、体育など様々なものがあり、こうしたものの提供を、官が行うか、民が行うか、官民が協力して行うかなど、多数の選択肢がある。

市場が供給に失敗するものを、政府は供給できる場合があるし、市場メカニズムの補完をすることにより、公社や国有公有企業などによって供給することが良い時もある。官民が協力する第 3 セクター、PFI などの枠組みが有効かもしれない。豊かな大国では、民間による郵便、通信、道路、鉄道、学校、放送、病院といったサービスの供給は、事業として成り立ち、政府が手を出さないほうがうまく供給できることもある。国鉄、郵政の民営化などについて数多くの研究が行われて実際の政策がとられてきた。

この第4の分類まで来ると、問題は、具体的な個々の企業や個人のものになってくる。このため、一般論というよりは、非常に現実的な議論になる。国鉄や郵政は民営化されたが、その検討段階で、どの職場の人が何人定年を迎えるので、いつ組織改編をすれば解雇されるのは何人だとか、その時点で年金の受給者は何人いて、基金の状況はどうなっているかなど、具体的な人や組織や物が研究や調査の対象となった。また、公立病院を統合しようとするときなどは、どの地域にどんな患者が何人いて、週に何回通院するので、その輸送にはどんな方法があるかといったことまで検討されている。

つまり、個々の経済主体の顔が見える段階まで、具体的な調査や検討を必要としているのがこの段階の特徴である。ここまでくると、一般○○理論は意味をなさなくなる。日本で国鉄を民営化した方が効率が良かったとしても、中国、韓国、オーストリア、オーストラリアで効率がよいとは限らない。ある程度共通化できるのは、議論や検討に利用した方法論だけであり、一般的に常に正しい結論としての政策は存在しないことの方が多くなる。 このような視点から政府の調達発注システムが求められるのは、次の点である。

官公庁とその出先、外郭団体、独立行政法人、政府系企業と仕事を担当する主体を変える理由は、異なった観点から業務の運用が求められているからである。従って、適格業者の選定基準、契約相手方の決め方、契約金額の値決めの方法、仕様の決定方法なども、当然、官公庁本体におけるものと、出先、外郭団体、独立行政法人、政府系企業では異なっているべきではないだろうか。つまり、柔軟な調達発注システムの運用が許されるべきものと、きっちりとした管理の対象とならなければならないもの、さらには、その中間に属するものがある。こうしたことにも制度として対応が必要であろう。

(5)調達主体の選択に関する研究

(4)の財やサービスを消費者に供給する主体が決まったとしても、供給者が自らその財やサービスの生産に必要なものを調達すべきかどうかは、また、別の話である。誰かに作らせたり、業務を委託したりするほうが良い場合もある。

この分野については、民間人や民間企業は、自らの費用とリスクの負担で市場から必要な投入要素を入手して、サービスを提供する。それが面倒である、経費がかさむと経営判断した企業は、別の会社にこれを委託することもあるだろう。民間企業の良いところは、このプロセスで、公的資金を使うわけではないので、その調達発注プロセスについて、他人から指図を受ける必要もなければ、法規に従った公告、入札、検査などわずらわしいプロセスを経る必要がない点である。しかし、ひとたび選択を誤り、これが高価なものになれば、利益を失い、さらには、倒産の可能性すらある。ただし、その責任を果たせる限界は有限である。

一方、政府が財やサービスの供給を行う場合には、その財やサービスの生産に必要な投入要素の調達については、公的な資金が使われることになる。このため調達発注を実施する組織の長、部門長、担当者の裁量にゆだねることができなくなる。普通、市役所を倒産させて廃止し隣の市と併合することはできないだろうし、厚生省、防衛省、農水省といった官庁が、調達発注に誤りがあったからと言って、それらを廃止することもできない相談である。つまり、以下に述べるように、政府が関与する調達や発注には民間と異なる方法が必要であり、民間とは異なる管理や検査の仕組みも必要である。

このような仕組みが必要となる最大の理由は、議会の議員や職員、行政府の長や公務員を業者間の競争や金銭的な損得から切り離し、公益を守る任務に専念させるためである。民間企業では、社長の判断で工場の建設業者を選定する場合があるが、仮に、大臣や、市長の判断で公共施設の建設業者が選べるようにすれば、選挙がどのようなものになるのかを想像することは容易であろう。公益ではなく、企業や私的な利益のために、本人や代理人が立候補し、得られる利益の範囲の資金で選挙を戦うことになる。また、選挙の後には、次の選挙までの期間に、指揮下の官公庁の公務員や外郭団体を動員して、再選されるように様々な利益の誘導が展開されることになるだろう。これを避けるために、官公庁や外郭団体、公益にかかわる企業では、調達発注を担当する組織がおかれている。

この観点から調達発注システムが受ける影響は、はっきりとしている。政府が業務や事業を直轄する場合には物品や役務を調達して管理する必要があるし、外注する場合には業務の委託が必要である。どこまで、外注するのかにより、仕様の全てを官公庁が準備しなくてはならなかったり、意見の招請にとどめるのか、企画の募集をするのか、企画業務を委託するのか、ゼネコンに工事を委託する場合のように管理監督を委託するのか、といったことが選択肢に上ってくる。そして、その要請に応えられる業者がどれだけいるのかも影響してくる。そこで、業界の実情を調査する仕組みと、政策的な要請とをマッチングする仕組みが政府の調達発注システムには組み込まれている必要があり、それがないと政治家や官僚、談合屋などの活躍の余地が生じることを本書では説明する。

(6)どのように調達発注するのかの研究

そして、(4)(5)で望ましい財やサービスの供給主体と、そのサービスに必要な生産要素の調達者として望ましい機関が決まったとしよう。それでも、まだ、決めなくてはならないことがある。具体的な調達や発注の方法についてである。この 6 番目の分野の研究が、本書のメインテーマである。

結論の一部を先取りすることになるが、この(5)、(6)の分野では、どういった組織や立場の人々が、何を供給し、誰が発注し、どのようにその契約先が選ばれるべきかは、発注者であるそれぞれの官公庁の規模、性格などや、受注業者である各企業の規模、組織、取引先などにより何が適正であるか、どうすればうまくいくかということが異なってくる。このため、前任者は入札をするしかなかったが、後任者は、随意契約をする方が望ましいというようなことも起きる。従来、政策学の領域で検討されてきた一般的な性質は言うに及ばず、官公庁の側でも、企業の側でも、それぞれの担当者の具体的な個人の、経歴や性格、知識までもが制度設計や円滑な運用ができるかどうかを左右する問題になってくる。米国ではこうしたことにまで配慮した制度改革が進みつつある。

(7)本書の方法論と結論

筆者は、大学や官公庁の研究所において計量経済モデルや大規模な投入産出分析の開発を通じて、支出や補助金の経済効果の計測、国際協調政策の効果の計測などをはじめとする研究に携わり、後に、民間の経済研究所の立ち上げとそのインフラ整備に参加する機会を得た。そこでは、調査部の立ち上げに参加した後は、企画部で図書館やイントラネットといった社内情報インフラを作り、官公庁営業部門、総務部、管理部を作り、官公庁と民間企業の双方において、調達、発注、受注を経験した。また、管理会計システムの一部を作る機会も与えられ、会社と官公庁の間や、社内の部門間の複雑な調整も経験した。

その中で筆者が持った疑問を全て解明することは、一研究者の力では不可能なことは分かっているが、幸い、勤務の傍ら研究を続けることが許され、最近では本書の作成に専念する時間も与えられるという幸運に恵まれた。研究を進めるうちに、現場で体験した様々な現象を理論化することが、政府の調達発注制度における複雑で多様な問題を解明し、制度を良いものにしていく上で不可欠であると考えるようになった。

本書においては、第3章と第4章で、単純化はしてあるが少し複雑なモデルを提示し、理論的な分析を行うが、これは筆者の経験に基づく、帰納的な推論がまずあって、作ったモデルである。このため、できる限り、既存の研究や、理論に即して体系化することを試みたが、演繹的な発想から研究されている方からは、論点が散逸しており、あれもこれもやらなくてはならないという本研究のスタンスや結論は、まとまりがないと思われるかもしれない。しかし、複雑なメカニズムから、手抜き、談合、1円入札などといった現象が表れてきているのであり、手抜きひとつにしても異なった原因で問題が発生している。従って、それを一つ一つ解きほぐして、出てきた原因を一つ一つ解決していくことが必要である。

制度としては、そうしたことのできるものを作っておいて、政府の側でも、業者の側でもその制度を使いこなせる人材を育成しつつ内部の改革をしていかなくてはならない。そうした解決策のいくつかについては、すでに方法の研究が進んでおり、必要な研究の道具も揃っている。もちろん、本書はごく限られた範囲での研究成果であり、実際に現場をうまく機能させるためには、多様な現象を丹念に一つ一つ分析する研究が今後広がっていくことが必要である。

これは、医学の世界での変化と良く似ている。結核、天然痘、インフルエンザなど感染症が死因の大半を占めていた時代には、病原が特定できれば、そのワクチンを開発し投与することで予防し、その病原菌やウイルスに効く抗生物質を発生地域で患者に投与すればよかった。成人病が問題になるようになってからは、集団検診や人間ドックにより検査をして、病気を振り分けて、それぞれの患者に対する治療を施すとともに、特定の病気の発生率の高い職場や家庭環境を類型化して、対処方法を指導することが行われるようになってきた。そして、高齢者の治療が大きなウエイトを占める今日の医療では、腰痛や腹痛という症状は共通していても、患者ひとりひとりの病原や患部は異なり、それに対処する治療方法も異なるため、薬物、食事、理学療法、介護の方法のどれをとっても単純にはいかない。患者の健康状態の如何や、気候、周囲の人手の有無、深夜か日中かといったことでさえも、最適な処置の方法、投薬する薬の種類、食事、介護の方法に影響してくる。介護の分野ではケアマネージャーの制度がおかれ、個人別のケアプランがたてられるようになった。病院では電子カルテが作られ異なる診療科の医師がデータベース上で情報を交換しつつ、一人一人の患者に合わせた医療が行われるようになっている。

本研究のアプローチはこれとよく似ている。政府の調達発注の問題について行われる議論や報道でも、「健全な」○○とか、「アフターケア」の不足による見落としとか、「再発の防止」などと、成人病や高齢者医療の話と同様の言い回しが次第に使われるようになってきている。そういう意味で、関係者や研究者の間にも本書の研究と重なる共通の認識が少しずつ広がってきているように感じている。

第１章　政府の調達発注システム
第１節　目的

政府はその業務を遂行するために、予算を執行する。このとき予算は、各制度に従って、それぞれの担当窓口が**支出先や支出額を決定**して執行される。この内、本書が研究の対象としている政府の調達発注システムを経て予算が執行されるのは、次のようなものである。

物品(財 goods)については、小さいものは鉛筆、消しゴムのようなものから、大きな艦船や航空機まで、様々な物がある。防衛省のように調達専門の部局を持っている官公庁もあるが、一般的には、総務部の管財課、調度課、用度課などで調達される。

情報システムは、情報システム課などのネットワークやコンピュータの管理部門か、そのシステムを使用する現場の部門で、ハードウェアやソフトウェアを物品として調達したり、開発を委託したり、運用の委託が行われたりする。

役務(サービス service)の調達も範囲が広い。庁舎の清掃、庭の剪定、公用車の運行、といった小規模なものから、会館、体育施設、競艇場、競馬場の運営管理、ごみの収集など大規模なものもある。また、後に述べる公務(公務員の役務)と競合する部分も多い。市電や地下鉄を、市の職員が運行してもよいし、業者に委託することもできるし、第３セクター(官民の協力する組織)で、運行することもできる。一般には、入札制度や契約の管理に詳しい、総務、管財、財務部門の協力を得て、現場の部局で発注や管理を行っている。

建設・建築・工事・開発に関しては、一般的には、専門の部局が担当している。これは、工期が多年度にまたがったり、国、県、市町村などさまざまな資金を集めて工事等が実施されるなど、財やサービスの調達とは異なった性格を工事の発注が持つためである。もちろんその中にはさらに専門性を有することと、きわめて長期にわたる計画が必要なため、発注の窓口が特定の任務を与えられた部局になるものもある。本州四国架橋には公団が設立されたし、東京都の交通局は地下鉄の工事を担当している。

特殊なものとしては、調査や研究の発注がある。ほとんどの調査や研究業務は、現場のそれぞれの行政の担当部門の業務に必要な、専門知識や、統計、計画の立案など専門的で知的な役務の提供に関するものである。従って、各現場の部局で、それぞれの調査費を使って発注する。

この他に、予算の執行という意味でかなり大きな割合を占めるものに、人件費がある。公務(公務員の役務)の調達は、官公庁の公務員の採用試験制度、人事給与制度、福利厚生制度を通じて行われている。しかし、本研究ではこの分野は扱わない。

移転支出の給付は、社会福祉制度、産業振興制度など各種助成、補助、褒章、給付制度や交付税交付金の制度を通じて執行されている。これも本研究では扱わない。

また、実際にお金を動かす金融業務や出納業務は、各官庁の会計制度によって運営されている。中央官庁では日本銀行がこの業務を行うことになっており、最寄りの金融機関が日本銀行の代理店となって業務を行っている。この分野も他の調達発注とはかなり性格の異なる分野であるため本研究では扱わない。

表 2 本研究の対象とする制度の範囲

支出の対象	支出を管理する制度	担当窓口※
物品(財 goods)	**調達発注制度**	総務部管財課、調度課、用度課など
情報システム	**調達発注制度**	情報システム担当部門、現場の部門
役務(services)	**調達発注制度**	各業務担当部門の総務事務担当
建設・建築・工事・開発	**調達発注制度**、補償制度	総務または土木建設担当部門
調査・研究	**調達発注制度**	各部門の企画担当、庶務担当
公務	人事給与制度、採用試験、福利厚生制度	人事担当部局 人事院など
移転支出	年金、保険、社会福祉、産業振興等各種助成、補助、褒章、給付制度	各制度所管部門の契約担当、給付担当
金融・出納業務	会計制度	会計課、出納課、各部門庶務席、日本銀行とその代理店、指定金融機関

※官公庁の規模や特性により、一つの窓口がいくつかの目的を遂行する場合や、発注を専門に行う機関や部局課のある場合がある。
(出所)筆者が作成したもの

政府の調達発注システムは、個人や、企業がその資金で財、サービスを調達し、工事を発注するのとは異なり、複雑な目的を課されている。つまり、財政には

- 公共財の供給
- 資産や所得の再配分
- 景気の補正
- 国際経済協調
- 成長の持続、年金の維持、公債の償還等の長期的目標

を実現することが求められる。また、

- 地場産業や将来発展が見込まれる基盤産業の育成
- さまざまな公約の実現
- 災害の復旧や予防

などは、各政府毎の特殊事情や政権の政策目標を考慮したものでなくてはならない。さらに、予算の執行に際しては、

- 手順の透明性
- 内外の差別の禁止

など様々な客観性が公的資金を使うことの見返りとして求められる。この多様で複雑に絡み合った目的を遂行するために調達する財、サービス、工事の価格決定と需給調整を行うメカニズムが、**政府の調達発注システム**である。

民間企業の方が効率がよいからそのやり方を模倣すれば良いとか、民間に委託すればよいといった安直な問題ではない。

本書においては、このシステムの**「制度としての側面」**に着目するときには**物品・役務・工事に関する官公庁の調達発注システム**と呼び、また、**「経済学的な意味」**について着目するときには、**政府による財・サービス・工事の調達発注システム**と呼ぶことにする。

第２節　制度

本書の目的は、政府の調達発注システムに生じている問題を分析して、解決策を考え、次世代の政府の調達発注システムを作るときに必要な要素を見出すことにある。そこでまず、政府の調達発注システムについて概観することから始めよう。

(1)地域や歴史による制度の違い

地域、国、時には地方毎に制度の違いがあり、そのそれぞれが歴史的背景をもっている。世界的に見た場合、ヨーロッパの国々では、業者を選んでそこから物を調達したり、その業者に何かの役務をさせることも行われるが、業者に何かをする特権、免許、許可を与えて、その業者の自主性に任せて業務(公共サービス)を遂行させる方式を取ることが多い。従って、入札で与えられる契約あるいは免許・特権の期間も長い。

例えば、英連邦 British Commonwealth の伝統の濃いカナダのトロントでは、市役所の庁舎の建てかえの際、業者の選定に数年をかけ、数十年間かかる建築工事と、数百年間の保守を一体にした建築計画の企画を募集した。メキシコやスペインでは、高速道路の建設は、用地の取得、建設、料金の徴収、建設費用や保守費用の回収をひとつの業務として、20 年とか 40 年といった長期にわたる、いわば免許を業者に与えることで実施される。

一方、日本や米国では、官公庁や公企業が企画・運営の責任を負っており、工区を定めて、価格競争で業者を選び、工事のみの責任を業者が負う。つまり、業者は物を売るように工事も請け負うのである。このため、業者と官公庁との関係はイギリスなどヨーロッパ諸国よりも疎縁となる。そこで品質を担保する仕掛けが必要になる。そのため、競争（入札）参加資格審査 qualification を定期的に行い、審査に合格した業者や商品・工法・製造方法などに等級(契約額の上限のランク)と順位をつける。業種・品目毎に登録業者名簿 QBL qualified bidders list, QML qualified manufactureres list や検定合格品リスト QPL qualified products list を作り、合格した業者や商品・工法・製造方法などを登録しておく。発注の案件が生じると、条件の合う業者をリストから選定 solicitation して、入札 bidding を行う(FAC (2002) Sub part 2.1,9.2)。入札には参加資格を持つ業者のすべてにチャンスを与える一般競争入札や数社を指名 nominate して行う、指名競争入札がある。また、入札の参加や契約の誠実な履行の担保のため保証金 deposit を業者に積ませることが原則であるため、日米型の制度を deposit 制度とも呼ぶ。

ヨーロッパ型、日米型のどちらの制度にも一長一短があり、優劣をつけるのは簡単ではない。外気温零下 14 度の冬のトロントの町の、気温零下 2～3 度の市役所の廊下に、厚さ十数センチの分厚い封筒を持った身だしなみの良い数百人の紳士の列ができているので、何かとたずねると、上述の市役所の改修工事だという。封筒の中には数百年にわたるその業者の工事の経歴と建設計画が入っていた。何でも、二百年程前にやった市役所の庁舎の大工事をまたやるので並んでいるとのことである。その列がなくなるまで約 2 週間かかるのをみて驚き、結果は誰が落札したのかと聞くと、受理してもらっただけで、早くて 2～3 年後、遅ければ、5～6 年後に結果が出ると聞かされた。業者の審査は案件ごとに数年かけて行われるのである。大理石を積む文化と、われわれのような鉄やコンクリートで庁舎を建てる文化の違いをみる思いがした。

1990 年代にこの調達・発注制度を規定している世界的な国際法の秩序は、GATT から WTO へ引き継がれた。今日の制度は、米国にその本部があることもあり、また、国際間の障壁を少しでも低くして、かつての日独伊のような枢軸を生み出さないために作られた制度でもあることから、日米型の制度に近いものを念頭に作られている。

また、各国ではいつもその方式が取られるかといえば、そうとも限らない。米国や日本では鉄道は民間に免許を与える方式で私鉄として建設され、後に省線（鉄道省、国鉄公社、現 JR)や Amtrack に基幹幹線が統合された。最近始まった日本の介護保険のサービスは、民間の業者に免許を与えることでサービスを提供すると共に、資金の管理は国や自治体で行う折衷方式である。

(2)国際法の体系と地域自由貿易圏

世界的に適用される WTO の規定に加え、米国ならば、NAFTA、日本ならば、日米構造協議(外務省(1992))、日本シンガポール新時代協定(内閣官房(2002))などの地域的自由貿易圏に関する協定が存在する。また、さらに地域自由貿易圏を拡大する準備が EU、FTAA や APEC などで進められている(Inter-American Development Bank (1998)、OAS/IDB/ECLAC (1997)、APEC)。

図 1　政府の調達発注に関する国際法の体系

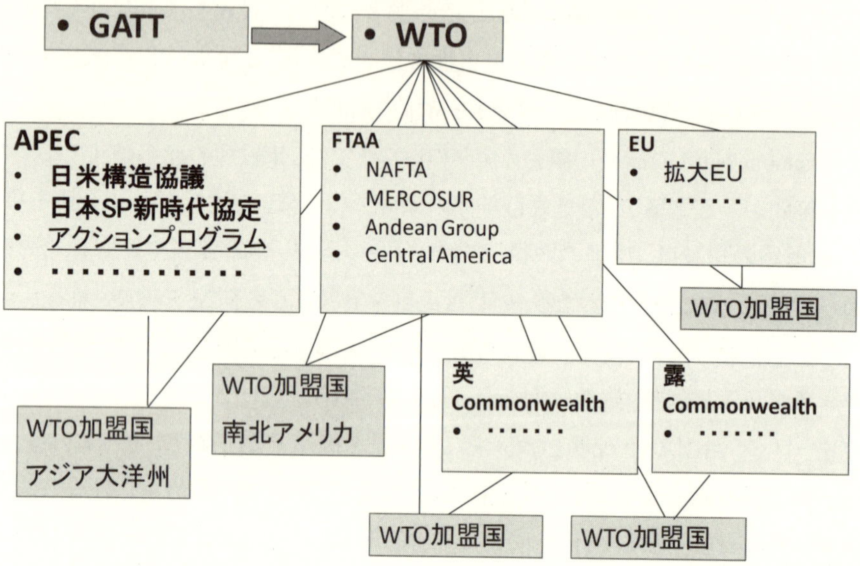

(出所)　筆者が作成したもの。

この制度は**貿易と関税に関する一般取決 GATT** の制度として築かれた。それまでの地域経済圏が障害となり、新興国の台頭に伴う貿易の秩序の調整が、戦争によってしかできず、第一次、第二次世界大戦を招いた教訓に基づき、地域経済圏や国境を越えた自由な取引を世界の掟とするために GATT は築かれた。その後、この取決めは常設の機関を備えた**世界貿易機構 WTO** に引き継がれて今日に至っている。基本的には、貿易の障害になる関税の低減や廃止と、各国間で市場へのアクセスを円滑にするために、非関税障壁の緩和や廃止を目指したもので、政府調達に関しても、その一環として規定が設けられている。 各国は、世界規模の基準であるWTOの条約と、さらに、より自由化の進んだ地域自由貿易協定の双方の要件を満たさなくてはならない。

(3)制度の適用される範囲

制度の適用される範囲をどこまでにするかということは、国際協定により、国境を越えた共通の基盤を提供しようとする中で、次第に整理されてきた。WTO の協定(WTO(-))には各種の定義や補足を記した付録 Loose-leaf appendices to the agreement on government procurement が設けられ、その中の付録 1 で、国毎に対象範囲が定められていている。具体的には、国毎に付録1の各付表があり、その内容は、

付表 1　annex1

　　中央政府の機関、業種品目、金額

付表 2　annex2

　　地方政府、業種品目、金額

付表 3　annex3

その他の対象となる機関、業種品目、金額

（科学技術庁や私学振興財団なども対象となっている）

付表 4　annex4

対象となるサービスの範囲

（郵便を除く搬送、空輸、コンピュータサービス、市場調査なども

建設等と並んで対象品目に加えられた）

付表 5　annex5

対象となる建設工事の範囲

日本の場合	中央政府	4,500 千 SDR
	地方政府	15,000 千 SDR
	その他	15,000 千 SDR

となっている。

第３節　日米の一般的な調達発注の手順

日本では、概ねこの制度は、戦国時代の末から徳川時代に基礎ができた関係で、旧藩毎に大体統一された制度を都道府県、市町村が継承している。明治以後に設置された国の機関、外郭団体、公益法人も、概ね、自治体やその外郭団体と似た制度を採っている(各官庁、東京都(1999)、斉藤(1994)、調本(1976))。

1776 年に独立した米国では 1781 年の憲法第 1 条 8 項により議会が支出権限を有していたが、1809 年に財務長官、陸軍長官、海軍長官に支出権限が移された。この時、事前の公告や公開の調達が義務付けられて、入札制度の基礎が定められた。その後、多くの改良を経て今日の連邦調達制度に至っている(Evans/Margulis/Yoshpe (1968)、Thistlethwaite (1963)) 。

(1)競争(入札)参加資格審査（業者登録）

日本の官公庁の調達に参加するための資格の審査は、1～6 年、大抵は 2～3 年に一度行われる。商いの歴史の古い関西では間隔が長く、関東では短い。中央官庁や東京都は 2 年である。

審査項目は

経営者や役員に禁治産者など問題のある者のいないことの証明
業種、品目毎の前審査以後の期間の受注額
受注実績(当該官庁、他官庁、民間の最高受注額、受注リスト)
営業に必要な免許の有無
社員数、有資格者数、機械保有状況、施設など
納税状況の確認
創業以来の営業年数
財務状況
本店、支店の所在地
ISO その他質的な評価や認定の対象となる資格や認証の有無
代理店資格
特約店資格
過去の取引での問題の有無等官庁側の主観的評価
以上の全てに対する確証(登記、免許、名簿、契約書、履行証明書など)の提示や提出
自社で対応できない場合には行政書士(米国では専門弁護士)による代理の申請も可能。

中央官庁やその出先では、比較的大きな規模の発注や、最先端の技術を要する発注が行われ、一流の業者がしのぎを削る。また、仕様が厳しく、検収、検査も厳しい。このため、登録を希望する業者が比較的少ないため、審査項目も少なく簡素化が進んでいる。また、小さな市町村では、アクセスのコストがかさみ、その割には小さな調達・発注しかないため、あまり人気が無い。このため、もともと、余り厳しい審査は行われていなかった。一方、都道府県や大都市では、業者の数も多く、官公庁へのアクセスもしやすく、調達・発注も多いため業者が殺到してしまう。従って、都道府県や大都市では、指名先の選定がいろいろな角度からできるように、審査項目は多岐にわたり、審査も慎重に行われる傾向がある。

(2)公告・指名

日本や米国の政府調達では、公告・指名 solicitation, tender notice, nomination と呼ばれる業者への通知は、何社で競争させて業者を選ぶかで、次のように分類される(FAC (2002) Subpart 12.3、WTO(1999) Report by the

Secretariat)。

一般競争 public open tendering

有資格者ならば無制限にどの業者でも応札できる方式

指名競争 selective or restricted tendering

業種、品目毎にあらかじめ契約予定額がいくらからいくらならば、何社の競争とあらかじめ決めておき、その数の業者を審査結果に基づき、該当の業種品目の実績のある業者で審査結果の良いものから順にその数だけ指名する方式

随意契約 private contract or single tender

金額が小さい場合や、特許、著作権など何かの理由で指名先が1社の場合。

(3)現場説明会

現場説明会 technical specification とよばれる仕様の説明会が入札に先立って行われる。指名先を一度に呼んだり、個々に呼んだりして、発注する仕様 specification を提示し、具体的に発注する物や仕事を説明する。入札の直前まで、各社からこの説明に対する質問を受け付ける場合が多い。

(4)業者選定

受注業者の選定 selection には、基本的には、

①**入札** bidding

提示価格の最も安いものを落札 awarded とする

②**競売** auction

提示価格の最も高いものを落札 awarded とする

③**企画競争** proposal competition

与えられた価格等の条件の下で最も契約条件、性能、
企画等の良いものを勝者 winner とする

④**総合評価**

価格、企画両方を提示させ最も妥当と判断するものを選ぶ

の4つの方法がある。また、入札、競売において、上限や下限を設定するなどこの4つの基本的な方法に手を加えた方法もある。

(5)契約・発注、納品・検収、検査・監査

こうして、業者と価格が決まると、契約・発注、納品・検収、検査・監査、が行われる点は民間と同じであるが、民間での取引より厳しい規制を受ける。

調達発注の手順は民間では、商法、民法、会社法、税法等の規定がある他は、社内の規定によって運用されているが、後述するように官公庁ではこの全てのステップが法令により規定されている。そして、その逸脱行為は、地方自治法、財政関係各種法令の違反行為となり、違反した法人には指名停止処分など行政処分が行なわれる他、独占禁止法により公正取引委員会の審決を経て課徴金が課される。また、違法行為を指示した責任者や担当者には、談合罪、贈賄罪、収賄罪、公務執行妨害罪など刑法上のかなり重い刑罰が課される。また、発注側の官公庁の職員の関与に関しては入札談合等関与防止法により懲戒や損害賠償請求が行われ、議員や首長の関与に関しては、斡旋利得処罰法、刑法が適用される。

第４節　国際法上の例外規定

政府調達の制度は、自由貿易を追及する上では世界中で共通な仕組みであることが望ましい。従って、GATT の時代から原則として公開と入札による業者の選定が原則となっている。しかし、何もかも国際入札にしていたのでは費用が掛かりすぎる。これを是正するために GATT でも WTO でも例外としてよい範囲が定められている。この例外の規定は、GATT から WTO への移行に際して、少し変化した。

(1)GATT の例外規定

GATT では政府(中央政府)の調達は原則として入札の対象で、「政府調達取決 15 条」に入札を行わないで、随意契約のできる5つの例外が示されていた。随契理由の a)～e)とよばれていたものである。これを要約すると、

表 3　GATT の例外規定

GATT の例外規定の要点	*筆者抄訳
a)不落：	入札しても落札者のない場合
b)秘：	安全保障やプライバシー
c)緊急：	事故・災害など入札をしている時間のないとき
d)研究開発：	ソフトウェアも含むと考えられていた
e)拡張追加：	建増しやソフトウェアの機能追加など

(出所)GATT の政府調達取り決めの例外規定を筆者が要約したもの。

である。この例外規定は、WTO が設置され、WTO 条約が GATT の枠組みを引き継ぐ際に次のように改革された。

(2)WTO の例外規定

WTO の取決(WTO)では、中央政府の他に、地方政府、外郭団体、政府系企業でも入札を行うことになった。また、例外の範囲は、GATT の時代よりずっと具体的になり、

表 4　WTO の例外規定

WTO の例外規定	*筆者抄訳
a)不落：	入札しても落札者のない場合
b)排他的権利の保護：	特許、著作権のあるもの
c)緊急：	事故・災害など入札している時間のないとき
d)部品・拡張：	部品の交換や買い増し
e)研究開発：	調査、実験、研究、オリジナルの開発
f)建増し：	元のものの価格の 50%まで
g)同じ物の新築：	元のものと同じ物を含む新築
h)市場からの調達：	市場価格のあるもの
i)特別な便宜の供与：	つぶれる会社の資産の 換金など
j)企画・設計コンペ：	勝者との契約
k)安全：	安全保障、公序、良俗、公衆の安全、人と動植物の生命、衛生、知的財産、障害者に係るサービスと物、社会貢献、囚人の労働

(出所)WTO の政府調達取決の例外規定*を筆者が要約したもの。

*Agreement on Government Procurement, Article XV Limited Tendering 安全に関しては Article XXIII。

となった。**市場調査やソフト開発も入札対象品目となったが、市場からの調達は入札等の競争を経ないでも良いことになった。**さらに、国毎に入札をしなくてはならないものの金額の下限が細かく示された。日本の場合、

表 5　WTO の規定の適用範囲

	中央政府	自治体（M：百万円）
物品・役務	21M～	32M～
技術サービス	72M～	240M～
建設	720M～	2,430M～

(出所)WTO, The Thresholds in Appendix I of The Agreement as Expressed in National Currencies for 1998/1999,　Addendum, Japan , Annex 1, Annex 2 を筆者が要約したもの。

である。このように WTO 条約では入札を行う機関が多くなるとともに、入札対象品目の基準が明確になり、金額の基準は緩和された。

第５節　米国の政府の調達発注制度

前節においては政府の調達発注に関する国際法の枠組と、その変化について見てきたが、各国では、国際法の規定に加えて、国内の法規によって制度が定められている。そこで、次には、米国と日本における政府の調達発注の規模とその変化や、制度に関する法規とその改革について見ておくことにする。

(1)米国における政府の調達発注の規模

①1970 年代の政府の調達発注(マスグレイブ夫妻の計算)

米国における政府調達の規模に関する研究については、マスグレイブ夫妻によって 1970 年代におこなわれた研究の成果が教科書(Musgrave,Musgrave (1973/1976))にも掲載され良く知られている。この計算は OECD の統計や、米国の国民所得統計(商務省の Survey of Current Business に発表される)をもとに計算されたもので、次に示すように、高福祉の国スエーデンでは政府支出の GDP に占める割合が大きく、GDP の約半分を占めるのに対して、米国やイギリス等では 1/3 程度である。しかし、その政府支出の内の政府調達に関してみると、米国やカナダ、イギリスが 20％余りと比較的大きく、スエーデンとフランスは 15％台と小さくなっており、順位が入れ替わる。

これは主として防衛調達の大きさや福祉関係サービスの提供の違いによるものである。特に、フランスの政府調達の GDP に占める割合が小さいのは、核武装によるところが大きい。ドイツやソ連(現在のロシア)は工業力を背景にした大規模な機甲師団をもっている。フランスはこれに対抗することのできる機甲師団や要塞線(マジノライン)を作ってはみたが対抗することができなかった。この歴史的な反省に基づき、フランスは核武装によって戦力の均衡をはかる戦略を採用し大幅な防衛予算の削減に踏み切った。

米国では GDP に占める政府支出の規模は 30%台前半で比較的小さいが、政府の調達の規模は 20%以上あり規模が大きい。これは、防衛、宇宙開発などにウエイトをおいた政策が行われているためである。

表 6　1970年代の政府の調達発注(マスグレイブ夫妻の計算)

Relative Size of Public Sector in the United States and Other Countries

	USA	USA	Canada	UK	France	Germany	Sweden
	1974	1971					
Total expenditures as percentage of GDP	33.0	32.6	36.2	36.9	36.6	36.7	44.8
Government Purchases as percentage of GDP	22.1	22.3	22.4	22.2	15.4	20.9	15.6

(出所)Musgrave,Musgrave (1973-1)　p.131より転載。

Composition and Uses of United States Gross National Product for 1973

	(in Billions of Dollers)	(%)
1. Personal consumption expenditures	805.2	62.2
2. Gross private domestic investment	209.4	16.2
3. Net exports	3.9	0.3
4. GOVERNMENT PURCHASES	276.4	21.3
5. Gross National Product	1294.9	100.0

(出所)Musgrave,Musgrave (1973-1)　p.149　より転載。
(%)欄は筆者が算出したもの。

②SNA 統計

1970 年代の米国では GDP の 20%程度の政府の調達発注があったが、その後、主として米軍の規模の縮小により、次第に GDP に占める政府の調達発注の割合は低下している。SNA統計からみた米国の一般政府の消費支出の規模は、1980 年代には 17～18%の水準にあったが、1990 年代にはさらに低下し、1990 年代後半には 14%台にまで低下した。

SNA統計の政府消費支出の中には、公務の提供に必要な公務員の人件費が含まれるため、本書の研究の対象である狭い意味での物品・役務の調達よりも概念は広い。そこで、公務員の人件費部分を除いた統計を見てみることにする(次表の右半)。物品・役務の調達の政府消費支出に占める割合は、28～35%である。米軍の規模が大きく、一般政府消費支出の GDP に占める割合も大きかった時期には物品・役務の調達の政府消費支出に占める割合も大きかった。軍の縮小で一般政府消費支出の GDP に占める割合が低下するのにつれて、物品・役務の調達の政府消費支出に占める割合は減少している。1987 年に 6.45%であった GDP に占める一般政府の物品・役務の調達は 1996 年には、4.23%にまで低下している。

表 7 SNA統計でみた米国の政府調達

Million United States dollars　Current Prices

year	Government final consumption expenditure CgN	Gross Domestic Product GDPN	CgN/GDPN %
1980	476,343	2,708,147	17.59
1981	529,385	3,035,796	17.44
1982	579,269	3,152,496	18.37
1983	620,821	3,394,298	18.29
1984	669,749	3,763,467	17.80
1985	727,869	4,016,649	18.12
1986	781,950	4,230,784	18.48
1987	830,972	4,496,574	18.48
1988	876,420	4,853,962	18.06
1089	915,832	5,204,509	17.60
1990	978,800	5,750,800	17.02
1991	1,021,600	5,930,700	17.23
1992	1,050,200	6,261,800	16.77
1993	1,066,300	6,582,900	16.20
1994	1,094,000	6,993,300	15.64
1995	1,123,500	7,338,400	15.31
1996	1,163,400	7,751,100	15.01
1997	1,208,300	8,256,500	14.63
1998	1,248,000	8,728,800	14.30
1999	1,314,500	9,237,000	14.23

(出所) National Accounts Statistics,
United Nations
1992 (1980-1989)
1999 (1990-1999)
より転載。

%欄は筆者が算出したもの。

Million United States dollars　Current Prices

year	Purchacases of goods and service PGSN	PGSN/CgN %	PGSN/GDPN %
1980	141,634	29.73	5.23
1981	162,114	30.62	5.34
1982	182,244	31.46	5.78
1983	199,369	32.11	5.87
1984	222,427	33.21	5.91
1985	246,824	33.91	6.15
1986	272,742	34.88	6.45
1987	290,576	34.97	6.46
1988	299,361	34.16	6.17
1089	297,039	32.43	5.71
1990	321,200	32.82	5.59
1991	324,000	31.71	5.46
1992	320,700	30.54	5.12
1993	310,100	29.08	4.71
1994	311,800	28.50	4.46
1995	317,400	28.25	4.33
1996	328,000	28.19	4.23

(出所) National Accounts Statistics,
United Nations
1992 (1980-1989)
1996-7 (1990-1996)
より転載。

%欄は筆者が算出したもの。

③連邦政府と州政府の調達

WTO の Trade Policy Review (WTO(1996))によると、米国における政府支出の規模は 1998 年に GDP の 32.0%であり、1990 年代には減少の傾向を示している。1998 年の政府消費支出と、政府の総投資の合計は 1.49 兆ドルで、連邦の物品の調達は 355 億ドル、各州の物品の調達は 945 億ドル、人件費や資本減耗を除く役務(サービス)の調達は、連邦で 1,438 億ドル、各州が 398 億ドル、総投資は連邦が 596 億ドル、各州が 1,774 億ドルである。

表 8　連邦政府と州政府の調達

米国政府の調達 1998年

調達額　　(億ドル)

	連邦	州	計
物品	355	945	1,300
役務	1,438	1,774	3,212
計	1,793	2,719	4,512

構成比

	連邦	州	計
物品	7.9	20.9	28.8
役務	31.9	39.3	71.2
計	39.7	60.3	100.0

GDP比

	連邦	州	計
物品	0.4	1.1	1.5
役務	1.6	2.0	3.7
計	2.1	3.1	5.2

(出所) WTO　Trade Policy Review:WTO (1996)
より転載。
GDP は②に示したものを使用した。
調達額の計と、構成比、GDP 比の表は
筆者が算出したもの。

(2)米国における国際規定の適用

米国(連邦)ではWTOの政府調達取決めは1996年1月1日に発効した。米国は、米国カナダ自由貿易協定、北米自由貿易協定、米国イスラエル貿易協定などを結んでおり、そのそれぞれの条約の規定の拘束を受けている。また、州においてWTOの政府調達取決めに参加しているのは、アリゾナ、アーカンサス、カリフォルニア、コロラド、など 37 の州であるが、完全に全てをカバーしているのはカリフォルニア、コロラド、フロリダなど一部であり、大半は限られた範囲にのみ適用している(WTO (1999))。

(3)米国の国内規定

連邦政府の調達に関する法規は、**FAR** Federal Acquisision Regulation と呼ばれる単一の法体系によって規定されている。この体系は、非常に多くの法令(**USC** United States Code、公法 Public Law、議会決議 Act、大統領令 Exective Order、省庁令 Policy，‥‥)からなっていて、FARはその全てを一つの体系として編纂したものである。主な規定は次のようになっている。

表 9　連邦調達法(FAR:Federal Acquisition Regulation)の主な規定

規定	名称／内容	備考
倫理規定		
41USC423 他多数	誠実な調達	
18USC201 他多数	賄賂の禁止	
18USC208-	個人の経済的利益への公務員の関与の禁止	
18USC207	退職者の元の勤務先との取引の禁止	
41USC51-58	ぴんはね Kickback の禁止	$100,000 以下の契約の除外もある
10USC2306(b) 41USC254(a)	特定の成功報酬の制限	$100,000 以下の契約の除外もある
31USC1352	入札に関係のある公務員や議員への働きかけを目的とする基金からの受け取りの禁止	
透明性／公開の原則		
10USC2304 41USC253	招請、落札などの完全公開の促進	
41USC426 OFPP 法　30 条	連邦調達コンピュータネットワークの電子商取引	$2,500～$100,000
15USC637(e) 41USC416	契約の結果を左右する全ての情報の公開	
Public Law 103-355 Federal Acquisition Streamlining Act of 1994	市場からの商品の調達	

10USC2306(a) 41USC254(b)	費用や値段の決定に関する制約と例外に関する規定、契約の形態の差による利益の差の制限	
31USC1341	多年度契約 政府機関は議会によってその年度に承認 appropriated された額を超える財政支出をするためには、特別な承認手続き authority を必要とする	
社会経済関係規定		
中小企業 15USC631 10USC2302 41USC2520	中小企業に対しては少なくとも2社以上を落札とし公正な市場価格で契約	
44CFR331 20CFR654A 15USC644(d),(e),(f)	失業の多い地域の優遇	$100,000 以上に適用
懲役 18USC4082(c)(2)	特定の条件のもとで司法長官が認めた連邦刑務所の囚人の有償の雇用に関する規定	
勤務時間と安全基準 40USC327-333	政府の調達の契約に関する労働者や技術者は週に 40 時間を越えて働くときには賃金と同額かその 1.5 倍以上の報酬を得ることを契約の条項に加える	
40USC276a-270a	政府の契約する建設、改修、補修工事に従事するものには労働長官の定める一般的な賃金が支払われることを定めた契約の条項を加える	$2,000 以上の契約
41USC35-45	実績のある業者との契約	$10,000 以上の物品供給 生鮮食料品、海外製品には例外規定あり
Executive Order 11246	雇用の機会均等	

(出所)FAR(2001)及び WTO (1996) より筆者が抄訳したもの。

(4)米国における制度改革

米国の政府調達システムは上述のように非常によく整備されたものであるが、さらに、その改良が続けられている。現在進行中のものは政府調達円滑化法(Acquisition Streamlining Improvement Act:USH.R.(2002))などによるものであって、政府の調達にかかわる総コストを削減するためのものである。以下は筆者が手元に集めた数百を超える法規、報告書、調査報告、広報資料、などをごく簡単にまとめてみたものである。

この改革では、1980年ごろから民主協和両党から多くの提案が行なわれ、合意されたものから順に次々に法改正が行なわれている。特に1996年(米国でのWTO条約の発効の年)の前後からここに示した枠組みでの改革が本格化し、はじめは2003年1月までの期限付きの試行であったが、この枠組みを2005年1月まで延長し、2004年1月までに、その有効性に関する報告をもとめて、以後どうするのかを決めようという提案が2002年4月9日に下院を通過した。このときに付けられた法案の名前が政府調達円滑化法(Acquisition Streamlining Improvement Act)である。

この一連の改革には、非常に多くの議員、政府組織が参加して、広範囲のものになった。作られた法律は、

Federal Acquisition Streamlining Act of 1994

Paperwork Reduction Act of 1995

Federal Acquisition Reform Act of 1996

Information Technology Management Reform Act of 1996

Clinger-Cohen Act of 1996

Defense Reform Act of 1997

Federal Activities Inventory Reform Act of 1998

Government Paperwork Elimination Act of 1998

The E-Gov Act of 2002

である。そして、その施行細則に当たるものは、FAR (Federal Acquisition Regulation (FAR(2001)))を改定することによって体系的に理解しやすい形で公表されている。

これらの法令をもとに制度改革全体を司るプロジェクトチームが大統領府の OMB (Office of Management and Budget)を中心に、次の役職やプロジェクトチームとしておかれて、各官公庁の現場におかれたプロジェクトチームの指揮をとった。

表 10　米国の政府調達改革チーム

機関・役職	設置日	設置官庁
Interagency Comittee on Government Information	2003/1/17	OMB,
		(OMB: Office of Management and Budget)
The Office of E-government and IT & Administrator	2003/4/17	OMB,
The CIO Council	2003/4/17	OMB,
The E-Government Fund	2003/4/17	GSA/OMB,
		(GSA: General Service Administration)

(出所)筆者が FAR(2001)をもとに作成したもの。

そして、実際の改革業務は、対象業務や改善の手法改革のスケジュールを、

Annual E-Government Report to Congress　OMB, All Agencies,

Development of citizen and productivity-ralated performance measures to be incorporated into the agency's annual Performance Plan and the agency's Strategic Plan　All Agencies, GSA,

Implement interoperable electronic signature capability for secure electronic transactions with government

Federal Intenet Portal GSA,

Timetable for agency compliance with electronic documents for regulatory OMB,

Issue Policies on Categorization and indexing standards OMB,NARA,

(NARA: National Archives and Records Administration)

Standatds for Agency Websites Piblic domain directory of Government websites OMB

などによって、大統領府が管理し、提案者である議会に報告をする体制で進められた。

この改革の特徴は、

・単に政府の調達発注システムを改善したり、電子化するだけのものではなく、全省庁の行政改革を伴う広範なものであること。

・長年にわたる議会での議論の末、民主共和両党の合意のできたものから法律化していくという、議会主導の進め方がされたこと。

・外から見ていると、政府の電子化が進められている一方で、政府の中では、政府と民間との接触の仕方を改善して、政府の業務を徹底的に削減することを目指したものであること。

である。

その主旨に沿った政府の調達発注システムの改革は数十に及ぶ法体系の改革からなっていて、要点を列挙すると以下のようなものである。

競争政策

供給側の業者をできるだけ広く確保する。

これにより、非常時に政府のニーズを満たせる業者のベースを拡大する。

中小企業や、不況に見舞われている地域の業者にもチャンスを与え、政府調達が経済政策に役立つ仕組みを作る。具体的には、指名業者数を増加させるといった手間がかかり恣意性の入り込む余地のある方法ではなく、インターネットを活用した大規模な業者登録制度と入札システムを構築する。

制度の簡素化

入札対象となる契約を大幅に制限する。

これにより、調達のための手続きの簡素化をして無駄な費用を削減するとともに、

安全保障の確保や、知的財産の流出の防止を行なう。

制限されるものは

①供給者が１社、または、数社しかないものの調達。

ユニークでイノベーティブな能力が必要なサービスを含む。

入札による費用が大きく、時間的な遅れが受け入れ難い場合の

追加発注を含む。

②緊急の場合

③－A 非常時に備えるための施設や製造施設の温存

B 研究開発

C 裁判、公聴などのために必要な専門家のサービス

④国際取決めで競争以外の方法での調達を約束したもの

⑤ブランド指定の商品の調達など法的に指定されたもの

⑥必要性の開示が国の安全保障に差障るもの

⑦各機関の長が

A 競争による調達が公益に反すると認めて

B 議会に30日以上前に文書で届け出たもの

運用

・高額契約の簡素化

競争による調達が行われてきた高額の契約の方式を見直して、金額の大きいものでも、入札や見積合わせの対象としないで、随意契約できるようになった。この簡素化（競争から除外）の適用を上記①〜⑦によって判断するのは（国防総省の場合）は次表のとおり、現場の組織である。また、**この規則は、現場で作られたものではなく、法令の改正されたものであり、現場はそれを遵守することを求められただけである。**

表 11 競争からの除外判断の認証者(国防総省の場合)

調達の規模	認証者
$500,000まで	契約担当官
$500,000を超え $10,000,000以下	以下に同じ
$10,000,000を超え $50,000,000以下	調達業務を行なう組織の長
$50,000,000を超えるもの	調達、技術、補給の各局長

(出所)米国政府調達円滑化法の諸規定より筆者が作成したもの。

・少額調達手順 micro-purchase proceduresの徹底

上述の法体系で次表のとおり金額の小さなものは、個々の公務員や、部課係の庶務席が直接市場から商店やインターネット通販で物を買うことが徹底された。

表 12 小額調達の範囲と方法

少額調達の範囲	調達の方法
〜$2,500	クレジットカードを利用して市場から購入
$2,500 〜 $100,000	電子調達

(出所)米国政府調達円滑化法の諸規定より筆者が作成したもの。

(5)改革の途上で発生した問題

以上に述べてきた改革は、まだ、改革の過程にあり、最終的な形態であるとは考えられていない。この点は、政府調達円滑化法 Acquisition Streamlining Improvement Act に明確に期限が付けられ、各官庁からの報告が求められていることからも明らかであるが、運用上の問題も明らかになりつつある。

その一例をクレジットカードの導入にとり、見てみることにしよう。2002年2月現在、米国連邦政府の主要官庁で使われているクレジットカードは、次表の通りである。

表 13　米国連邦政府のクレジットカード

Purchace and Travel Card Accounts
President Management Council Agencies
(as of February 2002)

Agency	Purchace Cards Issued	Travel Cards Issued	Total
Department of Agriculture	23,031	85,282	108,313
Department of Commerce	6,510		6,510
Department of Defense	205,367	1,388,042	1,593,409
Department of Education	222	3,818	4,040
Department of Energy	5,485	12,475	17,960
Department of Health and Human Services	7,493	37,202	44,695
Department of Housing and Urban Development	378	7,711	8,089
Department of the Interior		56,664	56,664
Department of Justice	16,093	96,588	112,681
Department of Labor	1,366	12,591	13,957
Department of State	1,336	8,287	9,623
Department of Transportation	22,572	78,616	101,188
Department of Tresury	16,682	72,663	89,345
Department of Veterans Affairs	33,241	41,760	75,001
Agency for International Development	190	2,075	2,265
Environmental Protection Agency	1,890	16,137	18,027
Federal Emergency Management Agency	613	7,055	7,668
General Services Administration	3,752	9,932	13,684
National Aeronautics and Space Administration	3,933	16,032	19,965
National Science Foundation	209	1,263	1,472
Office of Personnel Management	240	1,570	1,810
Small Business Administration	330	5,132	5,462
Social Security Administration	3,279	23,316	26,595
Total	**354,212**	**1,984,211**	**2,338,423**

（出所） AcqNet(-) 資料より転載。

さらに、それ以外の機関も含めると、連邦政府の調達や出張用のクレジットカードの総数は、次表の通り 250 万枚を超えている。

表 14　米国連邦政府のクレジットカードの種類と発行枚数

発行済みクレジットカード総数	
調達用クレジットカード	381,038 枚
出張用クレジットカード	2,181,834 枚
合計	2,562,872　枚

（出所） AcqNet(-) 資料より転載。訳は筆者。

調達に関する手間を減らすには、できるだけ多くの政府職員がクレジットカードを保有し、必要なものを市場で調達するようにすれば良い。しかし、その結果このように、大量にカードが発行されたため、このカードを悪用するものが横行し始めた。私的な海外旅行にこのカードを使用した軍人、使いすぎて債務不履行に陥った政府職員などのニュースがテレビや新聞のスキャンダル記事に登場しているが、報道されているのは氷山の一角に過ぎず、General Accounting Office, Inspector General，議会の公聴の場などでしばしば問題となっている。このため OFPP(Office of Federal Procurement Policy)は各官庁に対して問題点の報告と改善策の作成を命じた。

その指示 OFPP (2001)の中であげられている事例はつぎのようなものである、

- 職員とその上司が共謀して、電子手帳、皮革製の鞄、デジタルカメラ、スキャナー、プリンター、携帯電話の周辺機器を私用のために調達した。両名は退職したため刑事訴追は行なわれなかった。
- $12,000 を超える私用のコンピュータ、ギフトカード、食品雑貨、航空券を入手した職員が処罰された。
- ある官庁のクレジットカードの口座が使えなくなり、調査すると$439,000 をこえる調達がされていた。この調達の大半はインターネットを使って行なわれていた。
- $14,000 の個人的な購入を隠すために、複数の登録業者の名前を使い架空の請求書を官庁に送った職員がいた。
- 質屋、宝石店、骨董品店などと$4,000,000 を超える不当な送金をしようとした複数の職員のグループがいた官庁があった。
- 29,120 枚のカードが6ヶ月以上使われていなかったため、何のために発行されたのかが問題になった官庁があった。

(6)改革の評価

この円滑化法の趣旨に沿って行われた改革は、省庁間で進度に差が出てしまった。冷戦の配備を解いた国防総省 DOD(Department of Defense)では、少なくなる調達発注に対応することが求められていたため、改革の導入が早かった。その結果、大幅な米軍の削減を円滑に実施し、国民経済に打撃を与えることなく予算の削減にも成功したと評価されており、調達改革の指揮に当たった国防次官補はその功績を表彰されている(DOD (1997))。

日本の会計検査院にあたる GAO(General Accounting Office)は、この DOD の改革を高く評価しており、他の省庁にも見習うように指導している。それを示す GAO の報告書(GAO(2003))がある。以下の4頁は、その要約である。

この報告書は、GAO が、DHS(Department of Homeland Security)の INS(Immigration and Naturalization Service)部門の調達発注(Procurment)と資産管理(Property Management)の業務を検査し、下院の行政改革委員会に提出したものである。

DHS は、日本の法務省、警察庁、公安調査庁などにまたがる仕事をしている。INS は、日本の入国管理局と引揚援護局を合わせたような役所で、移民の入国と入国した移民の米国社会への同化、定住化などを担当している。INS は 2003 年 03 月 1 日に省庁統廃合で、DHS に吸収された。INS の組織は次の図ようになっており、現場や組織毎に総務、調達、管理部門を持っている。

図 2　INS の組織

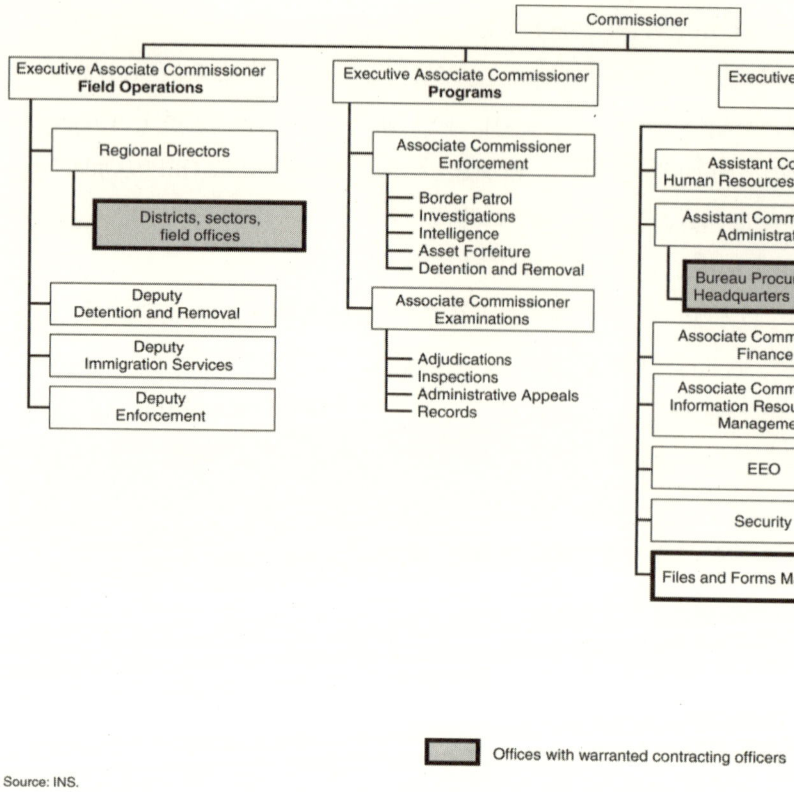

(出所)、United States General Accounting Office, 'INS Contracting Weakness Need Attention from the Department of Homeland Security', *Contract Management, Report to the Committee on Government Reform, House of Representatives*, GAO-03-799,July 2003(GAO(2003)),p.7. より転載。

報告書の要点をまとめてみると、以下のようになっている。

1. INS は調達発注業務や資産管理業務を効率的に管理する内部組織を持っていない。
   - ・現場の担当者は、管理部長の部下ではない。
   - ・現場の担当者は、別の任務にも就いており、調達管理業務が業績評価の対象になっていない。
2. INS の部課長マネージャーは全社的な契約行為を有効に所管する手段をもっていない。
   - ・他の官庁や主要な企業は、もっと価格的に効率的で、実効があり、説明力のある調達を推進している。
     - ・成功を収めた先進的な企業では、調達管理業務を個々にするのではなく、協力して、戦略的な観点からの調達をしている。
     - ・調達管理業務の機能を組織構造の中で昇格させ、見通しを利かせる役割を確立することにより、全社的な成果の改善になるような決裁をし、実施することができるようになっている。
     - ・物品や役務を取得する権限が INS の本部の中で分散している。
   - ・本部の調達担当の部課長マネージャーは、政策の立案、コンプライアンス、調達法規や規定、全庁的な調達に関する報告書の作成といった、いくつかの任務を負わされている。さらに、500,000 ドル以上の契約の審議をさせられている。ところが数量、単価、など細かい情報を持っていないため、サマリーデータを提供することしかできない。
   - ・本部の調達管理部門は、組織の構造の中で、地位が低く、階層の下の方に埋もれているため、組織の最高位からの注目を受けられない可能性が高い。

成功事例にあげられている国防総省や陸海空軍の組織では、調達(補給、輸送)部門は、トップの直下にあり、総務、人事、作戦(会社なら営業)、広報と並ぶ一つの局であり、専任の局長(会社なら経営会議のメンバーの役員)のいる組織になっているので、その指摘と思われる。

・現場が未決裁のまま契約をして、違法性がなければ追認決裁がされている。

・成果を計測し目的を達することに関する内部の審査ができない。外部の監査や、コンサルタントがこのためにガイダンスや指標の導入をしたが、時間的なフレームが足りなかったり、目標が適正でなかったりでうまく機能していない。

・企画、法務、予算、財務の代表からなる横断的なチームを作っていない。

・調達管理業務に関するStakeholders(重要な役割を担う関係者)は、恣意的で行き当たりばったりに呼ばれるだけである。

・しばしば要求が上から投げ込まれ、調達発注業務部門は、与えられた企画に合わせて仕事をするために掃除機(何でも文句を言わずに呑み込んで働く部下)を必要としている。

・その一方で、企画の幹部は、調達発注業務部門は顧客本位(customer oliented)ではないし、計画の必要性にあわせ、方策を探し出すという、プロの仕事をしていない。

3. INSには有効に調達発注業務を管理するのに必要な情報が不足している。

・全庁的にどのようなものが調達されており、そのベンダーはなんと言う企業で、過去にはどうだったか、今契約はどの段階にあるか、出来栄えはどうかなど、部分的には情報が集められているが全庁的、統一的に情報が集積されていない。

・調達管理部門の職員はinformalな(ここでは、組織において定式化され、全庁的に管理されたデータベースや書庫に保管される書式を使っていないという意味の)情報の蓄積ツールである

・手書きの帳簿

・エクセルのシート

・スタンドアローンPCのデータペース

に頼っている。このため、データを全庁的に活用できない。

・基幹システムのインターフェイスが悪いので、リアルタイムで、未払い金や支払のデータを見ながら仕事ができない。

4. INSの調達管理業務担当者の労働力は増加する仕事量に見合っていない

・INSでは過去10年、全体の業務は増加し、全庁的に見た労働力が増加し、契約もそれに応じて増加しているのに、調達管理部門の人員はそれに見合うだけは増加していないので業務負荷は10年で倍になっている。

・業務知識の習得や、教育が不十分。

・他の成果を挙げている組織では、将来の人的資本のニーズに合わせ採用したり、退職されないようボーナスを出すなどの調達(購買、管理)人員計画を立てている。

・それにより、必要な技能(clitical skill and competences)を定めることができる。

・一時雇用のポストを長期雇用に当て、ポストの不足に対応している。

・マネージャーが調達(購買、管理)に関して必要な教育を受けておらず、知識を持っていない。

・マネージャーは、それぞれの部門の教育プランで教育されていて、協力しあって仕事をするための教育を受けていない。

国防総省は調達管理の幹部を養成する大学を持っている。わが国でも防衛省には防衛研究所や幹部学校等にコ

ースがある。GAO の教育に関する指摘は、そのことを含む指摘であると思われる。

5. 調達(機械、器具、備品の購入、建物の賃借、管理など)計画は、競争(入札や見積合わせ)や、契約先、委託先のモニタリングが不十分である。
   - ・業務全体に及ぶような重大なコンプライアンス違反はなかった。
   - ・短期の契約をそのまま継続し、見積合わせや、入札をしていない契約が5つの抑留施設の内 3 つにあった。施設管理などの契約が切れるときには、bridge contract(つなぎの契約)をしないでよいように2～3年間前から調達の手順を開始するべきである。
   - ・抑留施設の管理委託などは、競争が入れにくい。一社の指名、つまり、随意契約になっていて競争になっていない。
   - ・比較的金額の多い総合情報サービスなどは、複数社と契約する STAR(Service Technology Alliance Resource) contract を採用して high-visibility (委託の成果の比較がよく見える)調達になっている。
6. INS は、契約先、委託先の業務の遂行の検収が充分にはできていない。
   - ・COTR(Contracting Officer's Technical Representative:契約により管理を委任している先)の管理ができていない場合があった。月次報告などが整然とできていない。

この指摘に対するDHSの回答は、

- ・DAWIA(Defense Acquisition Workforce Improvement Act)の考え方を取り入れた人員計画をたてる。
- ・兼務は暫時解消する。
- ・専門教育を受けた、専門職の調達担当者の認定を行う。
- ・調達を先進的なものにするため、5 年間の戦略計画手順を創設する。

という趣旨のものである。

GAO の指摘により DHS が取り入れようとしている DAWIA は、DOD 国防総省における調達管理担当者の養成、処遇の改善を梃子にして、調達発注管理にあたる組織の改革をするための枠組みである。関係する法律や資料をまとめると、根拠になる法律は

DAWIA Defence Acquisition Workforce Improvement Act 防衛調達職員改善法

1990 年	米国公法	PL101-510	として制定 10 use sec. 1732 に収録
2003 年	米国公法	PL 108-136	で改正
2004 年	米国公法	PL 108-375	で改正
2006 年	米国公法	PL 109-163	で改正 10 use 1701-1764 に収録

である。改革の背景には冷戦後、米軍を約 1/2 縮小することになり、その調達発注部門も大幅な縮小と改革が必要になったことがある。ただ人員を削減するのではなく、教育研修で能力を高め、資格を制定して昇格させ、これを梃子にして業務フローを変えることで解決することを目指したものである。この改革を推進したプロジェクトチームは、国防長官(日本の大臣)Secretary of Defence の直下に、調達、技術、後方担当国防次官補 Under Secretary of Defence for Acquisition, Technology, and Logistics をおいて、この次官を長とするチームが制度の改革を行った。当初は調達教育訓練人材開発局長 Director of Acquisition, Education, Training, and Career Development、各軍の調達人材管理局長 Directors of Acquisition Career Management、調達職員キャリアプログラム委員会 Acquisition career program boards が設置され、各部門の人事課に調達関係職員の、技能の継承、教育、訓練、人材開発の方針の立案を命じたが、任務を終えて現在では廃止されている。

改革の基本方針として、まず改善の権能を集中して理念に矛盾が生じないよう配慮が行われた。具体的には、

・調達職員に関する国防長官の権限と責任を全て次官が代行する

・改善はDODの全体にわたり統一、DAU(Defence Acquisition University:防衛調達大学(日本の防衛研究所と幹部学校の該当コースにあたるもの))の教育計画の方針も次官が指示する

ことにして、国防長官とDAU教授会が持っている権限を剥奪し政治的、学術的横槍を入れさせなくした。

調達に関して中心となる職員の資格要件としては、学士であり、かつ、会計学、商学、財政学、法学、契約論、調達論、経済学、企業管理論、マーケティング論、計量経済学、組織管理論のいずれかの24単位を取得している者であり、金額や契約の複雑さに応じて定められた基準ごとに要求される追加的な経歴学歴を持つものでなくてはならない。日本で言えば第一種採用公務員相当であることを要求していて、さらに、契約の種類によっては複数の学位の保持を要求していて、4年～8年の調達業務経歴を有することなども挙げられている。

改革の本格化する数年前にアクイジションコア(調達部隊)Acquisition Corpsと呼ばれる組織を新設して、1991/10/01に官民いずれかで10年以上の調達の経歴があるか、上記の資格を有するもので構成し、調達に関する要職に着くものはアクイジションコアのメンバーでなくてはならないことにした。つまり、経験と学歴を積んだ専門家以外には調達発注の指揮を取らせないようにした。任期は3年以上で、計画が一段落するか4年までは再任しないと定められ、アクイジションコアのメンバーは仕事が一段落するか5年ごとに新任務にローテーションするまでは、一つの任務に専念させられることになった。

このような特殊な高学歴と経験を積んだ専門家を養成する仕組みも次のように用意された。

研修:高等教育機関への留学など

・インターン　提携した大学の学生をDODがインターンとして受入

・奨学金　　人材確保のため奨学生に授与

・学費返還　学位取得のためのフルタイムコースを含めた授業料

・就学ローン　調達任務に就くものの学生時のローンの返済

・DAUとDefence System Management College に
調達職員の専門職教育コース

・必要な教授、講師などの雇用

・Acquisition fellowship 客員研究員制度
2年以上連邦政府で調達に関する任務を経験し、
功績があり、政府を離れた者25名まで
2年間、研究と講義に当たる

である。

対象となるポストは、

国家安全保障人事システムで上級の地位のもの、上級幹部で調達に関するもの

軍では現役の中佐(2佐)以上のもので調達に関するもの

調達計画の執行幹部

主要な防衛調達計画の計画部長と副部長

などである。

先に述べたように、入札件数を減らすとともに、大幅に担当者やその上司の裁量権限を拡大するための準備はこのようにして、進められた。GAOはDODのこの周到な準備と、その後の運用の成果を評価して、DHSなどに、見習うように指導したわけである。

第６節　日本の政府の調達発注制度

米国における政府の調達発注の規模とその変化、制度に関する法規の体系とその改革について見てきた。以下には、日本についても同様に、政府の調達発注の規模とその変化、制度に関する法規の体系とその改革について見ておくことにする。

(1)日本における政府の調達発注の規模

①長期的な政府調達の規模と内容の変化

1950 年代から 1960 年代に英国と日本とでは、長期的な政府調達の規模の変化に関する研究が行われ、転位効果 Displacement Effect と呼ばれる共通のパターンの変化のあることが確認された。この研究は英国ではピーコック Alan T. Peacock とワイズマン Jack Wiseman により行われた。1792 年～1900 年の GNP と政府支出の規模の分析と、1880 年～1955 年にのデータに関する防衛支出や社会保障費、あるいは財サービスの調達や資本形成といった内容に立ち入った研究が行われた。日本では、江見康一と塩野谷祐一により、1880 年～1940 年(明治維新の後～第二次大戦)の間の統計の整備と分析が行われた。これらの成果はそれぞれの著書 Peacock, Wiseman(1961)と江見、塩野谷(1966)にまとめられている。

図 3　転位効果

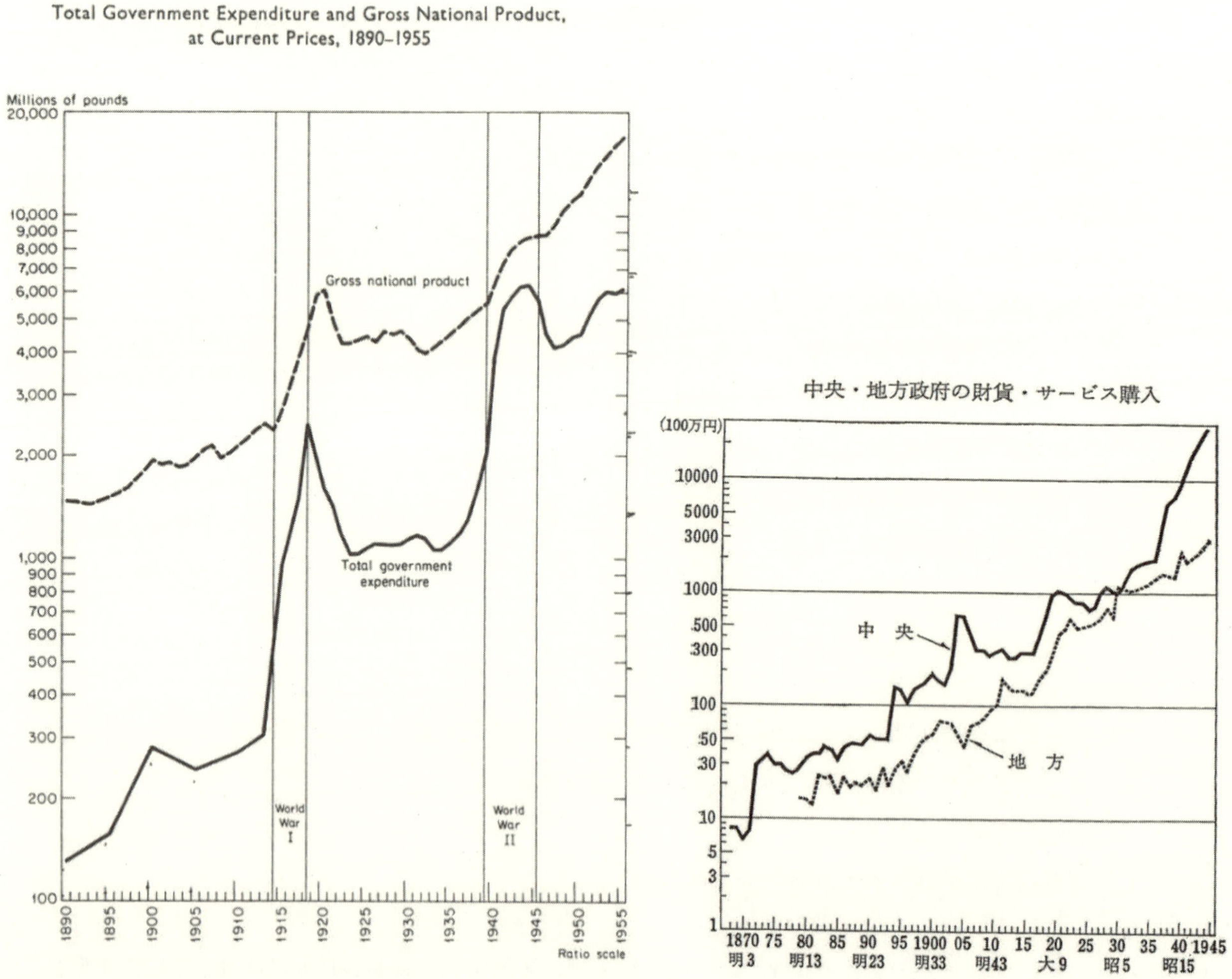

(出所)Alan T. Peacock and Jack Wiseman, *The Growth of Public Expenditure in the United Kingdom*, Princeton University Press, 1961, p.43.及び、

江見康一、塩野谷祐一、『財政支出(長期経済統計７)』、東洋経済新報社、昭和 41 年(1966 年)、60 ページより転載。

転位効果と呼ばれる現象は、次のようなものである。財政の規模は単純に国民所得や GDP に比例してゆるやかに増えているのではなく、戦争の時に急に増えてピークを形成し、その後戦争が終わると、減るのではなく、高止まりして台地のように財政の規模が拡大したままになるという現象である。

この現象の起こる原因は当初は次のように考えられていた。政府の財サービスの調達を拡大するためには、財政支出の規模を大きくする必要があるが、そのためには税負担も大きくなってしまう。平時にはこの負担増は受け入れられにくい。しかし、戦時にはこの負担増は受け入れやすくなる。そして、一旦負担増が行われると、戦争が終わって、防衛費が減少しても、高い税負担を元に戻すことはしないで、公共土木事業、社会福祉、産業政策など他にその財源を流用して政府の行政の規模が大きくなったままの状態を維持することになる。

図 4　転位効果によって発生する政府の支出の構造の変化

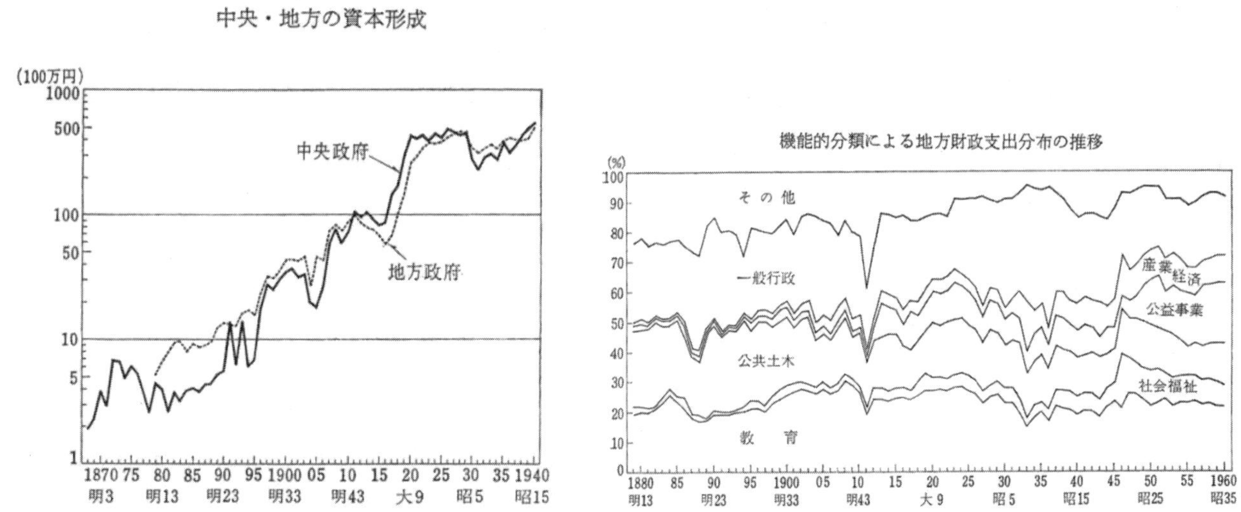

(出所)江見康一、塩野谷祐一、『財政支出(長期経済統計 7)』、東洋経済新報社、昭和 41 年(1966 年)、60-61 ページより転載。

この転位効果による経費の膨張は、議員内閣制や、議会による民主的な政策決定の中で、財政規律などのモラルがうまく働かないことが原因であって、政府が肥大化して、財政が膨張し続ける困った現象であるというように解釈されていた。1980 年代に、コンピュータが普及し、経済政策の分野においても実用的なレベルで使えるようになったことを利用して、筆者はこの問題をターンパイク理論や、計量経済学、管理工学の手法を使い数値解析を含めて、研究してみた。そこで得た最適経済成長経路の図が次の図である。

図 5　理論モデルの数値解析から得られる転位効果

紛争機期間を含む長期的動的資源配分問題の解

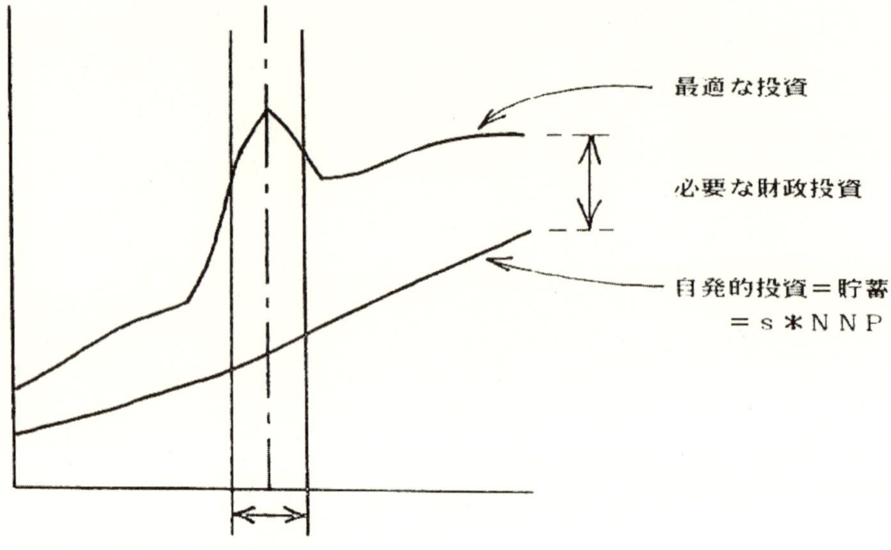

(出所)今井良夫、「防衛支出の拡大プロセスの研究」、日本経済政策学会第 42 回大会、報告要旨、
及び、ディスカッションペーパー、23 ページより転載。

一連の学会報告(今井(1981)、今井(1982)、今井(1982-2)、今井(1982-3)、今井(1985))で説明したように、経済モデルを制約条件にして、国民の選好に生じる変化を考慮した目的汎関数の最適化問題を数値解析して解くとと、長期的動的資源配分問題の最適解として、転位効果を含む最適経済成長経路が得られる。そうすると、現在の各国の持っている、民主的な体制は、議会や政府が国民のニーズを正しく政策に反映していて、その結果として、転位効果のある財政支出が行われていることになる。

本書の目的は、政府の調達発注システムに関するものなので、この問題についてはこれ以上立ち入らないが、転位効果の研究の結果、かなり重要な課題が政府の調達発注システムに課されていることが明らかになった。良きにつけ、悪しきにつけ、政府の財、サービスの調達や工事の発注は、あまり変化させる必要のない時もあれば、1 年～数年の比較的短期間に、急に増減させなければならないこともあり、また、支出の内容を変化させなくてはならないこともあるということである。

②国民経済計算から見た政府の調達発注の規模

幸い、第二次世界大戦の後は、日本は国際紛争に巻き込まれることなく長期にわたり平和な時を過ごしてきた。しかし、その中でも、人々の必要としている政府の役割は変化し、政府の政策の変化は、調達、発注にも影響を与えている。以下には、その様子を見ておくことにしよう。

国民経済計算 SNA(Standard of National Accounts)の統計からは、以下のように政府の調達発注の規模や内容が大きく変化している様子が分かる。

表 15　国民経済計算から見た政府の調達発注

政府支出の規模

(名目)	昭和55年度(1980年度)(単位:10億円)	%	平成19年度(2007年度)(単位:10億円)	%
1. 国内総生産(支出側)	248,375.9	100.00	515,857.9	100.00
2.　政府最終消費支出	**34,936.6**	**14.07**	**93,126.1**	**18.05**
3.　国内総資本形成				
(1)総固定資本形成				
b. 公的	**23,428.1**	**9.43**	**20,360.8**	**3.95**
(a)住宅	884.7	0.36	546.2	0.11
(b)企業設備	7,940.3	3.20	4,153.5	0.81
(c)一般政府	14,603.0	5.88	15,661.1	3.04
政府の消費と投資	**58,364.7**	**23.50**	**113,486.9**	**22.00**

(出所) 国民経済計算年報平成21年版より転載。
政府の消費と投資、及び%の欄は筆者が計算したもの。

日本の政府やその出先、公営事業などの公的部門が国民経済(ここでは国内総生産)に占める割合は 20%前後であって、成熟した先進国としては小さい方である。この公的部門は、1980 年に国内総生産の 14%を消費して、9.5%を投資していた。それが、四半世紀余りたって 2007 年には、18%を消費して 4%を投資するようになった。

社会資本を蓄積していく時代から、公共サービスを消費する時代に変化してきているわけで、次に示すように、政府が調達発注するものへもその影響が及んでいる。

③産業連関表

産業連関表は5年毎に作成され、その集計には数年を要するので本書執筆時点で最新の表は平成12年のものである。ここでは、比較のために平成7年のものと対比してその一部を示すことにする。

表 16　産業連関表における政府の調達発注

経済活動別財貨・サービス投入表（U表）

（名目）　暦年

需要に占める一般政府の割合	平成7年			平成12年		
経済活動 財貨・サービス （単位：10億円）	政府サービス生産者　a	合計 b	a/b　%	政府サービス生産者　a	合計 b	a/b　%
1．産　　業	**15,216.8**	**405,097.2**	**3.76**	**17,074.4**	**411,100.3**	**4.15**
（1）農林水産業	159.7	16,634.9	0.96	149.5	14,405.1	1.04
（2）鉱　　業	3.8	9,409.5	0.04	3.2	11,910.7	0.03
（3）製　造　業	5,517.3	233,800.4	2.36	5,897.7	225,089.6	2.62
a．食　料　品	555.5	17,370.2	3.20	479.9	17,940.9	2.67
b．繊　　維	11.3	4,338.4	0.26	12.2	2,805.2	0.43
c．パルプ・紙	77.2	10,413.9	0.74	78.0	9,577.9	0.81
d．化　　学	177.1	26,135.2	0.68	193.7	26,838.2	0.72
e．石油・石炭製品	508.3	12,035.8	4.22	718.8	14,125.3	5.09
f．窯業・土石製品	73.4	12,705.8	0.58	70.8	10,571.6	0.67
g．一次金属	12.2	30,415.0	0.04	12.2	26,380.1	0.05
h．金属製品	217.0	17,374.5	1.25	221.2	15,057.1	1.47
i．一般機械	43.1	10,035.7	0.43	51.8	10,251.2	0.51
j．電気機械	382.7	23,521.6	1.63	452.6	25,694.9	1.76
k．輸送用機械	786.3	22,649.1	3.47	1,097.3	22,977.4	4.78
l．精密機械	48.1	1,543.8	3.12	54.6	1,608.2	3.40
m．その他の製造業	2,625.1	45,261.5	5.80	2,454.6	41,261.6	5.95
（4）建　設　業	899.1	8,252.0	10.90	1,002.8	9,095.9	11.02
（5）電気・ガス・水道業	1,861.1	16,946.8	10.98	2,131.5	17,455.0	12.21
（6）卸売・小売業	0.0	140.0	0.00	0.0	677.2	0.00
（7）金融・保険業	171.3	6,921.2	2.48	248.4	7,981.8	3.11
（8）不動産業	118.8	10,664.5	1.11	96.0	9,164.5	1.05
（9）運輸・通信業	1,404.0	20,136.2	6.97	1,788.5	23,878.7	7.49
（10）サービス業	5,081.8	82,191.7	6.18	5,756.8	91,441.8	6.30
2．政府サービス生産者	79.1	1,729.1	4.57	113.5	2,303.8	4.93
3．対家計民間非営利サービス生産者	0.0	4.2	0.00	0.0	0.4	0.00
中　間　投　入　計	**15,296.0**	**406,898.4**	**3.76**	**17,187.9**	**413,404.5**	**4.16**
固定資本減耗	8,900.8	88,442.3	10.06	13,212.8	98,970.5	13.35
生産・輸入品に課される税（控除）補助金	55.5	33,367.1	0.17	69.3	37,609.5	0.18
雇用者報酬	32,598.8	272,623.5	11.96	32,691.7	271,075.7	12.06
営業余剰・混合所得	0.0	123,329.0	0.00	0.0	115,321.7	0.00
産　出　額	**56,851.1**	**924,660.2**	**6.15**	**63,161.7**	**936,382.0**	**6.75**

（出所）国民経済計算年報　平成14年、平成21年より転載。　比率 a/b は筆者が算出したもの。

産業連関表の中では政府は政府サービスと呼ばれるサービスを提供する産業部門の一つである。表の上から 2

行目にある説明の各年の左側に政府サービス生産者 a として政府が示されているのはこのためである。その右側に合計 b として示されているのは、農林水産業、鉱業、製造業、・・・など全ての産業の合計を示している。左端には、今度は全ての産業が列記されている。これは、それぞれの産業が政府にどれだけのものを売っているのかを示すためである。

平成 7 年には、左側の縦の列に沿って

全部の産業では 15 兆 2,168 億円の財サービスを政府部門に投入(販売)した。

農林水産業は 1,597 億円の財サービスを政府部門に投入(販売)した。

鉱業は 38 億円の財サービスを政府部門に投入(販売)した。

ということがこの表には記録されている。その右側の合計の列には、各産業が他の全ての産業に投入(販売)したものの合計が示されている。

平成 7 年には

全ての産業から全ての産業へ投入(販売)したものが 405 兆 0972 億円あった。

農林水産業は全ての産業に対して 16 兆 6,349 億円の財サービスを投入(販売)した。

鉱業は 9 兆 4,095 億円の財サービスを投入(販売)した。

ということが記録されている。

そして、下の方には、生産額の内、固定資本減耗、税と補助金の差し引き、雇用者報酬、営業剰余等が記録されている。

つまり、上から下へ企業会計で言うならば、仕入れの内訳、減価償却費、物品税の納付と補助金の受け取り額、人件費、利益が記載されている。

これをもとに、全ての産業において、どのくらいの割合のものが政府によって買い上げられているのかを示したのが、筆者の計算した a/b %の欄である。

政府の需要に対する依存度の高い産業分野は、建設業(平成 7 年が 10.90%、平成 12 年が 11.02%)、電気ガス水道業(10.98%と 12.21%)である。製造業の中でも石油・石炭製品を作っている産業は(4.22%と 5.09%)、その他の製造業が(5.80%と 5.95%)となつていて、政府部門は建設やエネルギーの関係の産業では生産の約 1 割を買い付ける大口の需要者である。

電気ガス水道業の政府への依存が高い理由は、全国の道路に設置されている街灯のあかりや、河川の水を排水するポンプ、などのインフラを 24 時間維持するために膨大なエネルギーを使っているためである。しかし、この分野で、政府調達を巡る不正やトラブルについて話を聞いたことがない。一方、ほぼ同様に 1 割程度を政府部門に頼っている建設業の分野では、政府調達を巡る不正やトラブルについて話を聞かない月はないほど問題が頻発している。建設業で政府依存度が高い理由は、治山、治水のための堤防の建設、ダム建設、河川改修、など公共土木工事や、道路、鉄道の建設や架橋、公共施設など建設工事の発注が多いためである。詳しい理由については後述するが、政府の調達発注を巡るトラブルという点に関しては極端に異なる二つの産業の政府への依存度がほぼ同じであるのは大変興味深い事実である。

その他の製造業で割合が比較的大きいのは、航空機、人工衛星、天体望遠鏡、各種兵器など政府にしか需要の無い特殊なものを作っている産業が含まれているためである。

表 17　政府の投入係数

経済活動別財貨・サービス投入係数表

（投入係数表）

一般政府のサービスを1単位生産するのに必要な投入要素	平成7年	平成12年
財貨・サービス＼経済活動	政府サービス生産者 %	政府サービス生産者 %
1. 産　　業	**26.766**	**27.033**
（1）農林水産業	0.281	0.237
（2）鉱　　業	0.007	0.005
（3）製 造 業	9.705	9.337
a. 食 料 品	0.977	0.760
b. 繊　　維	0.020	0.019
c. パルプ・紙	0.136	0.124
d. 化　　学	0.312	0.307
e. 石油・石炭製品	0.894	1.138
f. 窯業・土石製品	0.129	0.112
g. 一次金属	0.021	0.019
h. 金属製品	0.382	0.350
i. 一般機械	0.076	0.082
j. 電気機械	0.673	0.717
k. 輸送用機械	1.383	1.737
l. 精密機械	0.085	0.086
m. その他の製造業	4.618	3.886
（4）建 設 業	1.581	1.588
（5）電気・ガス・水道業	3.274	3.375
（6）卸売・小売業	0.000	0.000
（7）金融・保険業	0.301	0.393
（8）不動産業	0.209	0.152
（9）運輸・通信業	2.470	2.832
（10）サービス業	8.939	9.114
2. 政府サービス生産者	0.139	0.180
3. 対家計民間非営利サービス生産者	0.000	0.000
中 間 投 入 計	**26.905**	**27.213**
固定資本減耗	15.656	20.919
生産・輸入品に課される税（控除）補助金	0.098	0.110
雇用者報酬	57.341	51.759
営業余剰・混合所得	0.000	0.000
産 出 額	**100.000**	**100.000**

（出所）国民経済計算年報　平成 14 年、平成 21 年より転載。

投入係数表は、政府がサービスを 1 単位生み出すのに、どれだけの投入要素を必要とするのかを示した表である。

平成 7 年、平成 12 年いずれにおいても、最も必要としているのは雇用者への報酬の支払いである。平成 7 年には 57.3%が公務員やその他の政府の雇用者に報酬として支払われた。そして、平成 12 年にはこれが 51.7%に減少している。その減少分が、外注になるなどして、調達発注に影響を与えている。農林水産業(0.28%から 0.24%)、製造業(9.7%から 9.3%)も、この 5 年間に割合が減少している。

逆に増加しているのは固定資本の減耗で 15.3%から 20.9%に増加している。政府が投資を縮小していることを国民経済計算 SNA の統計のところで触れたが、すでに蓄積されている政府部門の資本は大きく、これが、固定資本減耗を大きくしている。実際に調達発注の対象となるものとしては、運輸通信は 2.4%から 2.8%に増え、サービスの調達も 8.9%から 9.1%と少し増えている。

このように高齢化と経済のサービス化に伴い、いわば、過去の蓄積を食べ、仕事の 1 割くらいは外注して政府の外の人に仕事をしてもらい、物を外部の人に運んでもらい、食べ物をへらし、機械や金属など道具や材料の節約をして暮らしている高齢化していく家庭の家計のような状況が日本の政府には起きている。

④会計別に見た政府の消費と投資

次に掲げた表は、これまでに述べてきた政府の消費や投資がどの会計から支払われ、政府の調達発注と結びついているのかを示す表である。

表 18　会計別に見た政府の消費と投資

公的支出の会計別明細表

（単位：10億円）

項　　目	平成8年度 1996年	%	平成19年度 2007年	%
1. 一般政府の最終消費支出	77,821.9	65.41	93,126.1	81.87
（1）中央	11,761.9	9.89	14,348.6	12.61
a. 一般会計	8,587.5	7.22	11,312.8	9.95
b. 非企業特別会計	2,157.0	1.81	2,253.5	1.98
c. その他	1,017.4	0.86	782.3	0.69
（2）地方	41,373.0	34.77	43,739.6	38.45
a. 普通会計	39,058.5	32.83	40,938.1	35.99
b. 非企業特別会計	2,314.5	1.95	2,801.6	2.46
（3）社会保障基金	24,686.9	20.75	35,037.8	30.80
一般政府の個別消費支出（現物社会移転）	43,256.4	36.36	52,321.2	46.00
（1）中央	1,905.2	1.60	1,983.8	1.74
a. 一般会計	183.3	0.15	246.8	0.22
b. 非企業特別会計	1,607.3	1.35	1,720.4	1.51
c. その他	114.7	0.10	16.7	0.01
（2）地方	17,030.3	14.31	15,973.7	14.04
a. 普通会計	17,030.2	14.31	15,973.7	14.04
b. 非企業特別会計	0.1	0.00	0.0	0.00
（3）社会保障基金	24,320.8	20.44	34,363.7	30.21
一般政府の集合消費支出（現実最終消費）	34,565.5	29.05	40,804.8	35.87
（1）中央	9,856.7	8.28	12,364.8	10.87
a. 一般会計	8,404.2	7.06	11,066.0	9.73
b. 非企業特別会計	549.7	0.46	533.1	0.47
c. その他	902.8	0.76	765.6	0.67
（2）地方	24,342.7	20.46	27,765.9	24.41
a. 普通会計	22,028.3	18.52	24,964.3	21.95
b. 非企業特別会計	2,314.4	1.95	2,801.6	2.46
（3）社会保障基金	366.1	0.31	674.1	0.59
2. 公的総資本形成	41,152.1	34.59	20,619.2	18.13
（1）総固定資本形成	40,774.9	34.27	20,360.8	17.90
a. 中央	9,457.8	7.95	6,213.3	5.46
①一般政府	4,758.1	4.00	4,119.2	3.62
（i）一般会計	1,048.0	0.88	755.5	0.66
（ii）非企業特別会計	3,462.7	2.91	3,293.7	2.90
（iii）その他	247.4	0.21	70.0	0.06
②公的企業	4,699.7	3.95	2,094.1	1.84
b. 地方	31,146.1	26.18	14,086.5	12.38
①一般政府	26,986.4	22.68	11,906.9	10.47
（i）普通会計	22,510.9	18.92	9,885.9	8.69
（ii）非企業特別会計	4,475.6	3.76	2,021.0	1.78
②公的企業	4,159.7	3.50	2,179.6	1.92
c. 社会保障基金	171.1	0.14	61.0	0.05
（2）在庫品増加	377.1	0.32	258.4	0.23
a. 中央	336.0	0.28	211.7	0.19
①一般政府	31.5	0.03	19.7	0.02
②公的企業	304.4	0.26	192.0	0.17
b. 地方	41.2	0.03	46.7	0.04
合　　計	118,974.0	100.00	113,745.2	100.00

（出所）国民経済計算年報平成21年版より転載。
%欄は筆者が算出したもの。

（注）総固定資本形成のうち，中央の「一般会計」及び「その他」並びに地方の「普通会計」には，これらの会計により建設される住宅が含まれている。

この表の1．政府の消費支出は大別して2つの異なる消費に分けられる。一般政府の個別消費支出（現物社会移転）と一般政府の集合消費支出（現実最終消費）である。個別消費支出（現物社会移転）に分類される消費は、個人が消費している物を政府が提供しているという意味である。戦争や災害で政府が調達して無償で配給される食べ物があればこれに当たる。予防注射の代金を政府が負担していればその政府負担分は個人の消費を政府が支払っている。同様に、各種の現物の給付はそれが何であっても個人的に消費するものであればこの分類に属する。つまり、政府が負担して個人に移転した消費である。

集合消費支出（現実最終消費）はだれが消費しているのかわからない消費支出である。ワクチンなら接種した人にしか効果は及ばないので個別消費であるが、防疫で伝染病が国内に入るのを防げばその費用はこの集合消費に分類する。紛争に巻き込まれるのを自衛隊が防いでいれば、自衛隊の経費は集合消費に充てられた費用である。つまり、政府自身が実際に消費していると考えることもできるし、国民全部で消費しているとも考えられるものがここに分類されている。

また、会計は官公庁ごとにまとめて集計される一般会計や普通会計と呼ばれるものと、事業や目的別に一般会計等の枠とは別に扱われている特別会計と呼ばれるものに分けられている。この別に扱われる会計のうち政府系の企業の会計を除いた、官公庁によって執行されるものが非企業特別会計である。

この表を一瞥すると、消費にせよ固定資本形成にせよ、中央政府である国の官公庁よりも、地方政府の方がかなり大きいことがまず特徴としてあげられる。

消費の内、国民に移転されるものは、地方政府の普通会計と、社会保障基金から主に支払われており、現実の消費あるいは集合消費されるものは、国の一般会計と地方の普通会計から支払われている。固定資本形成については、国では特別会計で支払われ、地方では普通会計で支払われている。

平成7年と平成12年を比較すると、国、地方を問わず消費が増加の傾向にある。一方、固定資本形成は中央地方を問わず減少している。中央政府の一般会計では金額が約 75%に減少し、地方政府の普通会計と非特別会計では半減以下になってしまっている。この傾向は公的企業の会計でも同様である。政府の調達発注の現場では、機械の発注や工事などの発注がたった5年の内に半減以下になるという状況が起きている。

⑤予算・決算(中央政府)

次に予算や決算の統計を見てみよう、ここに示したのは平成 12 年と 18 年の国の歳出の予算である。この統計には、他の会計へ繰り入れられる重複分が含まれているが、本書に掲載したものは、その重複分を除いたものであり、その会計から職員や業者に直接支払われる金額を集計したものである。それでも、合計が SNA 統計と比較すると大きな数字になるのは、こちらの方が受発注額に近い金額になっており、土地取引、為替管理、金融取引など GNE には算入されない支払いが含まれるためである。

表 19　政府の調達発注の予算

平成12年度歳出予算使途別分類

千円

	一般会計	特別会計	政府関係機関	計
人件費(職員給与)	3,728,738,145	4,156,067,140	110,387,403	7,995,192,688
人件費(その他給与)	611,123,103	593,547,445	14,817,312	1,219,487,860
旅費	125,386,348	61,240,563	6,269,227	192,896,138
物件費	2,766,621,317	4,073,577,087	60,387,961	6,900,586,365
施設費	1,368,722,505	5,464,175,502	0	6,832,898,007
補助費・委託費	23,540,905,783	34,329,483,702	101,516,027	57,971,905,512
計	32,141,497,201	48,678,091,439	293,377,930	81,112,966,570

平成18年度歳出予算使途別分類

千円

	一般会計	特別会計	政府関係機関	計
人件費(職員給与)	3,490,442,469	560,833,456	98,028,280	4,149,304,205
人件費(その他給与)	636,627,605	98,499,735	12,788,407	747,915,747
旅費	108,663,112	17,440,552	6,142,599	132,246,263
物件費	2,867,493,309	1,420,540,913	110,778,642	4,398,812,864
施設費	927,546,370	3,750,874,323	0	4,678,420,693
補助費・委託費	23,189,732,353	27,251,896,880	78,650,274	50,520,279,507
計	31,220,505,218	33,100,085,859	306,388,202	64,626,979,279

(出所) 大蔵省主計局調査課編、『財政統計』、
平成12年度、平成18年度、332-360ページより転載。
補正後の予算で他会計への繰入は除いてある。

この内、政府調達システムを経て支払われるのは、物件費と施設費で、補助費・委託費の一部にも政府調達システムを経て支出されるものがある。この大きな数字は非常に見にくくてわかりにくいので、筆者が GDE との比に加工したものを次に掲げる。上述のように SNA 統計には含まれないものが、予算には計上されているので、この数字は GDE のそれだけが政府の支出によって構成されていることを意味しているのではなく、比較の目安として GDE を用いていることを留意したうえで、次の表を見て頂きたい。

表 20　政府の調達発注の予算の GDP との比

平成12年度歳出予算使途別分類

%

	一般会計	特別会計	政府関係機関	計
人件費(職員給与)	0.740	0.824	0.022	1.586
人件費(その他給与)	0.121	0.118	0.003	0.242
旅費	0.025	0.012	0.001	0.038
物件費	0.549	0.808	0.012	1.369
施設費	0.272	1.084	0.000	1.355
補助費・委託費	4.670	6.810	0.020	11.500
計	6.376	9.656	0.058	16.090

GDP　504,118.8 (10億円)

平成18年度歳出予算使途別分類

%

	一般会計	特別会計	政府関係機関	計
人件費(職員給与)	0.677	0.109	0.019	0.804
人件費(その他給与)	0.123	0.019	0.002	0.145
旅費	0.021	0.003	0.001	0.026
物件費	0.556	0.275	0.021	0.853
施設費	0.180	0.727	0.000	0.907
補助費・委託費	4.495	5.283	0.015	9.793
計	6.052	6.417	0.059	12.528

GDP　515,857.9 (10億円)

(出所) 同上　及び　平成 21 年版国民経済計算年表をもとに、筆者が算出したもの。

一般会計には人件費や補助金などで政府調達システムを経由しないものが半分以上含まれている。特別会計では人件費の割合は小さいが、補助費、委託費とて大半が支出されているので、中央政府の予算で政府調達システムを経て支出されるものは、一般会計で GDP 比 0.7～0.8%程度、特別会計で 1～2%程度、あわせて GDP 比 2～3%前後ではないかと思われる。

平成 12 年度と平成 18 年度を比較すると、特別会計の物件費は 1/3 程度に減少しており、施設費は約 2/3 に減少していることが分かる。

⑥予算・決算(地方政府)

地方の歳出については決算の統計がある。この統計にも都道府県の支出と市町村の支出に重複する部分があるので、それを差し引いた純計が、合計については示されている。市町村には一部事務組合を含んでいる。

表 21　地方の歳出における政府の調達発注

平成11年度団体別・性質別歳出決算

	都道府県	市町村純計	合計	純計（千円）	純計GNE比（%）
人件費	15,895,544,695	11,151,939,187	27,047,483,882		5.41
物件費	1,790,031,882	6,197,276,131	7,987,308,013		1.60
維持補修費	426,373,195	667,087,445	1,093,460,640		0.22
扶助費	1,396,587,595	5,516,132,015	6,912,719,610		1.38
補助費等	7,758,293,969	4,011,541,754	11,769,835,723		2.36
･･･	･･･・	･･･・	･･･・		
歳出合計	54,191,184,641	54,018,058,882	108,209,243,523	101,580,133,468	20.33

(出所) (財)地方財務協会、『地方財政統計年報』、平成 13 年度版、2001 年より転載。

純計 GNE 比は筆者が算出したもの。

『国民経済計算年報』、平成 21 年版によると、平成 11 年度の GDP は 499,544.2(10 億円)である。

平成17年度団体別・性質別歳出決算

	都道府県	市町村純計	合計	純計（千円）	純計GNE比（%）
人件費	15,008,560,787	10,255,690,920	25,264,251,707		5.02
物件費	1,596,896,856	6,176,430,610	7,773,327,466		1.54
維持補修費	407,078,147	651,560,410	1,058,638,557		0.21
扶助費	952,900,756	6,714,880,836	7,667,781,592		1.52
補助費等	9,207,685,532	3,290,043,022	12,497,728,554		2.48
･･･	･･･・	･･･・	･･･・		
歳出合計	47,873,300,582	49,060,696,293	96,933,996,875	90,697,341,587	18.02

(出所) (財)地方財務協会、『地方財政統計年報』、平成 19 年度版、2007 年より転載。

純計 GNE 比は筆者が算出したもの。

『国民経済計算年報』平成 21 年版によると、平成 17 年度の GDP は 503,186.7(10 億円)である。

この統計を見てみると地方政府においては人件費が GDP 比で 5%余りあり、調達発注の対象となる物件費や維持補修費はあわせて GDP 比で 1.8%程度ある。また、こうした経費は人件費とともに減少の傾向にある。

このように日本の政府の調達発注の規模と内容は、戦争によって急変し、最近では徐々に変化している。政府の調達発注制度はこのような急激な変化にも、また、緩やかな変化にも対応できるように作られている必要があるのである。本書の第 3 章と第 4 章において、新規参入のある場合や、業者の数に対して、発注件数が多い時や、少なくなってしまった時に関する分析を行うのはこのためである。

(2)日本の国内規定

次に、この調達発注を支えている現行の日本の制度がどのようなものであるのかを見てみることにする。

日本では政府による調達や発注は、一般的な民間の取引と同じく、民法、商法で規定されている。さらに、公的資金を使うため、財政法、会計法、予算決算令、各種省庁令と各部門の会計規則などがあり地方自治法にも規定がある。また、これを逸脱した場合には、法人はこれらの法律により指名停止などの行政処分を受け、当事者は刑法上の規定によって重罪となることは先にも述べたが、憲法によっても制約を受けている。そして、日本の政府調達の規定は米国の FAR のように統一されたものではなく、多数の法令に分かれている。しかし、その全体をまとめてみると、次表のように米国のものと良く似た法体系になっている。

表 22　日本の政府の調達発注に関する主な規定

規定	名称／内容	備考
議会の予算決定権		
憲法第 83 条	財政処理の基本原則	国会の議決に基づいて行使
憲法第 85 条	国費の支出及び債務負担	国会の議決に基づく
憲法第 86 条	予算 （国は**単年度主義**）	毎会計年度毎に予算を作成、 内閣が国会に提出、 国会の審議と議決
会計法第 27 条	過年度経費の支出 （国は**単年度主義**）	過年度の経費はその現年度の経費から支出（去年のものは去年の予算で支払う）
憲法第 87 条	予備費	内閣の責任で支出、 事後に国会の承認
財政法第 14 条 1	歳入歳出予算	歳入歳出は、すべて、これを予算に編入しなければならない。
財政法第 14 条 2	**継続費**	工事、製造その他の事業で、その完成に数年を要するもの。経費の総額、年割額を定めて、予め国会で決議、その後も国会は審議の対象にできる。（このため国では艦船建造など特殊なもの以外認められていない、途中で中止もありえる）
財政法第 14 条 3	**繰越明許費**（遅延などにより使い残した経費を翌年に使うことができる）	予め国会で決議が必要
財政法第 15 条	国庫債務負担行為	法律に基づくものまたは歳出予算若しくは継続費の総額の範囲内におけるもののほか、国会の決議を経たもの
財政法第 31 条	目的外使用の禁止	予算及び継続費が対象
財政法第 32 条	彼此移用又は流用	予め予算で国会の決議を経てあり、財務大臣が承認した場合に限り移用できる。
地方自治法第 201 条	総計予算主義の原則	一会計年度における一切の収入及び支出

		を予算に編入
地方自治法第 211 条	予算の調製及び議決	普通地方公共団体の長が予算を調製し、議会の決議を経る
地方自治法第 212 条	**継続費**（地方では多年度にまたがる継続が許されている）	履行に数年を要するものは予算により総額年割り額を定め数年度にわたり支出することができる
地方自治法第 213 条	**繰越明許費**（遅延などにより使い残した経費を翌年に使うことができる）	予算成立後年度内に支出を終わらないことになったものを翌年度に繰り越して支出する
契約の担当		
会計法第 10 条、第 29 条	支出負担行為、支出事務の管理、契約	**各省庁の長**が行う
会計法第 22 条	支出	**各省庁の長は支出官に委任**できる
会計法第 28 条	支払	支出官の振り出した小切手により日本銀行が支払う
会計法第 29 条	契約	**各省庁の長は契約担当官に委任**
地方自治法第 96 条第 5 項	**議会による契約の締結**	一定の金額を超える契約は議会の議決で行なう。**（国会にはない地方議会の権限）**
入札制度		
会計法第 29 条の 3 の①	**競争、指名競争、随意契約**	特に定めるものの他は、**契約は公告により競争に付さなくてはならない**
会計法第 29 条の 4	**入札保証金**	競争に加わるものは 5%以上の保証金を納めなくてはならない(例外の免除規定あり)
会計法第 29 条の 5	**競り売り・入札**	特に競り売りをおこなう場合を除き、**入札による**
会計法第 29 条の 3 の①	**指名競争**	条件は政令（予決令または予会令と呼ばれる勅令）による
会計法第 29 条の 3 の①	**随意契約**	条件は政令（同上）による
予算決算及び会計令（昭和 22 年勅令第 165 号とその改正令多数）第 99 条	一般競争、指名競争、随意契約など	随意契約　予定価格を定め、なるべく 2 社以上から見積
内閣及び総理府所管契約事務取扱細則など	一般競争、指名競争、随意契約など	各官庁令
各官庁機関の入札規則、入札心得、会計規則、契約規則	**一般競争、指名競争、随意契約**など	**ここで具体的な金額や方法が定められている。**(具体例は次表)
地方自治法第 234 条の①	契約の締結	**売買、賃借、請負その他契約は、一般競争入札、指名競争入札、随意契約または競り**

		売りの方法により締結
地方自治法第234条の②	指名競争入札、随意契約または競り売り	(自治体の条例ではなく、国の定めた)政令で定める場合に該当するときに限られる
競争入札参加資格		
会計法第29条3の②	参加するものに必要な資格	政令(予決令/予会令)で定める
予算決算及び会計令第70条	資格制限(欠格要件)	特別の理由がある場合を除き、成年被後見人、被保佐人及び破産者で復権していないもの
予算決算及び会計令第71条	**指名停止**	不正行為があってから2年
予算決算及び会計令第72条	**審査、等級別格付**	契約実績、従業員数、資本金、経営の規模及び状況
予算決算及び会計令第73条	特別の資格	上記の資格以外に必要な資格
地方自治法第234条の⑥	参加するものに必要な資格	(自治体の条例ではなく、国の定めた)政令で定める
地方自治法施行令第167条の4	**参加資格の制限と停止**	1.契約を結ぶ能力の無いもの、破産者は参加させることができない。 2.事実があってから2年間参加させないもの。①工事製造を粗雑にし、品質数量に不正の行為、②入札の妨害、③落札者の契約締結の妨害、④監督検査の妨害、⑤契約の不履行等
会計検査		
会計検査院法第22条	必要な検査事項 (必ず行う)	国の収入支出 国の現金、物品、国有財産の受払 国の債権、債務の増減 日本銀行が国のために行う業務 国が資本金の1/2以上出資の法人 など
会計検査院法第23条	任意的検査事項 (必要なとき行う)	国の工事の請負及び国に対する物品の納入者のその契約に関する会計
不当廉売の防止		
会計法第29条の6	契約の相手方の決定	公正な取引の秩序を乱すことになるおそれのあって著しく不適当であるとき予定価格の範囲内で決定
地方自治法第234条③	契約の締結	予定価格の制限の範囲内での最低価格を相手方とすることができる

独占(カルテル)の禁止		
私的独占の禁止及び公正取引の確保に関する法律(独占禁止法)第2条	定義	⑨二、**不当な対価**をもって取引すること
不公正な取引方法(昭和57年6月18日公正取引委員会告示15号)6	**不当廉売**	正当な理由がないのに商品又は役務をその供給に要する費用を著しく下回る対価で継続して供給し、その他不当に商品又は役務を低い対価で供給し、他の事業者の事業活動を困難にさせるおそれのあること
私的独占の禁止及び公正取引の確保に関する法律(独占禁止法)第3条	**取引制限の禁止**	受注の割り当て、入札価格に関する情報交換を通じた価格の規制、受注予定者の事前決定などの取引制限の禁止
私的独占の禁止及び公正取引の確保に関する法律(独占禁止法)第8条	**事業者団体の活動の規制**	競争の制限の禁止、国際的協定や契約の禁止、事業者数の制限の禁止、構成事業者の機能、活動の不当な制限の禁止、不公正取引の強要の禁止
私的独占の禁止及び公正取引の確保に関する法律(独占禁止法)第49、53、54、85、89、90、92、95、96条	**審判、訴訟、課徴金、懲役、罰金、解散**	独占禁止法違反に対する処置を定めたもので、公正取引委員会による審判、課徴金の納付命令、訴訟、事業者団体の解散までの手続きをきていしたもの
倫理規定		
刑法第95条	公務の**執行妨害**及び職務強要	暴行、脅迫を用いた妨害(公告、入札、契約、検査なども公務)
刑法第96条の3	競売等妨害、**談合**	①偽計又は威力を用いて、公の競売又は入札の公正を害すべき行為 ②公正な価格を害し又は不正な利益を得る目的で談合した者
刑法第193条	汚職の罪 （公務員**職権乱用**）	公務員がその職権を乱用して人に義務の無いことを行わせ、又は権利の行使を妨害したとき
刑法第197条	汚職の罪（**収賄**、受託収賄及び事前収賄）	①職務に関する賄賂の収受、要求、約束、②その仲介
刑法第197条の二	汚職の罪（供賄）	公務員や仲介人が第三者に賄賂を供与させたとき
刑法第197条の三	汚職の罪（加重収賄及び事後収賄）	以上の罪が重なるときや、事後的に賄賂を受け取ったとき

刑法第 197 条の四	汚職の罪 （あっせん収賄）	公務員が請託を受け、他の公務員に職務上不正な行為をさせるように、又は相当の行為をさせないようにして賄賂を収受、要求したとき
刑法第 198 条	**贈賄**	上記の賄賂を送った側の罪
公職にある者等のあっせん行為による利得の処罰に関する法律　第 1 条①、②	**公職者あっせん利得**	公職にあるもの(衆議院議員、参議院議員、地方公共団体の議会の議員もしくは長)が①国や地方公共団体、②①の出資している法人が締結する契約等に影響力を行使しして、その報酬として利益を得たとき
公職にある者等のあっせん行為による利得の処罰に関する法律　第 2 条①、②	**議員秘書あっせん利得**	議員秘書が上記の利益を得たとき
公職にある者等のあっせん行為による利得の処罰に関する法律　第 3 条	**利益供与**	上記の利益の提供
国家公務員倫理法、国家公務員倫理規程	**贈答、接待、便宜供与などを一切排除する規定**	人事院に、国家公務員倫理審査会を置く。違反者には懲戒の処分
社会経済関係規定		
中小企業基本法第 21 条	国からの受注機会の増大	国は、中小企業が供給する物品、役務等の調達に関して受注の機会の増大その他の政策を講じる
明文の規定は無いが方針として採られている	中小企業官公需特定品目	繊維製品、家具、機械すき和紙、印刷、潤滑油、事務用品
労働基準法第 6 条	中間搾取の排除	何人も、法律に基づいて許された場合の外、業として他人の就業に介入して利益を得てはならない。
労働基準法第 32 条	労働時間	①使用者は、労働者に、休憩時間を除き一週間について 40 時間を超えて、労働させてはならない。 ②一日につき 8 時間を越えて労働させてはならない。
労働基準法第 37 条	時間外、休日及び深夜の割増賃金	25%の割増
雇用の分野における男女の均等な機会及び待遇の確保等に関する法律	男女の雇用機会均等	

(出所)『小六法』、『防衛実務小六法』、斉藤(2001)、各公官庁の『調達規則』、『入札心得』より筆者が作成したもの。

上記の法令に基づき、各官公庁の調達窓口では、個別に調達規則を定めている。ある役所では、物品の調達に関して、次のような規則がある。いささか数字が小さい理由は、数十年間改定されないままになっており、物価の上昇に対応できていないためである。このように金額に応じて指名される業者の数が増える規則が一般的である。

表 23　入札に関する現場の規則（非公開の場合もある）の例

予定契約額(M：百万円)	指名業者数
～　0.5M	随意契約（1社との交渉）
～　1M	2社以上の指名競争
～　5M	3社以上の指名競争
～　10M	5社以上の指名競争
～　100M	10社以上の指名競争
100M　～	一般競争入札（社数無制限）

(出所)東京都内の区役所の物品調達規則の一例。

（業者には知らされているが、一般に公表されているものではないので、具体的にはどの区のものかを示すことはできない。）

全体としては、憲法から現場の窓口までの規定が、体系とし整った形で存在しているが、特別に教育を受けた一部の公務員以外には、ほとんどこの体系の全容は知られていないのが実情である。その原因は、**各官公庁の窓口毎に規則を作る体系**になっているため、FAR のような形で公表するとかえって混乱してしまうためではないかと筆者は考えている。**実務に当たる職員や、出入り業者は、窓口毎に異なっている個別の規則に従わなくてはならない。**

現場の実情に則した規則で運用できる点は大変優れた制度である。しかし、後に述べるように、現場では手に余るものになってしまっており、この点は改革が必要になっている。

(3)日本の制度や制度改革の背景にある循環的な歴史

米国では、国防総省を中心に冷戦体制を解除して、次の体制へ移行するために生じる調達発注の減少をあらかじめ予測し、議会で与野党が議論をしながら周到な準備が整えられ、その方針に従って、改革が進められたことを上述したが、日本の改革は少し異なった観点から実施されてきた。

その背景には、日本の政府の調達発注制度の極めて長い歴史がある。米国は 1776 年に独立を宣言した建国200 年余りの国である、このため体系的な連邦調達法 FAR が整備され改定されてきた。一方、日本はその始まりが神話の時代にさかのぼり、正確なことはわからない。昭和 13 年(1938)に建国 2600 年が祝われた。厚生省が設置され、政府の調達発注に多大な影響を与えることになる国家総動員法が成立したその当時の政府調達の目玉のひとつは航空機であった。採用年が一目でわかるように型式に建国以来の年号を付けるようにしたが、年号が長くなりすぎて呼ぶのに困るので、下二桁だけにした。2599 年の陸軍の九九式双発軽爆撃機や 2600 年の海軍の零(れい)式艦上戦闘機(通称ゼロ戦)などである。今は、それからさらに 70 年以上たっている。つまり、2700 年ほどの歴史があり、後述するように、政府の調達発注に関する資料はその後半のものが残っている。後半といっても千年以上前の平安時代には法令がすでにあった。

この長い歴史の中で、それぞれの時代の要請に合わせて、政府の調達発注制度が整備されてきた。武田晴人がその著『談合の経済学』(武田(1999))の序文において、「ある時期に違法だと考えられていたものが、法の改正によって適法となることはあり得るし、その逆も同じであろう。」と述べているように、時代とともに政府の調達発注制度のルールは変化してきた。以下に示すように、筆者は、その過程で、次のようなことが何度か繰り返されてきていると考えている。

・制度が整備され**煩雑化**すると、

・次第にその制度は**形骸化**し、

・**簡略化**が行われるようになる。

・すると、しばらくして**競争政策の再度の徹底**が必要になり、

・**新たな競争政策**が導入される。

・競争が激しくなると、**ダンピング**が行われ、

・利益が出なくなると、**手抜きなどが横行**する。

・また、競争を避けようと、**談合**が行われるようになる。

・不正を見逃すまいと**政策の見直し**が行われ、

・**制度が整備**されなる。

・整備された制度は精緻なものになり**煩雑化**していく。

このような循環が生じてしまう理由を、一言で言うならば、日本の調達発注制度にいまだに不備が多いためである。今、進められている改革もその歴史の循環のひとこまであり、過去の歴史の影響を受けている。従って、1項目として扱うには少し長くなり過ぎるので、ここで、章を改めて、その歴史と最近の制度改革や問題について論じることにしたい。

第２章　調達発注制度の歴史

この章は、先行研究の成果の要点をまとめて、筆者の考え方を付け加えたものである。従って、政府の調達発注制度には歴史的循環があり、それが繰り返されていることを見出したこと以外は、個々の研究成果のほとんどが、先行研究によるものである。

第１節　調達発注の歴史

(1)筆者の知る最古の記録

政府の調達発注制度の歴史は古い。中国の春秋戦国時代、紀元前 6 世紀、日本ではまだ縄文時代、中国では周の求心力がおとろえて春秋戦国時代に入ろうとしていたころに記された兵法書に調達発注に関する記述がある。中国山東省にあった斉の国で生まれ呉の将軍になった孫武や斉の国の軍師になった孫臏の残した兵法書『孫子』の二章「作戦」には、

「善用兵者、役不再籍、糧不三載、取用於国、因糧於敵。故軍食可足也。」

と書かれている。これが詩経などのもっと古い中国の古典や、ギリシャ、中東の古典については余り知識がない筆者の知っている最古の政府調達の原理についての記述である。おおよその意味は「上手に戦争をするものは、兵役などの人の徴用を二度は行わないし、食糧や兵器の輸送は三度は行わない。費用は国(派遣部隊の所在地)で負担し、派遣先の地域で調達発注を行う。故に、派遣部隊が補給や食べるものに困らないようにすることができる。」というものである。

孫子の分析の対象は、生活水準も敵地と母国で変わらず、豊かな食料のある中国の内戦における調達と補給に関する教訓であり、輸送のコストの削減方法に関するノウハウである。そして、調達発注に関しては一般論が成り立たないという事実も重要である。

派遣先の地域が貧しかったり、天災や戦災で疲弊していたりする場合には通用しない。今日の自衛隊の派遣や、第二次世界大戦の占領地域ではまた別の政策が必要になる(今井(1987))。孫子に習い現地調達の方針で部隊を派遣し、第二次大戦ではガダルカナル、インパールなどで、多数の犠牲を出した。

本書の観点から、さらにもう一つ重要なことは、度重なる徴用や長期にわたる再三の補給、派遣先での課税などが行われていたために、このような記述を孫子が残していると思われる点である。孫子の時代には、すでに政府の調達発注に関して効率が研究の対象であったと見てよいのではないだろうか。

日本の弥生時代(AD400 年ころ)高句麗(現在の安寧省、吉林省、朝鮮民主主義人民共和国)では、好太王(こうたいおう、広開土王(こうかいどおう)、高談徳(コウタムドク))が契丹(きったん)と北魏(ほくぎ、現在の河北省)に遠征した際の言い伝えが残っている。側近が遠征の戦費を賄うための追徴の提案をしたところ、それまでの内戦や外征(百済(くだら)、伽耶(かや)で倭わの勢力とも交戦)で国民に負担を課したあとであったので、好太王は追徴案をしりぞけ、商人や貴族からの食糧や兵器の提供を公募し、その提供したものの多寡に応じて契丹の岩塩の交易権を分け与えることにしたという。この政策は成功し必要な食料や兵器が揃い、遠征は成功した。確認は取れていないので定かではないが、「太王四神記」にあるこの話が史実に基づくものならば、競争原理を政府の調達発注に導入した事例として伝えられるものの中で最も古いものかもしれない。好太王は書記官をおき行政の記録を開始した最初の王としても知られている。このいずれの時代も、その当時の日本の行政の記録である『天皇記』は蘇我入鹿の乱の際に焼失したとされており、調達発注に関して何か書かれていたかもしれないが、現在は知る由もない。

(2)積算基準の整備と簡素化(平安時代～鎌倉時代)

日本の古い記録は、コストに関して分析がされていたり、競争原理の導入に関するものであったり、法令として整

備されているものであったりする。この記録は平安時代以後については残っていて、研究されている。岩松(2008)によると、最も古い資料は養老律令の施行令である延喜式(927 年撰上、967 頒布、(児玉(2008))の中にある。宮内省の建設官司である木工寮(もくりょう)に「筭師(さんし)」という積算部門を担当する役職があった。岩松(2008)によると、筭師の作る「功程注文」という積算書類には、材料の員数・規格・代価および作料が記されていて、当時、計画段階における積算は「勘定支度」や「用途支度」と呼ばれていた。岩松(2008)には『工程』ではなく『功程』と記されている。平安時代にはこの文字が使用されていたようである。「支度(したく)」とは用材や費用の見積を含めた造営計画というような意味である。これは、現在の制度でいえば、支度が予算要求のための見積書、注文は発注仕様書であろうと筆者は推定している。さらに、施行令の下の細則についても岩松(2008)は触れており、「延喜木工寮式」と呼ばれる細則は、長功(夏)、中功(春・秋)、短功(冬)と呼ばれる季節による日照時間の差まで考慮した人工(にんく)の計算方法などが指定された精緻なものであった。

平安時代の集権的な律令体制が崩れ、地方分権が進んでいくと、中央官庁に専門の部門を設置して詳細な積算をする方式で工事が行われていた積算の方式も変化する。岩松(2008)によると、中世鎌倉末以降には「損色(そーしき)」と呼ばれる、単価方式の簡易な計算方法が使われるようになったようである。

それぞれの荘園や領地が独立色を強めると、工事などの管理は、それぞれの領主のもとでできる範囲のことで済ませるしかなくなっていったものと思われる。平安京(京都)における中央官庁では、計算にたけた人材をあつめて、手間のかかる複雑な積算作業ができたかもしれないが、地方分権が進み、各所領の地方政府の数は数百～千数百あったと思われるので、その一つ一つの地方政府が、同じ素養を身に付けた積算のプロを採用することはできなかったものと思われるからである。

(3)自由化と競争政策の導入(室町時代～戦国時代)

室町幕府ができたころから、次第に交易や商業も盛んになったが、その中で、大内氏が明との貿易で栄えるなど、当初は大名の中に通商を行うものが出てきた。この対明貿易で、大量の銅銭が我が国に持ち込まれ、貨幣が流通するようになる。その後は、斎藤氏のように商人で財をなし大名になったものも出てくるようになる。そして、交易に不利な内陸の国でも、甲斐の武田は、築城などの箱モノ行政を止めて金、水晶など鉱山の開発や治水事業を優先し、経済基盤を強化するようになる。一向一揆や堺の町では、百姓や町衆による自治も行われるようになった。このことは、政府の調達発注の仕組みにも大きな影響を与えることになる。

斎藤道三は三段構えの槍隊を組織し、その娘婿で熱田港の管理で財をなした織田信長は三段構えの鉄砲隊を組織した。この部隊は、農業をやりながら戦争もしたそれ以前の武士とは異なり、平時には、油の流通の管理や港の管理などの勤務をしながら戦に備えて集団戦法の訓練をしている。有事の際には季節を問わずいつでも戦える部隊である。つまり、行政機構と常備軍が商業や物流の基盤の上に編成された。その行政や、部隊の維持に必要な、物品役務工事の発注は貨幣で行われるようになった。これを徹底しようとしたのが楽市、楽座と呼ばれる織田信長の自由化政策である。つまり、新規参入者に出店させないようにして独占的な商業権を守ろうとする商工業者の組合や、地元の土豪の特権をはく奪することが楽市、時には全国的ネットワークにまで発展していた同業者の業界団体を廃止するのが楽座であり、それを、庇護して経済基盤としていた勢力は大名でも宗教団体でも義理の弟でも、かまわず織田信長は排除しようとした。

織田信長の財務を担当していたのが豊臣秀吉であり、金銀を蓄積したことで知られているが、鉄砲もお金で買え、行政や防衛に当たる武士もお金で雇い入れられる時代になったということである。この流れの影響で、政府の調達発注にも入札による競争が取り入れられるようになった。

武田(1999)には、こうした時代を背景に秀吉の家来たちが、入札で業者を選ぶので、見積の半分で落札が決まったりする。このため、手抜きが行われ、本阿弥光悦が嘆いていたことが紹介されている。

(4)競争政策の見直し(豊臣政権後半～江戸時代初期)

その後、競争政策の行き過ぎが問題になり、政府調達制度に変化が起きる。1591年に二つの出来事があった。千利休の切腹と士農工商制の導入である。利休の自刃した理由は複数挙げられているが、その中に、大徳寺山門の普請の請負において、自分の木像をかざるなど無断の**設計変更**があったことと、道具などの納品に**水増し請求**があったことが挙げられている。また、士農工商の身分が分離されたことにより、発注者である藩士と、請負や納品に当たる商人が分離された。利休は民間人で商人であり営業もするかたわら、今でいえば省庁の官房秘書課長にあたる茶頭の筆頭を務めていた。周囲は利休に仕官を勧めたが、商人のまま自刃する道を選んだ。最近、公務員の天下りが問題になっているが、この当時は、逆に、民間人の公務員の兼務が問題になった。官と民の人の行き来を規制する点では共通している。この競争政策の見直しの後、文禄の役、慶長の役があり明、朝鮮との戦争が行われた。

1614年の冬の陣、1615年の夏の陣で、豊臣方が徳川方に敗れたが、豊臣方の主戦力は浪人の部隊で、公募して採用された兵士であったの対して、徳川方の主力部隊は御家人、旗本が中心で、譜代の家臣、つまり世襲制の武士の部隊であった。こうした一連の事件が背景となり、政府の調達発注制度は次第に変化する。

武田(1999)によると、江戸の町の造営は、幕府が諸大名に夫役を命じた直営工事であった。また、京都の幕府御用の作事の中井家は、材木等の資材や小規模な工事は入札するが、測量、設計、見積を行うのみならず、畿内にいる配下の大工や職人を動員して施行にも当たっていた。

(5)競争原理の導入の再開(江戸時代中期～幕末)

この直営方式の工事も、身分制度を作った建前からいえば、監督に当たる者と、作業に当たる者が同一であることはおかしい。このため、工事の設計や監督に役人が当たり、これを請け負う業者が施工に当たる形式に変化する。武田(1999)には、当初は中井家の見積価格の妥当性の検証のための入札が行われ、それから数十年をかけて、両替商の井筒屋七郎兵衛が比叡山の西塔の入札に参加したりして、実際に応札する者が請け負う形になり、中井家は監督する立場になっていったことが書かれている。

その頃になると、特命の随意契約も行われるようになる。加賀藩は佐藤助九郎に藩の大規模工事を任せている。

また、1664 年には八丁堀同心町の鉄砲安土工事の入札公告が行われた記録が残っていることや、江戸の町の殆どの橋の保守を年間 800 両で白木屋と菱木屋が請け負うなど、請負業者の顔ぶれの固定化が始まったことも武田(1999)には、書かれている。

こうした、入札や請負制度の復活に伴い、制度も整備されるようになった。岩松(2008)によると 1751 年に宝暦の制度改革が行われ、積算の資料の大工手間本途帳(だいくてまほんどちょう)と諸物品の価格のデータブックである諸色値段本途帳(しょしきねだんほんどちょう)などが定められた。

それから 100 年を経て 1853 年になると、品川台場増築のような大規模な工事も入札に付されるようになった(武田(1999))。

岩松、武田等の研究は、主として大規模な造営、建築、土木工事に関するものである。他の分野に関しては、郷士などによる開墾や営農などの例外を除いては、江戸時代を通して、農民が作物を作り、小規模な工事や製造は職人が請負い、物品は商人がお城に納める方式で各藩の調達発注が行われ、城下町が発展した。それを各藩が奨励したことも周知のとおりである。江戸、長岡、名古屋、京都、大阪などの大都市には、物流や金融の市場が発展し、為替による決済も可能になった。この中で入札や随意契約で請負や納品が行われてきたのである。

(6)新分野における問題の発生と法令の整備(明治時代)

明治維新を経て、欧米の制度を取り入れた近代化が行われたが、政府の調達発注制度の歴史を理解する上で、忘れてはならない点は、行政の単位が維新ではあまり変わらなかった点である。明治4年(1871年)に廃藩置県が行われ、1890 年には府県制郡制が公布されているが、もとの藩が、県、郡、市、町、村として残った。このため、江戸時代と基本的には変わらない地方政府の調達発注窓口が残り、これに加えて、中央政府、軍、学校、病院などの機関や鉄道など国営公営の事業の調達発注窓口が新設されて、近代化が開始されることになった。

新分野の調達発注に関しては、どの業者も全てが新規参入者である。そして、そうした分野では、次々に過当競争や政治家を巻き込んだ不正が問題になったことが日本土木史や日本建設業史などを研究した武田(1999)には記されている。

この当時新分野で発生した問題の事例をいくつかあげると

鉄道

- 1880 年、敦賀線の工事で鹿島が大きな赤字を出して、鉄道局長の判断でその半分程度を補助した。
- 1890 年、素人請負業者の集団甲州組が中央本線の甲府～韮崎間の工事を落札
- 1893 年、京都鉄道、一期工事に談合屋(暴力団)による工事妨害

港湾

- 1890 年、若松港築港埋め立て工事に、医者が応札して落札
- 1892 年、横浜港築港事業セメントの品質不良で工期が延びた。

逓信省

- 1890～1911 年、シーメンス、AEG などの協定による談合
- 1898 年、シーメンス事件、逓信省の機器納入で、シーメンス社、逓信大臣林有造の間でコミッション契約

などである。

この問題は当時の人々に看過されたわけではない。官民両サイドで、混乱を避けるための対策が取られ、ルール作りが行われた。

- 1869 年(明治 2 年)、薩長土肥の4藩が版籍奉還を奏上した年に、監督司(現在の会計検査院)が設置され、「営繕に関する物品の価格と品質に関する調査」がその任務として与えられている(安藝(2001))。1872 年に廃藩置県が実現するよりも3年前のことである。1880年に監督司は会計検査院となったが、実際に本格的な活動が開始されるまでには充分な準備期間必要であったようである。この布石は後述する会計法等の法規が整備されて威力を発揮する。
- 1886 年に会計法取調委員が任命され、フランス、ベルギー、イタリアなどの会計法を翻訳し、公告、入札、その他特例について研究が開始された(武田(1999))。
- 1889 年帝国憲法、皇室典範とともに**会計法**も公布され、翌年には、上述の府県制、郡制が公布される。これを契機に会計検査院は決算検査報告を開始した。次表は、安藝(2001)に掲載されている会計検査院の指摘件数の統計であるが、政府の調達発注を含む歳出の問題点が会計検査の開始とともに多数指摘されるようになって、今日に至っている。

この会計法では 24 条に「法律勅令ヲ以テ定メタル場合ノ外**政府ノ工事又ハ物件ノ売買貸借は総テ公告シテ競争ニフスヘシ**」という、大原則が掲げられた。日本の国内法の競争政策の原点はこの会計法の条文にあり、現在も、会計法第 29 条の 3 の①にこの原則が踏襲されている。

表 24　会計検査院の指摘

検査報告掲記件数の推移

年　度	歳　入	歳　出	その他	合　計	年　度	歳　入	歳　出	その他	合　計
明治 24	16	62		78	8	47	74	4	125
25	19	20		39	9	27	70	5	102
26	5	30	1	36	10	21	61	3	85
27	7	31		38	11	28	67	8	103
28	9	19		28	12	27	60	3	90
29	5	62	1	68	13	13	49	4	66
30	4	91		95	14	32	92	2	126
31	3	99		102	15 昭和 元	27	93	4	124
32	2	151	1	154	2	27	70	6	103
33	14	139	3	156	3	25	35	7	67
34	14	103		117	4	26	45	7	78
35	13	62		75	5	42	46	4	92
36	11	55	1	67	6	26	40	2	68
37	23	40	2	65	7	24	38	1	63
38	7	23	6	36	8	27	37	3	67
39	21	26	5	52	9	30	40	3	73
40	32	76	2	110	10	24	54	4	82
41	25	72	6	103	11	22	36	1	59
42	14	37		51	12	25	33	1	59
43	9	72	1	82	13	21	38	1	60
44	8	68	1	77	14	15	21		36
45 大正 元	19	46	2	67	15	62	21	1	84
2	8	50	1	59	16	69	19		88
3	11	42	3	56	17	51	16	1	68
4	11	21	2	34	18	71	11	1	83
5	12	14	1	27	19	29	1		30
6	19	39	4	62	20	15	18	1	34
7	39	49	4	92					

（出所）　安藝忠夫、『公共工事と会計検査』、経済調査会、初版 1995 年、改定 4 版 2001 年、669 ページより転載。

しかし、会計法をもとにして会計検査院が指摘をすることで、状況が改善したわけではなかったことが、上表の歳出に関する指摘事項がすぐには減っていないことからわかる。法体系が競争政策を重視するなかで、政府の調達発注の分野において、過当競争が発生し、ダンピングや手抜きが問題になり、会計検査で問題が多数指摘される困った事態になってしまった。

(7)解決策の模索の時期(明治後期～昭和初期)

①会計法の但し書

競争の推進だけでは円滑な政府の調達発注をめぐる問題が解決しないことは、様々な事例や、議会等で行われた多くの議論を通じて、会計法の制定の前からある程度認識されていたようである。1889 年に公布された会計法には「**法律勅令ヲ以テ定メタル場合ノ外**」という但し書きが競争の適用に付けられている。勅令があれば入札をしないでもよいため、その後、多くの勅令が発せられたことから、競争政策の後退であるとの考え方もあるが、後述するように、競争政策、特に、入札制度は、それがうまく機能する条件は限られており、その条件が成立しない場合の対策であったのではないかと筆者は考えている。当時には、今のような経済学や政策学が確立されておらず、どのような場合に競争原理がうまく機能し、どのような場合にはうまく機能しないのかを示すことができなかった。また、うまくいかないときに代替手段として何をすべきかも提示することができなかった。気づいていながらうまくいかなかったので、なんとももどかしいが、とにかく例外を作るルールはできた。

大変な労力と犠牲が伴ったが、何とかして、この問題を回避したり、解決しようとしたり、努力がされてきたことだけは、以下に述べるそれ以後の歴史をみてみると確かなようである。

②会計検査の指摘

会計法が成立すると、会計検査院は、同法の精神に反するものはなんでもどんどん指摘し始めた。筆者はこれを非難しているのではなく、制度がまだ不十分であったので、会計検査院は当然のことをしただけだと思っている。また、無責任なことをしたとも思っていないし、もっとできることがあったとも思っていない。むしろ、会計検査により、いろいろなことが記録されるようになり、明らかになったことで、それ以後の改革が進んだことを評価するべきである。

安藝(2001)によると、明治 24 年(1891 年)の決算検査報告から、公共工事に関する指摘事項が記載されるようになった。その最初の年には、

- 仕様書で業者が負担することになっている費用を割増金として支払ったもの。
- 堤防の災害の復旧にあたり、復旧の程度を超えた工事を行い、工事費の一部を村長他土木担当者の賞与金として支出したもの
- 造船所建設工事において、途中で工事を放置したため関連工事費が無駄になったもの

が指摘されている。安藝は理由については書いていないので、推測するしかないが、これらは、官公庁側の問題であるようにもみえるし、最初の 2 件は業者の見積のミスによる損失補填であった可能性もある。3 件目は契約金額が低すぎたか、業者の能力の不足かもしれない。

明治 24 年～明治 44 年(1891 年～1911 年)の間の公共工事に関する指摘には、

- 施工不良　142 件
- 契約の不適切　86 件
- 積算の過大　37 件
- 工事費の目的外流用　347 件

が含まれている。また、この 20 年間には、日清戦争、日露戦争があったため陸海軍に関する指摘も行われている。

- 陸軍の兵器庫工事は出来上がりが設計と相違している上、モルタル、目地が固まらないなど施工不良がある。
- 旭川兵舎の工事で資材費や運搬費用が過大に積算されている。
- 海軍の広島軍用水道は日清戦争の軍の駐屯地費用として着工されているが、清国とは和議が成立しているし 1/60 しか施工されていないので、予算の目的外使用である。

などその数は 561 件にものぼっている(安藝(2001))。

つまり、会計検査の始まったことにより、積算の問題とと施工不良の問題が指摘されるようになったのである。

③近代積算技術の導入

会計検査で上記のような指摘ができるようになった背景には、上述の会計法の整備や会計検査院の設置に加えて、近代的な積算技術が早々に導入された背景があった。岩松(2008)によると、英国には積算士Quantity Surveyor(QS)という職業があり、その職能団体であるRICS(Royal Institution of Chartered Surveyors)は1868(明治元)年に設立され、Royal Charterが冠せられたのは1881年のことである。洋風建築術は1877(明治10)年にできた工部省工部大学校(のちの東京大学)で外国人らによって本格的に教育され、その知識は明治期以降の日本人建築家や建設工事業者らに吸収・咀嚼されていった。近代以降の積算技術の先駆となったのは、1897(明治30)年東京京橋の建築書院発行の『建築工事設計便覧』と称するポケットブックといわれている。

④会計法の施行による競争の激化

会計法が施行され、競争が原則となったことにより、さらに競争が激化した。それまで、特命などで工事を発注する顧客を持たなかった業者も仕事が取れるようになり、大林組が設立されるなど、新規参入が可能になった一方で、日本土木会社のような大資本が仕事が取れなくなってしまった(武田(1999))。

⑤調達発注の受け皿会社の試み

過当競争から不良工事が行われたり、施工能力のない業者が受注する問題を民間の側からなんとかしようとする試みも行われた。日本土木会社は、1887 年に当時の国家予算の 1/4 にもあたる資本金を用意して、官公庁の需要の受け皿となることを目的とした会社で、渋沢栄一が仲介した藤田組と大倉組のジョイントベンチャーである。しかし、1889 年に会計法が公布され、1990 年から入札制になったため、ダンピングして受注する新規参入者などに仕事を取られてしまい。1893 年には解散し、残務整理のための大倉土木が設立され、極めて短命に終わってしまった(武田(1999))。

⑥贈収賄、談合、仕様の操作の横行

受け皿会社も失敗し、施工不良や、ダンピングの相次ぐ中で、1890 年～1910 年頃には、政治家や官吏と結託したり、力で無秩序な状態を統制しようとしたりする者が出てきた。ひとつは、政治家や高級官僚をバックにして売り込む方法で、1898 年のシーメンス事件がその例である。逓信大臣、次官、工務長らに発注額の5%を支払う協定をシーメンスは結んでいた。また、1912 年には陸軍の移動式無線機、1914 年に海軍の軍艦購入をめぐりシーメンスは陸海軍の高官に多額の賄賂を贈っていて、政治問題化した。これが**贈収賄**である。

もう一つが、プロの談合屋の台頭である。暴力による統制をしかけたりすることで、談合の結束力を維持する商売が成り立つようになってしまった。安い価格で応札しそうな相手方を妨害する入札妨害があったことが間組や鹿島組の社長の回想などで語られている。1910 年ころには朝鮮では談合金目当ての無資格業者が乱立、1911 年には談合屋同士の殺傷事件も東京駅の工事で起きている。大正の初めころの関西では、落札業者へ談合屋が「お慶び」に出向き5%程度の談合金を受け取る「団子どり」も行われるようになった。談合の仕組みも次第に確立されるようになり、1911 年頃の名古屋鉄道局の工事の発注などでは、各社が見積を出しその平均値を予定見積とする「書き取り」、談合金の金額や落札価格を決める「部競(ぶせり)」により落札予定者の決定が行われ、さらには、予定通りに落札できなかった場合に談合金の減額で救済する「ないとこべり」の仕組みまで用意されるようになった。これは、**談合組織による入札の前の入札制度**である。

また、大資本家たちが、上級の官吏と組んで、資材の産地や外国の機材の種類を特定して、納期を短く区切り、特定の会社に有利な条件を付した入札をしていることも批判されるようになった(武田(1999))。

そうしたメカニズムの詳細な分析については本書で後述するが、実態として何が起きたのかについては武田(1999)に集められているので以下⑦～⑱にその要点を整理しておく。

⑦発注の減少による競争の激化

この当時、建設工事や土木工事の分野で、激しい競争が起きた理由は、会計法だけが原因ではない。日露戦争のあった前後 1900 年～1910 年ころになると、大きな鉄道建設工事が一段落し、発注される工事は地方の小規模なものを除いてほとんどなくなっていったため、競争は激化した。山陰線の工事や朝鮮における鉄道や兵営工事では、無理な入札で業者が苦しんだ。

⑧議会の決議

議会も競争を激化させる働きをした。今日では、安全保障にかかわるものは WTO 条約でも入札によらない例外として認められている。この当時は GATT すらない時代であり、帝国議会では、1903 年に衆議院で、近衛第 7 師団の兵営工事が随意契約されたことが問題になり、会計法 24 条違反と決議が行われている。

⑨優良業者の官公庁離れ

1899 年の大阪高等師範学校の入札では、錢高組など得意先を持っている業者や、陸軍の工事で損をした竹中工務店など他の業者は見向きもせず、1892 年創業の大林組一社となったため、大林がもう一社を頼んで応札してもらったというようなことが起きている。

⑩業界としての対応

日本土木会社は会計法の施行で失敗に終わったが、こうした過当競争を避ける試みが再び行われる。1899 年には、日本土木組合が結成される。また、朝鮮総督府や軍部が指名業者の範囲を拡大して、入札により業者を競わせて、契約価格を引き下げようとしたのに対抗して、工友倶楽部が 1906 年頃にソウルで結成されている。

⑪資格要件の強化

施工不良に悩まされている官公庁の側でも、不良業者の締め出しを必要としていた。このため取られた対策がいくつかあり、その一つ目が、資格要件の強化である。1900 年に会計規則で「入札参加者は工事や物品の供給に 2 年以上従事していることを証明し、見積代金の 5%以上の保証金を預けること」を要件とした。さらに、1909 年には大蔵省令で「個人、直接国税年額 200 円以上で制限なし。法人、工事費が資本金出資額または払込額の半分まで。」の要件が課されるようになった。

⑫指名入札制度の導入

二つ目は、入札に先だって、業者をある程度選定してしまう指名制度の導入である。1900 年の勅令 280 号で、この指名入札制度が導入された。「政府の工事または物件の購入で無制限の競争に付するを不利とするとき」に業者を指名することになっていて、当初は例外規定であったが、入札といえば指名競争であると思われるまでに一般化した。この条件についての但し書は、どういう場合が不利なのかについては何も示していない。これが、指名が一般化してしまい、一般競争が余り行われなくなった理由であると筆者は考えている。本書の目的の一つは、この条件を明らかにして、どういう場合には指名が必要で、どういう場合には一般競争が合理的なのかを示すことにある。

⑬罰則規定(行政処分)の導入

三つ目の対策は罰則規定の導入である。過当競争の原因のひとつとなった会計法を改正して、1902 年に「粗雑な工事」、「入札妨害」、「価格の競上げ、競りさげを目的とした連合」を**行政処分**の対象として、2 年間入札資格が停止されることになった。

⑭随意契約の拡大

四つ目の対応は、競争をさせないようにする方法である。会計法には「法律勅令ヲ以テ定メタル場合ノ外」と但し書きが当初から付けられていたことを上述したが、この規定を利用して、指名先を 1 社として競争をさせないようにする方法がとられた。1890 年～1920 年の 30 年間に出された**随意契約**のための勅令は 100 を超えている。

このような背景から 1921 年には会計法が改正されて随意契約を認めるケースを列挙し、さらに、「国務大臣前項の方法(一般競争入札)ニ依リ契約ヲ為スヲ不利ト認ムル場合ニ於テハ**指名競争**ニ付シ又ハ随意契約ニ依ルコトヲ得」として「主観的認定」により指名競争や随意契約ができるようになった。

⑮複制限、二重価格制限

ダンピング競争を防止して不良業者の落札を防ぐために、単純な最低価格を落札とするのではなく、予算の上限とは別に、下限をあらかじめ定めておいて、その範囲に入った札の内最低のものを落札とする方式がある。上下に制限を付けるので**複制限**とか**二重価格制限**と呼ばれる方式である。逓信省が 1892 年～1893 年にかけて、物品購入だけでなく、中小汽船の修繕や新規の工事で複制限を設けたことを、問題とする報告書が、1895 年 2 月 22 日、衆議院で決算の審議に提出された。本件は、議会でも相当もめたようで、議会が最終的に 1891 年度の決算を承認したのは 1901 年 3 月である。逓信省の措置は違法(会計法第 24 条違反)であるが、その後改善の跡が見られ、また、契約の実害はなかったとの判断であった。

1920 年になると、内務省令 36 号「道路工事執行令」で、予定価格の 2/3 を下限とすることが決められた。その後、道路工事以外の工事でもこれに準じた取り扱いが行われるようになっていった。

⑯政策の限界

一連の不良業者排除のための法的な改革にも関わらず、施行不良の原因となる、過当競争によるダンピングは後を絶たなかった。1912 年には台湾縦貫鉄道の工事で予算 42 万円に対して鹿島の落札価格は 28 万円、鉄道局は、工事用の機械を貸与したり、追加工事を発注したりして、赤字を補填して何とか完成させなくてはならなかった。

また、談合についても状況は改善しなかった。朝鮮では、予算を節約しようとして、指名業者の範囲を広げ、競争させて値段を下げる政策が取られ、これに対して談合を企てるものが続出し、1936 年までに朝鮮高等法院が有罪とした談合は 32 件にもなった。この 32 件のうち、2 件が 30%以上、4 件が 20%以上、12 件が 15%以上、平均 14%の**談合金の授受**が約束されていた。

1919 年の長野県上田町の小学校建設に関する談合事件は大陪審(最高裁)まで争われた。その結果、無罪となった。これは、談合を**詐欺罪で起訴**した事件で、無罪になった理由は、「①注文者は工事の内容をよく知っていて予定価格を定めているのだから、その制限内で落札者が決まる以上、価格については発注者がだまされていることにはならない。②談合に基づく入札は注文者に対して価格についての判断を誤らせることを目的とする手段ではなく、入札者が自分に有利な価格を主張する方法ととらえるべきである。③談合金の授受があったかどうかも詐欺罪が成立するかどうかに関係がない。」というものであった。この結果、談合は半ば公然と行われるようになったようである。

また、朝鮮高等法院の判決と大陪審の判決を重ねて、**談合は罪にならず、談合金は罪**になるという考え方が広がることになった。

⑰業界団体による対応

業者の間で受注調整を行う形で、ダンピング競争を避けることにして、プロの談合屋(暴力団や不良報道機関)を談合から排除すれば、談合金の授受をしないでもよい。談合は罪にならず、談合金は罪になるという考えに立てば、これは合法であると考えられるようになったようである。

こうして、作られた団体は、1920 年に協和倶楽部、1925 年に土木業協会、1932 年に花月会、1938 年に日本土木工業協会などがあり、日本土木工業協会は社団法人としての認可も得ている。

⑱入札の妨害と談合に対する規制

談合に対する規制が在来の法体系では不十分なことが上述のようにはっきりしてきたため、**刑法が改正**された。1940 年に提案され 1941 年に改正された刑法の**入札妨害罪**は「偽計若クハ威力ヲ用ヒ公ノ競売又ハ入札ノ公正ヲ害スベキ行為ヲナシタル者ハ二年以下ノ懲役又ハ五千円以下ノ罰金二処ス」ことになっており入札の妨害行為が明確に刑事罰の対象となった。また、談合についても「公正ナル価格ヲ害シ又ハ不正ノ利益ヲ得ル目的ヲ以テ談合シタル者亦同ジ」として**談合罪**が規定された。

(8)競争政策の見直しと国家総動員体制(昭和初期～終戦)

上述の法規が整う少し前、1927 年(昭和 2 年)に金融恐慌が起こった。1928 年に事態は徐々に悪化し、競争どころではない経済状況が広がり始めた。この年に日本商工会議所が設立されている。1929 年には鋼材連合会が設立され、1930 年には推定失業者 36 万人という状況になった。そして 1931 年重要産業統制法が公布されるに至る。

こうして、競争の時代から統制の時代への変化が始まった。重要産業統制法は、各業界にカルテルの結成を推進するもので、日本土木工業協会などはこの政策に乗る形でできたものである。土木業界のほかには、1931 年に鉱業では産銅カルテル、運輸では日本郵船と大阪商船の運航協定ができ、造船連合会が設立されている。

この動きは 1932 年以後もさらに進み、1932 年の王子、富士、樺太の三大製紙会社の合同、1933 年には石油販売カルテル、1934 年に 6 社の合同した日本製鉄株式会社の設立とつづき、1938 年に国家総動員法が成立し、1939 年に賃金統制令と価格統制令がでて、1940 年には政党も大政翼賛会に統合された。(児玉(2008))

上述したように、刑法に入札妨害罪や談合罪が取り入れられたのはその翌年のことであり、しばらくは、あまり意味をもたない制度になってしまった。

(9)競争政策の再度の導入と混乱(戦後～20 世紀末)

競争政策が官公庁の調達発注に再度導入されたのは第二次大戦後のことである。この時代の調達発注制度の研究や資料は、武田(1999)、岩松(2008)にも一部が書かれているが、小川(1994)、公正取引委員会の各種資料がある。これらについては参考文献のリストに主なものを掲載した。また、各種の法律や条約、各官公庁の公開している資料なども本書の作成に利用した。会計検査報告や安藝(2001)に示されている膨大な検査の指摘事項については、本書の趣旨からみて個別の事象に余りに深く入り込み過ぎている点と、件数が極めて多いため、後半の分析に必要な範囲でのみ触れることにする。

①1947年(昭和22年)の法体系の整備

1947年(昭和22年)に戦後の法体系の基礎になる新法の制定や法令の改正が行われた。列挙すると次のようなものである。

・独占禁止法の制定

独占禁止法(昭和22年4月14日法律54号)でGHQによる民主化の一環として独占行為が禁止された。この法律では、第3条で事業者による私的独占とともに不当な取引制限が禁じられた。また、第8条では、事業者団体が、競争を実質的に制限すること、国際協定違反、事業者の数の不当な制限、事業者の活動の制限、不公正取引をさせるようにすることが禁じられた。これをうけて同年7月1日**公正取引委員会**が設置された。

・会計法の改正

昭和22年3月31日法律第35号で、会計法が改正された。この第29条の6は、「契約担当官等は、競争に付する場合においては、政令の定めるところにより、契約の目的に応じ、予定価格の制限の範囲内で最高又は最低の価格をもつて申込みをした者を契約の相手方とするものとする。」となっている。会計法の入札の原則が、ひとつの選択肢に変えられ、予定価格の範囲内で落札者を決めることになった。

・予算決算及び会計令(予決令)

昭和22年4月30日勅令第165号で、予定価格の作り方と使い方が定められた。具体的には、

予決令第79条は「契約担当官等は、その競争入札に付する事項の価格を当該事項に関する仕様書、設計書等によつて予定し、その予定価格を記載し、又は記録した書面をその内容が認知できない方法により、開札の際これを開札場所に置かなければならない。」となっており、予定価格の作成と使用が決められた。

予決令第80条は「(1項)予定価格は、競争入札に付する事項の価格の**総額**について定めなければならない。ただし、一定期間継続してする製造、修理、加工、売買、供給、使用等の契約の場合においては、**単価**についてその予定価格を定めることができる。(2項)予定価格は、契約の目的となる物件又は役務について、**取引の実例価格、需給の状況、履行の難易、数量の多寡、履行期間の長短等を考慮して適正に定めなければならない。**」となっている。

このことは、予定価格を定める方法は、1項を適用して積算により、総額か単価を決める方法と、2項を適用して実例価格(官公庁の他の契約の実績や市場価格)とすることができる。また、「需給の状況、履行の難易、数量の多寡、履行期間の長短等を考慮して適正に定めなければならない。」とあり、本書の後半において検討することを考慮するように書かれている。しかし、どうやって考慮するべきか、どう判断するか、この時代には基準を示すことができなかった。後述するように、それから60年以上の歳月を経て、多くの研究が蓄積されてきており、本書ではこの基準やそれを実現する方法を提示できるようになっていることを第3章〜第5章で示すことにする。

・法律171号

昭和22年12月の法律第171号は、上記の積算の基準を定めており、建設請負工事については、統制額に基づいた事後原価計算(それもアメリカ式原価計算)を請負業者に行わせて、個別の統制額を規定するのと同じ効果を得ようとした。

これらの法令の制定や改正で、戦後の政府の調達発注の改革が始まったが、以下に述べるように、問題が次々に発生し、その都度改善が行われ、62年を経た、本書を書いている2009年の時点でも、まだ、充分に完成された

制度であるとは言い難い状態にある。この点も、ソフトウェアが発達したことにより、様々な方法で原価計算が手間をかけずにできるようになっているので、どのような管理会計が必要なのかを第 5 章で説明する。

②積算の基準の混乱

法律 171 号が公布・施工された 1947 年(昭和 22 年)12 月の時点では、日本の国内は統制経済の下にあった。しかし、実際にはヤミ市場が広がり、物の大半がヤミ市場で流通するようになり、何かを手に入れようとしても、公定価格で物が手に入ったわけではないのだが、まだ、統制価格の制度が存在していた。

このため、事後原価計算(アメリカ式)を求められた業者は、工事や納品する物の製造に関する管理会計の帳簿を、実際の価格で付けておいて、後で、仕入や外注の単価をこの公定価格に置き換えて資料を作り直す作業をさせられることになった。これを岩松(2008)は、「法律 171 号は受注者側に煩雑な作業を強いた。」と述べている。

このため、わずか1年半後の 1949 年 4 月に改正され、従前の原価計算主義による複雑な手続きを廃止し、官側が算定する予定価格の範囲内の競争入札契約であるならば、その契約額総額を公価(マル公)として取り扱うと改められ、民間の業者の手間は軽減した。その代わりに予定価格の算定には官公庁側での詳細な積算が必要となり、その過程が会計検査の対象ともなった。積み上げるコストの説明責任はこの時に民から官へとバトンタッチされた(岩松(2008))。

この結果、業者の側は原価計算(管理会計)のシステムを各社各様に作って良いようになり、場合によると、原価計算の仕組が社内になくても良いようになった。建設業では、免許の更新の際に、経営事項審査を受けることになっていて、その中で工事別の原価計算書が作られているかどうか審査を受けるが、他の業種では、社内的に良ければそれで良い状態が今日まで続いている。

この問題の解決策については、本書第 5 章の管理会計の検討の中で示すことにする。

③ダンピング、手抜きの発生、指摘の急増

入札が再開されるとダンピングが発生するようになる。武田(1999)は「建設工業の概要」から興味深い次の例をあげている。1949 年に一般競争入札を国鉄が採用した時の記録である。1 件当たり 30～50 社が参加、**落札率**(落札価格の予定価格に対する比率)は、採用直後の 10 月 67%、11 月 62%であったが、この現象は一時的で、12 月には 80%台、1950 年 6 月には 92%になったとのことである。

競争の再開により値引き競争になり無理な受注が発生すると、手抜きも発生した。1955 年～1956 年(昭和 30 年～昭和 31 年)に、旧陸軍大学校校舎を買収、改築し青山中学が開校したが、開校 1 か月で壁が崩れ、水がもり、建てつけの悪い戸が倒れて次々にガラスが割れた。競争入札で請負った吉富建設は完成後しばらくして倒産したため、手直しも要求できなくなった。

このような事態にならないように、損失を手抜きなどの方法で穴埋めしようとする者があらわれる。安藝(2001)はこれに関する統計による分析が行われている。安藝によると、終戦直後の 1945 年～1949 年(昭和 20 年～昭和 24 年)には、終戦処理費や価格調整費など多額の財政支出が必要であったため、公共事業費は圧縮を余儀なくされていたが、昭和 25 年(1950 年)ころから、増加するようになってきた。このため経済復興期の昭和 26 年から数年間、次表のように指摘が急増している。

指摘された内容は、施工不良の他に、架空工事、二重査定、疎漏工事(施工不良よりも程度の悪い工事)などである。特に、架空工事や二重査定で費用を捻出したのは、過当競争で落札価格が低くなりすぎて、工事そのものが行き詰るのを業者のみならず官公庁もなんとかしなければならなかったことが背景にあるものと筆者は推測している。

表 25　急増した公共工事の指摘

26～32年の公共事業の指摘

年＼工事	直轄工事	補助事業
昭和26年	62件	500件
27	34件	1,166件
28	51件	1,279件
29	118件	1,114件
30	128件	907件
31	60件	598件
32	19件	194件

（出所）　安藝忠夫、『公共工事と会計検査』、経済調査会、2001年、671ページより転載。

④指摘、施工不良への対応

こうした事態を収拾するために、発注の方法を改善し、業者の格付制度と、制限価格制度を導入し、不適切な会計処理に対しては厳罰を課す対策が取られた。

1950年(昭和25年)**中央建設業審議会**は政府の諮問に応えて行った建設業の実態調査により、**格付け制度の導入**と**最低落札価格制限**の制度を採用するよう答申した。

格付け制度で業者を規模や実績などにより等級に分け、これに合わせて発注すると、一つ一つの等級で競争する業者の数は減る。これによって、競争が緩和することが期待された。総合建設業の場合にはA～Eの5等級、専門業者はA～Dの4等級に区分されるようになり、今日でもこの格付け制度は維持されている。

最低落札価格制限は、複制限、二重価格制限として上述した入札の方法で、あまりにも安い札を入れた業者を失格として、予算の上限と最低制限価格の間の札の中で最低の業者が落札する方法である。この方法は、1963 年の地方自治法施行令改正で正式に認められ、その後、地方公共団体に広く普及した（岩松(2008))。

罰則に関しては新法が作られた。1955年(昭和30年)には、**補助金等に係る予算の執行の適正化に関する法律**(昭和三十年八月二十七日法律第百七十九号)が作られて、違反者に対しては、最高で懲役5年、罰金100万円など刑法の詐欺罪に匹敵する厳罰が規定された。

こうした、格付けの結果、新規に創業したり参入をする道が閉ざされたり、地方の中小零細企業が大都市に基盤を持つ大企業に負けて仕事を失ってしまうようなことになると、雇用不安や社会不安といった、また別の問題が起きてしまう。このため、その受け皿も用意された。1966年(昭和41年)に、「官公需についての**中小企業者の受注の確保に関する法律**」(昭和41年6月30日法律97号)である。この法律により、資本金3億円従業員300人以下の製造業、建設業、運輸業、資本金1億円従業員100人以下の卸売業、資本金5千万円従業員100人以下のサービス業、資本金5千万円従業員50人以下の小売業に対する受注の機会の確保のために、国、公社等から直接、発注し、その額の報告を各大臣が行うことになった。

こうした一連の対策の結果、毎年1,000件を超える指摘が行われていたのが、1960年代後半(昭和40年代前半)には百数十件程度、1975年頃(昭和49年～53年)には数十件程度にまで減少した(安藝(2001))。

⑤積算技術と法律知識の啓蒙、報告の開示

無理な値引きや、不当な積算をなくして、政府の調達発注を円滑に進めるためには、積算や原価計算の手法の研究や啓蒙普及が不可欠である。発注者の側で、見積や入札金額を査定するのに必要なことはもちろんであるが、業者の側でも見積や請求をどのようにすればよいのかが分からなければ、政府の調達発注は円滑に行えない。

工事の分野の積算技術は 20 世紀後半には目覚ましい発展を遂げる。建築の分野を研究した、岩松(2008)が、「昭和24(1949)年、日本建築学会に建築経済委員会ができてから、60年になり、建築コストの拡張概念である積算やコスト論や建築費というカテゴリーでは、さまざまな研究が戦後から行われている。それは積算法、積算基準、積算の電算化、見積書式、積算業務、コスト分析、コストプランニング、コスト管理、単価問題、諸経費、建築費の推移、建築費の国際比較、冬期増工費、再建築費、などのサブ概念・テーマで括られるようなものである。」と述べているのは、その一例であり、土木、電気、造園、道路、下水道などの工事の分野や、建築物や設備などの維持管理業務、設計業務などの分野でも積算に関する研究は重ねられ、最近では資料が容易に手に入るまでになってきている。経済調査会が発行している資料だけでも、

月刊のものが

積算資料、建築施工単価、土木施工単価、土木施工単価利用の手引

図書が

工事部掛要覧(建築・設備編)

建築工事の積算

工事部掛要覧(土木編上)

工事部掛要覧(土木編下) から

まんが電気工事の積算　まで約 30 にも及ぶ。

また、指摘事項についての情報は、毎年発行されている会計検査報告書や会計検査のあらましに、詳しく記載されているし、最近は、戦後の官公庁の調達発注制度のもとで発注側の官庁や、会計検査院で実務に当たってきた OB が、具体的な事例について解説した書物を出版するようになってきている。本書に引用した斉藤 (1994)、安藝(2001)などがその例である。

こうして「予定価格の秘密が守られていても，予定価格の積算基準は知られているので，予定価格の推定は容易である。」と金本(1993-2)が述べるに至るほどの状況ができてきた。そういう意味では、工事関係の積算の分野は、情報の開示や、情報の使い方の啓蒙が非常によく行き届いているいる。ある意味では、行き過ぎている面もあり、公正取引委員会の経済取引局取引部取引調査室が、2000 年(平成 12 年)9 月 8 日に「建設業関連団体による『積算資料』、『建物物価』等への価格掲載について」(公取(2000-2))という文書をだして、(財)経済調査会と(財)建設物価調査会の月刊誌『積算資料』と『建設物価』に掲載されている価格を、官公庁も業者も参考にして見積をたててしまうので、自由な価格形成を妨げる恐れがあると指摘したほどである。

一方、物品や役務の調達に関する費用の積算技術は、工業簿記、管理会計などの分野がこれに当たる。本書では後に詳しく触れることになるので、ここではこの点を指摘するにとどめるが、この分野は、業者の資格審査において、個別の製品やサービスの製造原価報告書の作成は義務付けられていない場合がほとんどである。そのため、一般に、全ての情報が公開されるといった状況にはなっていない。むしろ、業者の企業としての経営判断のツールとして手法の研究が進み、電算化が進む中で、いろいろなことができるようになり、政府の調達発注の分野よりも、もっと広い範囲で応用されるものとなってきた。

このように、官公庁の発注する工事などの分野と、官公庁の調達の対象となる物品役務の分野で状況が違ってきている理由は、大まかに言うと、物品役務の方は、民間にニーズがある市場があり、発注される工事などは民間には需要がなく、市場が形成されておらず、量産の対象にはなりにくいものであるためである。しかし、官公庁の発注す

るものの全てが民間と共通でないわけではなく、官公庁の買う物の全てが民間でも必要で市場があるわけでもない。この点が、後に官公庁の調達発注制度に別の形の問題を起こすことになるが、20 世紀の終わりころには、積算と管理会計という形で知識が広がってきた。

⑥戦後の談合

過当競争の防止については上述したが、過当競争があれば談合が起きる。戦後も談合は形を変えて発生してきた。そこで、談合についても戦後の状況とそれに対して取られた政策を振り返っておこう。

・刑法の限界

刑法の談合罪ができた時には、すでに経済の統制が始まってしまっており、せっかくできた規定も使い道がなかったことはすでに述べたが、1947 年から再び競争政策が導入された結果、その適用される事件が起きた。

1949 年に岡山県の土木工事をめぐり、談合屋の仲介で、予定価格の検討、落札価格の協定、落札人の絞り込み、歩競りによる談合金の決定などが行われていた。この事件は、談合入札とその幇助で 39 人が起訴された。しかし、1951 年 5 月、「公正な価格を害し、又は、不正に利益を得る目的があったか否かの証明がない」と全員無罪の判決が出てしまった(武田 1999)。ここでも、「公正な価格」とか「不正な利益」という概念が規定されていなかったり、証明されていないことが問題になっている。同様に 1964 年の草津市と石部町の上下水道工事においても無罪判決が出ている。

一方、1949 年に起きた山口県玖珂郡和木村中学校新築工事の談合事件では、第一審の岩国簡易裁判所は、談合と談合金の存在から有罪とし、二審、最高裁もこれを認めた(武田 1999)。つまり、戦前の談合金は有罪、談合は無罪の状況を刑法の規定は改善することができなかったのである。

・独占禁止法の適用

戦後に作られた独占禁止法はその効果を発揮した。1948 年、国内の合板メーカー多数が，事前に入札価格について種々雑談することによって，各自，自己以外の者の入札価格を察知し，大多数がほとんど同一価格で入札した。この事件は、独占禁止法第 3 条違反となった(武田 1999)。

こうして、刑法の適用が難しい談合に対して公正取引委員会が独占禁止法を武器に立ち向かうことになるが、まず、公正取引委員会が解決しなければならなかった問題は、統制経済の後始末ともいうべき大きな問題であった。公正取引委員会事務局が 1979 年(昭和 54 年)発行した、「事業者団体の活動に関する独占禁止法上の指針」には、参考例として、業界の団体の関与した談合の事例が多数掲載されている。総動員体制の統制のために、これらの業界団体が設立されたことは上述した通りであるが、戦後、競争による調達発注が再開されて、過当競争の状態が起きると、業者が頼る先は当然のこととしてその業界団体となる。また、個々の業者が勝手に競争するのではなく、同業者が集まって相談するという習慣が総動員体制の下でできていた。この結果、独占禁止法が適用された多くの事例が、業界団体による談合であった。1948 年経済統制組織が解散した後、公正取引委員会から、独占禁止法違反とされた業界は、最初の数年だけでも

合板メーカー、
絹織物販売業者、
歯科用品小売業者団体、
家庭用電気器具製造・販売業者団体、
教図類出版・販売業者団体、
写真機製造業者団体

となっている。この一連の談合の特色は、統制経済時代の名残を濃く残している点で、官公庁の調達発注だけをねらった談合ではない点である。官公庁の調達発注ももちろん被害にあうが、一般の消費者であれ、進駐軍(在日米軍)であれ、すべての受注販売について、影響を与えていたものが多い。こうした事例の中で

- 合板メーカーの進駐軍向けの談合(1948 年)、
- 熊本県道路舗装協会(1979 年)、
- 水門工事業者(1979 年)、
- 静岡県建設業者協会(1980 ～1981 年)、
- 測量業者団体(1982 年)

については、その業界の客先が官公庁に限られているため、官公庁に対する談合になっている。

⑦談合への対応

1947 年(昭和 22 年)7 月 1 日に公正取引委員会が設立されたが、すぐに今日のように談合などの官公庁の調達発注に関する問題に目を光らせることができたわけではない。初めのうちは、経済全体に広く影響を与える一般的なカルテルなどの行為に対処することが優先されたようである。

1974 年の石油やみカルテル事件をきっかけに公正取引委員会は独占禁止法の運用を強化、1977 年の羽田ヒューム管事件、1979 年の熊本県内道路舗装工事事件のころから、受注予定者の割り当ては競争を実質的に制限する違法な行為として規制の対象としたようである(武田(1999))。

1979 年(昭和 54 年)8 月 27 日に公正取引委員会は、業界団体の一般的なカルテルなどへの独占禁止法の適用の詳細をまとめた、**「事業者団体ガイドライン」**と呼ばれている「事業者団体の活動に関する独占禁止法上の指針」をまとめており、その中で具体的に事例をあげて、どのような行為が独占禁止法の適用の対象になるのかを示している。

1994年(平成6年)に、公正取引委員会のまとめた、**「入札ガイドライン」**と呼ばれている「公共的な入札に係る事業者及び事業者団体の活動に関する独占禁止法上の指針」に採録されている政府の調達発注に直接関係する談合等の事例が、1948 年(昭和 23 年)の進駐軍向けの合板入札価格協定以外は、1979 年 10 月～12 月に勧告や審決のあった熊本県道路舗装協会の事件以後のものであることから、武田(1999)が述べている通り、このころから公正取引委員会が入札等の官公庁の調達発注の分野に本格的な独占禁止法の適用を開始したことが確認できる。

独占禁止法の適用の開始により、「談合金は有罪、談合は無罪」という戦前からこの時期までの考え方はもはや通用せず、「談合だけでも違法」という考え方に立つことになった。

⑧政治家や公務員の関与

戦後から今日に至る半世紀余りの間の政府の調達発注に関するもう一つの問題は政治家や公務員のの関与の問題である。特に、大きく報道されたものからいくつか例をあげても、

- 1960 年代～1970 年代には、埼玉県の工事の受注をめぐって土曜会の事件で、中村喜四郎元建設大臣が逮捕されている。
- 1976 年の全日空の後継機をめぐるロッキード事件では、田中角栄元首相が逮捕されている。
- 1979 年の防衛庁の対潜哨戒機や戦闘機に関するグラマン・ダグラス事件では岸信介・福田赳夫・中曽根康弘・松野頼三の名前が取りざたされ、松野頼三は政治献金として受け取ったことを認めた。
- 2007 年には防衛装備品の調達等に関した山田洋行の事件では守屋武昌前防衛事務次官が逮捕されている。
- 2008 年には西松建設の事件で、自民党の森喜朗・二階俊博・尾身幸次・加藤紘一、民主党の小沢一郎代

表等の政治団体への献金が問題になった。

などがある。こうした、国政や中央官庁のトップの関与している事件の他に、中央地方の公務員の関与した事件は限りがない。

・1994年の山梨県土木事務所発注工事の事件では、県建設業協会の支部長等は、現場説明会の後、担当課に行くと、次長、課長、係長クラスの職員が工事ごとに価格を書いたメモを支部長に手渡していた。

・1995年(平成7年)～1997年(平成9年) 郵政省発注した郵便番号自動読取区分機の事件では、東芝と日本電気は、郵政省の調達事務担当官等からの情報の提示を前提に、共同して、受注者を決定していた。

・1998年の郵政省郵便区分機やATMの発注に関する事件では、東芝とNECが納入していたが、入札前に郵政省の調達事務担当者が区分機の台数や配備計画のある郵便局の情報を両社に振り分けて知らせていた。

また、業界が政治家を動かして、取り締まりの方針に影響を与えた例もあった。公正取引委員会は、上述の 1994年(平成 6 年)の「入札ガイドライン」の 10 年前に特に問題になっていた建設関係の業界団体に対して、1984 年 2月「公共工事に係る建設業における事業者団体の諸活動に関する独占禁止法の指針」を示しているが、その中で「情報提供活動の中で、受注実績、受注計画などに関する情報を任意に収集し提供することと、採算性を度外視した安値での受注に関して、自粛を要請すること」を合法とした。武田(1999)は、これを政治的な圧力に公正取引委員会が譲歩したものであると述べている。

⑨政治家や公務員の関与に対する対策

こうした、議員や公務員の官公庁の調達発注に対する関与に対処するために、法令の整備が行われた。この時期の主な法令の整備は次のようなものである。

1994 年(平成 6 年)に、公正取引委員会から、**入札ガイドライン**と呼ばれている「公共的な入札に係る事業者及び事業団体の活動に関する独占禁止法上の指針」が示された。その中で、「将来の価格に関する情報活動において、構成事業者間に価格制限に関する暗黙の了解又は共通の意思が形成されれば、違反となる」などが示されるとともに、政治による圧力があったとされた建設業アウトラインは廃止された。

2000年(平成12年)4月には、**国家公務員倫理法と国家公務員倫理規程**が施行されて、贈答、接待、便宜供与などを一切排除することになった。

2000年11月**公職者あっせん利得法**、「公職にある者等のあっせん行為による利得の処罰に関する法律が公布され、議員、議員秘書、地方公共団体の長などの斡旋が禁止された。公職にある者に対しては財産上の利益の没収、追徴、また、利益を供与した者は1年以下の懲役又は250万円以下の罰金が規定された。

2000 年(平成 12 年)11 月には、**公共工事入札適正化法**が公布されて、平成 13 年 4 月以降の公共工事に適用され、その中で情報公開、通知などが義務付けられた。具体的には、毎年度の発注見通しの公表、入札・契約に係る情報の公表、施工体制の適正化、不正行為の公正取引委員会、建設業許可行政官庁への通知、第 3 者機関によるチェック、入札方法の改善などである。

2003 年(平成 15 年)1 月には**入札談合排除法**と呼ばれている「入札談合等関与行為の排除及び防止に関する法律」が施行された。この法律では官製談合など、公務員の関与の排除を目的に、関与した公務員の懲戒免職、損害の賠償などが規定された。

2007 年(平成 19 年) に、官公需についての**中小企業者の受注の確保に関する法律の改正**が行われた。これによって、適用される範囲が独立行政法人に拡大され、情報提供の推進、指名競争等における受注機会の拡大、中小企業への説明の徹底、適正価格による発注、地元中小企業のために地方支分部局等の発注、公共工事の共同請負などが重点施策となった。

このような、法的な規定の整備が推進されたにも関わらず、

- ・2006 年(平成 18 年)、防衛施設庁で官製談合が問題になり、翌年、防衛庁の省への昇格を延期、防衛施設庁を廃止し防衛庁に統合し、防衛監察本部が設置された。
- ・2007 年(平成 19 年)、山田洋行から長年接待をうけ GE の便宜をはかった、防衛庁航空機課長、後の防衛事務次官の守屋武昌夫妻の事件
- ・2008 年(平成 20 年)、西松建設が自民党の森喜朗・二階俊博・尾身幸次・加藤紘一、民主党の小沢一郎代表等、国会議員の資金管理団体へ多額の政治献金を継続していた事件

が発生していることは注目に値する。

このため、談合の素地となる官民癒着の原因を排除しようとする考え方が強くなってきている。公務員が業者や外郭団体に天下り、癒着の温床になって、こうした事件がおきるのだから、天下りを禁止しようというものである。郵政の新社長の人事をめぐり、公務員の天下りであるとの批判がでたりしているが、基本的には、現在の民主党政権に**天下りの全面禁止**の考え方が継承されている。また、業者の社内のコンプライアンス体制が甘いので、これを強化して、談合に連座したものは全員首にした方がよいという議論(大前(2006))がでるなどして、民間企業の多くで、公務員の接待や贈答を禁止するコンプライアンスの強化が進められるようになっている。

第２節　新たな問題の背景

以上については、日本の政府の調達発注に関する先行研究をまとめて筆者の考えを加筆したものであるが、これ以後については、文責は全て筆者にある。

(1)問題が顕在化した契機

1990 年代に日米の政府の調達発注の方法に差が生じた。これは、わが国では余り注目を集めなかったが、調達・発注システムの運用の方法の違いによって生じる波及効果の差を研究をする上では大変興味深い出来事である。米国では上述したように、クリントン政権以後、徹底した合理化に踏み切り、調達の過半を入札制度から外した。これに対して、わが国では GATT から WTO への国際協定の変化を契機に、中央に加えて、地方政府やその外郭団体においても競争が重視され、一般競争入札や企画コンペが広く普及した。これは大手企業の調達にも波及して、**「競争原理」**の一時代を作り出した。もちろん原因は他にも多々あるが、米国ではその後好況が持続して財政の再建に成功し、日本では長期にわたって不況が続き、財政再建の見通しは立っていない。

第 1 章第 2 節～第 4 節で述べたように。1990 年代には、第 2 次世界大戦以来続いた GATT の体制から WTO 体制への変化にともない、政府調達に関する国際法上の規定に大きな変化が生じた。この変化が日米で実際に法的に効力を発したのは 1996 年である。それに先立って 1980 年代にはすでに改革の方向が示される程に、長い議論と調整の末の変化であった。各国は、1980 年代の後半から 1990 年代の初頭には、その変化に対応する国内法規や調達規則の整備を行った。

(2)日本の現場での対応

WTO の規定により市場からの調達を入札の対象にしないことが明示されたことを活用し、米国では市場からの直接の調達が批判(Pace(2002))されるほど増加した。しかし、日本での状況は違ったものとなった。日本の入札制度の歴史は上述したように古く、数百年前にはすでに入札制度が存在していた。その範囲は各藩の調達、現在でいえば、県庁や主要な市役所に及んでいた。これが踏襲されて、官公庁や自治体では細部にわたる調達規則が制定されていた。そして、各現場では、この GATT から WTO への変化を次のように解釈した。

①官公庁・自治体の本庁と出先に加えて、その外郭団体や公企業の窓口も(日本の詳細な)入札制度

の対象となる。

②WTO の規定の金額を超えるものは、全て、国際一般競争入札に付すことになる。具体的には、英語で公告しなくてはならない。

③調査と市場調査との区別は不明確であり、判断に迷ったときは入札か企画コンペにしておけば問題はない。

④市場の定義もあいまいであり、とにかく入札にしておけば間違いはない。

かくして、何でも入札や企画コンペの対象とすることになった。そして、その結果、後述するように過当競争から落札価格が下がり、予算が節約できることがわかると、この風潮は、民間の企業にもコストの削減策として波及した(藤田章夫(2008))。

(3)内閣のアクションプログラム

この当時の、政府の調達発注に関しては、情報分野のハード、ソフト、通信システム関係への支出について、海外との関係を示す統計が残っている。

表 26　条約や国際公約の対象となる物品の調達とその内の情報関係の調達

平成 12 年度 物品調達		総額 7,892.1 億円	外国物品割合
内	事務用機器及び自動データ処理機械	2,106.5	11.2%
	電気通信機器及び音声録音再生装置	1,388.9	14.1%
	科学または制御用の機器	1,007.1	19.4%

(出所)『政府調達におけるわが国の施策と実績』内閣官房(2002-2)より転載。

『政府調達におけるわが国の施策と実績』(内閣官房(2002-2))によると、平成 12 年度に中央、地方の調達の中でアクションプランの対象になる物品の調達は 7,892 億円余りである。国と地方の物件費の合計が 14.89 兆円であったので、アクションプランの対象は、そのおよそ 5.3%である。また、そのうちのコンピュータ関連のものは、次表のように増加している。

表 27　コンピュータ製品及びサービスの調達の推移

	総額	外国品・サービス
平成 8 年度	3,753 億円	596 億円
9 年度	3,797	628
10 年度	3,918	629
11 年度	4,457	689
	15,925 億円	2,542 億円

(出所)『政府調達におけるわが国の施策と実績』内閣官房(2002-2)より転載。

この調達は市場からの調達や随意契約によるのではなくほとんどが入札などの競争によって行われている。「海外から参入したければ、いつでも参入してください。ドアは開いています。」という政策が取られている。そして、実際に 10～20%が海外から調達されている。

(4)日本における電子政府の実現計画

情報システム関係の調達は、その後ミレニアムプロジェクトの一つに取り上げられ、「高度情報通信ネットワーク社会形成基本法」(通称:IT 基本法)や各実施計画が整備された。e-Japan とも呼ばれ、米国の E-gov 計画の日本版のように見えるし、政府の機能を補助する用具を紙と鉛筆と算盤からコンピュータのネットワークに置き換える点も米国と同じである。このため、内閣は日本に米国の E-gov で開発したハードやソフトを売り込もうとする海外の政府や企業に向けて、上述のアクションプログラムで門戸を開放している姿勢を示したわけである。

米国では、競争を緩和して、政府の調達制度を見直し、防衛分野を中心とする政府支出の大規模な削減を実現するための手段として E-gov が作られたことを上述したが、日本ではこの点が少し違っていた。米国のように、統一的な観点から実施されるのではなく、競争政策は見直したり緩和したりせずに、そのまま海外への門戸を開くことで進め、電子政府の構築であらたな政府需要を作り出し、電子調達によってさらに競争が促進されて適正な価格で政府の調達発注が行われるようになることを期待した。

この計画は、次の表のように進められた。

表 28　中央政府における電子政府の実現計画と電子調達

ミレニアムプロジェクト内閣総理大臣決定	1999 年 12 月	**電子政府の実現**が計画の 1 つとして、取り上げられた。
IT 基本戦略	2000 年 11 月	**電子政府の実現**が重点政策分野として位置づけられた。
IT 基本法 e-Japan 戦略	2001 年 1 月	「高度情報通信ネットワーク社会形成基本法」
e-Japan 重点計画	2001 年 3 月	①世界最高水準の高度情報通信ネットワークの形成 ②教育、学習、人材育成 ③電子商取引等の推進 ④行政情報化、情報通信技術の活用 ⑤高度情報通信ネットワークの安全性および信頼性の確保
e-Japan2002 プログラム	2001 年 6 月	重点計画の基本方針
IT 政策大綱	2001 年 6 月	予算施策、具体的目標
政府調達情報の統合データベース	2001 年 6 月	運用開始
電子政府・電子自治体推進プログラム	2001 年 10 月	行政サービスの将来イメージ、取組みスケジュール
一部直轄事業	2001 年 10 月	電子入札・開札開始
非公共事業の電子入札・開札	2002 年 10 月	一部運用開始、2003 年度までに全省庁に運用
公共事業における電子入札・開札	2003 年度	一部実施、2004 年度までに実施

(出所)経済産業省(2002)、『情報サービス産業白書 2002』、経済産業省商務情報政策局監修、情報サービス産業協会編、2002 年、144-145 ページをもとに筆者が加筆、作表したもの。

そして、情報システムに使われる支出は、次表に示すように、1989 年に 4,364 億円であったものが、2001 年には約 3 倍の 1 兆 2,429 億円になった。

表 29　情報システム予算の増加

日本の中央政府の情報システム関係予算

億円

年度	一般会計	特別会計	補正予算	合計
1989	1,084	3,280		4,364
1990	1,168	3,821		4,989
1991	1,258	4,567		5,825
1992	1,350	5,152		6,502
1993	1,509	5,514		7,023
1994	1,668	5,952		7,620
1995	1,843	6,406	1,087	9,336
1996	2,077	7,478	57	9,612
1997	2,220	8,904		11,124
1998	2,291	9,085	1,455	12,831
1999	2,569	8,672	379	11,620
2000	2,867	8,568	1,387	12,822
2001	3,147	8,812	470	12,429

(出所)総務省行政管理局、「平成 13 年度行政情報化基本調査」、2001 年 12 月、日本情報処理開発協会、『情報化白書 2002』(JIPDEC(2002))、2002 年、333-445 ページ、経済産業省商務情報政策局監修、情報サービス産業協会編、『情報サービス産業白書 2002』(経済産業省(2002))、2002 年、143 ページ.より転載。

合計欄は筆者が算出したもの。

第３節　新たな問題（電子政府構築のための不当廉売）

その中で、新たな問題が発生した。電子政府構築のための政府調達をめぐる不当廉売である。この不当廉売は電子政府の構築のための情報システムという従来なかったものを作る過程で発生したため、従来のダンピンク競争と同じく、新規の市場に新規に参入した業者の間で過当競争が起きるというメカニズムによるものでもある。その点は古い問題と同じ性質を持っているのであるが、全く新しい側面も持っている。情報システムの特性から、マクロ経済的には従来の物品調達や工事の発注などとは少し違った効果が生じている。

(1)警告を受けた安値の応札

公正取引委員会の『報道資料』(公取(2001))に談合や不正入札の摘発事例が発表されている。その大半は請負業務に関する談合であって、いわゆる価格カルテルに分類される。落札価格の高値維持や受注業者の事前の決定の問題である。しかし、2001 年 1 月 31 に公正取引委員会が調査資料を公表して、これまでにはなかった特異な警告を行った。異常な安値で官公庁に情報システムが納められていることが、問題になったのである。2001 年 1 月 31 日に公正取引委員会事務総局経済取引局取引部取引調査室が発表した安値受注に関する調査結果(公取(2001-1))には、次の 4 件の例が示されている。

表 30　極端な安値受注の例

発注官公庁	対象業務	開札時期	落札価格 (消費税抜き)
郵政省	郵便トータルネットワークシステムの基本設計、概要設計及び詳細設計	平成 11 年 7 月	A 社 17 万円
郵政省	調達総合情報システムのプログラム作成等	平成 12 年 5 月	B 社 2 万 8000 円
国税庁	電子納税申告実験システムの開発等	平成 12 年 7 月	C 社 1 万円
建設省	行政文書ファイル管理システムのプログラム作成等	平成 12 年 8 月	D 社 4800 円

(出所)『安値受注に関する調査結果』(公取(2001-1))より転載

その後、この警告にも拘わらず、2001 年(平成 13 年)9 月東京都が発注した文書総合管理システムの開発業務委託を日立製作所は 750 円で落札した。この入札に関しては、当時、公正取引委員会が日立に当てて出した警告(公取(2001-2))に、入札の結果が次のように示されている。

表 31　安値受注に対する警告

事業者名	入札金額
日立製作所	750 円
富士通	82 万円
日本 IBM	155 万円
日本ユニシス	495 万円
NTT データ	1,000 万円
日本電気	9,800 万円
東芝	1 億 3200 万円

(出所)公正取引委員会が日立に当てて出した警告(公取(2001-2))より転載。

ハードウェアや保守業務等は別に発注する方式であったため、都庁のソフトの開発で損をしても、より高価な他の部分や他府県の仕事で元が取れる仕組みになっていた可能性もあるが、都庁の情報システムのメインコントラクターの地位を維持したい日立が損を覚悟で無理して受注を維持した可能性もある。

日立製作所のある御茶ノ水から都庁へ行くには、JRで新宿までの電車賃が 160 円、新宿から都庁までのシャトルバスが 200 円かかるので、指名を受けた営業担当者が、資料を受け取りに都庁まで一往復すれば 30 円しか残らない安値である。つまり、入札に行くための交通費は出ない。このような極端な入札を『一円入札』、『十円入札』、『百円入札』などと呼ぶが、それ程極端ではなくても、一般的にかなりの安値の受注合戦がつづき、

・平成 14 年 2 月 7 日には富士通が金融庁の申請オンライン化、

・平成 14 年 4 月 12 日にエヌ・ティ・ティ・データが法務省の受付通知システム、

で同様に公正取引委員会から警告(公取(2002-1)、公取(2002-2))を受けている。

(2)仮設例

官公庁の調達発注において安値受注が起きれば、政府の支出が小さくて済み、納税者には利益があるはずである。公共工事ならば手抜きなどの方法で、結局不良な工事が行われて、後になって納税者に負担がかかってくることになるが、情報システムについては、開発で手が抜いてあれば、テストや本番のスタートですぐにトラブルを発生させることになる。動かなければメーカーは動くまで、責任を取らされる。警告を受けた業者はいずれも大資本であって、それで倒産するようなことは起きない。それなら、安ければ安いほど納税者にとって良いことなのではないだろうか。なぜ、問題なのか。

筆者は公正取引委員会と同様に大いに問題であると考えている。そのことを説明しておく必要がある。公正取引委員会は法に照らして問題であると考えている。この点は、上述した通り、独占禁止法の規定に反することを公正取引委員会は公表している。一方、筆者は経済政策的観点から問題があると考えている。実例をもとにこの説明をすると極めて多様な要因が絡み合っていてわかりにくくなるので、以下には仮設例を作って単純化した分析を行う。

大学や官庁のパソコンのリースを例にとり、典型的なケースを考えてみよう。市場価格は明確、これを入札に付したため価格が市場価格から乖離するケースである。あるところで、次のようなパソコンの調達があったものとする。パソコン 20～30 台のリース(市価総額 1,000 万円程度)の入札である。これにかかる費用を推測すると以下の表のようになる。1990 年代のパソコンの入札では、「半額での応札では、受注のチャンスは全く無い。40%(6 割引)ならば可能性が出てくる。確実に取りたければそれ以下、しかし、10%、20%の安値でも 100%受注できる保証はない。」とよく言われていた。そこで、落札は市価の 40%の 400 万円になるものとする。これは、上述の極端な安値の実例に比べれば、ずっとましな想定である。しかし、次のようなことが起きる。

表 32　仮設例の営業費用と事務費用

概略所要経費 (全国から十数社を指名した場合)
業者側
現場説明　遠隔地のため
新幹線で各社1～2名が参加　約 100 万円程度
見積　　仕様が複雑な上に不完全なため見積に手がかかり
2 名×3 日×10 社とすると　　約 200 万円程度
入札　　郵送による入札は禁じられていたため
新幹線で各社1～2名が参加　約 100 万円程度
業者側費用(小計)　　　約 400 万円程度
発注側
見積・入札事務・他の例の見学等発注側費用
約 100 万円程度
合計　　　約 500 万円程度

不況下では、横流れ品や、ジャンク品を検収の甘い官庁へ届ける業者があらわれる。倒産するか、欠損が出ることがわかっていて、どうせ翌年度以後の競争入札参加資格が得られないか、指名順位が大幅にさがり官公需市場から排除されることがわかっている業者には、物が動かせて、代金が入れば良いわけである。すると、他社の中には、その年度の官庁納入実績がゼロになると、翌年以後の指名順位が下がって困るので、出損覚悟の入札をするもの

がでてくる。この場合は、翌期のため純正品を納めざるをえない。

官公庁の側は、よいタイミングでこのような入札を実施することで、ジャンク品ではない純正の製品を市場価格の半値以下で調達できることになる。もちろん、そうなると、各業者には損失が発生し、業界は打撃を受け、給与や賞与のファンドが減るわけで、景気は萎縮する。

この例はハードウェアだが、ソフトの開発でも、実力を備えた開発要員を要する会社とアルバイトや経験のない他の分野からの転向組などを安くで集めた会社の間でよく似たことが起きる。

表 33　仮設例の業者と官公庁の損益

当事者	結果
落札業者とその仕入先	600 万円の損 （店頭なら 1000 万円で売れた）
落札業者と他社	400 万円の営業費用未回収
発注者	600 万円の使い残し
	（来期から 400 万円の予算しかもらえない）

これは、景気を冷す効果を発揮する。誰にも所得の増加は生じないからである。つまり、業者において未回収費用が発生し、官公庁において予算の使い残しが起き、翌期以後は、この落札価格が予算の基準になると買いたたきの必要が生じ、これらすべてが景気を縮小する。

(3)情報システムの安値受注のマクロ経済効果

ミクロの視点からの詳しい検討は本書の後半に行うので、ここでは、ごく簡単に、マクロ的な視点から市価より安く調達が行われた場合の乗数効果の概算を試みる。

一円入札など極端なものもあったようだが、よく言われていたように平均して市価の 40%程度の落札が常態化していたものと仮定すると、割引率γは、

$\gamma = 0.6$　（市価より 60%安く調達）

である。また、内閣官房(2002-2)によると、平成 8～11 年のコンピュータ製品及び関連サービスの調達は、総額が 15,925 億円、内外国製が 2,542 億円なので、国内からの調達ΔGはその差額で 13,383 億円なので、

$(1-\gamma)\Delta G = 13,383$ 億円　（実際に政府の支払った額）

よって　$\Delta G = 33,475.7$ 億円　（同じものを市場で販売する時の価格）

である。これは、別な言い方をすると、政府が調達したものの実際の市場価格である。官公庁は国内市場で、33,475.7 億円するものを、13,383 億円で調達したのだから、業界は市価で販売するのに比べて約 2 兆円の値引きを行ったことになる。

この莫大な金額の値引は、国民経済に二つの道筋から波及効果を与える。一つ目は、正の乗数効果である。インパクトは政府が市場価格で買い上げてくれたもの、

$(1-\gamma)\Delta G = 13,383$ 億円

で政府が買い上げてくれたソフトやハードの製品である。むかしから問題を起こしてきた建設工事や土木工事ならば、業者は工事で手を抜いたり、材料を粗悪品にかえたり、仕事を遅延させたりして、採算を維持する行為をしてきた。これは、実際には値引き後の金額$(1-\gamma)\Delta G = 13,383$ 億円の工事をしたことに相当する。そうすれば、経済への波及効果のもとになるインパクトの大きさはこれだけである。

しかし、コンピュータやソフトの納品では、上述したようにそれができない。公取(2002-1)には「富士通は、本件システムのソフトウエェアの構築については既存のソフトウェアを活用することにより、軽微なカスタマイズ等によって対応できるとし、また、本件システムに必要なサーバー等のハードウェアについては通常価格よりも大幅な値引きをおこなうこととし、それぞれの費用を入札価格の算定基礎としている。」と記されている。つまり、一部を無料で提供したり、大幅値引きしたりすることが起きていた。

無料にしたり、大幅値引きしたりした部分は、官公庁から電子政府とはどんなもので、その予算で何を買い上げてもらえるかを教えてもらう見返りに、業界が無料で官公庁に提供したハードとソフトの代金と考えてもよい。業者にとっては費用である。このため、国民経済にもう一つ別の乗数効果をもたらす。代金をもらえない出費なので、負のインパクトになる。仮に提供する相手が個人の公務員ならば贈収賄事件である。しかし、官公庁という機関に対して行われたために、賄賂とは考えられなかったのかもしれない。いずれにせよ、その総額が概略 2 兆円

$-\gamma\Delta G = -2,0092.7$ 億円

である。

国民経済にはこの二つのインパクトが同時に働く。従って、インパクトの大きさは、正の効果と負の効果の合計で

$(1-\gamma)\Delta G + (-\gamma)\Delta G = (1-2\gamma)\Delta G$

となる。1990 年代のケインズ乗数 Mk は、

$Mk = 1.5555$ (国民経済計算年報より筆者が回帰分析で求めた値)

であるので、この 4 年間の政府の IT 投資により、

$\Delta Y = (1-2\gamma)Mk\Delta G = -10,414.3$ 億円

GNI を縮小したことになる。景気の立て直しの主役のはずの政策が景気を縮小していたとしたら、経済政策的に見て良いことであるとは言えない。これが筆者のよくないと考える理由である。

この業界は、電気メーカーやソフト各社であり、わが国の技術者の中でも先端知識を備えた能力の高い人々を要する最重要分野の一つである。しかし、この時期、この業界では、月間 200～300 時間の労働を、平日のサービス残業と、休日のサービス出勤でこなし、以前の 2 倍近い業務量に対応しながら、ボーナスや月給のカットで年収が 2/3 とか半分しか得られないとか、リストラの対象にされ職を失うなど、想像を絶する状況が発生した。

また、その背景については後に第 5 章で詳しく論じるが、下請け企業への転嫁も発生していたようで、

・下請け代金の支払いの遅延

・度重なる仕様の変更を無償で行わせる。

・口頭で作業を指示して代金を支払わない。

などが起きていたことが公正取引委員会の資料(公取(2000))に記載されている。

つまり、手抜きや遅延で実際には安いものを政府に提供してきた従来の過当競争の問題と、この新たな過当競争の問題とは違いがある可能性が高いのである。

ここで示した概算は、情報システム分野の全ての調達が 6 割引きであったという前提で計算したものであり、仮設例に過ぎない。また、後述するスイッチングコストによるロックイン効果が働いていて、後に随意契約で運用委託などの高額の契約がとれているのであれば、実質的には値引きになっていない可能性もある。

しかし、筆者自身のこの当時の現場での営業経験からは、実質的な値引き競争があったと思われるので、**従来から問題にされてきた手抜工事や粗悪品の問題よりも、情報システムの調達発注をめぐる過当競争は、国内の所得消費循環に対して、悪い影響を与えている可能性が高い**と考えている。

第４節　従来からの問題の原因となる新たな問題

上述の不当廉売すなわち採算の取れない安値の受注の問題は、放置するとやがては、その業界の体力を削ぎ、安値を維持できなくなる。日立、松下など日本のエレクトロニクス産業ではすでに業況の悪化、人員の整理のニュースが報道され始めている。また、はじめから、このようなダンピングを行うだけの体力の無かった業界ではすでに過当競争に耐えられなくなっており、そこには従来型の問題、すなわち談合と汚職による落札価格の高値誘導の問題が発生している。また、情報システムの分野でも、過当競争と並行して談合がすでに問題になっている。

(1)不当廉売を可能にした条件

安値の受注競争がコンピュータとそのソフトをめぐる業界で生じたのには、それを、可能にした状況があったからである。研究開発投資の一環として GATT の時代に随意契約の認められていたコンピュータシステムやソフトの開発では、どの官庁のどの業務はどのメーカーのどの機種で、そのソフトはどこが作るかの棲み分けがある程度できていた。GATT から WTO への体制の変化に伴い、コンピュータシステムの開発や調達の分野が競争(入札)の対象となると、この業界では上述のように、不当廉売が問題になるほどの過当競争を惹起した。その理由は、この業界が日本の政府部門以外にも大きな販路を持っており、価格の引き下げ競争を可能にする力とその決断を促す時代の背景があったからである。これを列挙すると、次のようになる。

①東芝、日立、日本電気、松下電器など主要各社の年商は数兆円規模であり、官公庁のコンピュータを扱う部門はその大企業の一部門に過ぎない。このため、多少の損失は長い目で見て回収できるのであれば、投資と考えて行動できるだけの資本を持っていた。

②各社ともに官公庁の需要に対応するための専門の営業部門を持っており、中には、官公庁ごとに細分化された営業部門や製造部門を擁する会社もある。

③コンピュータ技術を景気回復、経済構造の改革の中心に据えようとする政府の政策は、数兆円規模の投資の計画を含むものであり、低迷する景気の中で、魅力のある市場に見えた。

④ハードウェア、ソフトウェア、ネットワークに関しては、基本的な部分をある会社の製品にすると、その技術に依存せざるを得ないロックイン効果と呼ばれる特色があり、各社には自社製品をデファクト・スタンダードにするために、初期には損失を覚悟でシェアを獲得すべきであるとの戦略的な考え方があった。

⑤それまでの政府調達の慣習によると、最初にシステムの設計や調査を請負った業者が、開発運用とそれに必要なハードウェアの納入を随意契約で受注することができたので、初期の出損は後でいくらでも取り返せた。そのため、当初の受注に成功さえすれば、後はなんとかなるという経験に基づく甘い判断に陥った。

⑥IT 促進が政府の重点政策のひとつとなり、この時点でシェアを拡大しておけば後に大きな需要が獲得できそうだという期待もあった。

(2)他の業界に生じている従来からの問題

この時期の他の分野の状況がどのようなものであったかも見ておこう。平成 13 年に起こった不正入札の主なものを公正取引委員会の報道資料(公取(2001))から集めてみたものが、次表である。

これらの一連の不正を見てみると、不当廉売が問題にされた情報システムの業界は例外であり、殆どが、従来からの問題、すなわち談合などによる価格の高値維持である。上表の 17 件の内、安値の問題は２件だけで他は従来の談合である。

また、1999 年には、ソフトウェア同様に GATT から WTO への移行に伴って入札の対象になった業界で大規模な談合が起きていた(公取(1999))。まず千葉県とその周辺の建設コンサルタント数百社による談合が摘発された。このため千葉県はこれらの業者を一斉に指名停止処分とした。この動きは、東京都などにも広かって、数百の事務所が指名停止の行政処分を受けた。

表 34　公正取引委員会の摘発した不正

平成13年の不正入札

日付	内容	分類
H13.1.12	北海道上川支庁発注の農業土木工事の施工業者等に対する課徴金の納付命令について	工事
H13.1.17	小松市発注の上水道本管工事の入札参加業者に対する課徴金納付命令について	工事
H13.1.31	官公庁等の情報システム調達における安値受注について	物品・役務
H13.2.7	防衛庁調達実施本部発注の石油製品の納入業者6名に対する審判開始の決定について	物品
H13.2.28	広島市水道局発注の上水道本管工事の入札参加業者に対する勧告について	工事
H13.3.9	北海道上川支庁発注の農業土木工事の施工業者2名に対する審判開始決定について	工事
H13.4.5	海上自衛隊が発注する艦艇の定期検査等の入札参加業者に対する警告について	物品・役務
H13.6.1	水産庁発注の石油製品の入札参加業者に対する課徴金納付命令について	物品・役務
H13.7.31	山形県新庄市及び最上郡の地区における山形県発注の農業土木工事の入札参加業者に対する勧告について	工事
H13.8.1	陸上自衛隊が発注する通信機用乾電池の入札参加業者に対する課徴金納付命令について	物品・役務
H13.8.3	町田市が発注する建設工事の入札参加業者に対する課徴金納付命令について	工事
H13.8.10	国公立の病院等が発注する寝具類の賃貸・洗濯業務の入札参加業者に対する勧告について	物品・役務
H13.10.5	高槻市水道部発注の上水道本管工事の入札参加業者に対する勧告について	工事
H13.10.5	広島市水道局発注の上水道本管工事の入札参加業者に対する課徴金納付めいれいについて	工事
H13.11.22	株式会社日立製作所に対する警告について	物品・役務
H13.11.30	東京都が発注する大型造園工事の入札参加業者に対する勧告について	工事
H13.12.1	林野庁東北森林管理局青森分局管内の国有林野の調査・測量等業務の入札参加業者に対する勧告について	物品・役務

（出所）公正取引委員会報道資料、平成 13 年より不正入札に関するものを転載。分類は筆者によるもの。

(3)問題の転換の兆し

ここで述べた新たな問題（情報システムの不当廉売の問題）と、従来からの問題（談合・汚職と価格カルテル）とは同じ原因によるものであり、違った状況にある違った品目に違った結果ひきを起こしているのに過ぎない。コンピュータやソフトウェア関係の業界でも、PC やネットワークの普及により、既製品の安価なソフトでかなりの仕事が済むようになり、製品の価格は何分の一かに低下している。つまり、規模の経済がまだ働いている。また、不況の影響で、耐久消費財である他の家電製品などの売れ行きも伸びていない上に、韓国、中国をはじめ ASEAN 各国から低価格の製品が流入し始めている。従って、早晩、各社は低価格の落札を続けていられなくなる。既に、松下、日立などは業況の悪化を認め、人員の削減を発表している。クライアント・サーバー方式の LAN/WAN が発達して、互換性が確保されるようになり、どの会社の製品も似たようなものになっている。ハードウェアやソフトウェアは WTO 条約では入札の対象品目となり、GATT の時代のような随意契約の対象ではなくなっているので、最初に受注したものがいつも随意契約で継続できるものではなくなってしまった。つまり、安値で受注しておいて、後に関連システムの受注やシステムの運用を随意契約で取ることにより、赤字を埋められるかもしれないというロックイン効果への期待は実現する保証がなくなっている。

一方、官公庁の側は、長引く不況の影響で税収が減り、歳入の不足する中で少しでも安く調達や発注を行いたいと考えている。つまり、現場の各官庁や自治体からは、いわば買いたたきに成功している現状の制度を根本的に改革する動きは起こしにくい状況になっている。このまま手をこまねいていると、事態は深刻化するしかない。

放置していると、情報システムの分野でも談合が常態化する可能性がある。その兆しがすでに安値受注の問題と並行して発生していたことが少し遅れて明らかになった。

2003 年(平成 15 年)に審決のあった事件がある。当時の郵政省の郵便番号自動読取区分機類の一般競争入札に関して、東芝とNEC が 1994 年(平成 6 年)から談合を重ねていた事例である。本件に関しては、公正取引委員会から報道資料や審決の全文という形で、大部の詳しい資料が公表されている(公取(2003))。

この事例の注目すべき点を列挙すると、

・情報システムの調達をめぐる事例であること、

・他の情報システムの入札が低価格の過当競争に陥っていた中で談合が起きたこと、

・東芝とNEC の棲み分けができていたこと、

・指名競争を一般競争に変えても、談合が起きたこと、

・この2社に日立を加えて、3社で扱うことで決着したこと、

・3社で競争するようになると大きく価格が下がったこと

があげられる。審決の内容に沿って概要をまとめると、以下のようになっている。郵便番号自動読取区分機類と呼ばれるものは、

郵便物自動選別取り揃え押印機、

選別台付き自動取り揃え押印機、

郵便物あて名自動読取区分機、

新型区分機、

新型区分機用情報入力装置

バーコード区分機、

区分機用連結部

のことである(公取(2003)審決主文)。これらの機械は、形状や重量の異なる郵便物がバラバラの向きでおかれたり、流れてくるのをセンサーでとらえて確認し、向きを揃えてから、宛先のバーコード、郵便番号、住所などを読取り、料金の過不足などを判定して、消印を押し、種別や宛先別に区分し、次の工程に向きを揃えて引き渡すものである。今日一般化してきたロボットの走りのようなもので、多くの機械と機械を情報システムが統合的に動かすために、高速の情報処理技術を必要としている。

この郵便番号自動読取区分機類の歴史は古く、1968 年 7 月 1 日には実用化され、郵便番号が導入されている。このため、電子政府の計画が進められた2000年ころには、すでに30年余りの歴史を経たものになっていた。このため東芝が右流れ、NEC が左流れの区分機を製造する棲み分けができており、2 社の指名入札にしても実質的には現場のレイアウトが決まれば、1 社しか業者のない状態になっていた。

1994 年(平成 6 年)上述の「政府調達に関するアクションプログラム」により、この分野にも一般競争を導入することを郵政省が決めて、両社に通知した。両社は反対したが、1995 年度(平成 7 年度)からは一般競争が導入された。

一般競争の導入によっても状況は変化しなかった。**落札価格を予定価格で除した落札率**は平成 7 年度には 99.9% を超えていた。このような状況であったので、1997 年(平成 9 年)12 月に公正取引委員会が 2 社に**立入検査**を行った。

1998年(平成10年)2月の入札からは日立が参入し、落札率は96.5%～94.1%に低下した。同年6月東芝が左流れの区分機に参入した。同日、東芝と日立の競争入札になった13件の落札率は77.1%～99.5%、東芝とNECの競争入札になった10件の落札率は75.2%～95.5%とさらに下がった。1999年(平成11年)には日立が左流れの区分機に、NECが右流れの区分機に参入し、3社で競争した11件は**40.5%**～84.4%に下がった。

当初99.9%以上の落札率が発生したのは、実際に右流れか左流れかが決まれば、メーカーが1社しかない状態で無理に入札を実施したので、予算取りの見積の通りの価格で落札し、それが契約額になっていたわけである。随意契約の手続きにあらためられていれば、契約直前の状況をもとにした再度の査定が可能となり、値引き交渉が可能であったと思われる。それにも関らず、逆に競争を進めようとして、一般競争が導入された。日立を参入させ、さらに、この3社が右流れと左流れの両方の取り扱いを始めたことで過当競争が生じたと筆者は考えている。その理由は40.5%という落札率で、上述した仮設例の前提にしたように、当時、業界関係者の間で言われていた数値である。常識的に考えて、原価計算システムを持っているこの3社が150%もの切り代(きりしろ)を見積に載せていたとは到底考えられない。業界が官公庁側の政策に合わせて無理をしたというのが実情ではないのだろうか。この点の詳しい議論は後にこの事例を離れて一般論として行うことにする。いずれにしても、アクションプランの適用の決まった1994年(平成6年)から延々と9年の歳月をかけて争われた談合事件がこうして決着した。

この事例は、情報システムの調達発注においても、条件次第では、過当競争になることもあるが、談合の起きることもあることを示している。

(4)低価格の落札の実証研究

情報システムに関する、ダンピング(安値の受注や不当廉売)が実際に起きているかどうかを統計的に確かめる研究が行われている。東京工業大学のグループによる入札制度の統計的実証研究で、実際の入札結果のデータを自治体から多数入手して、丹念に統計的解析を行なう、大変地味で手間のかかる研究である。そこから得られた結果の一つが、業種別の落札率に差があるというものである。

一般的な落札率は

落札価格／予定価格

で、定義されているが、予定価格は一般的には公表されないので、坂野他(2006-1)ではその代理変数として、予定価格の代わりに応札額の平均(M:Mean)を用いて、

M落札率

落札価格／入札額の平均

を定義し、業種毎にM落札率の平均と変動係数を求めた。

表35　業種によるM落札率の違い

入札対象財	平均M落札率	変動係数の平均
情報処理業務	0.55	0.58
警備受付	0.64	0.35
調査業務	0.71	0.27
建物清掃	0.81	0.21
事務機器	0.85	0.25
その他	0.85	0.16

(出所)「IT調達における低価格入札発生要因に関する研究」日本計画行政学会第29回大会における報告より転載。報告要旨は坂野他(2006-1)である。

坂野等が選んだ5つの業種はいずれも公正取引委員会から不当廉売など安値の警告を受けたことのある業種である。52 の財の 4,958 件に上るデータから得られたこの結果は、その他の財を供給する業種に比べて、この5つはM 落札率が低く、変動係数(バラつき)が大きいというものである。また、情報処理がその中でも特に M 落札率が低く変動係数が大きい。つまり、激しい競争があり、実際に安値の受注が多発していたことが実証されたのである。

第5節　現在進められている改革

この10年程の間、こうした事態が放置されてきたわけではない、今までに考えられなかったほどの研究と努力が重ねられ、いくつかの改革が進められてきた。本書の研究の前提になる歴史的な背景の説明を締めくくるにあたって、この点に触れておかねばならない。

最近の主な改革の重点は、

- 政治家や公務員の関与に対する対策
  - 公務員の倫理規定
  - 政治家の関与の禁止
- 入札の方式の多様化と改良
  - 競争の徹底
  - 入札の対象の拡大
  - 指名競争から一般競争への変更
  - 電子入札の利用
- 低価格入札への対応
  - 低価格入札調査制度
  - 総合評価方式の改良
  - 調達手順の規定の整備

などである。政治家や公務員の関与に対する対策については第 1 節⑨で述べたので、ここでは他の改革につい触れることにする。 また、この政府の調達発注に関する改革と並行して、独占禁止法違反に対する課徴金制度が改革されている。この改革は、政府の調達発注に関する談合等のカルテルや不当廉売だけを問題にしているわけではないが、ペナルティーを強化することにより、カルテル等を防止しようという試みであり、政府調達に関しても影響を及ぼすことになる。この改革は公正取引委員会が 2002 年～2003 年に設置した独占禁止法研究会により提案されたもの(公取(2003-3))であり、課徴金の金額の増額と、カルテルや談合から離脱したり、公正取引委員会へ通報したものへの課徴金の減免が主な内容(公取(2005))である。

(1)入札の方式の多様化と改良

①競争の徹底を求めた提言

2003 年(平成 15 年)11 月に公正取引委員会におかれた研究会が『公共調達における競争性の徹底を目指して(公共調達と競争政策に関する研究会報告)』(公取(2003-2))を公表した。金子晃慶応義塾大学名誉教授を座長に金本良嗣など大学教授 7 名と建設会社、自動車メーカー、自治体などの専門家を集めた研究会の報告書である。内容は、報告書というより教科書と言ってもよいような内容の前半、つまり「公共調達とは」という定義で始まり、制度やその中で発生している談合などの問題を網羅的に説明するとともに、欧米の制度の紹介がなされている部分と、「競争性の徹底を目指して」という提言部分からなっている。

2009 年(平成 21 年)に自由民主党から民主党へ政権が移ったため、今後どのように変化していくのかは未知であるが、2009 年の夏までの自由民主党の政権下では、小泉政権の 3 年目に出されたこの報告書の提言に沿った形で政府調達の改革が進められてきた。

その第一は、談合に厳正に対処するとともに、競争に付すべき案件については、競争性の高い一般競争の適用範囲を拡大することが目指されている。しかし、一般競争は事務量が増大したり、不良業者の参入がおきるので、会計処理や入札事務には電子システムの導入による事務の効率化を行い、資格要件を適切にしたり、監督、検査を強化することで対処する。さらに、審査能力の弱い小規模な市町村のためにデータベースを構築し適切なデータを提供するというものである(公取(2003-2)、p.23)。

指名競争入札に関しては、(何故一般競争にせず指名競争にするのかの)要件を明確にして、受注意欲を有する充分な数の入札業者の参加を得て行うとして、指名手続きの恣意性を排除し、指名された業者が辞退しにくく、見積作業が負担になって、談合を誘発しているのを解決しようとした(公取(2003-2)、p.24)。

随意契約に関しては、取引関係を固定化し、官民の癒着を誘発する可能性を否定できず、不正行為抑止の観点も視野に入れた運用が行われる必要があることと、随意契約すべきものとそうではないものの区別を、各発注者においてガイドライン等を策定し、明確化すべきであるとしている（公取(2003-2)、p.28）。

つまり、提言としては、随意契約や指名競争をしたければ、その内容を明らかにせよという、ごく当たり前のことを言っている。しかし、この提言には、どういう場合にそれが随意契約や指名競争の理由として正当なものであるのかについては明快に書かれていなかった。会計法の制定以来の問題が、ここでも解決されないままになってしまった。このため、官公庁の調達発注の現場は以下のような方向に進まざるを得なくなった。

②入札対象の拡大と指名競争から一般競争への切替

随意契約や指名競争をそのままにして何かがあると公正取引委員会から検査を受けて、説明に困るので、一般競争の割合を増やすとともに、指名競争については何か競争促進策を進めるというものである。

2006 年(平成 18 年)に公正取引委員会が行った調査によると、

○ 一般競争入札は，都道府県等と，政府出資法人では，すべての団体で採用されており，中核市等では約95%，小規模市では8割強で採用されている。

○ 一般競争入札の拡大については，都道府県等，中核市等，政府出資法人では9割前後，小規模市の約8割が「拡大を図っている」ないし「現在検討中」。

○ 一般競争入札拡大における課題は，地方公共団体，政府出資法人ともに，「事務手続が煩雑」が多数を占め，次いで「不良・不適格業者の排除が困難」が半数前後。

○ 指名競争入札の競争性を高める方向での措置は，都道府県等の9割強，中核市等の約8割，小規模市の約7割で講じられている。政府出資法人では，講じているところは約5割。

という結果になり、競争の徹底が進んだことが分かる。また、予想された通り、事務負担が増えた上に不良業者が参入していることも明らかになった（公取(2008)、p.18.）。

入札に関する情報の公開については、

○ 予定価格については，地方公共団体では，都道府県等，中核市等の8割近く，小規模市の約3分の2が「入札前公表」。都道府県等，中核市等の結果は昨年とほぼ同じで，小規模市は「入札前公表」が昨年と比べて約10ポイント減少。政府出資法人では「入札前公表」としている法人は2法人のみ。

○ 指名業者名については，地方公共団体ではいずれも，約6割が「入札後公表」。昨年と比べて，小規模市は約15ポイント，都道府県等・中核市等は約5ポイント増加。政府出資法人では「入札前公表」が約5%で、前年と比べて約30ポイント減少。「入札後公表」が昨年の約4分の1から半数強に増加。

となっていて、情報を公開したものの、かえって談合がしやすくなるなどしたために改善が行われるようになった（公取(2008)、p.24.）。

極端な例もある。工事の発注に際して地元業者を指名して指名競争にしていた大分県佐伯市などでは、指名を止めて一般競争にしたところ、競争に参加を希望する業者がいなくなってしまった。このため、市役所は随意契約などを頼んで回らねばならなくなったとNHKのニュースで報じられていた。一般競争は参加も自由であるが、辞退も自由にできる。今までは、市役所から指名で頼まれてやっていたのが、頼まれなくなれば、やりたくないことをしないですませた方が良いということのようである。

③電子入札の利用

電子入札のシステムはもとはCALS(Computer Aided Logistic Support System:コンピュータを利用した後方(自衛隊や米軍の補給兵站)支援システム)のサブシステムとして開発されてきたものである。アラスカや北海道の部隊をハワイや沖縄に移駐するときには、雪かき用の除雪車や防寒ジャンパーなど寒冷地用の装備や備品はいらなくなる。一方、逆に、ハワイや沖縄からアラスカや北海道に移る部隊にはそうした装備が必要になる。部隊や人員の異動が行われるということは、それまでと違った編成の部隊が必要になり、配置を変えるためなので、編成の違う部隊に必要な装備や備品は当然違ったものである。もちろん、隊員の人数も異なってくる。すると、施設の数や広さも変わってくる。そうかと思えば、鍋釜から、小銃や無線機など、全く同じもので良い物もたくさんある。数万～数百万アイテムのそうした装備や備品の何と何とが誰に必要で、誰には不要か、置いていくものと持っていくものがどれだけあって、過不足がどれだけ生じるのかを、何万人という隊員の一人一人について正確に調べ上げて足りない物を発注して調達したり、余った物を回収したり廃棄してから移動しなければならない。

昔は、紙と鉛筆と算盤でこれを行っていたため、アラスカや北海道で寒いのに防寒着のない隊員が出たり、ハワイの部隊に雪かき用具が届いてしまったりという混乱は避けられないものであった。表計算ソフトができたことにより、これを電子化することで、この種のトラブルを激減させることができるかもしれないと1980年代に米陸軍向けに開発が始まったものがCALSである。CALSはその後、米国、日本などの陸海空の部隊は言うに及ばず、民間の企業でも利用されるまでに普及してきたが、不足分を調達発注するシステムがサブシステムとして付いている。この部分は、米軍や自衛隊の補給処の在庫を確認し足りなければ発注して、所望の部隊に送り届ける為のシステムである。そのため、その一部に電子入札システムが開発されていた。

1980年代に始まったCALSのこの発注部分は、2000年前後には、インターネットの普及と通信販売へのインターネット利用で電子入札システムに形を変えて急速に普及した。また、各業者にもPCが行渡った事で大企業の下請けや仕入れ先との調達発注や、官公庁の入札にも利用できるようになった。

2章2節(4)で説明した電子政府の構築プログラムで取り上げられ、2001年～2004年に官公庁の入札で運用が開始されたが、この電子入札とCALSとは、運用上かなり大きな違いがあるため、以下に述べるように、官公庁の事務を簡素化し業者の見積等の負担を軽減できているのかどうか疑わしいところが出てきている。

CALSの調達発注システムは、米軍、自衛隊、大手企業の調達発注を目的にしていた。このため、そのユーザーは限定されたものであることを前提にしていた。つまり、ユーザーとして希望する者に全て参加を認めることは考えられていなかった。設計書、仕様書、見積書などのやり取りも全て電子化でき、このシステム上でやり取りすれば済むように考えられていた。例えばNECとその下請けの関係であればその事業部の特定の部品を生産しているNECの仕入れ先の担当者だけしかその発注システムは見ないので、社外秘にしなくてはならないような設計仕様をシステムに乗せることが可能である。防衛庁とNECなどの業者との関係も同様である。防衛庁は東芝、日立、NECなどの防衛関係の製品の担当者だけとそのシステムをつないでおくことにすれば、防衛秘密や特別防衛秘密にあたる装備の発注にこのシステムを利用できるわけである。

ところが、一般競争入札をする場合、つまり、電子掲示板(BBS)で公告し、希望者とインターネットで連絡し、インターネット上で電子入札をしようとすると、まったく違った状況が起きる。昔は高札、その後は役所の玄関わきや廊下にある掲示板に入札公告が張り出されていたし、さらに広範囲に伝えたいときには官報や新聞雑誌に広告を掲載してきた。電子掲示板はその代替品であるからアクセスする人には全て見えるようにしなくてはならない。つまり、セキュリティーはかけられない。

しかし、入札に必要な設計書などの情報を、希望してくる者全てに渡しても良いかというと、そうではない。役所の間仕切りや金庫の位置を泥棒に教えるわけにはいかない。そこで、希望する業者の審査が必要になるが、審査の資料にはその会社が他の企業や官公庁と過去に結んだ契約の実績や金額、役員や担当者の氏名などこれも秘密にしておかないと今度は業者の安全にかかわるものが多数含まれている。こうしたものは、充分なセキュリティーをかけられないインターネット上でやり取りすることができない。持参したり郵送したりしなくてはならなくなり、結局、紙ベースの書類をなくせないことになった。

また、入札は今度は審査に合格した業者にのみパスワードを与えることで、電子的に執行可能であるが、なり済ましの不正入札を防ぐためには、アクセスできるコンピュータを特定できるようなセキュリティーをかけなくてはならない。このシステムは平成10年度の通商産業省の第3次補正予算の中で採択が決まり開発された(安永(1998))。大抵、1社に 1 台を特定することになる。すると今度は、大きな会社では、今までの決済の体系では入札ができなくなる。それぞれの事業部のそれぞれの担当部門の決裁で今まで応札している大きな会社では、他部門に干渉されずに、その部門の判断で応札し、値決めをしてきた。しかし、その1台のPCの所管部門やオペレータはその内容を見てしまい、他部門や他部門の取引先に知れてしまう。

官公庁側は手間が増えるだけだが、業者の側では手間が増えた上に、決済のルールや守秘義務の徹底といった仕事のやり方の変更まで必要になった。こうして電子入札をさける風潮が出てきた。電子入札の導入を先行して進めてきた防衛省は、取引先が比較的大きな企業が多く、こうした問題に直面した。電子入札の導入から 10 年前後たった時点でもごくわずかの例外を除いては電子入札が利用できないでいたため、2008 年に、業界団体に数百社の担当者を集めて防衛省から講師を派遣し、セミナーを開き、省内には体験コーナーまで設置して、電子入札の併用から原則電子入札へ入札方法の変更する説明を行わねばならない状況になった(基盤(2008))。この変更の結果は、あと数年たたないと明らかにならない。

一方、中小の業者が多数いて、各社の中では決済が社長に集中し、官公庁営業チームも小さく、小回りのきく場合には、うまくいく場合のある可能性も見えてきている。横須賀市のホームページの電子入札／入札制度資料提供コーナー(横須賀(2007))には、次のように書かれている。

横須賀市内業者は、

その 95%が資本金 3,000 万円未満で、1,000 万円未満の業者も 40%近い。

発注される工事の2／3は 500 万円未満の工事で、平均受注件数は 1 業者年間 2 件。

1998 年 6 月から入札制度の改革に取り組み、

○工事発注掲示は、紙での庁内掲出をやめ、すべてホームページ掲出とした。

○現場説明会を廃止した。

○郵便入札とした。

電子入札導入に際しては事業者の費用負担は 0 円にしている。

この結果、

入札参加業者数は約 2 倍に増え、

落札率は約 10%低下し、

談合情報はなくなった。

横須賀市では、入札情報の開示についても積極的で、横須賀市情報公開審査会は、上下水道の入札情報の開示の請求を非公開と決定したことに対する異議の申し立てに対して、その全てを公開するべきであると答申し(横須賀(2006))、公開が全面的に進められているようである。

このように、条件さえ整えば、電子掲示板による公示と、電子入札のシステムがそれなりに成果を上げることができ、情報公開がうまくそのチェック機能をはたす場合のあることもわかってきている。

(2)低価格入札への対応

低価格入札に対する対応策としては

- ・低価格入札調査制度
- ・総合評価方式の改良
- ・調達手順の規定の整備

などが、上述の 2003 年の公正取引委員会の研究報告で提案されているが、以下には比較的対応が進んだものについてその状況をまとめておく。

①最低制限価格制度と低価格入札調査制度

低価格入札の問題への対応の方法のうち、もともとあった法規を利用して対処しようと思えばできるものがある。それが最低制限価格制度と低価格入札調査制度であり、具体的には次の規定を使って調査を行うものである。

会計法の、29 条の6には、「契約担当官等は、競争に付する場合においては、**政令の定め**るところにより、契約の目的に応じ、**予定価格の制限の範囲内**で最高又は最低の価格をもつて申込みをした者を契約の相手方とするものとする。ただし、**国の支払の原因となる契約**のうち**政令で定めるもの**について、相手方となるべき者の申込みに係る価格によつては、その者により当該契約の内容に適合した**履行がされないおそれがある**と認められるとき、又はその者と契約を締結することが**公正な取引の秩序を乱す**こととなるおそれがあつて著しく不適当であると認められるときは、政令の定めるところにより、**予定価格の制限の範囲内の価格**をもつて申込みをした他の者のうち**最低の価格**をもつて申込みをした者を当該契約の相手方とすることができる。」とあり、第 2 項として「国の所有に属する財産と国以外の者の所有する財産との交換に関する契約その他その性質又は目的から前項の規定により難い契約については、同項の規定にかかわらず、政令の定めるところにより、価格及びその他の条件が国にとつて**最も有利なもの**(同項ただし書の場合にあつては、**次に有利なもの**)をもつて申込みをした者を**契約の相手方**とすることができる。」とある。

また、**予算決算及び会計令**には、第八十四条に(最低価格の入札者を落札者としないことができる契約)は「会計法第二十九条の六第一項 ただし書に規定する**国の支払の原因となる契約**のうち政令で定めるものは、予定価格が一千万円(各省各庁の長が財務大臣と協議して一千万円を超える金額を定めたときは、当該金額)を超える工事又は製造その他についての請負契約とする。また、第八十五条の(契約内容に適合した履行がされないおそれがあるため最低価格の入札者を落札者としない場合の手続)は「各省各庁の長は、会計法第二十九条の六第一項ただし書の規定により、必要があるときは、前条に規定する契約について、**相手方となるべき者の申込みに係る価格によつては、その者により当該契約の内容に適合した履行がされないこととなるおそれがあると認められる場合**の基準を作成するものとする。」

一番札の排除の特例(斉藤(1994))と呼ばれる規定で、原則的には、複制限などを認めず、それを適用するときには政令を出さないといけないというものであるが、低価格入札が行われたと思われる時には、この規定の対象かどうか調査し、必要ならば公正取引委員会などに報告して、警告を出したり、契約から排除したり、課徴金などの対象としたりしようというものである。

上述したのは中央官庁の規定であるが、地方政府についても低入札価格調査制度については，地方自治法施行令の第167 条の10と第167 条の10の2とに同様の規定があり，平成14 年3 月の地方自治法施行令改正により，規定が「工事又は製造その他についての請負」に改められ，請負契約全般に対象が拡大された。

この制度は全ての官公庁が全ての契約に一斉に採用したわけではなく、『公共調達における入札・契約制度の実態等に関する調査報告書』(公取(2006))によると、

最低制限価格制度については、

政府出資法人では設けているとした法人は2割

都道府県等及び中核市等では9割弱、

小規模市では約7割

低入札価格調査制度については、

政府出資法人では約7割、

都道府県等ではすべての団体で設けている。

中核市等で約半数強、

小規模市では約半数弱となっている。

国においては低入札価格調査制度のみが採用されているが、

政府出資法人においては，低入札価格調査制度が中心となっている。

両方の制度のあるところでは、

一定額以上のものは低入札価格調査制度を適用し、

一定額以下のものは最低制限価格制度を適用する、

という使い分けを行っている。ただし、制度があるとしているところでも、全ての契約に適用しているわけではなく、一部の部門の工事の発注などで試行的に行われているのが現状である。

最低制限価格制度では一定の基準を下回る落札率(落札価格／予定価格)になったときには、失格としてしまうが、低入札価格調査制度では、一定の基準を下回る落札率(落札価格／予定価格)になったときには、この条項に該当するものであるかどうかの調査を行い、問題がありそうなときには公正取引委員会に通知し検査をうけ、警告を出したり、改善措置を取ったりする。

北海道の場合を例にとれば、農政部、水産林務部、建設部及び各部局に低入札価格審議委員会を設置して、平成19 年5 月14 日以降に入札を行う工事から、入札価格内訳書による調査を行っている。北海道のホームページによると原則として予定価格が500 万円を超える工事については、「入札価格内訳書における直接工事費、共通仮設費、現場管理費、一般管理費等の額のいずれかが予定価格の直接工事費の 75%、共通仮設費の 70%、現場管理費の 60%又は一般管理費等の 30%の額(基準額)に満たない場合は、契約の内容に適合した履行がされないと判定し「失格」とします。」ということで、これに該当した場合には、業者は低価格で応札した理由について

(1) 契約対象工事付近における手持工事の状況

(2) 契約対象工事に関連する手持工事の状況

(3) 契約対象工事箇所と入札者の事業所、倉庫等の関連(地理的条件)

(4) 手持資材等の状況

(5) 下請契約予定業者及び当該業者と入札者の関係(資材購入先を含む)

(6) 手持機械数の状況

(7) 労務者の具体的供給見通し

(8) 工種別労務者配置計画

(9) 建設副産物の搬出地

(10) 安全衛生管理体制

(11) 過去に施工した公共工事名及び発注者

(12) 公共工事の成績状況等

(13) 経営内容

(14) 経営状況

(15) 建設業法違反の有無

(16) 賃金不払の状況

(17) 下請代金の支払遅延状況等

(18) その他

の報告を求められ、説明ができなければ失格となる(北海道(2007))。

国土交通省港湾局建設課の場合の基準は、予定価格が原則2億円以上の工事において、は次表のようになっている。

表 36 内訳毎の安値の判定基準

直接工事費	共通仮設費	現場管理費	一般管理費等
75%	70%	60%	30%

(出所)国土交通省港湾局総務課長、「低入札価格調査制度対象工事に係る特別重点調査の試行について」(国土交通省(2006))より転載。

さて、この古くからある制度はなかなか普及してこなかったし、法改正などで促進しようとしても実施率が 100%にならないのはなぜだろうか、理由は 2 つある。

入札を実施するだけでも手間がかかり、一般競争にするとさらに手間がかかる。その上、最低制限価格を決めるのにもひと手間かかる。ましてや、北海道の例のような調査をすると業者にも手間がかかる。調査の回答を受け取った官公庁では、それに対して問題があるのかどうかの判定をしなくてはならない。これには、業界やその業者の経営や仕入れ、下請けの構造、財務状態など調べ上げた上で問題の有無の判定が必要になる。問題ありと公正取引委員会に通知が出されると、そこでもまた、大変な手間をかけなければならなくなる。つまり、大変な手間を必要とするということがこの制度の最大の欠陥である。

また、その判断をしたり、調査に当たる人材がその官公庁にいるのかどうかも問題になる。判断をするのには、製造や工事の技術的側面が分かる必要があり工学部の出身者などである必要がある。しかも、価格の適否を判定する必要があるのだから、経営や市場に関する知識が必要である。経済学部や商学部の出身である必要もある。両方の学部をでている公務員は稀有である。すると、どちらかの出身で、現場の長い経験の中から他方の知識を身に付けた者を探さなくてはならない。もし、そのような人材がいれば、もっと他のクリエイティブな業務を担当するポストや上位の管理職に付けた方がその官公庁の役に立つと考えるのが普通であろう。つまり、制度を作っても、それを運用するための人材がないのである。これが第 2 の理由である。

②総合評価方式の改良

価格だけで選考したのでは、価格競争になり低価格入札が起きる。これを避けるためには、技術力や仕事の信頼性にかかわる他の要素も勘案して選考する必要がある。特に、難易度が高くて複雑な工事や情報システムのような複雑なものの開発の発注の場合、価格だけで発注先を決めてもうまくいかないであろうということは、説明しやすい。そこで、総合評価の方法が取られることがある。この総合評価には、様々な方法があるが、入札の現場では二つの簡便法が使われてきた。

一つ目が除算方式と呼ばれる方式で技術力、経営規模、過去の実績、など価格以外の要素に得点をつけて足し上げて行き、最後に入札価格でその得点を除して、最も高い得点になった業者を落札とする方式である。この方式の場合、分子の得点が他社の半分しかないときに、価格を半額以下にすると、相手よりも総合評価は高くなる。その結果、1 万円入札や千円入札など極端な廉価による入札が起きるのではないかと考えられ、2003 年の公正取引委員会の研究報告の提案でもこの方式を改めることが提案された。

その改良された方式が加算方式と呼ばれるものである。これは、価格で全体を割るのを止めて、価格も足しこむ得点の一部にするというものである。価格以外に与えられる得点が 80 点で、価格に与えられる得点が 20 点ならば、価格は選考の対象になる要素の 20%にしかならない。そこで、経済産業省から「加算方式による総合評価落札方式の導入について(情報システムに係る政府調達制度の見直し)」(経済産業省(2002))が公表され、また、調達関係省庁の申し合わせである「情報システムの調達に係る総合評価落札方式の標準ガイド」(申合せ(2002))が公表されて、総合評価の方式を除算方式から加算方式に変更することを試みる政策がとられた。

しかし、最低価格入札から、総合評価の除算方式に変え、除算方式から加算方式にかえても低価格入札がなくならないことが、福井(2004)によって実証的に明らかにされている。次表は福井が各官公庁の入札結果の資料を収集して整理したものであるが、低価格入札は

最低価格方式

除算方式

加算方式

のいずれの場合にも起こっている。福井はその原因についても東京都の文書管理システムの2回目の発注などの入札結果を分析しており、価格以外の要素ではほとんど差がつかず、価格のみで落札者が決まっていることを確認している。

この福井の研究結果を、良く考えてみると、過去の制度改革で、業者に等級区分を設け、指名順位を付けて選別するようにしたわけであるから、発注の価格や業種品目が決まりその等級が決まると、集められる業者は、指名競争だろうが一般競争だろうが一定のレベルの業者になるわけで、結局価格以外の要素では得点に差が出ないためではないかと筆者は考えている。

もし、業種品目の等級と総合評価の価格以外の要素の得点で、業者の順位の付き方や得点に大きな差があるのであれば、どちらかの基準か、両方の基準に問題があることになる。そして、2つめの方法も結局入札の手間を増やしただけの結果になり、過当競争による安値受注の防止にはあまり効果が期待できない。

表 37　福井秀樹による入札結果の分析

時期	調達者	案件	入札方式	落札事業者	落札価格（税抜き）	予定価格ないし予算額（情報の出所）
1999年8月	郵政省(現郵政事業庁)	POSTONS（郵便トータルネットワークシステム）の基本設計、概要設計及び詳細設計の委託	一般競争入札 最低価格落札方式	松下通信工業（現パナソニック・モバイルコミュニケーションズ）	17万円	4600万円 予算額(担当者)
2000年5月	郵政省(現総務省)	調達総合情報システムのプログラム作成等の委託	一般競争入札 総合評価落札方式 (除算方式)	日本IBM	2万8000円	1億4423万円 予算額(新聞)
2000年7月	国税庁	電子納税実験システムの開発等	一般競争入札 総合評価落札方式 (除算方式)	NTTデータ	1万円	5億5486万円 予算額(担当者・新聞)
2000年8月	建設省他(現国土交通省)	国土交通省行政文書ファイル管理システム(その1)の購入	一般競争入札 最低価格落札方式	日本ユニシス	4800円	4128万5000円 予算額(担当者)
2001年4月	愛知県	電子地力政府推進調査	指名競争入札 最低価格落札方式	富士通	4800円	860万円 予算額(担当者)
2001年5月	埼玉県	文書管理システムの全体設計委託業務	指名競争入札 最低価格落札方式	沖電気工業	5万5000円	4342万7000円 予算額(担当者)
2001年7月	京都市	財務会計電子計算機処理システ ムの設計委託	一般競争入札 最低価格落札方式	富士通	360万円	1億3500万円 予算額(担当者・新聞)
2001年9月	東京都	電子調達システムの開発委託(その1)	一般競争入札 総合評価落札方式 (加算方式)	NEC	1000万円	1億5000万円 予定価格(価格点計算式から概算)
2001年9月	東京都	文書総合管理システムの開発業務委託	指名競争入札 最低価格落札方式	日立製作所	750円	8500万円 予算額(新聞)
2001年10月	内閣官房	情報セキュリティ対策業務支援システム一式の購入	一般競争入札 総合評価落札方式 (除算力式)	富士通	297万5000円	9007万円 予算額(新聞)
2001年11月	金融庁	申請・届出等手続をオンライン化するためのシステム及び総合的文書管理システム一式の購入	一般競争入札 総合評価落札方式 (除算方式)	富士通	303万円	1億6700万円 予算額(新聞)
2001年11月	岐阜県	電子入札システム（建設CALS/EC）基本設計業務委託	一般競争入札 最低価格落札方式	中部コンューター	7000円	1900万円 予算額(担当者)
2002年1月	法務省	法務省認証局及び総合的な受付・通知システム	一般競争入札 総合評価落札方式 (除算方式)	NTTデータ	500万円	3億1000万円 予算額(新聞)
2002年11月	宮城県	宮城県電子県庁共通基盤システム(仮称)に係る開発基本設計業務	公募提案型指名競争入札 最低価格落札方式	NAViS・カメイシステムハウス・サイエンティア・東北エヌエスソリューションズ・富士通企業連合	48万円	2400万円 予算額(新聞)

（出所）福井秀樹、「官公庁による情報システム調達入札」、『会計検査研究』、第29号、2004年3月、（福井(2004))、28ページより転載。

③調達手順の規定の整備

もうひとつの対策は、あいまいな仕様で発注すると、業者は少しでも安い見積や入札をしたいので安く見積をたててしまう。その原因は、開発に当たる業者は細かいことまで情報を持っているのに、発注者である官公庁が充分な技術的情報を持っていないという情報の偏在という状況があるためであるとする考え方による。この情報の偏在を上述の福井(2004)は「不完備契約の罠」と呼んでいる。情報の偏在を解決するためには、細かい点まで記載した仕様を準備して発注に当たることができるようにする必要がある。この方向の改革は、電子政府構築計画の中で推進された。

2004 年に各府省情報化統括責任者(CIO)連絡会議は、電子政府構築計画で作る 21 の共通システムとその担当府省を決めた「府省庁共通業務・システム及び一部関係府省業務・システムならびに担当府省について」(CIO 連絡会議(2004))を決定したが、同年、(CIO)連絡会議は、「業務・システム最適化計画策定指針(ガイドライン)」(CIO 連絡会議(2004-2))を出して、電子政府構築計画で作る業務システムの計画の作り方を、業務の見直しの手順から、ソフトウェア、ハードウェアの構成図の記述要領に至るまで事細かに定めた。この指針は、本書 78 ページの他に、5 部から成り、全般事項、企画、計画の策定手順、仕様書の作成、予算要求の積算、設計、開発、進捗管理、評価の方法などに関する大部の詳細な指針(手順書)が付いている。

その後、2005 年(平成 17 年)6 月の「最適化計画を策定する府省庁共通業務・システムについて」(CIO 連絡会議(2005))で文書管理業務の業務・システム最適化計画の策定を決めたり、2007 年(平成 19 年)3 月の「個別府省業務・システム及について」(CIO 連絡会議(2007))で電子政府構築計画で作る各府省の個別システムの追加等の見直しを行った。「電子政府評価委員会平成 18 年度報告書」(評価委員会(2007)、p.10)によると、平成 18 年末には、23 の共通システムのうち 21 で、平成 19 年 2 月には、62 の個別の府省システムのうち 61 で最適化計画の策定が済んだ。

このため、各府省情報化統括責任者(CIO)連絡会議は、「情報システムに係る政府調達の基本指針」(CIO 連絡会議(2007-2))を決定して、調達計画の公表の方法から、入力の方法や画面の要件に至る詳細な仕様書の作成方法、入札の方法、経費積算精度の向上、契約書の書き方など事細かな内容の手順や仕様を決めた。

たしかに、中央政府の大規模システムを構築するためには、こうした詳細な手順を決めたり、事細かな仕様をもとに発注したりすることが可能なのかもしれないが、この方法で発注できる府省庁はごく限られたものであろうことは、この一連の指針をプリントアウトして何冊かのフラットファイルにとじただけで明白である。実際にこの一連の指針によって作成される文書や図表の数がどれほどのものになり、それを作成する手間がどれほどのものかは想像に余りあるものである。

第 6 節　改革の問題点

ベルリンの壁が崩壊して 20 年余りになる。建国 200 年余の米国の制度改革は、戦略的に準備され、冷戦の終結を受けて、大規模な防衛支出の削減を行うための、目的指向の改革であった。調達発注の削減を円滑に進めるために、入札を減らし随意契約を拡大し、競争を緩和して、現場の裁量の余地を広げ、それと同時に調達の事務も減らすために情報システムを活用するというものであった。

これに対して電子化する点では似ている日本の制度改革は、千年以上の長い歴史の中で、一つ一つの問題に対処してきた結果の改革である。過去の教訓とその改良の積み重ねの上につくられてきている制度をどのように改革していくのかという視点から行われている。

制度が整備され**煩雑化**すると次第にその制度は**形骸化**し、**簡略化**が行われるようになる。すると、しばらくして**競争政策の再度の徹底**が必要になり、**新たな競争政策**が導入される。競争が激しくなると、**ダンピング**が行われ、利益が出なくなると、**手抜きなどが横行**する。また、競争をさけようと、**談合**が行われるようになる。不正を見逃すまいと**政策の見直し**が行われ、**制度が整備**される。整備された制度は精緻なものになり**煩雑化**していく。

その中で、従来からあった手抜や談合よりも、もっと悪い影響を経済に与えているかもしれない不当廉売が発生している。

日本の制度の歴史に関しては、最古の記録が延喜式(927 年)にある宮内省木工寮「竿師(さんし)」の積算書類

「功程注文」、「勘定支度」、「用途支度」であり、季節による日照時間の差まで考慮した計算方法などが指定された精緻なものであることから説明を始め、総務省行政管理局の所管するCIO連絡会議が2004に決定した「業務・システム最適化計画策定指針(ガイドライン)」は、全般事項、企画、計画の策定手順、仕様書の作成、予算要求の積算、設計、開発、進捗管理、評価の方法などに関する大部の手順書であることと、2007 年の「情報システムに係る政府調達の基本指針」が、調達計画の公表の方法から、入力の方法や画面の要件に至る詳細な仕様書の作成方法、入札の方法、経費積算精度の向上、契約書の書き方など事細かな内容の手順書であり、共に中央政府の特別な部門でしかその全てを実施することはできないことの説明で終わることになるが、その趣旨は同じことが繰り返されているということではなく、すこしずつ、改革が進んできたことを示して次のステップを作るときに参考にすることにある。

日米の二つの異なる改革のどちらが良くて、どちらが悪いのかといった評価は後世にならないと決まらない。今日進行している日本の改革の問題点もこうした歴史から見てみると明らかになり始めているように思う。競争を徹底することが趣旨であり、調達発注制度の供給側である業者に対しては、談合等への規制を強化して情報の交換や共有を禁止し、需要側の官公庁は、情報の共有を徹底する。その手段は法的な規制と、IT システムである。官公庁の事務量がそれによって増えてしまうので、それを軽減するための電子化を行うことにしていたが、実際には手間がかかる物ばかりできている。業者は見積の手間が増えて困るのなら辞退して、その案件の取引から出て行け。指名競争や随意契約をしたいなら、現場の各官庁はその規則であるガイドラインを作れということではたして解決できるのであろうか。この疑問にチャレンジしてみるのが、本書の以下の章である。

第３章　政府の調達発注システムが所望の機能を発揮する条件と問題

政府の調達発注システムに生じる問題の先行研究は、多数あり、原理の分析(McAfee(1993)、Anderson, Goeree, Holt (1998))、統計的な不正の発見方法の研究(Porter, Zona (1993))、不正摘発の業者に与える効果(Karpoff, Lee, Vendrzyk (1999))、や制度改革(金本(1993)、金本(1993-2)、金本(2002))などが研究されている。さらに後述する文献は数え切れないほどの数になる。そして、そこではいろいろなことが言われてきており個別に取り上げると矛盾したように見える結論があり、混沌としているようにさえ思える程である。しかし、それぞれの研究は、いろいろな条件のもとで発生する問題を、それぞれの状況を所与として研究したものであり、相互に矛盾しているものではないと筆者は考えている。そこで、それを説明するために、個々の具体的な先行研究に触れる前に少し準備を行う。つまり、先行研究の意義を整理して理解するために、この第３章と次の第４章で筆者の考えたモデルを提示する。

第３章では、業者である企業の置かれている条件と、価格の形成に関するモデルを提示して、市場原理やフルコスト原理で得られる価格と政府の調達発注システムから得られる契約価格が乖離したり、わからなくなったりする現象について説明する。さらに、次の第４章では、業者において原価がわかっていることを前提にしても、政府の調達発注システムがうまく機能したり、しなかったりすることについて説明する。

そして、第３章と第４章を前提にして、第５章において、先行研究と筆者のモデルの関係を説明しながら、実際に発生している問題を解決するには、現在のシステムの改革がさらに必要であることと、どのような対応が必要なのか、一つ一つの要素について説明する。

第3章を始めるにあたり、まず、業者の側に立って考えてみることにして、予期せぬ損失の発生する原因を分類してみよう。これは、不当廉売にまでは至らなくても、異常な落札価格の低下が、政府の調達システムにおいて生じるとしたら、各業界がこれに対する自衛策として、談合などの価格カルテルを結んだり、予定価格などの情報を得るための汚職や不正を考えることになるからである。また、低額の落札が常態化するのであれば、手抜きをしたり、ロックイン効果を利用して後で高額の随意契約を交わし、水増し請求して穴を埋めなければ、官公庁との取引に損害が出てしまう。

市場価格や適正な平均費用(積算)に基づく価格から落札価格が乖離する現象は以下に示すように様々な状況の下で発生する。そこで、その一つ一つについて各当事者の行動の原理にまで踏み込んで考えてみることにする。

A. 市場価格のあるケース

市場価格があるにもかかわらず入札など競争による調達が行われて、

・市場価格と落札価格が乖離する場合、

・政策の過度の多様性が市場の形成を妨げる場合、

がある。これらの場合は、その原因となっているものを取り除き市場メカニズムを利用できるようにする必要がある。

B. 市場価格が利用できないケース

調達量が市場を形成するには少なすぎるため市場価格のないものには、

・不適切な指名による競争が行われた場合

・競争による調達が適切でない場合

に落札価格が原価を割り込み、所得の増加ではなく、損失が発生する。

損失の発生する問題が放置されると、各業界には死活問題が生じる。もちろん、業界の再編、技術革新の促進や、原価の切詰にも努力が注がれるが、追い詰められてくれば、もっと手っ取り早いコストの削減への誘因が働く。具体的には、

・違法な方法による費用の削減

を検討することになる。また、共通するものとしては

・発注の単位やサイズが不適切な場合がある。

第１節　市場価格と落札価格の乖離

官公庁が調達したり発注したりするものは、何百万アイテムにものぼる。これを、限られた数の業種品目に分類して、処理している、しかし、同じ業種のものでも実際に発注されているものは千差万別であり、経済学的には品目毎に性質の異なるものが含まれている。このため、それぞれのものの値段の決まり方も千差万別である。そこで、もう一度、生産、供給、需要、価格といった基本的な概念を確認し、低価格とは何なのかということから分析を始める。

(1)限界費用と供給曲線

良く知られた経済学の基本原理である**市場原理**に従えば、**限界費用が逓増**する場合には、市場価格が与えられると、供給者は**限界費用がこの市場価格に一致**する点まで供給を拡大する。利益を最大化できるからである。これを説明するための企業の供給関数に関しては、例えば Samuelson(1947)のように、市場の一般均衡を論じるために複数の財を供給する生産関数を用いた議論がされることが多いが、政府の調達発注の現場では、ひとつひとつの案件毎に入札などの契約手続きが取られることから、本書では１財のモデルを使用する。

価格を p、供給量を x、利益を R、収入を V、費用を C として、その限界概念を m、合計の概念を t で区別する。つまり、

限界費用を Cm(x)、総費用を Ct(x)、

限界収入を Vm(x)、総収入を Vt(x)、

限界利益をRm(x)、総利益を Rt(x)、

とする。限界費用の逓増を前提としているが、これは

$$Cm(x) = dCt(x)/dx$$

$$dCm(x)/dx > 0$$

のことである。ここで、供給者が利益を最大化する行動を取るものとすると、供給者は常に、次の問題を解いていることになる。

$$\max_{x}. Rt(x) = \max_{x}. (Vt(x) - Ct(x))$$

この問題の一階の条件は、

$$dRt(x)/dx = Rm(x) = 0$$

である。また、

$$\begin{aligned} dRt(x)/dx &= d(Vt(x) - Ct(x))/dx \\ &= dVt(x)/dx - dCt(x)/dx \\ &= Vm(x) - Cm(x) \end{aligned}$$

であるので

$$Vm(x) = Cm(x)$$

さらに、

Vm(x) ＝ p

つまり、製品は価格 p でしか売れないことを考慮すると

p ＝ Cm(x)

が利益の最大化の条件である。つまり、生産の拡大により限界費用が増加してきて市場価格に達したとき製造業者は生産の拡大を止め、商社は拡販によるコストの増加が収入の増加を上回ると拡販を止める。つまり、**限界費用曲線の逆関数として供給曲線**が与えられる。

このような原理に基づく**均衡が市場に成立している時に、入札を行うと、追加の需要が限界費用を押し上げる**ので、各業者は市場価格と同じか、それ以上の札を入れる。官公庁は、その中の一番安い札を落札と決めれば、最も市場価格に近い価格で財やサービスが入手できる。つまり、入札に参加する業者が、

①正しく限界費用を認識しており、

②利益の最大化を行動の原理にしている

のであれば、落札価格は市価を下回ることはないし、市場価格と落札価格との乖離の幅は大きくならないはずである。ところが、しばしば落札価格は市場価格を下回る。この理由についていくつか考えられることを示すことにしよう。

(2)局所的な需給の不均衡

上述の供給曲線は、経済原論の一般的な教科書(例えば Samuelson(1955)の 23 Competitive Supply など)で説明されているように市場での価格決定メカニズムを説明する際には、市場に参加している全ての企業の供給曲線を右横の方向に加算して、市場における供給曲線を求める。その目的は、市場における価格が与えられた時に供給サイドの企業がどれだけの生産を行い、それを市場に供給するのかを説明する必要があるからである。この説明方法を用いた入札の説明から始めることにしよう。ここで扱う市場は入札の現場であり、供給サイドは、入札に参加する業者である。

この右上がりの供給曲線に対して、一般的な市場原理の説明に用いられるのは、限界効用の低減を前提にした右下がりの需要曲線である。これは、市場の需要を形成している消費者が、価格が安ければたくさん買い物をすることを説明するために用いられている。筆者は、入札の現場で起きることを説明するためにこの需要曲線は使えないと思っている。長期的(Long-run)に見れば、低価格で供給される財、サービス、工事をたくさん利用した方が政府にとっては予算の節約になるので、何年かの政府需要という意味では需要曲線は消費者の需要曲線と同様に右下がりになっていることについて筆者も異論はない。あるいは、国内の総需要に占める政府部門全体の年間の需要を議論するのには右下がりの需要曲線が使える場合もあるとも考えている。しかし、1 件 1 件の入札で何が起きるのかを考える時には、右下がりの需要曲線は使えない。

入札の現場では、需要サイドはその官公庁の調達窓口一つであり、予算を取ったときに需要量は決まっている。つまり、**需要曲線は垂直**に立っている。これが、ここで筆者がおく仮定である。これに、対して供給者の数は、官庁が何社を指名(nominate)するかで自由に決めることができる。指名する業者の数は、その下限が規則で決められていることは、上述した通りであるが、上限が定められていない点は注目する必要がある。また、最近推進されている一般競争入札では、希望する業者がいる限りいくらでも増えることになる。このとき、何らかの理由で市場と入札の現場とが隔離されると、入札の現場では需給の不均衡が生じ、次の図に示すように指名の数 n が増すにつれて落札価格が低下する。

このモデルは、1 社を選定する一般的な入札ではなく、もう少し市場に近い入札のモデルである。大量の政府需要を満たすために、多数の業者を指名しておいて、各業者から、ロットサイズと価格の表を入れさせて、安い物から

必要な量になるまで契約する方式の入札における価格の形成を説明するため筆者が考案したものである。

図 6　入札の現場での需要と供給

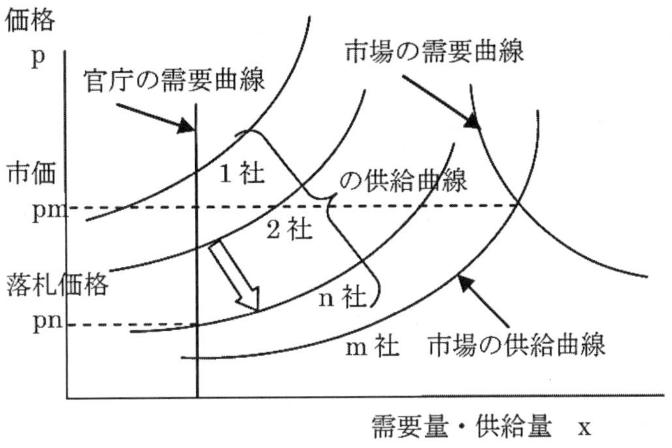

(出所)筆者の考案したもの。

ここで、隔離と述べたのは、供給者が、同じものを市場でも売ることができないという意味である。もし、供給者が同じものを市場で高値で売ることができて、利益の最大化を行動原理にしているならば、高い値のつく市場で売ったほうが良いに決まっている。このため価格の低下は発生しない。

しかし、進駐軍向けベニヤ合板事件では、進駐軍向けの合板の規格は、日本の国内のものと異なっていたため、進駐軍向けのベニヤ板は国内には売ることができなかった。こうした状況があれば、ベニヤ板でなくても同様の事態が起きる。水道やガスのメーターなどは民間の需要はほとんどないので、生産の規模が費用逓増状態であるような中小のメーカーで生産されているのであれば、こうした現象は起きる。また、自動車部品のように特定のメーカーにしか納品できない部品を製造している下請けが多数存在するときに、メーカーが入札で部品を調達しようとするようなときにも、この現象は起きる。

価格は一応決まるが、市場メカニズムが働いて決まっているのではなくて、需要側の政府やメーカーが、入札参加社の数をコントロールしながら所望の安値で、部品を買いたたいているのである。

(3)官公庁担当部門

これは、先行研究は今のところ見つかっていない。筆者が、官公庁営業部門を会社の中で設立する仕事をした当時の経験を理論化したものである。一般の市場にアクセス可能な企業の中でも、隔離は発生する。市場で物を売り、役務を提供するのと、官公庁に物や役務を納めるのにはかなり異なるノウハウが必要である。市場で物を売り、役務を提供するには、誰だかわからない客先との取引も行わなくてはならない。貸倒も発生すれば、意図的にクレームをつけてくる良からぬ客もいる。いわば**顔の見えないお客様との商売**のノウハウが必要である。

一方、官公庁に出入りするためには、競争(入札)参加資格の審査を受け、業種品目ごとの登録業者名簿に登録してもらい、指名を受け、入札や企画コンペに勝たなくてはならない。しかし、貸倒の心配はまずない。つまり、**お客様の顔の見える商売**である。

このため、官公庁を専門にする商社、あるいは、官公庁専門の事業部や営業チーム、少なくとも、官公庁の担当者が各社におかれている。この、**官公庁担当部門**は、市場に物を売ることは分掌外であり、普通の会社では**分掌違反の越権行為**とみなされる。

この官公庁担当部門は社内的な分掌により隔離が発生するケースであり、社内の方針を変えれば民間の市場にアクセスすることができる。筆者の勤務していた会社では、安値の受注を禁じる厳しい方針があり、入札等で価格が下がると受注ができなくなり、官公庁需要だけでは手が空く者が出てしまうので、学校、放送局、共済、互助会などの特殊な法人も分掌に加える工夫をしてこの問題を解決した。

(4)地域的隔離

しかし、民間の市場にアクセスしたくてもその市場がない場合もある。どこの町にも需要が満遍なくあるわけではない。大きな組織としては自衛隊と市役所しかない町、研究所と大学の町もある。市役所、市立病院、県立老人ホーム、市立の小中学校の他には、漁協か農協にしかオフィス需要のない町も普通に存在する。この△△市で事務所への機器やソフトを販売している○○商事の△△支店は、官公需以外にまとまった販売のチャンネルを持っていない。官公庁担当部門や地域的に隔離されている業者は、官公庁以外の需要から隔離されているので、官公庁との取引の場で、しばしば局所的な需給の不均衡に直面することになる。

第２節　企業の行動原理

第１節で述べた供給サイドは、少なくとも、利益の最大化を行動原理としている業者であったので、限界費用に一致する価格で応札しようする。しかし、この前提もいつも成立するとは限らない。

(1)限界費用が不明確な場合のフリーライド

わが国では、個人経営であっても法人であっても、消費税や法人税が課税されるので、売上高や仕入額、各種の経費などを把握して、正確に利益を算出する必要があり、いわゆる**財務会計制度 financial accounting system** が普及している。このシステムでは、課税の単位が法人や個人毎であるため、この単位つまり会社全体の売上げや費用が集計される。

しかし、限界費用を把握するためには、商品やサービスの種類別に売上高と費用を正確に記録する会計システムが必要になる。このシステムは**管理会計制度 managerial accounting system, ABC 会計制度または活動別費用賦課方式 activity base cost accounting/allocation system** などと呼ばれているものである。ABC はもともと米国の鉄道や自動車会社などの経営に利用されてきた手法であり、Hitch,McKean (1960)、石沢 (1969)、惠羅 (1968)においてPPBS(Planning, Programming Budgeting System)のツールと考えられて、試行もされたが、コンピュータが普及していなかった当時には、政府の調達発注の分野では、うまく機能させることができなかった。また、上述したように、原価計算を土木建設関係以外の業種には義務付けていないため、日本では管理会計制度を採用している企業は少なく、採用してもうまく運用できている企業はさらに少ない。

売上げを商品毎に集計することは比較的容易である。しかし、その商品を作ったり売ったりするのにどれだけ費用がかっているのかを算出するのは容易なことではない。難問が山積しているからである。本書の趣旨に沿ったいくつかの例を示すと。

①応札したが落札できなかった時、営業費用はどの商品の販売費用に算入すればよいのだろうか。

②過去に行った研究投資や設備投資が複数の商品の製造や販売に役立っているとして、どのようにその費用を商品毎に配賦すればよいのだろうか。

③兼務している社員の人件費をどのように配賦するのだろうか。

④企業のイメージ広告、競争(入札)参加資格、各種免許の取得、役員会議室の清掃費用などの総額は、無視できない。

どの商品の生産費用か定かでないこれらの経費を各商品や事業部に賦課する方法にはいくつかの方法がある。取りあえずは、本社経費、本部経費、○○管理費など呼ばれる勘定で集計し、事後的に、利益や売上高に比例して配賦するのが応能原理。利用回数などで配賦すれば受益者負担。社員の数に比例して配賦する人頭割りなどである。

配賦の方法がうまくないと、一部の限界費用が販売経費や製造原価に反映されないことになる。すると、規模の小さい事業部や、支店は、こうした費用を固定費用と考えて行動するようになる。つまり、実際の限界費用を割り込んだものを限界費用と考えて、これをもとに入札価格を算出している可能性がある。いわば社内公共財へのフリーライドや認識不足が生じると限界費用は過少評価される。

管理会計制度を採用している業者でも、こうした問題があるのであるから、管理会計制度のない業者の見積は、さらに信頼ができない。直接の原価と販売経費や下請けへの委託費に、経験と勘をたよりになにがしかの利幅をマークアップをすることしかできない。

建設業など一部の業種では製造原価の計算書を作成して経営事項審査を受けたり、個々の受注毎に原価の報告を義務付けられたりする。しかし、上記の理由で正確な報告が得られているかどうかは定かではない。また、一般の物品や役務の提供に関しては、このような制度はない。

正直に報告すると仕入れ先や材料の調合などの商売上のノウハウを官公庁が吸い上げて情報公開してしまう可能性もあり、正確な原価の情報を開示しようという積極的な動機を業者の側は持っていない。

そして、もっと大きな障害となるのは、企業の中での競争である。事業部や、支店、あるいは商品毎のチームなど様々な単位で、利益率や、利益そのものが比較され、担当者のボーナス、給与からその部門の存続までが問われる時代である。どの部門も可能な限り自部門の費用負担を少なく見せて利益率の高さを示したいと思っている。

政府の調達発注とは直接関係はしていないが桜井 (2003-1)など ABC の研究成果は最近も積み重ねられている。そこでどのような管理会計システムが応札する企業に有効なことについては、第 5 章において、筆者の考え方を説明する。

(2)官民の仕様の差

官民の仕様の差に関する先行研究は、アポロ計画などの宇宙開発や、高度な軍事技術のコストベネフィット分析をする際に、開発を正当化するために用いられてきた。政府の高い仕様の需要を満たすために開発された技術が、民需向けの製品の製造技術に応用されるようになり、普及するというものである。これはスピンアウト効果として、長年、多くの人々によって提唱されてきた考え方である。つまり、一見無駄に見える宇宙船や戦闘機の開発が、民生用の製品の品質の向上に結び付くため、費用対効果が大きいという。筆者は、それよりも、逆の場合が問題であると考えている。

民間の需要を満たすために様々な機能が付加された製品やサービスが市場では供給され、高く売れている場合がある。官公庁の要求水準、いわゆる仕様(specification スペック)以上に、民間向けのものの機能が充実している場合で、官公庁の需要がこの民間の需要に対して相対的に小さいとき、このメーカーはわざわざスペックの低い製品を生産するためにラインを作るようなことはしないと考えられる。

すると、はじめからスペックの低い市場で人気のない安い製品を作っていた他のメーカーが落札することはあり得る。しかし、高品質製品の供給者が、いわゆるダンピングを行える立場にあることも考えられる。民間から得た利益が大きく減らない限り、市場の支配をねらって、安価の応札をするのである。この場合高品質の製品を値引きして販売することになる。このとき、限界費用を下回る価格を提示するかどうかの選択を迫られる。安い製品を作っていた他のメーカーがさらに値引きをしかけてくることも予想しておかないといけない。すると、極端な値引き競争が起きる可能性がある。官公庁の市場へ独占的な支配力を広げることが目的であるから、このような競争を許して独占が成立すると、官公庁は後で必要のない機能を持った高い物を買わされることになるかも知れない。

(3)新規参入者の受注獲得優先策

新製品を開発した大企業の中の小さな事業部や、ベンチャーをはじめた新たな経営者などにとっては、市場ではまだ知名度も実績もなく、たとえ値段を安くしても商売は難しい。しかし、官公庁の入札では仕様さえ満たせば安い方が必ず勝者となるので、新規参入のチャンスがある。また、市場に安い物を提供すれば、相手はなかなか値上げには応じてくれない。しかし、入札での値決めはその場限りであり、いつでもその価格で供給することは要求されない。損をしてもその出損の大きさはコントロールできる。そこで、こうした業者が利益を無視した行動を取ることもあり得る。まず、官公庁に売り込んで、その実績を売り物にして、他の市場にも参入する作戦である。武田(1999)には新規参入によるダンピングの事例が数々紹介されているが、本書では、そのモデル化を第 4 章で行う。

(4)生き残りをかけた値引き

経営が破綻しかけている企業では、金融機関からつなぎ融資が受けられなければ、生き残りのチャンスはない。官公庁からの受注があれば金融機関の審査で有利になるかも知れないと経営者が考える可能性は大きい。

また、会社が儲かっていても、その事業部や支店は廃止するかどうかの岐路に立たされているかもしれない。このリストラ寸前の事業部や支店は官庁からの受注があることを理由に延命策を計れるかもしれない。利益をあげることよりも、受注を優先して考える者がいても不思議ではない。

このケースに関する理論的な先行研究があるかどうかは筆者は知らないが、第 4 章で示すように入札を混乱に陥れる原因になる。

(5)破綻している企業の清算の準備

競争(入札)参加資格審査の段階では健全であったかもしれないが、その後に経営状態が悪化して、応札の段階では既に破綻してしまっている業者もあるだろう。リストラで廃止が内定している事業部や支店も同様の状況にある。この場合、限界費用を下回っても、営業費用を上回る収入があれは、清算に使える資金が増えるので、状況を改善できる。閉店セールのようなたたき売りをするよりはずっと体裁が良い。そうなると、いくらでも良いから官公庁に引き取ってもらえば良いという話になる。WTO 条約では、破たんする企業の支援をする場合には、入札制度の例外として良いことになっているので、こうした企業は入札に参加させるのではなく、別の方法で支援することも国際法上は可能である。

(6)スイッチングコストによるロックイン

大学などで大型のコンピュータやパソコンなどを発注すると、各社が競って値引きしてくるのを経験された方は多いと思う。中には 8 割引、9 割引などの見積書も珍しくない。これが、スイッチングコストによるロックインを利用した受注戦略である。

使い慣れないものよりも、使い慣れたものを次にも買う行動は一般的な消費者の普通の行動である。官公庁においても、企業においても、消費者同様にこのようなことは起きる。これを利用する販売方法がある。しばらく、見本を無償で配布して、後になってから有料で販売する。

慣れていない物を使い始めるときには、使い方を勉強したり、うまく使えず何かを壊したり、時にはけがをしたりする。過去にあった物の収納場所ではうまく保管できないかもしれない。すると収納場所を作り直したり、箱や棚を買い替えたりしなくてはならないこともある。これが**スイッチングコスト**と呼ばれている費用である。

慣れてしまった消費者はその製品の世界に閉じ込められてしまう。これを**ロックイン効果**という。ロックインされた消費者に、他の製品を売り込むには、スイッチングコスト以上に値引きして売るしかない。極端な場合は「新規の購入の方には無償で見本を差し上げます。」という販売方法になる。さらに、極端な場合には、「とりあえず置いておきますので、お使いになったら後から代金を頂きに来ます。」ということになる。

富山の置き薬、栄養剤や化粧品の見本、新聞の新規購入、携帯電話の他社からの買い替え、自動車や家電製品の下取り、など、昔からある販売戦略である。大型コンピュータや PC はその最近の例に過ぎない。

この販売戦略は、次の発注の時に、その製品が再び売れて、それが何回かつづき、初回に値引きしたり無償にしたりした代金が回収できて初めて成り立つ。みなが食事をデパートやスーパーの試食で済ませて、見本のシャンプーや石鹸で風呂に入り、毎月購読紙をかえ、毎年携帯電話を取り変えて、学校や大学が毎年 PC の入札を行うと、見本の代金や初回の値引きは回収できず、この販売戦略は成り立たなくなる。

このスイッチングコストによるロックイン効果があるのかどうかを統計的に実証しようとしたのが、坂野他(2006-1)の研究である。また、水増し請求事件の多くは、この商習慣と政府の調達発注システムのミスマッチによるものであろうと筆者は考えている。

(7)過当競争と囚人のジレンマ

これまで、限界費用から落札価格が乖離する可能性を見てきたが、この種の行動を取る企業が、指名された業者の中に一つでもあると他社が思うだけで、実際にはそのような業者がいなくても、応札価格を下げざるを得ない場合がある。

競争(入札)参加資格には、通常は 2～3 年の期限があり、定期的に審査を受けることになっている。このとき、受注実績、特に、その官公庁からの受注実績の有無や多寡も評価の対象となる。得点が下がると、等級（受注が許可される金額の上限）や指名順位が影響を受ける。このため、受注の少なかった業者は、少しでも多く落札したいと考える。

総合評価の一般競争が増加するとなおさらにこの競争は激しくなる。総合評価により実績が問われる。一般競争になるとどの会社が低価格で参入してくるかわからない。しかも、次回の入札ではまたそれが問われる。

こうした状況が、受注のゲームには、囚人のジレンマを発生させる。他社と情報を交換すれば談合にあたり相談はできない。つまり、協力ゲームが非合法で、非協力ゲームが合法となっている。各社が合法的に行動すると非協力解に達して、指名入札制度の下では、次回の審査までの間に、また、総合評価の一般競争の場合には、数回に一回の割合で各社は取扱品目毎に少なくとも一回は絶対に落札できる低価格で応札するしかなくなるのである。つまり、指名された業者の中や公募で集まってくる業者の中にコストを割った札を入れるものがいるかも知れないという可能性が生じただけで、談合に参加して検挙されるリスクをとるか、何度かの出損覚悟の入札を行うか、それとも指名順位や等級の低下に甘んじるかの、ぎりぎりの選択を健全な業者までもが迫られてしまう。そして、景気が後退しているときには一般競争に参加する業者が増えて、このような状況が起きる可能性が高くなるし、景気が悪くなくても指名された業者の数が増えた時には、このような状況が起きる可能性が高くなる。

武田(1999)は、囚人のジレンマの起きることに言及しているが、どのように起きるのかは示していない。本書では第 4 章でモデル化を試みる。

(8)無償の供給者

市場原理やマークアップ原理に関する先行研究では需給調整メカニズムを分析する際に、供給サイドには企業を想定してきた。しかし、筆者はそれでは政府の調達発注の制度の設計には不充分であると考えている。

供給サイドの業者を企業であるとすると。各業者は損失を出し続けることはできないので、少なくとも長期的には平均費用を回収しなくてはならない、この限界を超えた業者は倒産するか、リストラされるので、長い目で見ればいなくなる。しかし、長期にわたり低価格や無償で物品や役務の供給を行い続けられる組織が増え始めている。阪神大震災や沈没したロシアのタンカーから日本海へ石油が流出した事故に見られたように、1990 年代には、NPO、NGOが活躍するようになり、無償の役務の提供行為としてのボランティアが広まった。また、支援物資を寄付することも定着した。ハード、ソフト、コンピュータファシリティーの管理等も例外ではない。

これにより、財政支出は節約できるが、この無償のボランティアや支援物資の寄付は、財政政策の視点から見ると物品や役務の提供者に所得が生じないため、所得消費循環も生じない。つまり、それだけ、総需要を萎縮させているわけである。また、ミクロ的には無償で提供された財やサービスの分だけ、官公庁の需要が減少して垂直に立っている官公庁の需要曲線が左方へシフトするため、図6に示した指名業者数の増加ですでに市価 pm より低下していた落札価格の市価との差が拡大する。

図 7　寄付や無償ボランティアによる入札の現場での需要と供給の変化

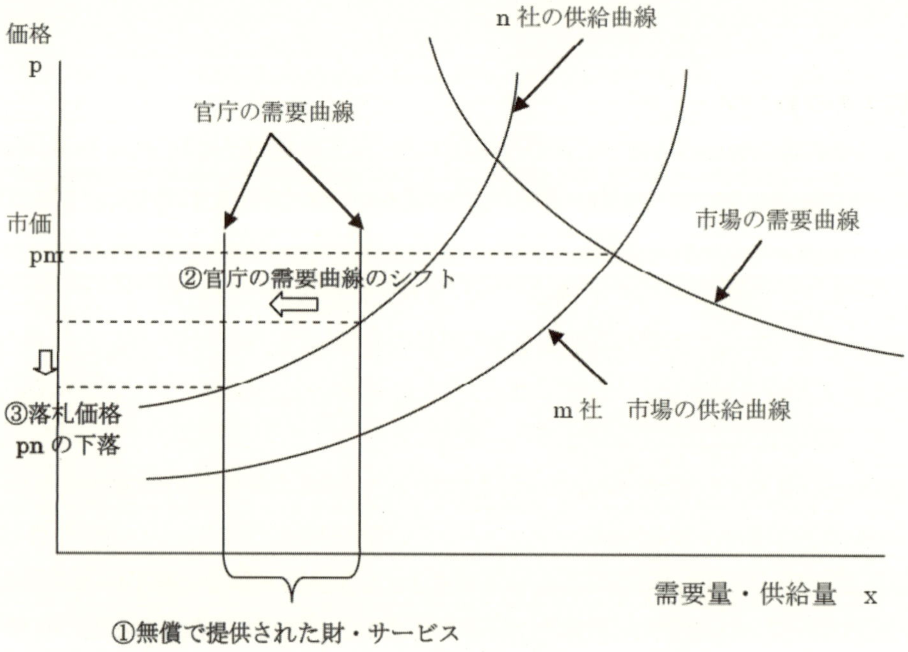

(出所)筆者が考案したもの。

支援物資は購入されなくてはならないし、NPO、NGO のボランティアも正当な報酬を支払われる必要がある。働きに応じた所得を得て、その所得が消費を増やして需要を生み出さなければ財政政策は成り立たない。米国はベトナム戦争の後に、徴兵制を廃止して、それまでの下士官以上に適用していた年功序列給与体系、終身雇用の制度を一般隊員にまで拡大して志願兵(volunteer)制度を敷いた。有償のボランティアを労働市場から調達する方式に変えたのである。日本では戦前の陸海軍は徴兵制であったが、戦後の自衛隊はこの有償のボランティア制である。NPO,NGO のボランティアの処遇に関してもこの先例を参考にすべきであろう。阪神大震災の救援復旧には、多くの社員がボランティア休暇(無給の長期休暇)をとって参加したのは記憶に新しい。

第３節　市場のないものの調達

これまでは、市場が存在する場合の問題を扱ってきたが、市場を利用できない場合もある。この市場が利用できなくなる点をサミュエルソンは著書 Economics(Samuelson(1955))の第 24 章 費用と長期的な供給の分析(Analysys of

Costs and Long-run Supply)においてShutdown Pointと呼んでいる。この点は、長期的には資本設備も可変であるということを前提にした平均可変費用Cav(x)の最小点である。価格がこのShutdown Point 以下になると、どのようにリストラして見てもその企業は利益が得られない。つまり、操業不可能状態になる。次図ではShutdown Pointに引いた水平線より下が操業不可能価格である。

また、需要・供給量を一定とすると、長期的平均可変費用曲線 Cav(x)の上の領域なら企業は操業が可能で、Cav(x)の下の領域は企業が操業不可能である。

図 8　長期的費用と価格決定メカニズムの関係

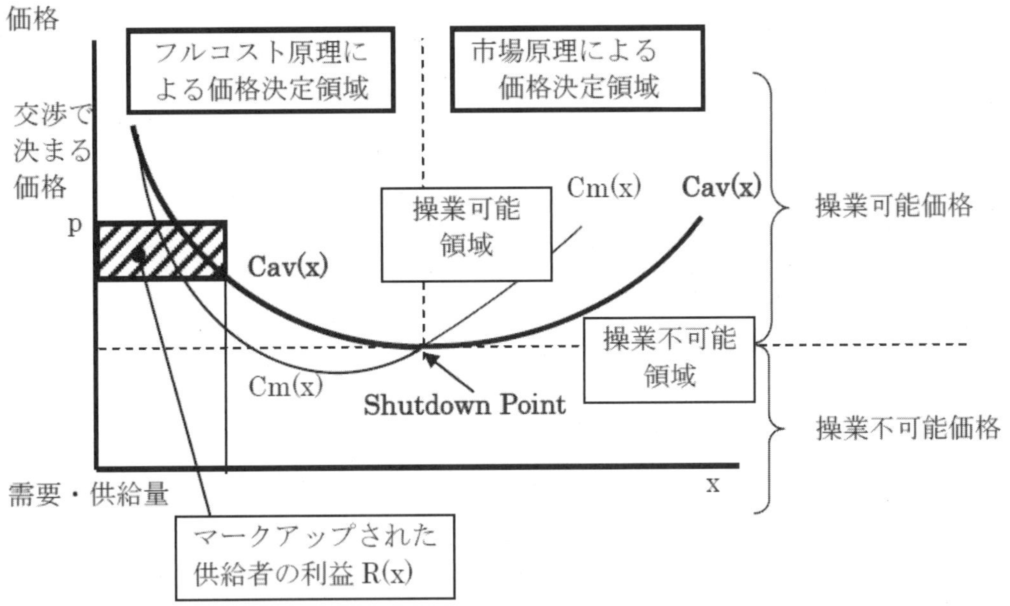

(出所) Samuelson(1955),p.468 の図とp.495 の図を合成し筆者の解釈を加えたもの。

一方、価格決定メカニズムを考える場合にはこのShutdown Pointの右か左かが重要になる。費用逓増つまり収益逓減が市場均衡理論の前提であるが、この領域は操業可能領域の Shutdown Point の右側に広がっている。横軸は需要・供給量であるので右側ということは、需要がそれだけ多くあり、企業はそれだけの需要を満たすためにたくさん物を生産していることを意味している。土木や建設であれば、追加発注に対応するためには割増料金をもらって作業員に残業手当を支払ったり、足りない機械を買ったり借りたりしないと対応できないほどたくさん工事がある状態である。

Shutdown Point の左側は、サミュエルソン流にいえば自然に独占が成立する領域(Samuelson(1955))であり、ホールとヒッチがフルコスト原理 (Hall, Hitch(1939))で価格が決まっていることを実態調査で確認し、ガルブレイスはテクノストラクチャーが生産を計画的に管理するために、価格を一定に管理しようとしている(Galbraith(1967))と述べている領域である。この領域では、需要が少なく生産の規模が拡大すると費用が低減し、規模の経済が働く。このため低価格で供給を始める企業が現れると独占状態になってしまう。そして、価格は需給のバランスで決まるのではなく短期的に見れば、平均費用に利幅を乗せ(mark up)したものにしないと企業は操業の継続に必要な利益を得られない。

資本設備を可変とする長期の分析の次に、資本設備を一定と考える短期の分析についても触れておこう。次図では、短期的な平均費用の最小点をサミュエルソンは損益分岐点Break-even Pointと呼んでいる(Samuelson(1955))。Shutdown Pointは長期的可変費用の最小点であったが、この損益分岐点は、現在の資本設備を前提にして、平均費用が最小になる点であるので、これ以下に価格が下がると、帳簿上赤字が出る。この点はShutdown Pointの右上にあるので、設備や人員の縮小などリストラにより黒字化できる可能性もあるが、短期的にはこの点が損益の分かれ目になる。平均費用曲線 Ca(x)の下側では赤字である。また、Break-even Point の左側では、平均費用に利益をマークアップするフルコスト原理を使用して価格を決定しないと利益が出ない。右側では市場原理で価格の決定ができて、Cm(x)に価格が決まるが、この領域では Cm(x)は Ca(x)より上にあるので利益がでる。

図 9　短期的費用と価格決定メカニズムの関係

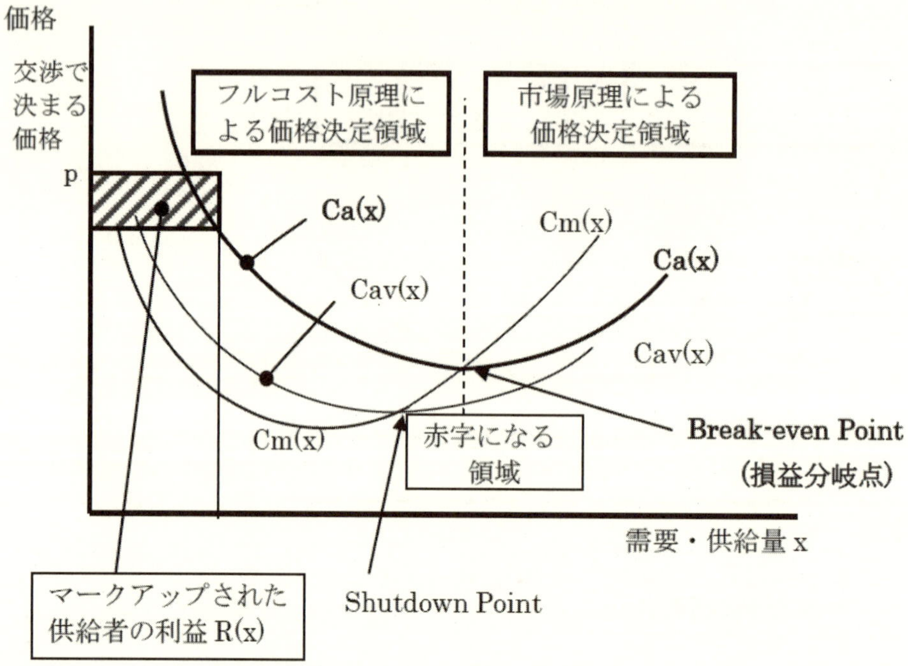

（出所）Samuelson(1955),p.408 の図と p.495 の図を合成し筆者の解釈を加えたもの。

この節では市場原理が利用できない場合を扱うが、特に、長期的、短期的の区別はせず、フルコスト原理で価格が決まる場合に、政府の調達発注に何が起きるのかに関する筆者の考えをまとめたものである。

(1)需要の少ないものの供給と積算・入札

価格を p、供給量を x、収入を V、費用を C、利益を R として、その限界概念に m、合計の概念に t、平均の概念に a をつけて区別する。物を作ったり、流通させ始めるには、開発費や、在庫投資、設備投資、その他の初期費用がかかる。このため一つ目の供給の時点では、限界費用 marginal cost Cm(1)と平均費用 average cost Ca(1)とは一致している。つまり、

$$p1 = Cm(1) = Ca(1)$$

である。そして、徐々に生産を増加すると最初に投資したものを利用して追加供給が可能なため、供給の増加につれて追加の供給に必要な費用つまり限界費用 Cm(x)が低下する。平均費用 Ca(x)は供給量で総費用を割った値であるので、限界費用 Cm(x)の低下にともない平均費用 Ca(x)も低下する。いわゆる規模の経済が働くわけである。

このとき価格が平均費用を上回れば利益 R(x)が得られ、下回れば損失 L(x)が発生する。

図 10　少量の需要と供給価格

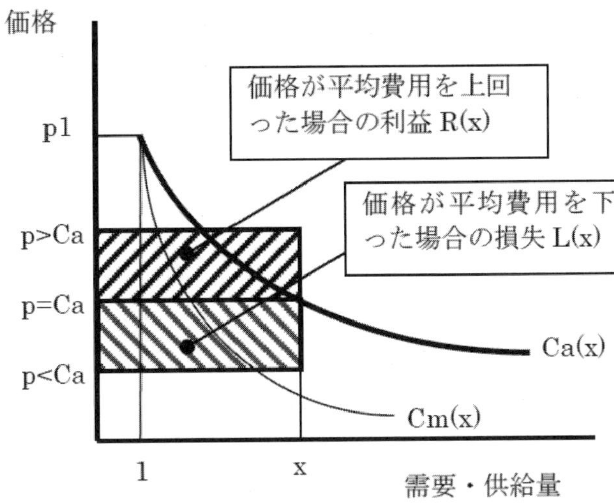

つまり、

$$R(x) = V(x) - Ct(x)$$
$$= p \cdot x - Ca(x) \cdot x$$
$$= (p - Ca(x))\,x$$
$$L(x) = -R(x) = (Ca(x) - p)\,x$$

であるので、

$p > Ca(x) \rightarrow R(x) > 0$

$p = Ca(x) \rightarrow R(x) = 0$

$p < Ca(x) \rightarrow R(x) < 0,\ L(x) > 0$

このような場合には、需要量が少なすぎて市場が成立しないので、受注先との価格の決定には 1 社を指名して随意契約とし値決めの交渉を行うか、入札や見積合わせを行うことで価格を決めなくてはならない。指名先が複数の場合を考えてみよう。

次のような入札が行われるものとする。

①官公庁は同じ供給システムをもつ何社かの業者を指名して、現場説明会を開き仕様書を提示する。

②業者はその仕様をもとに積算（総費用の予測と利益の加算）を行い、これを供給量で割って、応札価格を決定する。

③入札では各社の応札価格を比較して、最も安いものを落札とする。

次の図に示すように、供給曲線は、各社の Ca(x)で与えられる。一般的な市場の議論では、市場に参加する企業の供給量を足し合わせるので、供給曲線 Ca(x)は足し合わされた分だけ右にシフトする。このケースは第 1 節の(2)で局所的な不均衡を説明した際に説明した。その時は安い札から順に落札として複数の業者に発注を行う入札を分析したが、ここでは、一社のみが受注する方式の、ごく一般的な入札を考えることにする。

各社は官公庁の仕様に示された x を与件として、応札し、1 社のみが受注するので、供給曲線は足されたものではなく、各社のそれぞれの供給曲線である。これが次図には Ca(x)として示してある。各社の設備が同じであることを前提にしているので、どの業者も同じ Ca(x)で損益なしであり、マークアップする利益の差が応札額 p1～pn の差になっている。

この結果は、マークアップした利益が最も小さかったi社の価格piの札が落札となる。つまり、もっとも平均費用に近い価格で調達が行われることになる。

図 11　入札や見積合わせと落札価格

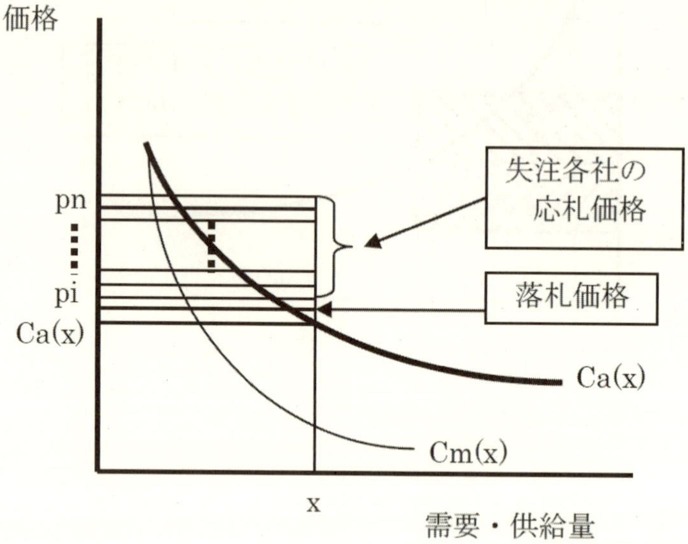

この入札のシステムでは各社とも、

①正確に積算ができて正しい平均費用を知っている、

②この供給システムは他の物の供給にも利用できる、

③業者は利益の最大化行動を取っている、

ことが前提になっている。

この入札や見積合わせで得られる利益率が低いときには、他の供給を行った方が有利である。つまり、誰も自分の現在得ている利益を減らすような価格で応札する者はいない。その結果、他の製品の供給で最も利益率の低かった業者が落札する。利益率が高く効率の良い供給を他の分野で行っている業者は失注する。つまり、入札は効率の良い生産を妨げない。そういう意味で、入札や見積合わせで調達を行えば、資源配分に与える影響を極小化することができる。

(2)官公庁需要の市場

民間に需要がなくて、市場がない場合でも、官公庁の需要が多い時には、市場メカニズムが利用できる場合もある。どのようなときかというと限界費用が増加して、平均費用を上回るほど官公庁に多くの需要がある場合である。供給が増加してくると、遠隔地から材料や商品を仕入れ、社員を集めてこなくてはならなくなる。また、大きな生産設備や流通機構を動かすためには管理機構が必要になる。このため次図に示すように、供給量を増やしていくと、①はじめ低下していた限界費用が②増加し始め、ついで、③平均費用を上回るようになる。

この場合、良く知られているように、限界費用と価格が一致するように行動することで、供給サイドの業者は利益を最大化できる。

業者が 1 社しかないときには、市場メカニズムはこの場合でも利用できないが、何社かの業者がその製品や工事の供給に当たっている場合には、業者を集めてきて、見積合わせや、入札を行うことで市場ができて、そこで市場価格同様に限界費用に一致する価格が決まる。官公庁の調達窓口も多数あれば、売り手、買い手ともに多数になり、官公庁需要の市場ができる。

図 12　需要が多く市場原理が利用できる場合

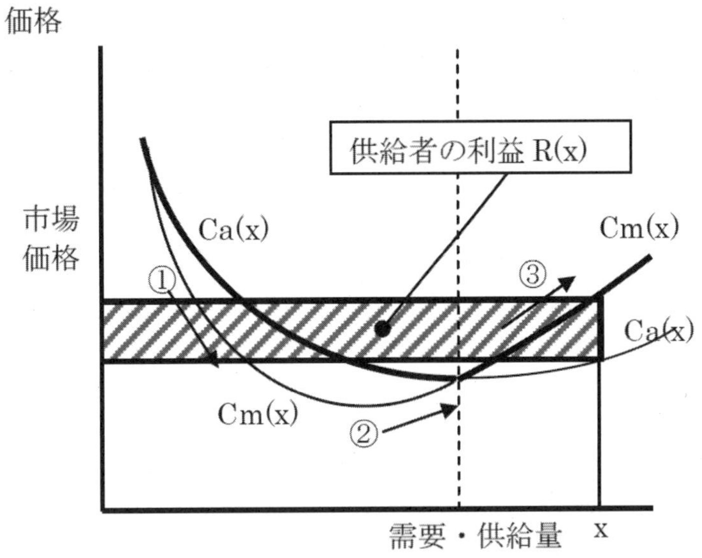

(出所)筆者の考案したもの

また、官公庁の入札において、供給者がこの官公庁に対してだけではなく他の官公庁、すなわち官公庁市場にも同じものを供給できるのであれば、官公庁市場の価格以下の価格で応札すると損になるので、低価格入札は起きにくい。その時には、最低価格を落札と決めれば、官公庁市場の市場価格に最も近い価格が落札価格となる。調達を行う官公庁も、供給を行う業者も、この官公庁市場の市場価格を参考にすることができるので、見積の積算の妥当性の検証も容易になる。

このような場合には、入札手続きを踏まずに、ある官公庁が高額で調達を行えば、他の官公庁が必要とする資源を高額で調達した官公庁に取られてしまうし、逆に、随意契約の査定で無理やり低価格での調達をしたり、無償での徴発、ボランティアや寄付の推奨などを行えば、業者にはそれだけの損失や、利益の減少が生じて、所得を減少させたり、他の官公庁に費用が転嫁されたりする。

従って、官公庁の需要に市場があるときには、その市場価格で市場から直接買い付けるのが最善の策、入札による調達が次善の策で、随意契約、徴発、ボランティア、寄付などは経済学的観点からは良い方法とは言えない。

本書では、第 4 章第 3 節(10)で、世界規模で存在する官公庁市場、第 5 章第 3 節で国内に存在する官公庁市場と、その市場を作り出すモジュール化の方法について述べる。

さらに、地域的局所的にうまく市場ができるときとできないときとがあるのではないかと筆者は考えている。官公庁の発注する工事は、道路、橋梁、信号など一般には民間の需要のない工事が多い。そのような場合には特に専門性の高い小さな業者は、他の市場から隔離されている可能性が高い。そのような場合でも工事を発注する件数が業者の数の2～3倍になっているなどの状況の下では、うまくバランスのとれた市場が形成されていることがあり、そうしたケースでは、官公庁が発注を指名競争にして業者の選定に介入したり、随意契約にして価格に介入しないほうが良い。インターネットを利用した電子公告による一般競争入札を導入して、談合防止に成功した横須賀市などは、この条件が満たされていた可能性が高い。また、失敗した佐伯市では、何かの条件が満たされていなかったものと筆者は推測している。その原因の中で、もっとも可能性が高いのは、業者も発注件数も少な過ぎたのではないかと思われる。そこで次の第 4 節では、需要が少ない場合について分析を試みる。

第４節　市場の形成が妨げられるケース

(1)仕様の多様化

各地の官公庁に需要がたくさんあっても、それぞれ細部にわたると、違ったもののニーズであって、量産の対象にはできないこともある。地方の僻地で地理的にも隔離されているときなどは初めから業者も官公庁の需要も少ないし、地域の特性にあわせたサービスや工事を提供しようとすると仕様は地域毎に独特なものになる。また、成熟した社会では各官庁は行政ニーズの多様性に応えなくてはならない。すると、たくさん需要が存在しても個々の仕様毎の需要 xs は減少してしまう。

図 13　仕様の多様化による個々の需要の減少

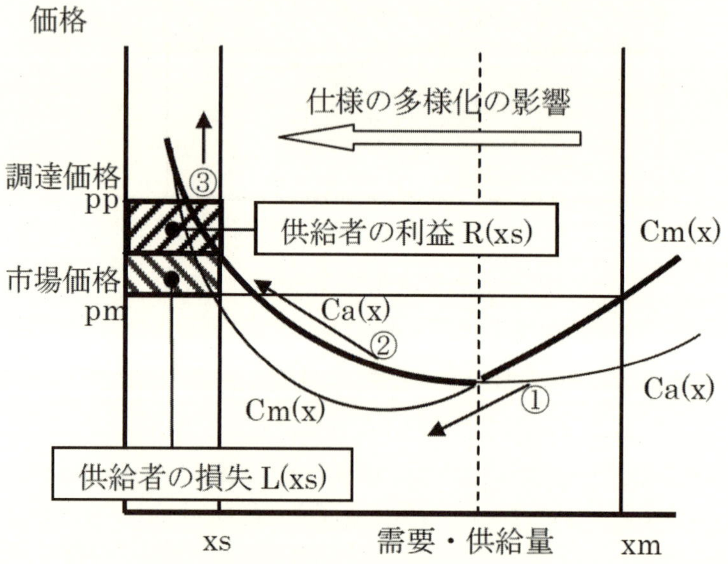

(出所)筆者の考案したもの

個別の仕様の需要が少なくなると①限界費用 Cm(x)が平均費用 Ca(x)よりも小さくなり、②平均費用 Ca(x)は上昇する。そして、これに伴って、③調達価格 pp は押し上げられることになる。

画一的行政においては均質で大量に安価の調達が行われていた。この点が Xm であり、入札で市場価格 pm に近い契約が行われていた。ニーズの多様性に応えるきめ細かい行政では、調達の仕様が多様化する。その結果、供給業者において平均費用が上昇して、調達価格が上昇する。さらに、極端な場合には、一件毎に仕様の異なる調達を行わなくてはならなくなる。すると全く規模の経済を利用できなくなって、調達価格 pp は非常に高価なものになる。また、無理にもとの価格 pm で調達すれば供給側に損失 L(xs)が生じる。

(2)市場メカニズムが利用できない特殊な政府調達

官公庁の需要には、もともと、民間ではは殆ど、あるいは全く必要の無い特殊な需要がある。防衛関係の装備や施設はこれに当たる。しかし、まだ数がまとまる。スバル望遠鏡や、スーパー・カミオカンデのような、大学や研究所の特殊な施設や実験装置、役所のシンボルになる彫刻などに至っては、全く一つしかないものを、何十年、何百年に一つだけ調達する。

こうした、特殊なものの調達は、はじめから、一つ一つ仕様の異なる調達である。官公庁の需要には多様化することによって生じる希少な需要の他にも、このように、もともと需要が希少なものもある。民間では供給できないほど高価な費用がかかるため、やむを得ず官公庁が行政サービスとして提供しているのである。このようなものには、市場メカニズムは利用できない。このため、昔から、官公庁ごとに随意契約が行われてきた。そうした場合には、見積合わせや入札を無理に行うと、また、別の問題が起きるので節を改めて説明することにする。

図 14　一つ一つ仕様が異なる極端な場合

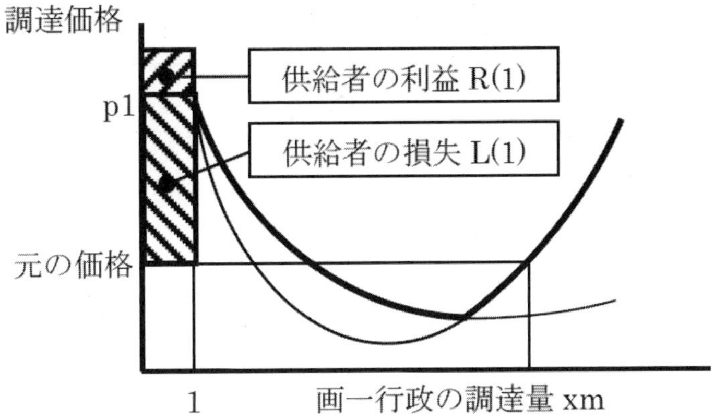

(出所)筆者の考案したもの

第５節　平均費用と調達価格の乖離

経済が成熟し、きめ細かい行き届いた行政のニーズが高まると、当然のこととして、支出の効率についても行き届いた点検を行うことが求められる。かつて安く調達できていたものが、なぜ、高額になるのかを問われるのである。手っ取り早い解決策は、その説明をしないで済むように、安く調達することである。

しかし、はたして、そのようなことが可能であろうか。第 4 節の分析では、平均費用を下回るような応札を業者が行わないことを前提にしてきたが、その前提が崩れて、費用が回収できない調達が発生することもある。

(1)入札の費用

値札がついている物を買ったり、競りによって価格の決まる市場から調達する場合、値決めのコストは比較的小さい。相対(あいたい)で価格の交渉のできる随意契約の場合も、値段を決めるための費用はそれほど大きくない。しかし、入札や見積合わせを行う場合には、大きな費用がかかる。受注できるのは、1 社であるのに対して、指名された数の業者が現説(現場説明会)に参加して仕様書を受け取り、応札する業者はさらに応札価格を決めるための積算や見積の作業をしなくてはならない。

指名を受けても、現説に参加しないと、競合する業者がある場合には、次に指名してもらえる可能性は下がる。入札制度では、複数の業者を指名して各社の応札価格を比較することが必要なため、指名しても現説に来なかったり、いつでも辞退して応札しない業者を指名していたのでは制度が維持できなくなる。官公庁がこうした業者を指名しなくなるのは当然の成り行きである。したがって、業者は指名を受けると、

①現説に参加して仕様を受け取り

②仕様の内容を検討し

③積算や見積を行って応札価格を算出するか

④なぜ辞退するのか明確な理由を示す

必要がある。このような立場にある業者を集めて、小額のものを入札にかけるとどのような事がおきて、入札の費用がどのように発生するのか、仮設例を示すことにしよう。

次表は以下のような場合の工数の見積である。調査業務の入札で、業務量は 20 人日程度の作業量であり、常識

的には約200～300万円程度の仕事で、予算もほぼ同額と仮定する。これに十社程度の指名競争入札を行うと、移動の時間を含めた概略工数は、次表のようになる。これは調査業務の工数の約2倍半である。

表 38　入札に要する工数の仮説例

下見積等の提示	数社で数人日	約15人日
現場説明会参加	各社1～2名参加	約15人日
入札	各社1～2名参加	約10人日
	業者側　計	約40人日
官庁側の手続に要する費用		約10人日
	官民費用合計	約50人日
発注する仕事		約 20人日

(出所)筆者が作成したもの。

その結果、落札が百数十万円であるとしよう。いかにも予算が節約できて結構な話しではあるが、実は次のようなことになっている。落札の 1 社は、見積が甘かったわけで、調査の手を抜かなければ数十万円の赤字。担当者が、後になってこれに気付くと、赤字業務に着手する許可を得るための稟議にさらに数人日の事務が発生する。他の失注 9 社は営業費用数万円～数十万円の損失。発注側は、数十万円の予算を使い残す。この価格が前例となるので次回の予算単価が下がるのは必至。同じような入札を次回も繰返さざるをえない。納税者は、まじめな調査をしてもらえない結果、将来に発生するかもしれない行政の判断ミスによる損害のリスクを負担することになる。つまり、皆が損をしたわけである。

指名競争では、このように入札の費用が大きくなりすぎる問題が発生する。指名競争方式を止めて、一般競争方式にすると、資格のある業者は自らの意思で、入札に参加するかどうかを決められるのであるから、遠くの業者は少額の入札に来なくても良いことになる。しかし、公募の費用、多数の応募者の審査の費用、入札会場の準備の費用など、指名競争よりもさらに多額の費用が、今度は官公庁側に発生する。

さらに、入札ではなく、企画コンペなどの他の競争方式に方式を変えると、官公庁では選考に手間がかかり、業者は入札書を一通作るのではなく、もっと手のかかる提案書(プロポーザル)を提出しなくてはならなくなる。少額の発注のために多数の業者を集めて、価格や提案を競わせるメカニズムを使う限り、競争の費用が発注額に比べて無視できない大きさになる。言い換えると**入札やコンペなどの競争は少額の調達発注には不向き**なのである。このために少額調達の制度が必要になっている。

(2)他の販売先からの隔離

先に市場からの隔離が**限界費用を下回る応札**の原因になることに触れたが、他の販売先からの隔離により**平均費用を下回る応札**も発生する。

他に利益の上がる販売先があるのに、みすみす損をして売る必要は無い。他の販売先が確保されていれば、入札に際して、採算の取れない価格で応札する必要はない。つまり、平均費用を上回る価格の応札が行われる。しかし、

①特殊な財やサービスのため、他の官公庁も含めて、他に買い手が無い、

②武器、弾薬、特殊な薬品等、他への販売が禁止されている、

③縦割りの営業組織のため、他に販売すると社内で越権行為となる、

④他の官公庁や企業への販売ルートを持っていない、

などの理由で、他に販売ができないため、ある程度損をしても、売上げがゼロになるよりはましであると考えて、当座の資金の回収や受注実績の確保をねらう場合がある。この場合には、費用の全額が回収できない。つまり、応札価格は、平均費用を下回ることになる。

(3)過大な受注予測

応札価格を検討するとき、各社は将来も同じものの受注が期待できるかどうかを考える。今行われている入札以後、同じものの発注がないことが確実ならば、次の図中の Ca(1)に利益を乗せた応札価格 pa で応札する。しかし、今後も発注が期待でき、xe の受注が可能であると予測したときには、Ca(xe)に利益を乗せた pb まで、価格を下げても良いことになる。

各社各様に受注量 xe の値を予測するが、入札では最も強気の予測をたてて、最も大きく受注量 xe を予測し、最も安く応札価格 pb を見積もったものが受注する。この業者がその強気の予測を上回る受注に成功すれば、予想を上回る利益が得られるが、そうなる可能性は小さい。その理由は、

①この業者の受注量の予測は他の全ての業者の予測よりも大きく、過大である可能性が高い。

②次回他の官公庁で行われる入札では仕様が変更されてしまう可能性がある。特に、一つ一つ発注するものは、前例も少なく、先駆的な官公庁での調達が行われた後に、仕様に問題が見つかり、後続の官公庁の発注では、大きな仕様の変更があることがある。

③続けて発注があると、次の入札では他社も強気になり、さらに低い価格で応札してくる可能性がある。

からである。つまり、この強気の業者は費用が回収できなくなる可能性が大きい。

図 15　受注の予測と応札価格

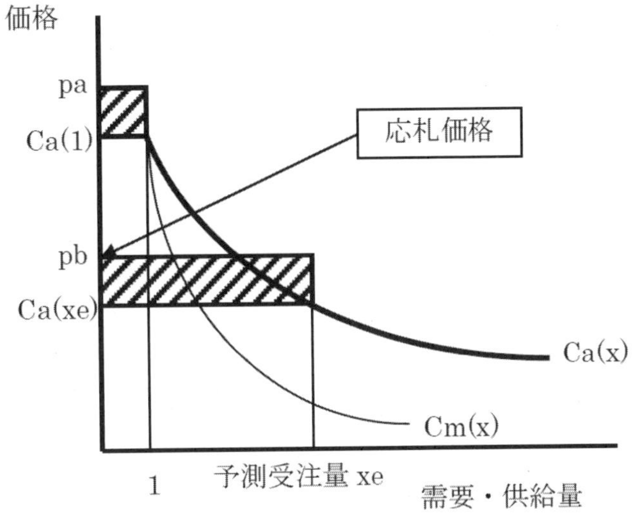

(出所)筆者の考案したもの

この分析の結果はとても重要なことである。**費用逓減状態にある業種品目の調達発注で**、入札を行うと、この事態は避けられなくなるので、こうした状況下では第 4 章で述べるように**査定を行うことが必要であり、随意契約の手続きの手間を惜しんではならない**のである。

(4)不況下の入札

不況の時には、さらにいくつか難しい問題が発生する。

①代金の回収が不安定な民間相手の商売よりも、官公庁向けの商売の方が良いと考え、新規参入する業者が

出てくる。新規参入者は、入札制度になれていないため、失注したときの営業費用や、官公庁の厳しい検収制度への対応の費用を軽視した価格で応札し、費用が回収できなくなることもある。

②もともと官公庁相手に健全な商売をしていた業者は、こうした新規に参入した業者に仕事を全て取られてしまうわけにはいかない。次回の業者登録(競争(入札)参加資格審査)に備えて、種目(業種・品目)毎に受注実績を確保しておく必要がある。指名競争から一般競争に変更されると受注実績の確保はもっと急がなくてはならなくなる。このため、一応の受注実績がそろうまでは、出損覚悟の応札を繰り返すことになる。

③倒産した会社の資産などを、安価で手に入れた業者は、他社にとっては平均費用を割るような価格でも利益が出せるので、非常に安い値段の応札をする。この場合損失は倒産した会社とその債権者において計上することになる。つまり、本当の平均費用よりも少ない平均費用を根拠に応札価格が決められる。

④会社が健全でも、官公庁担当部門は、①～③の理由で不振となり、リストラの淵に立たされることになる。また、本当に倒産の危機に直面している業者は、資金の融資が受けられなくなる。両者ともに、多少の損をしても受注することで延命策をはかるかもしれない。

また、業者ばかりではなく官公庁の側でも、景気が後退すると少し遅れて歳入が減少する。歳入が減少するのであれば、少しでも安く調達や発注をすることで、予算に余裕を持ちたくなる。かくして、**不況下で平均費用を下回るような契約が結ばれると財政政策による支出の増加が、利益(所得)を生み出すのではなく、損失を発生させる**。その結果が**所得消費循環を通じて損失(所得の減少)が波及して、政策の意図とは逆の結果を生む**ことにもなる。

第６節　その他の問題

これまでは、競争の条件がうまく整わないために生じる問題に触れてきたが、競争そのものが、好ましくない結果を生むこともあるので、具体的にその例を見ておくことにする。

(1)入札と排他的権利

排他的権利の保護、つまり、独創的な発想やノウハウ、ビジネスモデルなどその考案者に帰属すべき権利の保護と、発注先の業者の選定に競争を行わせることとの間に矛盾の生じることがある。WTO の条約では、排他的権利(特許や著作権)のあるものは競争によらずに調達できるようになったことは前述の通りであるが、その境界は漠然としていて定かではない。特許や著作権が登録されていないノウハウはいくらでもあるからである。こうしたノウハウの保護ができなくなると、先行投資して研究開発を行ったものが損をするという望ましくない状況になるので、どのような時にこれが問題になるのかを少し見ておくことにする。

官公庁の側で完璧な仕様書が作れるのであれば、ノウハウの只取りは起きない。入札に際して各社はその仕様に適合する物品やサービスをいかに安く提供できるのかを考えるかもしれないが、その方法を秘匿したままで、価格のみの競争ができるからである。しかし、官公庁の側に充分な知識や情報がないため、完全な仕様書が作れないことはしばしば起きる。この場合は、業者が仕様を官公庁に対して提示する必要が生じる。また、要求する予算の額の妥当性や仕様の良し悪しを検討するためには、各社から提案や見積を集めなくてはならない。価格の変化の激しいときには、さらに入札の前に予定価格を決めるため、各社の仕様や見積をもう一度集めなくてはならないこともある。

すると、入札の前に最終仕様を官公庁が決めるときには、官公庁にはすでに各社の企画書や見積書が何度か提出されていることになる。そして、官公庁では、各社の提案や見積の中から良いものを選んで最終仕様とすることになる。その結果、良い企画を考案した業者の提案はこの時点で無償で他社に提供されてしまう。

最近、行政のニーズが多様化してきており、官公庁では庁内では手に負えないため、調査、研究、建設などのコンサルティング業務を外注する機会が増加している。また、こうした業務が競争入札の対象になることが多くなっている。さらに、第 2 章で述べたように、大規模な談合事件がコンサルティング業務をめぐって発生している。独占禁止の観点からは、業者あるいは業界団体が悪いことになるのはもっともなことである。しかし、排他的権利は保護されるべきであり、保護すべき立場にある政府が排他的権利を侵害しているために問題が起きている可能性があるようにも思える。特許が申請されていないから排他的権利ではないという解釈をしがちだが、本当に大切なノウハウは特許にはできない。特許は公開されるからである。また、研究や建設の企画などは、その時、一度限りのことであって、特許にしてみても仕方がない。つまり、オリジナリティーの高いサービスが調査、研究、コンサルティングの仕事であって、競争や入札には本来なじまないものなのではないだろうか。

WTO 条約が入札にすることを求めているのは、オリジナリティーを必要とする調査や研究やコンサルティングではない。主婦のパートや学生のアルバイトを集めてきて、価格や数量を記入してくる誰にでもできる市場の調査などである。官公庁からしてみれば、同じ調査費を使うので同じようなものに見えるのかもしれないが、WTO 条約ではオリジナリティーの必要な研究、調査、コンサルティングは競争の対象外で、誰にでもできる市場調査が競争の対象になっている。これを整然と区別して入札などによる競争を止めない限り、どんなに取り締まってみても、コンサルタントの談合は無くならないであろうと筆者は思っている。その理由については、第 4 章第 2 節で説明するが、現実には以下のような状態か、それに近い状態になってきている。

地域や官公庁の特性から、調査、研究、コンサルティングの仕事を請け負うのに適した調査機関やコンサルティング会社が限られている場合が多い。それは、もともと官公庁、大学、公営企業などの一部であったものが、効率化や税務申告のために別の法人として独立したものであり、そこには、何十年の研究経歴を持っている専門家の集団と、その人々が集積した資料とノウハウがある。時には、専門の研究官が定年を迎えたが、難しすぎて官公庁の中で後を継げるものがいないために、その OB にお願いしている場合すらある。いわば、伝統工芸のような匠の世界である。

入札になると、何処か別の業者が見積や入札に付き合わされる。つきあわされた業者に仕事のない若い研究員がいると、中にはその仕事を落札したいと思うものもでてくるのでダンピング競争が起きることがあるが、官公庁案件の取次業務をしていた当時、筆者はよく上司に「そんなもの、絶対に取ってくるな。」と念を押されて、出かけたものである。間違って落札してしまえば、数十年間同業者が蓄積した資料やノウハウを多大な手間と資金をかけて集めた上に、専門家に自社の研究員を指導して頂く必要があり、途方もない出費が発生する。いわゆる受注リスクを伴う案件である。ひそかに談合するものも出てくる。また、談合に参加しなくても、他社は高額のプレミアムを付けて受注のリスクを避けようとする。その結果、発注先の業者は固定化する。すると何か癒着があるのではないか、とか、目新しい研究成果や調査結果が欲しいという門外漢の言い分が正しいように思われるようになる。

そこで、入札は止めて、アイデアの比較をしようという考えが出てくる。それが、次に述べる企画コンペである。

(2)あいまいな企画コンペ

新しいアイデアなど簡単に思いつくものではない。そこで、仕様を官公庁が自ら決定することを止めてしまう。予算と目的だけを示して仕様を募集するのである。企画コンペ proposal competition と呼ばれる方式である。この企画コンペも運用を誤ると、コンペに参加した業者では、研究開発投資が回収できなくなる場合がある。はじめ、随意契約の予定で一社と何かの調査研究の商談が始まるものとする。相談された業者(研究所や調査機関)は、基礎的な調査や予備的研究を、先行投資のかたちで開始せざるを得ない。官公庁の予算要求の段階では、業者はある程度の研究の企画と費用の見積を提示する必要があるからである。この内容は予算の透明性を追求すれば、他社にも周知のものとならざるを得ない。すると、これに、他社も興味を示すことになり、受注の競争が起きる。その結果、当初の随意契約の前提は崩れてしまい、予算がついた段階では、何社かが競合することになる。そこで、企画書と見積書を出させる企画コンペを行う。ところが、企画内容にも価格にもばらつきが出る場合がある。内容の良い企画を出した業者の見積は高く、安い業者のものはそれなりのものでしかない場合である。

結局は、発注者が各社の仕様を切り貼りして適正と思う仕様を示し、価格競争の入札をすることになる。すると、最初にアイデアを出して、長く研究を重ねた業者のコストが最も高くなる。この業者は落札するためには、損を覚悟で受注するか、安い札を入れる追従者に仕事を取られて投資の回収を断念するかしか道はない。いずれにしてもこの業者では損失が生じるわけで、地道な取組みをしたものが損をすることになる。

(3)総合評価のコスト

総合評価は橋山(2001)に示されているように、多角的に評価が行える点で大変優れた方式である。しかし、物品や役務の調達に総合評価を取り入れることができるのは、自衛隊の艦船や航空機のような特に高額の調達発注の場合であって、少額のものや一般的な調達発注にはなじまない。少額や一般の調達発注では専門家の評価チームを組織する費用が無視できない金額になり、予算の効率的な支出の障害になるからである。

この問題を避けながら、総合評価の長所を生かそうとする方法もある。つまり、多数発注されるものや、度々発注される役務について、どのような基準で、どのような仕様の発注をすべきかについて、提案を募り、総合的に評価をするのである。ところが、こうして基準や仕様が定められてしまうと、その競争に参加できる業者が限られてしまい、購入できる製品も限定されたものになってしまう。基準に手を縛られた形になって、各現場に適合した物品や役務が調達できなくなる。そこで、基準や仕様の制限をなくすと、今度は、役所の担当者が、すべてのものの発注仕様書を書けるわけではないので、(1)や(2)で述べた問題は解決されないままになる。まことに、厄介な問題が現場には存在する。

そこで良く用いられるのが、**除算方式や加算方式の総合評価**である。除算方式や加算方式の総合評価は多数ある審査項目に得点基準を作っておき、この得点をもとに審査する方式である。専門家がいなくても事務的に計算できる簡便法なのでで評価の手間や費用が余りかからない。もちろん最低価格の入札に比べれば事務量は増加するが、入札の都度専門家による評価チームを作ったりする必要がない。比較試験、実験、試作、試射などもしないで済ませることもできる。しかし、第 2 章で説明したように、あまり簡素化すると、競争(入札)資格審査と変わり映えのしないものになってしまい、結局価格のみで落札が決まってしまう。

第７節　非合法な費用の削減への誘因

以上には政府調達システムが抱えている問題を見てきたが、ここでは、業者の側が、利益を確保できなくなった場合どのような対応をとることになるのかを検討してみよう。

まず第一には、創意工夫によって政府の求める財サービス(物品・役務)を低価格で供給する努力が行われる。しかし、そうした対応でも利益の確保ができなくなるほど落札価格が下がった場合に、その業者は政府調達の市場から撤退するかどうか、生き残りをかけた選択を迫られることらなる。撤退が倒産や解雇を意味する場合もある。その状況の中で、非合法な方法による受注獲得への誘因が働くのである。以下には、非合法な活動が、どのような経済的な意味を持っているのかを確認しておこう。

(1)見積費用の削減

談合には、見積の手間や費用の削減の効果がある。競争に参加する業者の数が多ければ多いほどその効果も大きい。先に、見積の費用が、落札できなかった業者、落札した業者の両方で回収できない場合のあることを示した。これは、調達の規模が小さい割りに参加した業者の数が多かったために、各業者の見積に要する手間や費用が、調達の総額に比べて大きくなりすぎていることが主要な原因になっている。上述の仮設例では、業者が全国からバラバラに指名されており、談合を行うことができないが、これが、特定の地域のお互いに密接な関係のある業者の中から選ばれたような場合にはどうなるだろうか。業者の側には、過当競争を避けることで利益を確保したいという思惑が働く。このとき、どこか一社の営業担当者か、業界団体の誰かが次のような提案をする。

状況判断

①合法的に入札が実施されれば第2章第3節(2)や第3章第5節(1)の仮説例に示したように、全ての参加業者で損失が発生することは避けがたい。

②市価で販売した程度の利益を確保できなければ、各社の社内で担当者の立場は悪くなるだろう。

③適正と思われる価格は○○円であり、この水準を維持することが、該当地域の業者の全ての利益を保護することになる。

非合法な対応策

①最初から官庁に営業をしていたA社が○○円に近い見積を建て、各社に通報する。

②他社はこの価格以上の価格で入札に応札する。

③他の官庁で同様な入札があったときには、B社、C社、D社、・・・が順に見積を行う。

この種の談合の場合、競争参加業者数がn社あれば、見積の手間は1/nになる。受注するA社にとっては競争を意識しないで採算に合う入札価格を決められるのであるから、損失を出さないで済む。さらに競争を考えに入れて、ギリギリの見積をする試行錯誤の手間も軽減できる。残るn-1社では見積作業は不要になる。採算に合う見積を出したA社の見積に、さらにA社が何かの理由で受注できなくなったとき自社が受注してしまっても困らないだけの費用と利益を乗せた価格で入札に臨めば、利益が確保できる。つまり受注リスクも回避できる。

(2)入札費用の削減

談合を確実なものにするためには、指名先を談合に協力する都合のよいものだけに限定することが望ましい。また、官公庁の側でも参加業者の数が少なければ、現場説明などの事務の手間は軽減できる。そこで、さらに次のような非合法な対応策を加えることも起きる。

表 39　追加される非合法な対応策

入札の妨害
①指名業者の数をできる限り少なくするように業者の側から官公庁に働きかける。 ②指名を受けた業者に辞退を促す。
贈収賄
③指名業者の数や指名先の選定に手心を加えた見返りに、接待、供応、賄賂の提供などを業者が官公庁の担当者などに対して行う。

(出所)筆者が作成したもの。

このような非合法活動では、業者の側では参加業者が減ったことにより、落札できなかった場合に発生する未回収費用の減少効果がある。これは、次のようなものである。

(3)失注リスクの削減

当初、官公庁が予算を要求するために見積を取り始めてから、入札が行われ、落札者が決まるまでには、業者の側には何段階かの関門がある。予算要求の際に見積を求められても、指名を受けられるかどうかわからない、指名を受けても落札できるかどうかわからないからである。つまり、受注を前提に見積作業と平行して、開発、製造、維持、管理に必要なノウハウを蓄積するために、研究したり試作品を作ってみても、指名先から外されてしまったり、入札で落札できなければ無駄な投資をしたことになる。

このリスクを小さくするためには、あらかじめどの業者を指名するのかを談合の組織がコントロールできればよい。その方法には大きく分けて二つのやり方がある。一つは、発注者である官公庁に何らかの方法で協力を求め、指名先をどこにするのかについて影響力を行使する。

官公庁に対して影響力を行使する方法には、さらに二つの方法がある。一つ目は、直接発注の担当者に依頼して指名先をコントロールする方法で、二つ目は担当者の上司や、政治家などを通じたトップダウン方式の介入である。受託贈収賄事件としてしばしば報道される事件の多くが、この指名先のコントロールを含む事件である。

もう一つの方法は業者の側のカルテルである。業者の側のカルテルは、指名を受ける業者あるいは指名を受けた業者を集めて、どの業者を入札に参加させ、どの業者を辞退させるかを決める。これは実質的な競争参加業者の数をコントロールして失注リスクを軽減するのが狙いである。

指名先のコントロールができるほどの談合が成立すると、設計や開発途上で失注になるという大きなリスクはなくなることになる。つまり、営業、調査、研究、開発から見積、入札にいたるまでの多くの投資が確実に回収できるようになるのである。

この種の談合がおきると業者が悪者にされることが多いが、それは誤りであると筆者は考えている。調査、研究、開発が必要であったということは、発注されたものは新製品であり、オリジナリティーのある調査、研究、製品、工事であったということである。競争に掛けるべきではなかった可能性が高い。

(4)受注リスクの軽減

広域で希薄に予算が執行される場合に、受注価格決定を有利にすすめるため、情報を非合法な方法で入手するという不正もある。中央官庁や県庁がどのくらいの予算をどの市町村で執行するかの情報の収集がそのひとつであり、**箇所付け情報**の非合法な収集活動である。この情報は、情報開示が進んだ今日、合法的に入手できる場合もあるが、営業担当者が各地の官公庁を往訪して情報を集めることは、大企業にはできても、零細企業には大きな負担となる。そこで、官公庁の担当者などとスポーツをしたり会食をしたりしながら、公開されていない情報を聞き出し需要予測の精度を他社より高めることに使うのである。また、一歩進んで、官公庁の担当者に直接働きかけたり、その上司や政治家の力を借りて、箇所付けに影響力を行使したりするものもある。競争相手の少ないところで発注が行われれば、受注の確率が高くなるからである。

いずれにしても、何箇所でいくら位の発注が何件あるのかがわかれば、需要を過大に評価して、価格を下げすぎ受注したのに利益が出ないという受注リスクを回避できる。このため、与えられる情報だけではリスクが大きいときには、非合法な情報収集活動を行うものも増えてくる。また、高額の活動費用をかける値打ちも出てくる。

(5)需要の調査費用の削減

非合法活動に関して述べたが、予算の総額や予算が執行される官公庁(箇所付け)が特定できていても、開示情報では情報が不足している場合について考えてみよう。予算の総額ではなく予定価格の情報を入手できれば、業者の負担が大きく軽減できる場合がある。発注される物品や役務の種類によっては、おおよその販売価格や損益分岐点が各社ごとにわかっている場合がある。このようなときに、手間をかけて設計や見積企画書の作成などを行わず、辞退したり、損の出ない札で応札したりするのに役に立つ。また、上述の談合が成立している場合、予定価格ギリギリでの落札をして利益を拡大することが可能になる。このため、予定価格を非合法な方法で聞き出すという不正が発生する。

(6)未回収費用の回収

不当廉売、需要予測の失敗、入札に参加したのに毎回落札できずにいたなどの理由により累積した損失は回収しなくてはならない。もしそのまま放置すれば、大企業では部門、支社などの成績が下がってしまうことになるし、小さな会社や大会社でも規模の小さい支社では存亡の問題にもなりかねない。このためにさらに違った不正が行われることがある。

①水増し請求

これは一度受注した製品や業務に対して、部品の追加、運用管理、点検整備、追加工事の発注を受けた機会を使い、必要のない経費を上積みして請求し、過去の損失を埋め合わせる方法である。先に述べたスイッチングコストの値引き分の回収にも用いられる。

②手抜き

受注した段階ですでに損失の出ることがわかっていて、後で水増しのできるチャンスのないときや、チャンスがあってもそのチャンスを待つ余裕のないときには、現在の受注の納期までにコストを削減して損失を回収しようとする誘因が働く。つまり、仕様を満たせない安価なものを納品したり、工程を省略して手を抜いたりして、見掛けだけは検査を通るようにして費用を削減するのである。

③検収・検査・監査への手心の要求

水増しや手抜きの不正を隠すためには、事実の秘匿のために協力者が必要な場合がある。官公庁が検収、検査、監査を厳格に行えば、不正がやりにくくなるためである。こうしてさらに賄賂や供応接待などを見返りに、検収、検査、監査に手心を加えてもらうという不正が発生する。

一般競争均衡と**一般競争入札**は最後の **2 文字が違うだけ**である。このため、何となく、一般競争入札を行えば、一般競争均衡が生じて、適正な落札価格が得られると思われがちだが、**一般競争均衡が成立するためには、Debrew(1959)にあるように、また、部分的にせよ市場価格が成立するためには、本章第 3 節の最初に述べたように、Samuelson(1955)に示されているように、費用逓増状態にある**ことなどいくつかの**条件が必要**であり、さらに業者が**市場から隔離されていない**状況で、しかも、**死活の問題を抱えていなくて**、入札や企画コンペの**コストが無視できる**程に小さい**必要がある。**それが満たされなければ、一般競争入札や企画コンペなど競争による業者選定を行うと、調達発注には、ここで示したように問題が生じてしまう。

第４章　調達発注の現場で問題の発生するメカニズムの分析

長い歴史の中で試行錯誤を繰り返しつつ、整備されてきた制度の中で、法律で規制されていることを知っているにも関わらず、少なからぬ数の政治家、調達の担当者、高級官僚、そして一流企業の幹部が、不正に手をそめてきたのは、なぜだろうか。その理由を解明することが、この章の目的である。

ある程度条件が整っていても官公庁の調達発注システムが、うまく実際の取引をコントロールできない場合のあることを示し、そのような状態の発生する条件について考えることにする。

第３章で述べた多くの条件や行動原理、多様な選択肢についてその全ての組み合わせを検討することが必要なことは分かっているが、現実には一人の力ではできないので、ここでは、状況を単純化して検討する。この単純化により未検討の研究分野が残ることになるが、これまでに多くの研究者により研究されてきた現象については、網羅できる程度の単純化である。そういう意味では、先行研究よりも単純化の程度は低く、より現実的なモデルにしたつもりである。また、一流の企業などでは原価の計算はできているし、何が合法で何が非合法なのかも担当者は知っている。そういう前提をおいて状況を単純化したゲーム論的分析を試みる。

第１節　政府の調達発注の現場の状況の分類方法

官公庁の調達窓口がどこにあるのかや、業種や品目の違いから、時には一つ一つの調達や発注ごとに異なる状況が起きる。その違いを、以下のように単純化して分類して表示する。

表 40　調達窓口、登録業者、指名、応札、契約の数

政府調達のゲーム構造の表示方法		
Gn	government purchace facility	政府調達窓口の数
例	G3	政府調達窓口が３つある
Qn	qualified	登録(適格)業者の数
例	Q3	登録(適格)業者が３社ある
Nn	nominee	指名業者の数
例	N3	指名業者が３社ある
Cn	contracts	調達発注の件数
例	C3	調達発注が３件ある

(出所)筆者が考案したもの。

以下の分析では、この違いを表示するのに、G3Q5N2C1 のように表示する。G3Q5N2C1 は３つの官公庁の調達窓口があり、適格業者が５社あって、２社が指名され、発注件数１件の調達という意味である。

以上はプレーヤーの数と発注件数から見た状況の分類であるが、ゲームの性格は、他の市場からの孤立の有無、価格転嫁の有無、業者のコスト構造の違いによっても影響されることがある。すなわち、表 41～表 43 に示すように分類される状況の違いによって、調達発注の現場で生じる現象が異なる場合があるので、以下に示すように、必要に応じて場合分けをした分析を実施した。

表 41　他の市場からの孤立の有無

Mi	isolation from the market	他の市場からの孤立
Mip	partial isolation from the market	一部の業者の市場からの孤立
Ma	accessable to the market	他の市場にアクセス可能

(出所)筆者が考案したもの。

他の市場からの孤立の有無の違いが結果に影響する場合には、説明をケース分けして、議論する。

表 42　価格転嫁の有無

T	price transfer	他の製品や工事への価格転嫁
Tw	without price transfer	価格転嫁が出来ない

(出所)筆者が考案したもの。

他の製品や工事へ損失の転嫁が可能かどうかが結果に影響する場合には、説明をケース分けして、議論する。

表 43　積算価格か市場価格かの違い

Pfc	full cost principle pricing	フルコスト原理、積算価格
	規模の経済	平均費用に利幅をのせた価格
Pfc	partial full cost principle pricing	一部の業者がフルコスト原理
	一部が規模の経済	他の業者は市場原理
Pmc	marginal cost pricing, market price	市場原理、市場価格
	規模の不経済、市場	市場で決まる価格、限界費用に一致

(出所)筆者が考案したもの。

積算価格か市場価格かの違いが結果に影響する場合には、説明をケース分けして、議論する。

この分類方法を用いて、それぞれの想定のもとでどのようなことが起こるのかを分析した。その一覧を示しておく。

表 44　検討した現場の状況と分析内容

利得行列による分析

検討した想定		業者の選定方法	主な分析内容	本書掲載の有無
1	G1Q1N1C1	随意契約	切り代と査定 贈収賄 取締りの有効性	第 2 節(1)
2	G1Q2N2C1	競争	ダンピング 談合のメカニズム 取締りの有効性 手抜き 取締りの限界 査定能力向上の効果	第 2 節(2)

(出所) 筆者が考案したもの。

記述的分析

検討した想定		業者の選定方法*	主な分析内容	本書掲載の有無
1	G1Q1N1C1	随意契約	積算(見積と査定)	第 3 節(1)
2	G1Q1N1C2	随意契約	利益や実績の確保 分割発注	掲載なし
3	G1Q1N1C3	随意契約	同上	
4	G1Q1N1Cn	随意契約	同上	第 3 節(2)
5	G2Q1N1C1	随意契約	共同発注 公務員政治家の関与	第 3 節(3)
6	G3Q1N1C1	随意契約	同上	
7	GnQ1N1C1	随意契約	同上	
8	G2Q1N1C2	随意契約		第 3 節(4)
9	G3Q1N1C3	随意契約		
10	GnQ1N1Cn	随意契約	小さな政府 大きな業者	
11	G1Q2N1C1	指名随契	指名獲得競争 公務員政治家の関与	第 3 節(5)
12	G1Q2N2C1	一般競争	ダンピング、談合のメカニズム、取締りの有効性、手抜き、取締りの限界、査定能力向上の効果	第 2 節(2) 第 3 節(6)(a)
13	G1Q3N1C1	指名随契	指名獲得競争 公務員政治家の関与	掲載なし
14	G1Q3N2C1	指名競争	指名獲得競争 公務員政治家の関与	第 3 節(6)(b)
15	G1Q3N3C1	一般競争		第 3 節(6)(c)
16	G1QmNmC1	一般競争	営業費用の増加 新規参入	第 3 節(6)(d)
17	G1Q2N2C2	競争	棲み分けへの誘導	第 3 節(7)(a)
18	G1Q2N2C3	競争	阿吽の呼吸	第 3 節(7)(b)
19	G1Q2N2Cn	競争	同上	第 3 節(7)(c)
20	G1Q3N3C2	競争	受注できない業者の出る場合	第 3 節(8)
21	G1QmNmC2	競争	業者の数と談合、手抜きの関係	掲載なし
22	G1QmNmCn	競争	市場原理が働く場合にも発生する経費	第 3 節(9)
23	GkQmNmCn	競争	WTO 条約の趣旨	第 3 節(10)

（出所）筆者が考案したもの。

＊競争では入札、見積合わせなど最低価格を競う競争を想定した。
一般競争は適格業者が全て参加できる。
指名競争は適格業者の一部を官公庁が指名して競争に参加させる。
指名随契は適格業者の中から一社を官公庁が指名して随意契約を行う。

研究の段階では、表 44 の利得行列による分析の 2 通りのケースと記述的分析の 23 通りのケースの合計 25 通りについて、表 41～表 43 の全ての組み合わせを検討した。その大部の内容を全て本書に掲載することはいささか冗長となるため、以下では、全てのケースを論じるのではなく、現実にありそうな事象で、なおかつ、なるべく単純なものを選んで論じることにして、ケース毎に筆者の考える対策を提示する。

第２節　利得行列を用いたゲーム論的分析

利得行列によるゲーム論的な分析は、少し想定が複雑になるとわかりにくいものになってしまうが、単純な想定のもとでは、大変有用な分析のツールであり役に立つ。ここでは随意契約と競争の最も単純な例をあげることにする。

(1)随意契約で発生する贈収賄、手抜き

官公庁の契約の中で最も単純なもののひとつが 1 社しかない業者との随意契約である。しかし、場合によると贈収賄、手抜きが発生する。このメカニズムを説明するためには、利得行列を用いたゲーム論的な分析が有用である。表 40 の分類方法に従うと G1Q1N1C1 の場合にあたる。官公庁も 1 ヶ所、適格業者も 1 社、その 1 社が指名され、契約も 1 件なのだがゲーム論的には2つの部分から成り立っている。一つは、切り代(きりしろ)と査定の関係、もう一つが、不正に対処する別の機関による取締りの有効性に関するものである。

切り代(きりしろ)と査定

・官公庁に査定能力のある場合

随意契約では、1 社の業者と官公庁の調達窓口は相対(あいたい:他を交えず 1 対 1)で交渉して値決めをする。予算要求のために官公庁の側から、この金額でこれだけの工事や納品ができるかと話が出ると、業者は早速見積作業に入る。そして、業者の見積をもとに、予算が組まれ、発注されるのであるが、その過程で、何度も査定が行われる。なぜそうなっているのかが、ここでのテーマである。

ゲームの内容は単純なものであり、

業者は、

・見積の積算に切り代を乗せておくか、乗せないで正直に書くかを選択する。

官公庁は、

・業者の作った見積を査定して削るか、そのまま予算に採用するかを選択する。

というものである。このゲームの利得行列は次のようになる。

表 45　切り代と査定に関する発注窓口と業者のゲームの利得行列

官公庁 業者		査定	
		する	しない
切り代	乗せる	0 0	損をする 高い契約 得をする
	乗せない	得をする 安い契約 損をする	0 0

（出所）筆者が考案したもの。

業者にとっての選択肢は切り代を乗せるか、乗せないかの二者択一である。それぞれの選択がもたらす結果は、次のようになる。

・切り代を乗せておくと、官公庁が査定した場合、切り代は削られてしまうが、もともと余分にのせたものなので削られても、損はしない。官公庁が査定をしなければ、切り代の分だけ高い契約が行われるので、儲けが増えて得をする。

・切り代を乗せないと、官公庁が査定しなければ損も得もないが、官公庁が査定して、値切られると、損をする。

業者にとっては損をしないように、切り代を乗せておくことが最大 maximum の損失を最小 minumum にする minmax 戦略になっている。現実にも、業者は切り代を乗せることが多いだろう。

官公庁の側では、

・査定をしないと、業者が切り代を乗せていないときには、損も得もしないが、業者が切り代を乗せていた時には、高い契約をさせられて損をする。

・査定をすると、業者が切り代を乗せていないときには、査定で値切った分だけ得をする。業者が切り代を乗せていた時には、これを削れるので損はしないで済む。

従って、官公庁は査定をすることが minmax 戦略になっている。

この結果は、業者が切り代を乗せて、官公庁がそれを査定で削ることが双方にとって minmax 戦略であるので、安定な minmax 解になっている。

わざわざ切り代をのせてそれを削るのは、スーパーマーケットで値札を見て、気に入るとかごに入れ、レジに出してその金額を支払うことに慣れている現代の生活から考えると無駄をしているようにも見える。しかし、この交渉による随意契約という値決めの方法は、筆者の子供のころ、魚屋、八百屋、肉屋、乾物屋など、どこへ行っても当たり前のことであったし、今でも、田舎の朝市などへ行くと、普通に行われている値決めの方法である。

スーパーマーケットでは、複数のメーカーの複数の商品が価格とともに並んでいる。これが入札の世界である。客は値段と取引相手と商品を一度に選択している。入札で落札が決まると再度の交渉はしないのと同じである。

一方、朝市では、客がそれぞれの店の売り場の前にに立つと、売り手と買い手は 1 対 1 の交渉に入る。交渉が不調に終わりその店を客が立ち去るまでは随意契約のための交渉をしているのである。この場合、値札が付いていても、それは、目安に過ぎない、店主は客に値切られることを前提に、切り代を乗せた価格を提示している。

随意契約は悪で、入札は善であるという先入観を持っている人もいるが、それは、誤りである。砂漠の中の町や山間部の農村では野菜の生産量が限られている。買い手の数も知れたものである。その場合の値決めの方法が交渉による随意契約である。一方、関八州の中心都市の江戸の町には広い関東平野から米が集まった。その江戸の蔵前では、昔から札差が入札(「いれふだ」とむかしはよんだ)で各藩の持ち寄る米の値段を決めていた。大昔から行われてきた2つの値決めの方法が今日まで残っているのは、なぜだろうか。両方とも必要だからである。

少量しか物が作られず、需要も少なければ、交渉による随意契約の方が競争入札より優れている。このゲームの解は安定であり、しかも、切り代は削られて、売り手も買い手も損も得もしていない。後に、入札において談合が発生して、売り手が事実上 1 人になったときに入札では対処できないことを示すが、この二つの分析結果は非常に重要である。

それにもかかわらず、なぜ、随意契約が悪くいわれるのかというと、随意契約が成り立つためには、客の側が交渉能力、つまり、査定能力を持っていなくてはならないからである。査定できなければ、高い物を買わされてしまう。また、逆に、査定能力の無い官庁に交渉能力を持たせた場合、業者が苦しめられることが起きる。

・官公庁に査定能力の無い場合

以上に論じたこのゲームは、査定において削られるのは切り代であることを前提にしてきたが、官公庁の担当の公務員に査定の能力がないと困った問題が起きる。公務員もサラリーマンであり、能力がないからと上司に転属や研修の希望を願い出るには、相当の覚悟が必要であり、自分からはなかなか言い出せない。それではと、黙って査定で手を抜いて、実際には査定をしないで済ますと、上述したように高い契約を結ばされてしまう。

そこで、大抵は 1 割くらいとか、2 割くらいとか切り代が乗っているのであろうと推測をする。そして、詳しくは後述するが、なにやかやと理由を付けてそこまで値切る。

これが、実際に業者の乗せた切り代に近いものである間は大した問題ではない。値切るのが上手になってきたころに、上司や上層の官公庁から、財政再建のため予算は節約して使うようになどと指示が来る。すると、査定が厳しくなっていき、値切る幅が大きくなってくる。こうなると、業者の側は困ってしまう。何とかしてほしいと陳情し、聞いてもらえないと、一席設けたり、贈答品を贈ってなどということになっていく。ここまでくると、贈収賄であり犯罪である。

切り代を乗せる行為自体は不正なことではない。業者が自分の提供している財、サービス、工事などにはそれだけの価値があり、高い値で契約したいと思うことは当たり前のことで、これを取り締まることはできない。また、官公庁の担当者が少しでも安い契約をしたいと思うことも自然なことであり、査定をして、このくらいの値段で契約できないかと聞くことも当たり前のことであるので取り締まることはできない。この交渉だけで契約価格が決まるのであれば、契約額が高かろうと、安かろうと問題はあるかもしれないが、犯罪ではない。

しかし、業者が査定を甘くしてほしいと頼み、官公庁の担当者に贈答、接待を行い、官公庁の担当者が査定を甘くすることで、業者が利益を得ると、「担当者の手心」と「贈答、接待」との授受という契約の対象となっているものとは別の取引、つまり賄賂の贈与と収受が行われたことになるので、これが贈収賄という犯罪であり、取締りが必要になる。そこで取締りについて検討してみよう。

取締りの有効性

・確実に検挙できる場合

贈収賄をめぐる取締りを当局がする以上、不正は見逃さないという目標をたてるのは自然である。そこで、取締まるときには**不正は見逃さない**ことを前提にして、上述の贈収賄の取締りをする効果について考えてみよう。

・取締当局は、調達に関する不正の取締りをするかしないか選択する。
・業者から官公庁窓口に、切り代を乗せても査定を甘くしてもらえるように贈賄をする不正をするかしないかを業者と担当の公務員が考える。

表 46　確実に摘発可能な場合の利得行列

当局 業者と担当者		取締	
		する	しない
不正贈賄	する	手柄になる かならずつかまる 大きな損	叱責される 高い契約 得をする
	しない	経費が無駄になる 安い契約 損をする	楽をする 安い契約 損をする

（出所）筆者が考案したもの。

この場合も安定な解が存在する。経費がたいした問題にならない限り、見逃していたことが問題になり叱責されるよりも、多少経費がかかり過ぎているのではないかと言われている方がましなので、当局は取締りを行い、必ず不正を摘発する。業者や担当者には必ずつかまって裁判にかけられ罰金を取られて刑務所に入れられるよりは、安い契約で我慢するほうがましである。この解は minimax 解になっている。

この場合、たしかに事件は起きないが、全ての入札で不正がなかったか捜査するわけであるから、取締りのため、多くの人手や経費がかかる。また、値切られて損を強いられる業者は疲弊する。

そこで、取締りの手を緩める道を模索することにする。この場合、どのくらい取締りの手を緩めるのかによって結果が異なってくる。運が良いと摘発されないこともあるという程度の場合には、結果は変わらないが、運が悪いと摘発されることもあるという程度にまで、摘発される確率が下がってくると次のように状況が変化する。

・摘発されることもある場合

取締りの厳しい間は上述のように、摘発される事件はないので、取締まりの経費は全額無駄であったかのように見える。やがて業務仕分けの対象となり、予算が削られる。そこで、手を緩めることを考えなくてはならなくなる。このようなことが繰り返されているうちに、徐々に捜査の手が緩んでいって、摘発されることもあるが、摘発される確率が低く、運が悪いとつかまる程度になってくる。そこで、そうした場合に何が起こるのかを考えてみよう。ここでも、

・取締当局は、調達に関する不正の取締りをするかしないか選択する。
・業者から官公庁窓口に、切り代を乗せても査定を甘くしてもらえるように贈賄する不正をするかしないかを業者と担当の公務員が考える。

表 47　摘発されることもある場合の利得行列

当局 業者と 担当者		取締：する	取締：しない
不正贈賄	する	手柄になる めったにつかまらない 運が悪いと大きな損	叱責される 高い契約 得をする
	しない	0 安い契約 確実な損	楽をする 安い契約 確実な損

（出所）筆者が考案したもの。

摘発される率が低下して摘発されて生じる不確実な大きな損が、運が悪いと損をするくらいになって、安い契約を受け入れて生じる確実な損を下回ると、不正が発生する。取締当局は捜査をするたびに不正を検挙できるので経費の無駄遣いであるとは言われなくなる。

テレビを見ていると、いつもどこかで誰かがつかまっているように見えるが、その仕組みはここに示したような原理が働くからであろう。あまり、事件が多いと、放置できなくなる。摘発されて生じる不確実な大きな損が、安い契約を受け入れて生じる確実な損を下回ることが悪いのであるから、罰金を重くしたり、刑期を長くしたりすることで、取締当局の予算は増やさず、状況を改善しようとする研究があり実際にも制度を改正する試みもされている。

しかし、この方法は2つの理由でうまくいかない。

- 状況が改善すると、摘発される事件がなくなるのであるから、取締当局の予算は無駄になり、予算や人員は削減されて手を緩める方向に進む。
- どんなに罰金を重くしても契約額以上の罰金は取れない。このため、毎回値切られていれば、その損害は何度か契約しているうちに、必ず、1 回の契約額よりも大きくなる。また、どんなに量刑を重くしても、社長と担当者と関与した公務員を死刑にするより重い刑はかけられない。中国では実際に贈収賄の最高刑は銃殺であり、刑の執行もされていたようである。それでも裁判で死刑を免れる可能性が残っているし、執行猶予の可能性もある。たとえ何年か収監されても、会社がつぶれて何百人、何千人を路頭に迷わせるよりはましだと考える者がかならず出てくる。

では、取締りを強化するための経費は必要であると考えて、捜査員を増やせばよいのだろうか。全国には数千あるいは万を超える調達窓口があり、毎日のように随意契約は行われている。その全てを捜査の対象にすることなどできるわけがない。これが問題である。

・対策

以上に示した分析の結果をまとめておこう。

- 官公庁が随意契約によって調達発注を行う場合には、業者の見積書には切り代が乗せられている可能性が高く、官公庁側に査定能力がないと、高額の契約を結ばされてしまう。
- 官公庁の側が無理な査定を行い、業者を追い詰めると、贈収賄の温床になる。
- 取締りを厳しく行うと取締りの予算は無駄になり、甘くすると不正はなくならない。

つまり、随意契約は望ましくないのである。しかし、適格業者が1社しかないときには、入札をすることはできないので随意契約をするしかない。

言い方を変えると、1 社しかない適格業者は独占的な供給者である。従って、この結果は、供給独占に対処するには、需要サイドは交渉能力を持つ必要があるということであり、経済学の常識を覆すものではない。このため、筆者は、**官公庁が査定能力を高めて交渉能力を持つ以外に解決策はないのではないかと考えている。無理な査定で損をさせられることが無くなれば、善良な業者には不正を行う理由はなくなる。**

(2)入札において談合が発生するメカニズム

適格業者が1社しかないために生じる独占の分析をしたので、次には適格業者が複数あるために生じる競争の分析に移る。競争の一つの方法が入札であるので、ここでは、入札について利得行列を用いてゲーム論的に分析してみよう。入札の最も単純なケースは、官公庁が 1 ヶ所で、適格業者が 2 社あり、その 2 社がそのまま指名され、契約は 1 件の場合である。つまり、G1Q2N2C1 を想定する。

Game 1 受注するためにダンピングをすべきか否か

ゲームの構造はいたって単純なものである。2 社の業者を A 社と B 社とする。この 2 社が、入札で損をするほどの値引きをするかしないかを選択するものとする。

このゲームの解は、他の市場からの隔離の有無で異なってくるので、G1Q2N2C1Mi と G1Q2N2C1Ma とを場合分けして分析することにする。

・他の市場から隔離されていない 2 社の選択

G1Q2N2C1Ma のケース、つまり、他の市場から隔離されていない 2 社の選択を利得行列にしたものが次の表である。

表 48　他の市場から隔離されていない 2 社のダンピングに関する利得行列

B社 A社		ダンピング する	ダンピング しない
ダンピング	する	損をする可能性 A社かB社が受注 損をする可能性	0 A社が受注 損をする
	しない	損をする B社が受注 0	利益の出る可能性あり A社かB社が受注 利益の出る可能性あり

(出所) 筆者が考案したもの。

A 社、B 社はともに他の市場から隔離されておらず、この官公庁と取引しなくても、他に取引の相手先がある。従って、平均費用や市場価格で他と契約が取れるのに、それよりも安くこの官公庁と契約すると損をする。従って、minimax 戦略は損をする可能性を避けることである。つまり、2 社共にダンピングを行わない。この解は安定な均衡解である。どちらか一方がダンピングをすると、受注することになり損をする。もう一社は競争相手が損をするのを見ていればよい。つまり、ダンピング競争を仕掛けた方が負けになる。

このように**他の市場から隔離されていない業者による入札では、ダンピングは起きない**。

・他の市場から隔離されている 2 社の選択

ところが、他の市場から隔離されている G1Q2N2C1Mi のときには、状況は一変する。この入札で落札できなければ、他には客先がないわけであるから受注はない。受注がなくなれば、実績の確保ができず、次期以後に等級を下げられたり、指名から除外される可能性が出てくる。また今期受注ゼロの場合、倒産や廃部もあり得る。この場合の利得行列は、次のようになる。

表 49　他の市場から隔離されている 2 社のダンピングに関する利得行列

A社 ＼ B社		ダンピング する	ダンピング しない
ダンピング	する	受注ゼロで死活問題か損で済む可能性有 A社かB社が受注 受注ゼロで死活問題か損で済む可能性有	受注ゼロで死活問題 A社が受注 損をする
	しない	損をする B社が受注 受注ゼロで死活問題	利益の出る可能性あり A社かB社が受注 利益の出る可能性あり

（出所）筆者が考案したもの。

A 社、B 社共にダンピングをしなければ、受注したほうに利益の出る可能性がある。しかし、その時に相手がダンピングをしかけると、相手は損をするかもしれないが、自社は受注がゼロになり、死活の問題に陥る。

それでは困るので、ダンピングをすることにする。このときに、相手がダンピングをしなければ、自社が受注することができて、死活の問題は避けられる。しかし、相手もダンピングを仕掛けてくる可能性が高い、**官公庁以外に販路の無い 2 社の間では、ダンピングの競争になる可能性が高い**のである。すると、どちらか受注できなかった方は死活の問題をかかえるが、受注できた側は損をするだけで、受注の実績は確保できる。

結局、死活の問題になる可能性はダンピングしてもなくならない。しかし、考えてみると受注できて死活問題を回避できる可能性は、ダンピングする方がダンピングしないときよりも応札価格の低い分だけ高くなる。上表ではこれを「損で済む可能性有」と示してある。かくして、双方でダンピングして受注の実績だけでも取っておこうという死活をかけたダンピング競争になる。そして、この選択は両社の minmax 戦略になっていて、安定である。**ダンピングを止めた側は、必ず失注して死活問題となる**からである。A 社も B 社も採算の合わない、状況から抜け出せない。

武田(1999)の指摘している通り、この解の構造は二人非ゼロサム非協力ゲーム Two-Person Non-Zero-Sum Non-Cooperative Games の解のひとつで Luce，Raiffa(1957),pp.94-97 に Tucker が考案したとして示されている**囚人のジレンマ** The Prisoner's Dilemma のケースである。非協力ゲームの解が囚人のジレンマの場合、協力ゲームの解が得られると、双方のプレーヤー(ここでは A 社と B 社)が共に状況を改善できることもあるので、次にその可能性を検討してみよう。

Game 2 談合の成立

この Game2 では、Game1 で困り果てた A 社と B 社が相談し、窮地を脱するための談合が成り立つかどうかを検討する。もちろんこれは違法行為であるが、ここでは理論的に協力ゲーム(A 社と B 社の話し合い)を想定して、検討することにする。

検討するゲームは

・A 社もＢ社も、談合して、受注予定者を決め、その受注予定者の見積よりも高い価格でもう一方が応札する談合に参加するかしないかを決める

ゲームである。

さて、ここでも他の市場からの隔離の有無をわけて考える必要がある。他に販路を持っている場合死活の問題はないので、隔離されているほど状況は深刻ではないからである。

・他の市場から隔離されていない２社の談合の選択

Game1 で G1Q2N2C1Ma ではダンピング競争が起きないことを、述べたので、どうして隔離されていない２社が談合する必要があるのかを疑問に思われるかもしれない。しかし、第３章第７節で論じたように、見積費用、受注リスクなど、受注できなかったときに回収できない費用や、取りたくないのに受注するなど、入札に参加する業者には外部からはわかりにくいが実質的な負担が発生する。特に、随意契約にしておけばよいような案件を、無理に入札に付したようなときには、付き合わされる業者は、もともと受注する気持ちがないのであるから、こうした費用を極力減らしたいと思っている。企業の会計では費用が減れば利益が出る。このケースでの利益はそういう意味での利益である。また、ここでは摘発されるリスクは考えないことにする。取締りや摘発されるリスクの結果に与える効果については、次の Game3 で論じる。談合が成立すると、話し合いで事前に受注予定者を決めて、その業者だけが見積をまじめに行い、他方はその結果を聞いて少し高めの札を入れるという仕組みで、見積費用を削減することにより利益が発生する。しかし、談合が成立しないときにはこの利益は発生しない。

表 50　他の市場から隔離されていない２社の談合の選択

B 社 A 社 受注予定者		談合 する	談合 しない
談合	する	利益がある A 社が受注 利益がある	利益ゼロの可能性 A 社か B 社が受注 利益ゼロの可能性
	しない	利益ゼロの可能性 A 社か B 社が受注 利益ゼロの可能性	利益ゼロの可能性 A 社か B 社が受注 利益ゼロの可能性

（出所）筆者が考案したもの。

談合が成立するのは、双方が談合への参加を決めた時だけであり、受注予定者は受注した仕事から利益が得られ、他社は費用削減の利益が得られる。談合が成立しない他の３通りの場合は、落札できないと利益はないので。落札できない業者は営業経費や見積経費をかけただけ赤字である。相手のあることで、相手が談合に参加しなければ、上述の利益も出ない。これを上表では「利益ゼロの可能性」と書いてある。

minmax 戦略では、どちらも利益ゼロの可能性で同値だから、両社は次善の策として確実に利益のある方を選ぶことになる。このため、談合は成立する。

しかし、この談合は双方の minmax 戦略の結果生み出される minmax 解ではないので、不安定な均衡の上にある。仕事がとれても、取れなくても良いとＢ社が内心では思っていて、なおかつ、Ｂ社の市場に出している価格がＡ社のものより安いとしたら、談合の席ではＡ社の話を聞くふりをしておき、談合に参加せずに受注をとる作戦に出るかもしれないからである。McAfee,Mcmillan (1992)は、談合金の授受などのサイドペイメントが無いという意味で、この

談合を**結束力の弱い談合**と呼んでいる。

A 社は B 社に正直に応札価格を教えると、こうして B 社に仕事を取られてしまう可能性があることを考えると、B 社の市場に出している価格より安い札を入れなければならないかもしれない。

この談合が成立するということは、安い B 社との契約ではなく、それよりも高い A 社と官公庁の窓口は契約することになる。そういう意味では、資源の配分にゆがみが出るし、納税者の負担も増加するので、この談合も望ましいものではない。

しかし、談合が成立しないと、回収できない費用が失注した側の業者に発生しているので、これも望ましいことではない。つまり、**この競争入札は、談合が成立しても、談合が成立しなくても、それぞれ問題を発生させる。**市場があるのだから、市場で調達すれば、余分な費用はかからない。それをわざわざ入札という別の競争をさせるのであるから、追加的な費用が発生してしまうのは避けて通れない。経済学的には資源配分にゆがみを与える結果になる。従って、どうしても入札が必要であるという理由が他にあるのであれば、この追加費用を最小にする方法を検討しなければならないし、そうでなければ**市場があるものは市場から直接調達発注するようにすればよい。**

・他の市場から隔離されている 2 社の談合の選択

G1Q2N2C1Ma のケースで市場から隔離されていない業者の間で談合が成立しても、不安定なもので、しかも、談合金の授受などを伴わない結束力の弱い談合に過ぎないことを述べたが、G1Q2N2C1Mi のケースで市場から隔離されている 2 社の間では談合金の授受などサイドペイメントを伴う**結束力の強い談合**が発生する可能性がある。

上述した通り、**随意契約では**、指名先の業者と発注元の官公庁は値決めの交渉ができる。官公庁は業者の見積を査定して、切り代を見つけ出し削ることができる。つまり、**官公庁に充分な査定能力があれば**、契約で**余分な利益(切り代)を稼ぐことができない**。

しかし、**入札では**、安い方の業者の入れた札の金額が**落札額**であり、その金額で**契約金額が決まる**。交渉なしの正札販売である。このメカニズムを利用すれば、**談合して**契約金額を吊りあげることができる。そうして得た**余分の利益を**、受注できなかった業者に談合金、下請け代金、その他の**サイドペイメント**として**配当できる**ため、談合が成立すれば、両社に利益が出る可能性がある。この種の談合を McAfee,Mcmillan (1992)は**結束力の強い談合**と呼んでいる。そして、官公庁が入札の後で、少し高いなと思っても、入札の結果であるので値引きの交渉はできないのである。

この場合の談合への参加に関するゲームは次の利得行列によって示すことができる。

表 51　他の市場から隔離されている 2 社の談合の選択

A 社 ＼ B 社		談合 する	談合 しない
談合	する	利益がある ／ 談合が成立 ／ 利益がある	死活問題の可能性 ／ A 社か B 社かのダンピング競争 ／ 死活問題の可能性
	しない	死活問題の可能性 ／ A 社か B 社かのダンピング競争 ／ 死活問題の可能性	死活問題の可能性 ／ A 社か B 社かのダンピング競争 ／ 死活問題の可能性

(出所) 筆者が考案したもの。

A 社、B 社ともに、他の客先がないのであるから、談合が成立しなければ、Game1 で述べたダンピング競争のゲームをするしかない。すると、死活の問題になる。談合が成立するのは A 社と B 社がともに談合への参加を決めた時だけである。この場合も、minimax 戦略は談合に参加することにしても、参加しないことにしても変わらない。談合に参加することにしても相手が参加しないと決めれば、談合が成立せず死活問題になる点は変わらないからである。

つまり、談合は安定な minmax 解として存在しているのではない。裏切れば受注できるので、死活問題にならないで済む。つまり、談合破りの誘因はこの場合もなくなってはいない。このため、あくまでも、次善の策として談合が存在する。もちろん、サイドペイメントがあり、死活問題から解放されるメリットがあり、拘束力としては比較的強い談合になるのであるが、安定なものではない。この点が武田(1999)が指摘しているように、かつてはプロの談合屋、そして現在は政治家や政府高官による**統制による安定化の余地**を残してしまう原因になっている。

また、この談合は、1 社しか生き残れないところを、2 社が生き残らなくてはならないので、かなり大幅に価格を吊り上げなくてはならない。この点は談合を秘匿するのには不都合である。そうすると、発見しやすく談合を取り締まるのには好都合である。そこで、次に、談合の取締についてやはりゲーム論的な分析をしてみよう。

Game 3 談合に対する取締りの効果

取締りがあり、談合が摘発されれば、罰金や指名停止を受けた上に、報道され、企業のイメージにも傷がつく。担当者や社長は刑事犯となる。そこで、摘発される可能性のある場合を考えてみると、以下のように、談合を取締りで防止できるかどうかをつきつめて考えてみると、うまくいく場合もあれば、うまくいかない場合もあることが分かる。

・取締りの効果の上がる談合

取締りの効果が期待できる談合は、G1Q2N2C1Ma の他の市場から隔離されていない 2 社の間の談合である。この場合のゲームは次表のようになる。

表 52　他の市場から隔離されていない 2 社の取締りのあるときの談合への参加の判断

B社 A社		談合 する	談合 しない
談合	する	利益があるが摘発される 可能性がある 談合が成立 利益があるが 摘発される可能性がある	利益ゼロの可能性 摘発されない 談合は成立しない 摘発されない 利益ゼロの可能性
	しない	利益ゼロの可能性 摘発されない 談合は成立しない 摘発されない 利益ゼロの可能性	利益ゼロの可能性 摘発されない 談合は成立しない 摘発されない 利益ゼロの可能性

（出所）筆者が考案したもの。

他の市場で営業のできる 2 社の間では、取締りがあり、摘発され、ダメージを受ける可能性があれば、あえて、談合を選ぶものは出てこない。談合が成立しなければ、どちらかが受注できるし、受注できなくても若干の営業経費を除けば利益はマイナスにはならない。談合が成立すれば摘発されて大きなマイナスになる場合が出てくる。この解は minmax 解で安定な解である。

他の市場での商売にも影響する点がなんといっても大きな働きをする。何処かの官公庁との契約で談合が摘発されたことが報道されているのに、その業者を指名することは、官公庁や企業の調達発注の担当者としてはやりにくいことである。審決がでて、談合であると断定されたわけではないのに、調査が行われたとか、審判がはじまったという報道だけで、指名を停止するのはやり過ぎであると公正取引委員会はしばしば文書で注意喚起しているが、もし本当にそうならば、公正取引委員会がなぜそれを公表するのだろうか。多分、不正をしたら摘発するぞと抑止効果を狙ってのことと思うが、抑止効果を狙うなら、濡れ衣でダメージを捜査対象が受けるリスクは避けられない。濡れ衣によるダメージをなくしたいなら公表しなければ良い。疑わしい相手とは取引しないのはごく自然なことで、どんな商売のどんな取引でも、疑わしいと報じられているのがわかれば、特別なことでもない限り、取引先の候補から外すのはおかしなことではないはずである。

つまり、検査や捜査の対象になっただけでも、他の商売にダメージになる。だから、他の商売をしている業者、他の取引先と取引のできる業者は無理をしないであろうと思われる。従って、**他の市場から隔離されていない業者の間の談合の抑止には取締りは有効である。**もちろん、同じ会社が他の市場から孤立していなくても、その事業部や担当者が孤立させられていれば話は違ってきて、次のケースになる。

・取締りの効果の上がらない談合

後述するように、小さな会社は、談合を摘発されると大きなだメージをうけ、大会社だとダメージは小さいという研究もあるが、株価がさがるとか、評判が悪くなるなどの話である。一方、G1Q2N2C1Mi で他の市場から隔離されている業者の間の談合が成立せず、A 社か B 社かのダンピング競争になれば、勝者も損失を出し、敗者は死活の問題になる。

表 53　他の市場から隔離されている 2 社の取締りのあるときの談合への参加の判断

B社 A社		談合	
		する	しない
談合	する	利益があるが摘発される可能性がある。 談合が成立 利益があるが 摘発される可能性がある	摘発されないが失注して死活問題の可能性 A 社か B 社かのダンピング競争 摘発されないが 失注して死活問題の可能性
	しない	摘発されないが失注して死活問題の可能性 A 社か B 社かのダンピング競争 摘発されないが 失注して死活問題の可能性	摘発されないが失注して死活問題の可能性 A 社か B 社かのダンピング競争 摘発されないが 失注して死活問題の可能性

（出所）筆者が考案したもの。

minmax 戦略では相手が談合に参加しなかったり談合しても談合破りをして裏切るかもしれないので最悪の状態には変わりがない。しかし、罰金を払う方が、倒産するよりはましであるとか、運悪く有罪になり社長と営業部長が刑務所に入っても、社員全員が路頭に迷うよりはましであるという状況であれば、次善の策として、談合は成り立ちえる。つまり、**他の市場から隔離されている業者の間に発生する談合は、取締りや罰金の強化では防止できない性質の談合である。**

コンサルティング業界に多数ある小さな研究所やコンサルティング事務所は、特定の官公庁を得意先にする特化した専門家の集団であり、その官公庁から受注できなければ他の受注は、まず、考えられない。また、所長は官公庁、大学、研究機関などの OB であり、家庭では子育ても終わり、一度は仕事を引退した身の上であることが多い。つまり、他の市場から隔離された業者であり、その経営者は自分が犠牲になって罪をかぶっても良いという正義感のある人であることが多い。それが、どんなに取り締まっても、摘発される事件が後を絶たない理由になっているように思える。先に排他的権利について述べたところで、調査、研究、コンサルティングについては競争を止めない限り解決しないだろうと筆者が述べた理由は、この分析の結果によるものである。

Game 4 取締りが徹底した時の次の手

入札の談合や、随意契約の査定への手心への贈答などの取締りは、上述したようになかなか容易なことではない。しかし、仮に内部告発や、市民による監視などが功を奏して、徹底した摘発が、可能になるとする。

そうなると、取り締まられるとわかった業者は次の手を考える。査定能力が低く、単純に値切るような官公庁は、検収能力も低い。随意契約にすべきものを説明資料が作れずに、安直に入札に付す官公庁も検収能力は高くないであろう。そこが、狙われる。手を抜いたり、粗悪品を納めたりすることで、損失を回復したり水増し請求する方法で損失を埋めるのである。手抜きを現場の検査や検収で捕捉できないのであれば、会計検査で捕捉するしかない。厳格に取締りを行うと言っても手抜きをしても摘発を受けないで済む可能性のある場合のゲームの利得行列は次表のようになる。

表 54　手抜きをするかしないかのゲーム

業者＼当局		検収・検査：厳格に実施	検収・検査：形式的に実施
不正手抜	する	0 ／ 指摘されないこともある ／ 不確実な損	叱責される ／ 指摘されない ／ 0
	しない	0 ／ 安い契約 ／ 確実な損	楽をする ／ 安い契約 ／ 確実な損

（出所）筆者が考案したもの。

つまり、**仕様通り工事や納品をする事で損失が出る時には、不正や手抜きはなくせない**のである。これに対しては、検査で不正を全て指摘できれば業者は手抜きをしなくなるのではないかという期待をする方もいるであろう。しかし、そうした状況を作り出すことはできないことは、次のように明らかである。

会計検査を徹底して実施することが可能かどうかを考えてみよう。次表は、会計検査院の検査対象と検査実施率を示した表である。

表 55　会計検査院の検査の対象の数

検査対象機関である省庁等の官署、事務所等	左の箇所数（A）	左のうち検査を実施した箇所数（B）	検査実施率　（%）（B／A）
本省、本庁、本社等	4,322	2,015	46.6
都道府県単位の地方出先機関等	7,857	1,168	14.8
小　　計	12,179	3,183	26.1
駅、郵便局等	22,157	150	0.6
計	34,336	3,333	9.7

(出所)『平成 19 年度決算検査報告』、会計検査院(2009)、p.5 より転載。

時折、水増しや手抜きが指摘され報道されて問題になる。しかし、会計検査報告書(会計検査院(2009))を見てみると、報道されているのは指摘事項のほんの一部であることがわかる。さらに、指摘される問題も実際に発生している問題の一部分である。会計検査院は国の機関であって、その検査対象の範囲は国と国の予算を使う都道府県の機関までで、市町村やその他の機関は含まれていない。それでも、上記の表によると平成 19 年度に検査の対象となる機関や法人は、34,336 もあった。会計検査院は 38,200 人日の人手を費やして、16 万 2 千余冊の帳簿と 5,292 万枚の領収書などの証拠書類を検査したが、検査できたのは、3,333 ヶ所で、全体の 9.7%しか検査できなかった(会計検査院(2009))。

つまり、国に関係のあるところの検査だけでも 100%実施するには、現在の会計検査院を 10 倍以上の規模にしなくてはならない。地方自治体やその出先を全て検査することなど到底できないことなのである。

それでは、内部告発や市民による監視をなどという考え方もあって、法律が改正されたりしているが、マクロ経済政策の観点からは、無償であってもそれだけの人手を、非生産的な活動に投入することには変わりがない。今でも官公庁は 1 カ月前後を検査の対応に費やしているのであるから、実際にそうした活動が全体に広がると、検査への対応のための専任の職員を官公庁に増員しないと、検査への対応のために日常の行政が滞ることになる。従って、全ての官公庁の全ての契約の検査をすることはできない。つまり、**検査でも、手抜きを封じることはできない**のである。

Game 5 査定能力の向上の効果

そうなると現場で調達発注における査定能力を向上するしかない。もし、切り代を完全に見抜けなくても、官公庁が、業者に損をさせないように査定できれば、業者の官公庁に対しては切り代を乗せるか乗せないかの判断が変わってくる。業者に損をさせないように査定できる場合の利得行列を、次表に示す。

表 56　業者に損をさせないように査定するときの業者の切り代の判断

官公庁 業者		査定	
		する	しない
切り代	乗せる	0 正しい金額の契約 0	損をする 高い契約 得をする
	乗せない	0 正しい金額の契約 0	0 正しい金額の契約 0

（出所）筆者が考案したもの。

・業者は　min max　戦略としてはどちらも同じ、なので、得する可能性のある方を選ぶ。

・官公庁は　損をしない方を選び査定する。

これだけであれば、あまり変わり映えがしない。業者は切り代を乗せてくるし官公庁は査定するしかない。しかし、

・取締当局が取締りの対象になっているのかいないのかの情報を与えない上手な取締りを、散発的に実施した時に、

業者と取締当局とのゲームでは、業者が不正をするかしないかの判断が違ったものになる。

官公庁の査定能力の向上は、次のステップの手抜きなどの不正の誘因を減らしているし、現場の検査で手抜きが見抜かれてしまい、大きな手抜きだけが会計検査で指摘されるようになる。すると、指摘を受けて対処する場合の業者の損害は大きなものになる。手抜きをしないでももともと損がないのであるから、次表のような利得行列ができる。

表 57　業者に損をさせないように査定するときの業者の手抜きの判断

当局 業者		取締	
		する	しない
不正	する	手柄になる つかまらないこともある 不確実な大きな損	叱責される 高い契約 得をする
	しない	0 安い契約 0	楽をする 0

（出所）筆者が考案したもの。

業者は、不正をしない方が損をする可能性が少ないので、不正をしない。そうなると、散発的な取り締まりでも、不正防止には効果がある。このゲームの解は minmax 解になっていて安定である。

・対策

以上に 4 つの Game を分析することにより、談合とその取締りについて考えてみた。その結論は、

・市場から隔離されていない業者の間ではダンピング競争は起きない。この解はダンピングを仕掛けた方が

負ける安定な解である。

・談合の原因になるダンピング競争は業者が他の市場から隔離されている場合に起きる。このダンピング競争は囚人のジレンマのケースで安定な解である。

・結束力の強い談合が成立するためには、入札参加業者が他の市場から隔離されていなくてはならない。しかし、談合は抜け駆け(談合破り)の可能な不安定な解である。それが、かつてはプロの談合屋、現在は政治家や高官が統制力を発揮する余地を与えてしまう。

・談合に対する取締りは、他の市場から隔離されていない業者の間の結束力の弱い談合には有効であるが、他の市場から隔離されている業者の間の結束力の強い談合には効果のない可能性がある。

・取締りが徹底して談合が起こせなくなると、手抜きや粗悪品の納品、水増し請求などの不正が横行する。

・このように、競争により結束力の強い談合が起きたり、手抜きの発生する場合には競争原理が働かないので、随意契約によるしかないが、そこには(1)で述べた通り随意契約固有の問題がある。

・これに対処するには官公庁が業者を追い詰めることなく、業者に損をさせない程度の値決めができる査定能力と、検査、検収における検査能力が必要になる。

というものである。

このことから、筆者は、談合の問題に対処するには、

・官民共通のスペックの開発やモジュール化により、市場を作り出すなど、市場から業者を孤立させない政策が必要である。

・民間企業においてもモジュール化により他の市場からの孤立を回避する方策は取れる場合がある。

・取締りの強化は有効な場合も、効果の無い場合もあるため、取締りだけに頼る政策は適切ではない。

と考えている。詳しくは第 5 章で論じる。

(3)利得行列を用いた分析の限界

利得行列を用いたゲーム論的分析は、以上に述べたように、非常に単純なケースではその威力を発揮して、根本的なメカニズムやそれが働く原理に関する示唆を与えてくれる。しかし、本書の分析で利用できるのは、ここまでである。

もう1社業者が増えたり、もう1件調達の件数が増えたりしただけで、2 次元の利得行列で説明するのが難しくなる。すでに上述の G1Q2N2C1 でゲームを分解して分析したが、プレーヤーの関係がバラバラになって、一覧性がなくなり、理解がしにくかったと思う。さらにプレーヤーの数が増えてくると、分解されたゲームの部分と部分の相互の関係を理解することが困難になる。分解するのを止めて、たたみこむように結果を配列して大きな表を作ると、今度は表が大きくなり過ぎてとじることができなくなってしまう。そこで、もう少し複雑な状況については、ゲーム論的な視点はそのままにして、表記の方法を記述的な方法に改めて、分析を進めることにする。

第３節　調達発注の現場の状況の違いと問題の発生のメカニズム

分析の範囲を拡張するに当たり、利得行列を用いて行った基本的な原理の分析についても、もう一度、記述的に分析しながら説明し、詳述できなかった点を補足することにする。従って、この節の分析で対象とする現場の状況には前節のものと同じものが含まれている。前節ではプレーヤーである官公庁の調達窓口と業者、アンパイヤーである取締当局の選択肢と選択の理由について単純化をした説明をしたが、以下では、業者のコスト構造との対応をとりながら、分析を進める。

(1)随意契約における積算と査定の問題点

適格業者が1社しかない場合、その1社を指名して随意契約の交渉をしなくてはならない。前節(1)のG1Q1N1C1のケースでこの問題について分析したが、ここでは、さらに掘り下げた検討を行う。

(a)市場価格のある場合の値決め

業者がこの政府以外に取引先があり市場から孤立していない場合を考えてみる。つまり、G1Q1N1C1Pmc のケースである。官公庁が厳しすぎる査定を実施し、値切ってきたら、この業者は損をして官公庁と契約を結ぶ必要がないので、辞退してしまえる。従って、政府は一消費者として市場の決めた価格でこの業者と取引するしかない。この場合にはほとんど問題は発生しない。

電気、ガス、水道、電話については大抵、供給側は1社である、需要は民間には多数ある。政府としてはその市役所なり町役場1つである。この場合も随意契約になるが、官公庁側には値段の交渉の余地はない。業者が辞退してしまえば、その官公庁は電気、ガス、水道、電話の供給を受けることができなくなるからである。

(b)積算(フルコスト原理)による値決め

その製品や工事を必要としている政府の調達窓口は世界に1つしかなく、その製品の納入や工事の請負が可能な業者も世界に1社しかない。そして、とりあえずそのニーズは1件しかない場合を考えてみよう。スーパー・カミオカンデ、スバル望遠鏡、気象観測衛星、昭和基地の施設、砕氷船など特殊なものの発注では、市場は存在しないので、市場価格も存在しない。また、非常に大きくて高価なものの調達や、高額の特殊な工事の場合にもこうした例がある。この場合、官公庁はその1社と随意契約を結ばざるを得ない。しかし、困ったことにこの場合、市場価格が存在しないので、積算によりフルコスト原理の値決めをしなくてはならなくなる。G1Q1N1C1Pfc のケースである。

[現場での問題]

一般的な理論的考察では、社会における資源の配分が適正に行われるためには、その製品や工事に関する市場がない場合、製造や工事の原価を算出し、これに適正と考えられる利益をマークアップした価格で契約すればよいと考えられている。このため、つきつめて研究する対象から外されがちである。また、実際には、一部の業種や企業を除いて、原価計算が行われていない場合が多いことはすでに述べたとおりである。仮に業者の側でABC会計による厳密なコスト管理が行われており、正確な積算が可能であるとの前提に立ってみても、現場ではそれほど簡単には済ますことのできないことが起こる。

[予算要求のための見積]

政府の側で欲しいものの仕様を決定して、予算要求のために業者に見積を依頼すると、業者は次のようにコストを積み上げる。

[業者の積算]

業者が正直に原価の計算をするとしたら

Dc: Developing Cost 研究開発費

必要な製品や工事の企画、設計、試験、試作や材料の選択や製造の方法を模索するための費用やマニュアル、ソフトウェア等を準備する費用

Cc: Construction Cost (Manufacturing Cost) 製造原価

工事や製造に必要な原材料、燃料、光熱費、とその保管費用、工事や製造に携わる人々の人件費、その人々の福利厚生、人事管理などの費用、人の移動のための交通費、宿泊費、連絡のための通信費、パテント料、著作権料、各種使用料、通行料、保険料などと、他の業者等へ支払う外注費、委託費、など工事や製造に直接投入される、生産要素(スペース、物、サービス、労働)に支払われる費用

Fc: Facility Cost 施設費

賃借した施設や設備の賃借費、自社で取得した設備や施設の減価償却費、清掃費用や修理費用など維持管理費、警備費、保険料など

Mc: Marketing Cost 営業費用

広告宣伝費など各種の本社経費、交際費、競争入札参加資格の取得に要する経費、営業担当者の人件費、交通費、宿泊費、見積に要する費用、入札や随意契約のための事務費

Cf: Cost of funds 資金の費用

研究開発、営業活動、宣伝広告、施設の建設、材料の調達、給与、下請代金などの支払いと、請負代金の受け取りの間の、資金繰りに要する費用

Rc: Reserve Cost 予備費

原材料や水道光熱費の価格変動の準備費用、担当者が転職、負傷、死亡して、他の要員を手配する場合の費用など、予期せぬリスクに備えるための費用

Ap: Appropriate profit 適正利益

業者が適正と考えている利益、または、同額の資金や施設や人を使って、他の事業を行った場合に得られると思われる利益

を積み上げ(mark up し)て、

Ep: Expected price(amount) 見積額

$$Ep = Dc + Cc + Fc + Mc + Cf + Rc + Ap$$

を算出する。これがフルコスト原理である。この積み上げの計算を積算と呼んでいる。

[切り代(きりしろ)]

算出した見積額を、そのまま、納品や請負の代金の見積額として政府の担当者に提出するかどうかは、前節で説明したように、議論の必要なところである。業者から見積を受け取った調達の現場や発注部門では、契約担当者が余程忙しくて、対応できないときや、災害時のように緊急に契約が必要な場合を除いては、見積の査定 examination、を行う。さらに、予算要求の段階で、財政当局の専門的な査定を受けて予算案ができ、議会でもさらに査定の対象となる。業者にしてみれば、何段階にも様々な理屈をつけて、値切られることになる。そこで、あらかじめ、切り代を乗せた見積を用意しておくことも業者は考えなくてはならない。この、G1Q1N1C1 のケースでは、他に競合する業者はいないわけであるから、少し高めに見積を作っておいても、他社より高いからこの業者を選考の対象から外そうということにはならない。従って、この切り代が見積価格に上乗せされている可能性は高い。

[予算の査定]

実際にはその業者が切り代を乗せずに、そのままの見積額の積算資料を提出するものとしても、切り代を乗せることができるという可能性がある限り、見積の提出を受けた政府の調達窓口では、提出された見積の妥当性を検討する必要がある。

もっとも、政府の査定が合理的である保証もない。それは、政府の調達窓口では、担当者が充分な査定能力を持

っているとは限らないし、能力がある担当者であったとしても、出来れば少しでも低価格で契約したいからである。もし、この契約で予算を節約することが出来れば、他の調達が可能になったり、公債の償還に充てることが出来たりと、いくらでもお金の使い道はある。そこで、査定能力の無い担当者や少しでも支出を節約したいと考えている担当者が無理な査定、つまり**値切り**を行う可能性も否定できない。

実際には、政府の側では景気対策のため、査定を甘くして多めに支出を行うことを決めている場合であっても、そのようなことは、政府の担当者の口からは説明するわけにはいかないので、業者にとっては、知る由もないことである。政府が厳しい査定をすることが可能であるということが可能性としてあるため、業者の側ではそれに対する備えが必要になる。こうして、妥当な価格で契約するか、できれば、少しでも高く契約したい業者と、不要な支出を抑制し、少しでも低価格で契約したい政府との間のかけひきが起きる。

[政府の査定担当者の言い分]

Dc:研究開発費

研究開発費は、すべてが費用と考えるのはおかしい、開発した技術は、将来同じものの需要がもう 1 件あれば 1/2 でよいはずだし、あと 2 か所から受注できれば 1/3 でよいはずである。世界各国からも同様に受注があるかもしれない。多分 mdc 件くらいは取れるであろうから、1 件当たりにすると 1/mdc になるはずだ。1/mdc だけを原価として認め、残りを貴社の投資とは考えられないのか。残りの(mdc−1)/mdc を費用と考えずに、投資と考えて資産計上すれば、費用が減り利益が増えるため、税務署にとってみれば法人税の増収になる。このため、しばしば税務署と業者の間で見解の相違が発生する。そして、研究開発費は費用なのか投資なのか、最初の発注者が負担すべきものなのかといったように、それをどのように扱うかについては、業者と、政府の調達窓口と、税務当局の三者三様の言い分が出てくる。

Cc:製造原価

創意と工夫で節約は可能なはずだ、所望の性能が出ればよい、材料を工夫して、何とが出来るだろう。現場の管理に必要な費用も節約できるのではないか。1/mcc でよいだろう。

Fc: Facility cost 施設や設備の償却費

何も、東京都内で作ってくれと言っているわけではない、どこか地方の工場で作ってくれればよいし、工事や作業も繁忙期を避けて実施することで、遊休設備がつかえるではないか。東京と地方の地代や家賃は mfc 倍も違う。地方で作れば 1/mfc でよいのではないのか。

Mc: Marketing Cost 営業活動の費用

今回の発注は、特殊なもので、今回限りのものである。定例的に貴社に発注している様々な案件で、営業のコストは十分賄えているのではないか、本件に、特にこの営業費用を積み上げる必要性があるとは思えない。かといってこうして来てもらったり、見積を作ってもらうのを無料にしてほしいというわけにもいかないので、1/mmc くらいにしてはどうか。

Rc: 予備費

この不景気の中で、値上がりするものなど、考えておく必要はないだろう。予備費などいらないのではないか。もしも、何かあったら、その時相談すればよいだろう。0 査定にしたい、どうしてもというのなら 1/mrc だけとりあえず乗せておこうか。

Cf: Cost of funds 資金の費用

つぶれそうな会社なら、高金利の資金調達しかできないだろうが、そういう会社に役所の大切な仕事を頼むことはできない。貴社は優良企業であるから、仕事を頼むことにした。だから、自己資金で手当できるのじゃないだろうか。これも 1/mcf でよい。

Ap: Appropriate profit　適正利益

何も公共の仕事から利益を上げなくても良いのではないだろうか、社会的貢献のつもりで、もっと減額して 1/map にしてもらいたい。

[単純な見積の比の定義]

このように実際には細かく査定されることになるが、以下の議論をわかりやすくするために、単純化した見積額の比も定義しておこう。業者の積算した見積をEp、政府側での精査を経た見積をEpgとして、両者の見積額総額の比を me と定義する。

政府の見積査定 Epg は、

$$Epg = Ep/me = Dc/mdc + Cc/mcc + Fc/mfc + Mc/mmc + Rc/mrc + Cf/mcf + Ap/map$$

であり、業者の見積 Ep は、Epg の me 倍、すなわち、

$$Ep = me \cdot Epg$$

である。

[査定の一致不一致]

一般的には、ここで述べたように、査定で削られることが多いので、

$mdc,mcc,mfc,mrc,mcf,mmc,map>1$　で

$me>1$　で　$Ep>Epg$

であるが、me=1 も me<1 もあり得る。

それは、Dc,Cc，Fc，Rc，Cf，Mc，Ap をどのくらいに見積もるのかが官公庁と業者の間で異なる場合もあるし、mdc,mcc,mfc,mrc,mcf,mmc,map のすべてが、どのような値になるかはそれぞれのケースごとに異なり、1 よりも小さくなることもありえる。稀なケースであるが me<1 となることもあるので、例をあげておこう。

ソフトウェアの発注では、研究開発費(開発コスト)Dc が、見積額の大半を占めることになる。発注者である政府が新規に開発しなくてはならないと思っているサブシステムが、業者にとっては、すでに他のシステムに使っている別のサブシステムをわずかに変更することで済ませられるようなこともある。こうした場合、政府が研究開発費(開発コスト)Dc を過大に評価していたことが原因で、mdc<<1 であり、Dc が大きいので me<1 となる。

また、政府が発注する数量を業者の側では、例えば、東京都に納品できたものは、大阪府にもやがて納品することになると考えているのに対して、政府側では、制度変更の準備が内々に進んでいて、抜本的な改革があり、次に大阪府から発注されるものは、全く違う機能のソフトウェアとなることを知っているようなときに mdc=2 として計算した業者と、mdc=1 として計算した官公庁の間で見積の相違が生じる。この結果 Dc が大きいときには、me<1 となる。

[単純な答えの出せない予算の見積の調整]

当然、一社しかない納入業者と、発注側の官公庁の窓口で、見積に関する意見の相違があれば、これを、調整しておかないと、どこかの段階でトラブルが生じる。研究開発費(開発コスト)の相違の例でいえば、内訳が調整されないまま、総額だけでつじつまを合わせてことを進めてしまえば、最後に会計検査で、部分的な水増し請求があったとの嫌疑がかかることになる。

この me 倍の見積の調整を、どのように行うことにすればよいのかについては、単純で明快な解決策はないと思われる。例えば、ソフトウェアの開発費を発注者がすべて負担して mdc=1 として調整したほうがよいのか、mdc を 50 とか 100、あるいはもっと大きな何万、何十万とした方がよいのか、ケース毎にベターな方法が異なる。当然納入されるソフトウェアの見積価格には何十倍もの差が付いてしまう。調達プロセスの、しかも取り掛かりの、こんな些細なこと

だけでも、単純明快な答えは出せないのである。

[困難な開発費の査定]

開発するソフトウェアのアルゴリズムが、防衛秘密や、特別防衛秘密であって、一切外部に漏らすこともできず、サブプログラムの他の製品への流用も禁止するのであれば、mdc=1 が望ましいと考えられる。しかし、そのような契約を結べば、後になって、そのアルゴリズムが他にも利用可能なことが判明したり、そのアルゴリズムを全く別の組織の誰かが偶然思いついて学会で発表し、誰にでも使えるようにしたりしたとき、この秘密保持契約が業者の手足を縛ってしまうことになる。費用負担と著作権などを業者に持たせてあれば、開発した企業がその技術を活用して、パテント料を徴収するなどの方法で利益を得ることもでき、広く、業界全体でこれを利用することもできるかもしれないが、防衛省や内閣が著作権を持ち、秘密区分の対象なるのであれば、それは容易ではない。

[配置計画の例]

過去にあった例でいえば、当初は米空軍とソ連戦略ロケット軍つまり、東側と西側のそれぞれの世界で一つずつ合計二つしか需要がないと思われていたソフトウェアが、何千も何万も世界中に売れるようになった例がある。

敵の部隊を殲滅するために、何メガトンの核爆弾を何発どこへ打ち込めばよいのかを計算するのにソフトウェアが必要である。敵味方の部隊の配置や保有兵器・兵力が日に日に、時には時事刻々変化するから、そのたびに最適な反撃計画を計算しなくてはならない。実際には計算が煩雑で手作業では対応できないので、Dynamic Programming などの数理計画のソフトウェアが開発された。もちろん、ICBM による反撃計画のアルゴリズムを研究していた 40～60 年前に、核爆弾をいかに効率よくミサイルで打ち込むかを計算することと、スーパーマーケットの支店や、宅配のデリバリーセンターの配置問題がほぼ同じ数学的定式化の出来る問題であることを予測できた人などいない。その当時、宅配業もスーパーも普及していなかったし、あっても個人経営などの小規模なもので、現在のような、大資本が全国規模で多大な資金を投じて物流ネットを構築し、その効率で他社としのぎを削る競争をする状況ではなかったためである。

宅配業者がどの程度の規模のデリバリーセンターをいくつどこに置いたらよいのかを考える問題にソフトを使うのは、全国規模での問題における計算が複雑になり過ぎて、手では解けないからである。このため、多くの会社や、大学院で、この種の問題の解法が研究され、店舗の配置計画、デリバリーセンターの配置計画の解法の改良や新しいアルゴリズムの発見は、学会、研究会、論文誌などで発表されたり紹介されたりするようになってしまった。

[公共施設の配置計画]

核爆弾や宅配の例は、地理的配置のわかっている多数の目標にミサイルやトラックを送る問題であるが、逆に、施設に何かを運んできたり、人が来たりするる問題を考えると、これもほとんど数学的には同じ問題になる。中央政府、地方政府の出先の規模や配置を考えるときにこの種の問題の定式化が利用される。救急病院や、総合的な市民病院をどのような規模でどこに設置するのかを考える問題は、その一例である。ごみ処理施設の配置問題も、同様の問題となる。

この計算方法を利用した病院の配置計画のソフトウェアを厚生労働省が開発させて、全国の自治体で使ってもらうのであれば、厚生労働省は mdc=1 として、開発費をすべて負担してソフトを開発し、希望する自治体に無償で提供すればよい。しかし、ここで、意見は分かれるだろう。全国一律にやるべきではない、自治体毎に、地形や交通網は異なり、住民の年齢構成や、主要な病気の性格も異なっているし、住民の選好もまちまちであり、財政負担能力も異なる。中央の画一的政策には反対であるという意見が出る。大半の自治体では地元に 1 社か 2 社しかこうした計算ソフトの開発のできるシンクタンクやソフト会社はない。すると、何割かの自治体で G1Q1N1C1 のケースがまた生じる。そして、見積がその政府と業者の間で合わないところも多数でてくることになる。これを放置して先送りしたり、割愛して建設計画をすすめたりすると、経営の成り立たなくなる市民病院、都道府県立病院ができてきて、住民の医療サービスが低下してしまう。つまり、シビルミニマムの原則に反することになる。

[決めないで済ます帰結、政治的決着の可否]

業者と発注者の意見の相違を放置する方法もある。現場での調整を投げ出してしまい、議会や、首長の判断にゆだねる方法、つまり、政治決着である。

それではと、議会や知事や市長選挙の争点にしたうえで、業者に対して、これだけ予算を付けたから、何とかしろということにするわけである。エイヤと選挙結果を振りかざす作戦である。

しかし、法律的に決定の権限があるからとか、政治的に市民の多数意見だからとか言ってみても、適切なアセスメントなしで市民感情を優先しても、それが理にかなった結果を生むとは思えない。2009 年の銚子市のように、市民病院の存続をめぐって、市長選挙までする自治体はほとんどない。もっと大きな問題を議会、知事、市長は考えていなくてはならないのが一般的で、こうした個々の施設の配置問題に多くの時間や予算を割くことが出来ないからである。選挙ともなれば、自治体は言うに及ばず、政党や、市民団体や、候補者の支援団体で多大な時間や費用がかかる。賛成派反対派に分かれた支援団体では、選挙の資金を集めることにもなるだろう。選挙までしなくても、議会で決着することになれば、厚生労働関係の委員会に多数の議員や市の職員を割り当てて少なからぬ調査費や議会の運営費を支払わなくてはならなくなるだろう。

市民病院の話はプロジェクトの選択問題である。それよりも、もっと些細な調達や発注の問題を政治的に決めることはさらに理にかなっていない。そして、このような政治決着によって、業者と発注者側の見積額の相違がなくなり

$$me=1$$

となる保証は全くない。この原稿の校正をしている 2010 年夏の時点でも、銚子市民病院は満足のいく運営状態には至っていない。

[不正の温床]

このように、望ましい方法を一概に決めることのできない極めてやっかいな問題であるので、その調整の過程で業者と発注者の間の意思疎通が円滑に行われないと、不正の温床となる。政府の見積総額に対する業者の見積総額の比 me が、1より小さい間は、業者側には特に不満は生じないであろうと思われる。

$$me \cdot Epg = Ep$$

$$me < 1$$

ならば、

$$Epg > Ep$$

であり、政府の見積が、業者の見積より大きい。所望以上にお金が入るのをいやだという業者はないと考えられる。したがって $me < 1$ のときには、不正への誘因は生じない。政府と自社の見積に相違があるからと、賄賂を贈り見積額を自社の見積額まで引き下げてもらうよう業者が政府に働き掛けるなどということは、考えられないからである。

当然、$me=1$ のときには、

$$me \cdot Epg = Ep$$

$$me = 1$$

なので、

$$Epg = Ep$$

Ep には適正であると自ら考えている利益が含まれているので、業者には特に異存はない。

しかし、上述したように査定が行われるのであるから、業者側の見積Epよりも政府側の見積Epgが小さいケースが一般的である。

$$me \cdot Epg = Ep$$

$$Epg < Ep$$

ならば

$$me > 1$$

であって、切り代を乗せなかった正直な業者は適正な利益を得られず、その受注によって 1/me の収入しか得られないので、損をするとことになる。また、G1Q1N1C1 のケースでは、この業者以外にそれを受注出来るところがないので、この業者は逃げることができない。2 社が存続できるほどの需要はないのだから、辞退してしまえば、他に同業者が設立された場合には仕事を奪われ、廃業に追い込まれるかもしれない。

このようなときに、業者の選択肢はどうなっているか考えてみよう。選択肢は 3 つである。

①赤字受注を受け入れる

②辞退してしまう

③me=1 となるように調整する。

この選択肢の持っている意味について考えてみよう。

①業者が、赤字を受け入れるということは

①－1 転嫁する

①－2 営業損失を計上する

①－3 仕様の変更をする

のどれかが起きるということである。

①－1 転嫁する

赤字を転嫁する。つまり、この見積の差額を何かに転嫁する方法があれば、損害は出ない。この業者の他の製品などに転嫁してこの赤字を補填する。転嫁する先は

①－1－1 この官公庁が調達発注する他の案件

これには、その転嫁する先の案件の政府の見積を過大にし、なおかつ、その検収や会計検査を通す必要がある。担当する公務員に手心を加えてもらうため、場合によれば供応、接待、贈賄などの不正行為が必要になろう。**水増し請求とその目こぼしを求める贈賄**である。

①－1－2 他の官公庁が調達発注する他の案件

これにも、その転嫁する先の案件の政府の見積の査定で価格を過大にし、なおかつ、その検収や会計検査を通す必要がある。担当する公務員に**手心を加えてもらう**ため、場合によれば供応、接待、贈賄などの不正行為が必要になろう。

①－1－3 他の製品や工事

これには、適正な価格以上でその損害を転嫁する製品や工事を販売受注することが必要になるので、転嫁する先の製品や工事に関する独占的地位の利用が必要になる。公正取引委員会の調査や市民からの苦情をしのげるだけの、何かが必要になる。担当する公務員に手心を加えてもらうためにやはり供応、接待、贈賄などの不正行為が必要な場合もあるかもしれない。

①－2営業損失を計上する

①−2−1　受注案件で営業損失を計上

これには、その業者が、その官庁か他の得意先に他の工事や納品ができる見込みがあり、この赤字の計上ですぐには困ってしまわないだけの力を持っていることが必要である。そうでない場合には、資金繰りがつかず、納品や工事の完成は見込めなくなるからである。場合によっては前渡金や中間支払いを受けたら逃げてしまうという手をうまくつかわないと、破産してしまう。

①−2−2　追加工事の受注努力

赤字をそのままにはしておけないので、発注元の官公庁に交渉して、利益率の高い追加発注をしてもらい、赤字を埋めなくてはならない。このためには、場合によると、何度も何度も説明に出向き、官公庁の担当者に説明しなくてはならなくなる。それでも聞いてもらえないときには、ここでも、供応、接待、贈賄などの不正行為が行われることになる。

①　2−3　経営指標の悪化防止の努力

それでも駄目なときには、その損害は、会社の利益率を下げてしまうので、下請け代金の引き下げ、原材料や部品の買いたたき、従業員の賃金の引き下げか引き上げ幅の圧縮によるコストダウン、資産の売却などによる営業外利益によって穴埋めし、そして、最終的には配当の圧縮により、調整されることになる。これも**転嫁の一種**である。第5章第1節で産業構造の変化でそのメカニズムができていることを詳述する。

①−3仕様の変更

①−3−1　協議による調整

受注後に、発注者と協議のうえ、仕様を変更することで、双方の見積を一致させていくことができる場合がある。決まりきった工事や、製品の納入では、なかなかそうした機会は得られないかもしれないが、特殊な機材の製造や工事では、発注者に技術的な問題や材料、加工の方法、工法の合理性などについて、請け負った仕事をしながら、丁寧に説明していくことで、見積の差の前提になっている積算の相違を納得してもらい、仕様を変更してもらえれば赤字ではなくなる。逆に、説明を受けた官公庁の側から合理的な工程の管理方法や、原材料の調達先の変更を業者に対して指示することで、この差が埋められることもある。しかし、発注者側と受注者側の双方に丁寧な対応をとる余裕があることが、こうした事後的な調整ができるためには必要で、いずれかに余裕のない場合にはうまくいかない。契約書の中にこの協議による調整についての項目が入っていない場合にも、調整はできない。

①−3−2　一方的な仕様の変更

俗に言う「**手抜き**」である。発注者に相談せずに、業者の側で一方的に、採算の合うように、材料の質を落としたり、工程を省いたり、部品の数を減らしたりと、あらゆる方法を駆使して、目立たないように、費用を削減するのである。発注者は納品されたものの全数を検査し、24 時間工事を監視しているわけにはいかないので、見つからずに済んでしまうこともある。見つかった所だけ補修する方法もある。そうなると、次に述べるように廃業を覚悟の上辞退するかどうかを迷うような場合には、この非合法な選択肢を選ぶ業者も出てくる。

②辞退

②−1　廃業の覚悟

その業者が全ての営業をその官公庁の調達発注に頼っており、その製品や工事には民間の需要の無い場合がある。この場合に、官公庁側の見積が自社の見積にあわず、受注出来ないと判断するということは、その業者の事業が、少なくともその年には休業状態になることを意味している。その間に、従業員や、設備を維持しておけない場合には、廃業することになる。

この覚悟は、そう容易には出来ないであろう。そうなると、辞退はできず、①赤字受注か③不正を働くかの道を選ばざるを得なくなる。

② 2 一時的な転業転職

業者が多角的経営を行っており、他の製品の製造や販売、他の工事でも利益を上げることが可能な場合で、なおかつ、官公庁の仕事を辞退して余る人員や設備を吸収できるだけの余力がある場合に限り、辞退をしても、すぐに困ることにはならない。つまり、景気が良くて余力のあるときには、この一時的な転業転職の道があるように見える。しかし、不況のときには、この選択は難しい。

②－3 競争者の参入の覚悟

一方、業者の辞退に直面する官公庁側では、何が起きるだろうか。地方政府は予算の使い残しを翌年度に回して使えるが中央政府では一般にはできない。どうしてもその発注や調達を延期することができない場合には、他の業者に、その製品の製造や、その工事への参入をもとめることになる。これに、呼応する者が出てきた場合には、辞退をした業者はこの参入者と翌期以後、納品や工事を奪いあわねばならなくなる。その製造や工事の技術的な難易度、固定資本の多寡、技術者の有無などの条件がどのようなものかによって、この新規参入の可能性は異なってくるものと思われるが、特に景気の悪い時期で、どこにでも設備や技術者が余っているような状況であれば、新規参入を試みる業者が出てくる確率が高くなる。つまり、辞退が引き起こす結末には相当の覚悟が必要になる。

③官公庁への見積の変更の働きかけ

③－1－1 担当者との折衝

発注担当者に十分な説明をすることは、合法的である。また、査定に当たった財務担当者に発注者を介して説明をすることも合法的である。しかしそれで、調整ができるときもあれば、うまくいかないこともある。

まず、こうした任務の担当者は、比較的多忙である場合が多い。それは、省庁の統廃合、市町村の合併などの結果一人の担当官が扱わなくてはならなくなった調達発注の範囲や件数が増えたこと、高齢化社会への対応、情報化社会への対応のため、介護システムや情報システムに代表されるような、複雑で新たな物品・装備・施設・サービスの調達発注が増加していること。国際化など時代の変化の結果、入札等の手続の対象となる案件が増加し、しかも多様化してきたことによる。つまり、担当者にゆっくり話を聞いてもらえる時間が取れないことが多くなってきている。

また、たとえ現場の担当者と財務の予算管理者の両者が納得したとしても、一旦、低い価格の見積で、省議や議会などを通してしまい予算が確定している場合、それを覆して査定額や予算額を変更するのは並大抵ではない。昨今は、肥大化する支出に対応して、支出の節約が求められているため、政府の組織としては変更を認めることが容易ではなくなっている。

③－1－2 担当者の上司への陳情

これも、ぎりぎりのところで合法である。ただ、違法と判定される場合も出てくる。担当者以外の公務員や議員やその秘書などに、働き掛け、なんとかしてもらうことは、政府では基本的に分掌外の業務に圧力をかけることになり違法である。そもそも、民間企業の間で、調達発注に関する見積価格に相違が出て担当者どうしで解決できなくなった場合には、担当者の上司が相手方の上司のところに出向いて話をして解決する。時には、役員同士、あるいは、社長、会長、CEO の間で直接話し合って調整することも、まったく当たり前のことであって、一切、法律に触れることはない。この折衝がうまくいって、そのお礼に、相手方の上司を接待し、中元・歳暮を贈ってお礼しても、社内規定に触れることは稀にあるかもしれないが、法令には一切触れない。

このルールの相違は、官公庁における職務の分掌と民間における権限の移譲との相違に基づいて起きている。官公庁では、調達をする権限を長から部下に与えた場合、それは、部下の仕事であって、長の仕事ではない。民間においては、部下は社長や執行役員の代理として行動しているだけであって、自分がその仕事の責任と権限を完全に任されているわけではない。

なかなか、わかりにくいことなのであるが、民間ではトップダウンセールスという営業手法があり、相手方の社長、役員、部長など力のある上司に接近して、売り込みを行い、トップダウンで契約を取ることは普通に行われている。一方、官公庁に対してこれを行うと、違法行為である。

したがって、直上の上司への陳情がギリギリの限度であって、あくまでも、相手方の仕事の分掌の範囲内で、その仕事のために必要な情報を提供し説明しに行く範囲内でないと、違法と判定される可能性が出てきてしまう。まして、お礼に供応・接待・贈答などがあると、**贈収賄**の疑いがかかることになる。

③－1－3　担当者の上司の上司への斡旋、請託、依頼

特に、官公庁営業を経験したことのない企業が新規に参入した場合や、人事異動で、官公庁営業の経験のない部門長や担当役員、社長などが官公庁営業のトップに就いた場合に、この制度の相違は容易に克服できず、知らないうちに不正な営業活動をしてしまう可能性もある。

他社の社長や役員にアプローチするのと同様に、大臣、局長、知事、市長、議員に対して、具体的に、今回の調達・発注の予算について、予算が、そのまま執行されると当社は利益が確保できないので、me=1 となるように、あといくら増額をお願いしたいということになると、これは明らかに担当者の上司の上司への**斡旋、請託、依頼**とみなされても致し方ない話となる。特に相手方の部門長や議員や首長に賄賂を贈ったり、供応・接待を行ったり、その支援団体に直接寄付を行うと違法行為になってしまう。

上述のように、一旦、政府側の査定が固まり、予算が議会に提出されてしまうと、この問題を回避することか甚だしく難しくなる。このため、日頃から、業者側の営業担当者や技術者は、官公庁側のカウンターパートと、何かにつけて意見を交換したり、実情を説明する機会を持っている必要があるし、官公庁の側では、工事の現場や工場の視察、研究会の場の提供、流通経路などに関する調査などをこまめに行い、実情を正確に認識しておく必要がある。もちろん、官から民、民から官への出向や、転職もこうした認識のギャップを埋めるのには有用である。しかし、それも度が過ぎると、**癒着、天下り**などとの批判の対象になる。

ここで検討した G1Q1N1C1 のケースは、業者間の競争はなく、随意契約が 1 件発注されるだけの極めて単純なケースである。しかし、現行の政府調達発注システムの中では、官民の間に必要な情報の交換は欠かせないが、一歩行き過ぎると、それは違法行為となるシステムになっており、難しいバランス感覚を官民双方の担当者が求められているのである。

・対策

すでに、第 2 節(1)で官公庁側で取るべき対策が査定能力の向上であることは述べたのが、随意契約にまつわる一連の問題を解決するのは容易なことではない、それは、ここであらためて論じたように、さらに、根の深い問題が

あるからである。筆者は、この根の深い問題を解決するのには業者である企業の側の対応も必要であると考えている。

まず、第一に業者である企業における精度の良い原価計算システムが必要である。業者が正確な原価の積算をしていれば、官公庁が何を言ってきても、これにはこれだけのコストがかかるのであるから、それだけの金額でないと契約できないとはっきりした返事ができる。そうでないと、官公庁に押し切られて採算割れの契約を結んでしまったり、初めから高めの切り代を管理費等の名目で加算しておかないと、採算割れになることになる。具体的にどのような管理会計システムにより原価が積算されるべきかは、第 5 章で述べる。

第二には、官公庁と業者の間の意思の疎通が極めて重要である。業者の見積と官公庁の予算とに大きな差が生じてしまうと、それが、手抜きや事後的な水増し請求、贈収賄などの不正の原因になることをここでは論じた。原因である相違が起きてしまうと、それを事後的に解決することが難しく、高官や政治家の関与という別の不正の原因になることも説明した。これを避けるためには、官公庁と業者の間で共通の技術的な知識と事実認識が必要である。このため、人事交流や意思疎通の場が必要である。高官の天下りやゴルフの接待をせよと言っているのではない。有能な人材を官から民へ出向させたり、移籍させたり、民から官へ出向させるなどの必要があり、民間企業においては、公務員試験の合格者を採用しておくとか、人事交流のためのポストを用意するとか、官公庁と共に共同研究をするようにするとか方法はいくらでもあるのではないかと筆者は考えている。

(2)利益や実績の確保と分割発注のメリットとディメリット

ガソリンスタンドが 1 ヶ所しかない町で、町役場がガソリンや灯油を買い付けるのであれば、年間の消費量についてあらかじめ契約をしておけば 1 回の契約でその年は公用車のガソリンや暖房用の灯油が契約単価で調達できる。道路の補修のできる業者が 1 社しかない市役所でその年に 10km の道路の補修をするのであれば、年間の補修 10km 分の契約を 1 件の随意契約で済ませることができる。陸上自衛隊の小銃もその年に必要な数があらかじめわかっていれば、1 つの契約で済ませることができる。このように、G1Q1N1C1 にすることもできるが、ガソリンや灯油であれば、極端な場合、給油の度に契約することもできるし、道路の補修であれば、区間毎に発注することもできる。小銃も、上期分、下期分と分けることもできるし、毎月、あるいは、補給処や駐屯地毎の納品先に分けて発注することも可能である。

そこで官公庁の発注窓口は 1 か所、有資格業者も 1 社であるものとして、発注の件数を多くしていくと何が起きるのかを考えてみよう。G1Q1N1Cn の場合の分析である。その目的は、分割して発注することで随意契約に伴って発生する問題を軽減できるかもしれないからである。

[受注実績の確保]

業者と官公庁の調達窓口の見積が食い違い、me>1 となっていて、その差が大きいときには、業者は受注により損をすると考える。このとき、その契約を業者が辞退して、損をしないように行動できるかどうかをこの場合も考えてみよう。そのとき、他の業者の参入の心配をしなくてはならないが、発注が n 件に分割されていることにより、1 件当たりの発注額は厳密に 1/n になっているわけではないが、1/n 程度に小さくなっている。すると、新規に参入しようとしても、そこから得られるであろう収入が小さく、利益はあがらない可能性が高くなる。このため、新規参入の可能性は低くなる。つまり、契約を打診されている業者にとっては、辞退はしやすくなる。そして、n の数が大きくなればなるほど、辞退はしやすくなっていく。

一方では、金額が小さければ、me の大きさが一定であっても、そこから発生する損も小さくなっている。このことは、受注実績を確保しなくてはならないため、赤字を覚悟で受注するという行動も取りやすくなっている。そして、n の数が増えて行けばそれだけ、この赤字も小さくなるため、ますます赤字受注の判断はしやすくなる。

つまり、発注額が、一つ下の等級に落ちてしまい、そこには別の業者がいて、この業者に受注の機会がなくなってしまうのでなければ、発注件数 n が多くなればなるほど、業者は辞退も赤字受注もやりやすくなる。
業者が n 件ある発注の内、i 件目ではじめて受注するものとしよう。

$$i \leqq n$$

であれば、業者は次期には前期受注実績があり、指名を受けやすくなる。
もちろん、官公庁の見積が業者の見積と等しいか上回る me≦1 のケースでは、業者はこうした心配をする必要はなく、初めから契約に応じるものと思われるので、

$$i = 1$$

である。
案件ごとに me の値が変動する場合は、me<1 となるか me が最小となる案件を受注することにより、損をしないか、または、最小の損で受注実績を確保できる。そうなると、事前にその期に発注される工事や業務や物品の内容と発注予定額の情報を持っていれば、損をしないか最小化できるので、この情報を業者としては是非とも入手したいと願うことになる。このため、事前情報が示されていないと、不正をしてでも事前情報を入手しようという不正の種は払拭できない。

[仕事量の確保]
仕事の量の確保という意味では、発注がn件に分割されることにより、どのような効果が発生するか考えてみよう。n件のうち j 件の受注があれば、その期に業者は営業していけると考えているものとしよう。

$$n < j$$

の時には、業者は全件受注しても、仕事の量が足りないのであるから、n の数を増やすか、1 件当たりの契約単価を増額し me を小さくして j を小さくして、

$$n \geqq j$$

となるように官公庁に働きかけをするかもしれない。もちろん、遊休した人や設備を他に転用できるのであれば、そうした働きかけが不正であると判定される危険を冒すよりも、与えられた仕事の量で満足するかもしれない。そういう意味では、好況で仕事がいくらでもあるときには不正へのインセンティブは小さい。不況で他に仕事の無いときには、不正へのインセンティブは高くなる。
では、初めから仕事がたくさんある場合はどうだろうか、

$n > j$ であるので

その差である

$$n - j > 0$$

の仕事を受注するためには、残業するか、人を増員し設備を拡張しなくてはならない。この判断は、将来も安定した需要があるのかどうか見極めた上でなくてはできないことになろう。ただし、他に使用していた設備や、他部門に人員の余裕のあるとき、つまり、不況のときには、設備の拡張や、新規の採用なしにこの差を埋めることができるので、辞退をする必要はなくなる。また、不況期には、辞退により新規参入者が現れる確率は高くなると考えられるので、臨時に人を雇ったり、仮社屋を借りてでもなんとか辞退をしないようにした方が良いということになる。

[利益の確保]
業者にとってその期に必要な利益をあげるためには、k 件の受注が必要であるものとしよう。利益の確保に関しては、me の大きさ次第で以下のように、業者の置かれる状態は変わってくる。

①me ＞＞1 の場合

me が非常に大きくて、受注しただけ損をするような場合には、

$$k < 0 < n$$

である。この業者は、損を覚悟で 1 件だけ受注をして実績だけ残すか、他社が参入してこないように、大半または全件受注して、当期は大きな損失を計上するか選択することになる。もちろん廃業を覚悟の上、全件辞退も選べる。

このような場合、発注が 1 件しかない場合に比べると、n 件に分けて発注がある場合には、受注する案件を選んだり、何件受注するかを選べる。

また、1 件目、2 件目と時間をかけて発注が行われ、n 件目の発注が期末に近い時期になるような場合には、1 件目は赤字を覚悟で受注をしておいて、中間検査などの機会に政府の調達窓口の担当者などに、実情を説明して、後の発注の単価の見直しや、査定の見直しを求めるなどの手の打てる場合もある。説明が受け入れられなければ、それ以後の発注を辞退する方法も検討できる。

こうしたことから、ギリギリの選択であることにはかわりがないが、1 件のみで発注されてそこで全てを決する場合に比べれば、n 件にわけて発注が行われれば、少しはましな状態になる。したがって、不正を行おうとする動機はその分少なくなる。

②me＞1 だが多少の利益の出る場合

見積に相違はあるが、受注によりわずかに利益の得られる見込みがある場合には、少し、状況が異なってくる。このときの n と k との関係は

$$n < k$$

となっている。業者が適正であると考えている利益を乗せた額よりも、官公庁の査定額は小さいため、n 件全部を受注してもその期に業者が目標としている利益は得られない。とりあえず n 件全てを受注することになる。

業者としては、利益が足りないことを受け入れ、下請け代金を値切ったり、サービス残業を従業員にさせたりするか、賃金やボーナスをカットするとか原材料価格を値切るなど合法的な方法でコストを下げるか、配当を下げるか、追加の発注を依頼して何とか利益を守ることになる。こうした方法がうまくいかない場合には、非合法とわかっていても工程を省略したり、原材料の品質を下げたり、部品の数を減らしたりと見えないところでコストダウンをはかる、いわゆる**手抜き**を選択肢に加えなくてはならなくなる。

ただし、この場合も 1 件のみで全てが発注されるのではなく、n 件に分けて発注されることで、その数だけ業者は発注担当者と交渉する機会を得ることができる。また、最後の n 件目の発注以前に、1 件目の中間検査や納品などがあれば、その機会に実情を官公庁に説明することもできる。このため、1 件のみで発注される場合よりも、不正に手を染める動機は小さくなる。

③me≦1 の場合

この場合は、業者にとっては、全件受注することで必要な利益は得られるので、悪意を持っていない業者は、特に不正を行う必要はない。全件受注すれば、業者が適正と考えている利益が確保できるか、それ以上の利益を得ることができる。

[発注の手間の増加]

見積の査定が行き過ぎて、me＞1 あるいは me ＞＞1となっている可能性のある場合には、いきなり業者を追い詰めることの無いように仕事を分割して発注件数を 2 件 3 件・・・n 件と増やして分割発注にしていくことで、不正の発生が抑制される可能性を述べてきた。しかし、me≦1 の場合には、業者は適正な利益が確保できるので、悪質な業

者を除けば、特に不正をする可能性はない。従って、この場合には、特に契約を1件にせず、n件に分けることによるメリットはなくなる。このため、契約を分けることによって生じる手間や経費は無駄な費用となる。

・対策

ここでの分析からは、官公庁の査定能力の向上がが問題を軽減することがわかる。査定がうまくできていれば、業者は追い詰められることがないので、手間をかけて分割発注しなくても済む。つまり、**官公庁の査定能力がそなわっていて、業者を追い詰めることのない金額の契約ができるのであれば**、発注は分割して行おうが、1 件としてまとめて行おうが、不正の防止という観点からは変わりがない。そうなれば、手間の少ない、経費のかからない、**一括発注が合理的であるということになる。**

では、充分慎重に見積を査定するとともに一括発注を行うことで、契約の手間を軽減し、行政事務や業者の営業活動の合理化をはかれることがいつも期待できるだろうか。結論から先に述べると、それはできない。状況によりケース・バイ・ケースで、うまくいくときもあれば、うまくいかないときもあり、大抵は、うまくいかない。

先ず、完全な設計図書や仕様書を作ることはできないので、余程業者と官公庁の間の意思疎通がうまくいっていないと、発注者の意図しているものと、設計図書や仕様書から、業者がこうして仕入れ、製造、工事、作業などを行えばよいと思うものとには差があるのが一般的である。

次に、原材料価格、原材料の品質、作業場所の環境、地代、家賃、現場の地質、天候、従業員の資質には変動やばらつきがあり、予期しないものが混入したり、変化が起きたり、予想外の難問が発生する。この変化をどこまで織り込めるのかも、発注者側と業者の側で能力、考え方、意見に相違が起きる。

見積ハンドブック、審査基準など、品質や工程、工数について精緻に作ろうとすれば手間が掛るだけではなく、分厚いものができ、その改定は容易ではなくなる。JIS、JAS,ISO,NAS など、限りなく基準はあるが、何万個～何百万個といったオーダーで大量に作られる電化製品でさえ、各社各様の特異な基準を必要としており、防衛関連機器の例を見れば明らかなように、各業者の基準以外の基準に準拠したものを発注すると大変高額のものになってしまう。また、そのような分厚い基準をもとに査定する作業を、官公庁の現場に求めても、対応できない。

したがって、見積の査定の精度を上げるといっても、おのずから限界があり、官民で見解の相違が残ることをある程度容認しておかなければ、現実的ではない。

そうすると、たとえ有資格業者 qualified firm が1社しかない Q1 のケースであっても、見積の相違からその業者を追い詰めてしまう可能性は残ることになる。従って、官公庁の側では面倒かもしれないが、何件かに発注を分けて、小さなものから、順に、間隔をおいて発注し、出来栄えや工程の実態を見ながら、後半の発注を調節しない限り、不正の誘因が業者に発生する可能性は残る。

ただし、小さな市役所で一人の係長が全ての契約を担当しなくてはならないとか、大都市の区役所で、何人かの人員は配置されているが、毎日残業しなくては仕事が処理できない例を筆者はたくさん見てきている。発注の分割には大きな壁のあることも承知している。

ここまでに扱ってきたケースは G1Q1 つまり主に中央政府の何処かの部門、大学、自衛隊、病院、研究所など全国で1ヶ所にしか需要がなく、それに対応できる業者が1社しかないケースである。地方政府においても僻地などではこうしたケースはしばしば起きる。現在の政府調達システムのなかでは官公庁の側が事前にそのことを知っていれば、随意契約の手続きが取られ、わからないときには、公示、公告、公募がされても応募が 1 件しかないとか、入札に付しても1社以外みな対応できないとして辞退してしまうケースがこれに当たる。

そこで、次に、この問題を解決するために共同発注について考えてみよう。全国に 1 件しか発注のないものは仕方がないかもしれないが、地方公共団体であれば、共同発注が可能な場合もある。

(3)共同発注、事務組合による発注の問題

上述のように官公庁側の事務の軽減のために契約を数市で 1 件にすることを考える。その手始めに、供給サイドの業者が一社しかなく、調達する側の官公庁が 2 つある場合を考えてみよう。G2Q1N1C1 である。その工事、業務、製品、ソフトウェアなどの製造販売が、特許で守られていたり、特別なノウハウを必要としているために供給できる業者は1社しかないが、発注側の官公庁の窓口は1ヶ所ではなくて、2 ヶ所ある場合である。具体的には、東京大学と京都大学にしかその研究をしている研究室がなく、そこで必要な特殊な実験設備とか、全国に 2 つしかない教育施設の訓練用機材、など全国あるいは世界に 2 ヶ所しかないものの例がすぐに思いつくが、このようにもともと二つの官公庁にしか必要のないものではなくても、制度や予算の関係でその期のニーズが2ヶ所に限定されているものもある。例えば、毎年 2 つの都道府県に導入していくことが決まっている制度や、2ヶ所の市町村に設置することが決まっている施設などがあれば、その期の調達は 2 件しかないので G2 のケースである。

共同で調達や発注が実施されれば契約は 1 件である。契約が1件であるから、G1Q1N1C1 のケースと何も変わりがないかといえば、そうではない。契約書は業者と 2 ヶ所の官公庁の調達窓口との間に交わされる。

[営業費用の配分]

ここでは、業者が東京にあるものとして、納品先が東京大学と京都大学であるものとしよう。東京大学まで営業担当者が出向くのに要するコストは地下鉄代だけである。一方、京都大学に出向くのには、新幹線で出張しなくてはならない。商談が数時間で済むのであれば、交通費の差だけであるが、数日かかるのであれば、宿泊費用や社員の日当も別に必要になる。このように、納入先がどこにあるのかによって、営業の費用に相違が出てくる。

この費用の相違を、そのまま見積額に載せることが妥当であろうか。これは甚だしく難問である。同じ性格の同じ目的を持った官公庁は、受益者(この例では学生)から同じ費用負担(学費)を徴収し、あとは、同じ財源からの補助をうけて運営されている。民間企業同士のペアに納品するのであれば、代金に差が出ても仕方がないかもしれないが、この例ではどのように調整するか考えなくてはならない。

そこで、東京大学と京都大学に同額の代金を請求することにすれば、東京大学は京都大学に発生した費用を一部負担することになり、京都大学はその分をフリーライドすることになる。さらに東京大学にしてみれば、共同研究の相手方を京都大学にしたときには余分な費用負担を強いられるが、仮に共同研究の相手が東京工業大学や首都大学であれば、その余分の負担をしなくても良くなる。すると、長くこうした状況が続き、慣例化されてくると、京都大学よりも近隣の大学との共同研究をするようにした方がよいというインセンティブが働くようになるかもしれない。これは明らかに好ましいことではない。

一方、京都大学に行くための費用は全て京都大学に負担してもらうことにすれば、京都大学の学生は、同じ教育をうけながら、東京大学よりも高いコストを負担しなくてはならなくなる。これもまた、不公平である。調整するのが面倒になれば、別々に研究をすることにして、別々に発注しようということになるかもしれない。すると、G2Q1N1C2 のケースとなり、後に述べるように、また、別のコストが必要になる。

それではと第3の経済主体を作り出す方法もある。東京大学と京都大学の双方の大学の会計から予算を共同研究プロジェクト予算へ移す。そして、実験設備の調達をどちらかの研究室1ヶ所に一任するのである。こうするとG1Q1N1C1 のケースになり、契約が 1 件になるので費用の配分問題と契約を分離することができる。費用の配分の調整は大学間の話し合いで決められることになり、業者は2ヶ所に納品するかもしれないが、代金は1ヶ所に請求することになり、その配分に関与しなくてもよくなる。

[開発費の配分]

納品に伴い、開発費用が発生する場合、どのようにその費用を配分するべきであろうか。これもまた難問である。2ヶ所の納入先で、同じ時期に同じもののニーズが発生して、同時にその調達を行うことになり、共同で発注するという話がまとまって、発注が行われるのであれば、折半でよいかもしれない。しかし、これも、それほど単純な話にはならない。研究室の例でいえば、東京大学の研究室が基礎研究を行っており、京都大学の研究室は応用研究をしている。両者の共通点は同じ技術の研究であるという場合である。

基礎研究が目的の東京大学では、開発費用は研究室が負担すべきであると考えるかもしれないが、応用研究が目的の京都大学では、将来その技術が普及した場合の受益者が負担すべきであると考えるかもしれない。これは架空の例であるが、こうした考え方の相違が発生すると、見積額に差が出てきてしまう。

業者としても、開発費用を費用として請求してよいのか、資産に計上しなくてはならないのか、困ることになる。そういう意味では、発注者は一元化されていることが望ましい。契約の相手方が一つの窓口であれば、この問題の調整に業者が巻きこまれることは回避できるからである。

[配送費の配分]

納入先が異なるのであるから、搬送費用や据え付け費用に差が出てくることもある。繰り返しになるので詳述はしないが、納入先ごとに費用に違いが生じる。このため、その負担をどのようにするかについては、営業費用の配賦と同じ問題が生じる。

[難易度の価格への反映]

全く同じ設備を2ヶ所に納入する場合や、全く同じ規格の建物やトンネルを2ヶ所に建設する場合であっても、設置や工事にあたり、条件が異なるために難易度に大きな差が出てくる。頑丈な基礎と床を備えた新築の研究棟の 1 階に設備を設置するのと、老朽化の進んだ建物の最上階に設備を設置するのでは、床の補強のために要する費用は大きく異なるであろう。土の丘を切り開いて建物を建てるのと、岩盤を砕いて敷地を確保するのとでは費用に差が出る。トンネルに至っては、岩盤の固さによる工事の難易度に加えて、断層による破砕帯を斜めに横切らなければならないようなことも起こる。サービスの提供についても、同じように問題が起きる。1000 戸の水道料金を徴収する場合、数十平方キロに分散した山村の 1000 戸と団地の 1000 戸とでは、同じサービスを提供するにあたっても異なる費用になる。

こうした難易度の差による費用の差を、2 ヶ所に対して提供することを求められた業者は、どちらにいくらの代金を請求すべきか困ることになる。大学の研究室の例と同様に、受益者に負担させるべきか、費用負担の平等公平をもとにすべきか、場合によっては経済力の差をもとに応能原理で請求すべきかが問題になる。

ここでも、政府の側で、共同事業であるとして事務組合や共同事業会計を置き、個々の官公庁とは独立したものにする発注方法もある。水道事業などでは実際に広域事務組合が作られ調達発注窓口としての機能も果たしている。業者にしてみれば交渉や契約の相手方を 1 つにしてもらえれば、G1Q1N1C1 のケースになり、複雑な費用の配賦の問題は政府間の交渉にゆだねることができる。また、共同で発注するのをやめてしまう方法もある。それぞれの政府の窓口が一括して発注するのをあきらめて、それぞれの窓口がこの業者と発注の交渉をしてくれるのであれば、後に検討する G2Q1N1C2 のケースになる。

[辞退の判断]、[受注実績の確保]、[仕事量の確保]、[利益の確保]

の4つの観点からは、この業者が考えなくてはならないことは、政府の調達窓口が 1 つであった場合と、2 つになった場合ではそれほど変わらない。ただし、査定に当たる官公庁が1つであったものが2つに増えるため見積に相違が生じる可能性は、増えるものと考えられる。少なくとも、業者の側が2倍の努力をしないと、見積の相違の防止のための事前の説明もできないし、相違が生じてしまった時の調整に要する手間も大きくなろう。そうであれば、影響力の大きな政治家等(大学の例であれば教授など)に働き掛けて問題を解決しようとする業者が出てくる可能性は高くなるものと思われる。

しかし、相談する相手方が 2 倍になるということは、話を聞いてくれる担当者がいる可能性が 2 倍になると考えることもできる。そうなれば、不正に走る必要性は低下する。また、それでも相違を埋めることができなかったときに、贈賄や接待などで解決しようとすれば、2 倍の数の担当者等を贈賄や接待の対象としなくてはならなくなり、その費用も 2 倍になる。すると、こうした不正の手段を講じることにする業者は減ることになる。そして、ここでもまた、2つの官公庁の調達窓口にともに影響力のある政治家などの力を利用しようとする者が出てくる可能性は高くなってくる。

[参加官公庁の増加の影響]

供給サイドの業者が一社しかない場合で、共同発注に参加する側の官公庁が 3 つに増えた場合の効果を考えてみよう。G3Q1N1C1 である。

具体的には、東京大学と京都大学と九州大学にしかその研究をしている研究室がなく、そこで必要な特殊な実験設備とか、全国に 3 つしかない教育施設の訓練用機材、など全国あるいは世界に 3 ヶ所しかないものの例がすぐに思いつくのは 2 ヶ所の場合と同じである。また、このようにもともと 3 つの官公庁にしか必要のないものではなくても、制度や予算の関係でその期のニーズが 3 ヶ所に限定されているものもある。例えば、毎年 3 都道府県に導入していくことが決まっている制度や、3 ヶ所の市町村に設置することが決まっている施設などがあれば、その期の調達は 3 件しかないので G3 のケースである。この点も 2 ヶ所の場合と同じである。

[営業費用の配分]

業者が営業に出向かなければならない先は、契約する相手方の窓口が 2 ヶ所から 3 ヶ所に増加したことにより 1.5 倍に増加する。また、3 ヶ所の調達先が地理的に離れていれば、それぞれの調達先へ説明や交渉や契約に出向く手間や費用はそれぞれ違ったものになる。東京に業者があれば、東京大学へは地下鉄で往復できる。東京から京都ならば新幹線で日帰り出張が可能である。東京から福岡へは新幹線で宿泊を伴う出張をするか、飛行機で日帰り出張することになる。この明らかな原価の違いを、見積代金にどのようにして組み込むかが、まず考えなければならないことになる。

2 ヶ所の場合と同じく、均一にすれば、遠隔地の官公庁は近隣の官公庁にフリーライドする問題が起きる。また、ここに実費を請求すれば、受益者の負担の不公平が起きる。さらに 2 ヶ所から 3 ヶ所に調達先が増加すれば、調整に当たる業者の手間は非常に大きくなる。2 対 1 に考え方が分かれる可能性が高くなるからである。

従って、このような場合には、共同事業や共同研究の会計ができて、契約窓口が一元化されるかどうかは業者にとって営業費用の負担の大きな違いとなってくる。

[開発費の配分]、[配送費の配分]、[難易度の価格への反映]

の 3 点に関しても、官公庁の窓口が 3 ヶ所に増えたことにより、調整を業者側で行う場合には、2 ヶ所の場合よりも手間取ることになる。従って、官公庁の側で、共同事業であるとして事務組合、共同事業会計、共同研究プロジェクトなどの会計を置き、個々の官公庁とは独立したものにする発注方法をとって、業者にしてみれば交渉や契約の相手方を 1 つにしてもらえれば、G1Q1N1C1 のケースになり、複雑な費用の配賦の問題は官公庁間の交渉にゆだねることができるのは 3 ヶ所の場合も同じである。そして、そのメリットは 2 ヶ所の場合よりも 3 ヶ所の場合のほうが、ずっと大きなものになる。

[辞退の判断]、[受注実績の確保]、[仕事量の確保]、[利益の確保]
の4つの観点からは、この業者が考えなくてはならないことは、政府の調達窓口が 1 つであった場合と、3 つになった場合ではそれほど変わらない。ただし、業者が見積の相違などで困ったときに話を聞いてもらえる可能性は相手方の数が増えた分だけ高くなる。しかし、それでも問題が解決しない場合には、贈賄や接待などで解決しようとすれば、政府側の調達窓口が 3 倍に増えているから、3 倍の担当者等を贈賄や接待の対象としなくてはならなくなり、その費用も 3 倍になる。当然摘発される可能性も高くなる。すると、こうした不正の手段を講じようとする業者は減ることになる。しかし、ここでもまた、3つの官公庁の調達窓口全てに影響力のある政治家などの力を利用しようとする者が出てくる可能性は高くなってくる。つまり、調達窓口が2つであった場合よりも、3つになった場合のほうが、不正な働きかけを上位の公務員や議員に対してするようになってくる。

[参加官公庁が多数になった場合の影響]
そして、さらに共同発注に参加する官公庁が増加してくる場合も考えておこう。つまり、GnQ1N1C1 のケースである。発注元はｎヶ所あるが、契約は 1 件で、業者はこのｎヶ所の官公庁の窓口と契約を結ぶものとしよう。

[開発費の配分]、[配送費の配分]、[難易度の価格への反映]
の 3 点に関しては、官公庁の窓口がｎヶ所に増えたことにより、調整を業者側で行うことは甚だしく困難になる。調整ができなければ、そのまま各政府の調達窓口が示す金額で受注するか、交渉しやすそうな窓口に対して増額を求めるかといった交渉のし方しかこの業者にはできなくなろう。しかし、契約の際に全ての発注者に個々の発注金額はわかってしまうわけであるから、そこでもめごとが起きる可能性は否めない。従って、官公庁の側で、共同事業であるとして事務組合、共同事業会計、共同研究プロジェクトなどの会計を置き、個々の官公庁とは独立したものにする発注方法を政府側でとって、業者からみた交渉や契約の相手方を 1 つにすれば、G1Q1N1C1 のケースになり、複雑な費用の配賦の問題は官公庁間の交渉にゆだねることができるのは ｎ ヶ所の場合も同じである。そして、そのメリットは 2 ヶ所の場合や 3 ヶ所の場合よりも、このｎヶ所の場合の方が、ずっと大きなものになる。

[辞退の判断]、[受注実績の確保]、[仕事量の確保]、[利益の確保]
の4つの観点からは、この業者が考えなくてはならないことは、政府の調達窓口が1つであった場合と、ｎヶ所になった場合ではそれほど変わらない。ただし、業者が見積の相違などで困ったときに話を聞いてもらえる可能性は相手方の数が増えた分だけ高くなる。しかし、それでも問題が解決しない場合には、贈賄や接待などで解決しようとすれば、政府側の調達窓口がｎ倍に増えているから、ｎ倍の担当者等を贈賄や接待の対象としなくてはならなくなり、その費用もｎ倍になる。当然摘発される可能性は非常に高くなる。すると、こうした不正の手段を講じる業者はいなくなることになる。しかし、ここでもまた、ｎ ヶ所の官公庁の調達窓口すべてに影響力のある政治家などの力を利用しようとする者が出てくる可能性は高くなってくる。つまり、不正な働きかけを調達窓口が 2 つであった場合や、3 つになった場合よりも、もっと上位の公務員や議員に対して行うようになってくる。**政党の有力者にお願いする者も出てくる**かもしれない。

・対策

以上に見て来たように随意契約で共同発注にする場合、業者に費用負担に関する調整をさせることになると、業者には営業の負担が増大する。さらにそこで、業者と官公庁側の見積の相違が起きると、高官や政治家の関与の余地が出てきてしまう。したがって、このような場合には、事務組合、共同事業会計、共同研究プロジェクトなどの会計を置き、G1Q1N1C1 に状況を変化させて、個々の業者に複雑な費用の配賦の調整をさせることなく官公庁間で交渉できる仕組みを作っておく必要がある。

(4)複数の官公庁が 1 件ずつ随意契約する場合

供給サイドの業者が一社しかなく、調達発注する側の官公庁が複数ある場合で共同発注をしない場合を検討するが、その手始めに、官公庁が 2 ヶ所で、契約は各官庁 1 件ずつで 2 件、業者はこの 2 ヶ所の官公庁の窓口と契約を結ぶ場合について検討してみよう。G2Q1N1C2 のケースである。この複数の官公庁が 1 社と随意契約を結ばなければならないケースは、参考になる先行研究がないようであるので、多少冗長かもしれないが本書では官公庁が 2 ヶ所の場合から n ヶ所の場合まで丁寧に検討してみる。

また、2 件ある契約のうち、2 件目の契約をするときには残りの契約は 1 件である。従って、業者にとって、1 件目の契約が終わって、2 件目の契約を行うときには、すでに検討した G1Q1N1C1 のケースになっているので、ここでは、最初の 1 件についてだけ、検討する。

(a) 官公庁の間の連絡調整が出来ているとき

業者が同業者と契約価格を事前に相談することは、談合に当たり、違法であるが、官公庁が他の官公庁と価格や予算の情報を交換することは禁じられていない。従って、時間に余裕があれば、同様の発注を行う他の官公庁にヒアリングが行われ、1 件目の契約の成否や契約価格、契約内容は、後から契約する官公庁が知っている場合も多い。

[開発費の配分]、[配送費の配分]、[難易度の価格への反映]
の 3 点に関しては、発注元の 2 ヶ所の官公庁の間で話し合いがついていれば、業者はこの問題から解放される。

[辞退の判断]

官公庁の間の連絡調整が良くできているときには、1 件目で業者が辞退をすると、他の官庁もそのことを知ることになる。その結果、2 件目を発注しようとしている官公庁では、その業者がやはり辞退してしまい、困ることを避けるために、別の業者に創業や参入を促すことになるかもしれない。そうなると、2 ヶ所の官公庁から 1 件ずつ 2 件の発注があるものの、実質的には、1 件の契約と同じであるか、それに近いものとして、業者は行動しなくてはならない。

[受注実績の確保]

つまり、予算が厳し過ぎると思っても、2 件のうち 1 件を辞退すれば、今期のその官公庁からの受注実績を失うことになるが、これに加えて、もうひとつの官公庁からの受注も失う可能性もあることを考慮して、業者は行動しなくてはならなくなる。一言でいえば、仕事を断りにくくなる。そうすると、損になるかもしれないけれど受注するということになり、**手抜**きなどの不正を考えなくてはならなくなる。これを避けるためには、事前に 2 つの官公庁の双方に**影響力のある議員や上位の官公庁の公務員**に何とかしてもらいたくなってくる。つまり、二つの不正へのインセンティブが働くことになる。

[仕事量の確保]

仕事量を確保するには、2 件とも受注するか、大きいほうの仕事を受注するかしなくてはならない。このためには、事前情報が重要である。1 件の受注で今期はやっていけるのか、2 件ないと、人手が余るのか、知っていて対応するのと、知らないで困るのでは、大きな違いになる。そこで、官公庁との意思疎通がうまくいかないときには、何とかして**情報を引き出す必要**が出てきてしまう。これも不正の種になる。

[利益の確保]

契約が 1 件の場合を検討した時に説明したので省略するが、官公庁の見積が業者の見積を大きく下回るような場合には me が大きくなり、不正の種になることは変わりがない。実質的に 1 件の場合と同じであるが、2 ヶ所の官公庁に契約担当者がいるので、困ったときに説明を聞いてもらえる可能性は高くなる。しかし、それがうまくいかないときには、不正を行うことになるのは承知していても、両方の官公庁に影響力のある人に頼る業者も出てくることになる。つまり、二つの官公庁が共同して発注する場合よりも、**二つの官公庁がそれぞれ発注する場合の方が、より高位の議員や官庁の公務員に頼るようになる。**

(b) 官公庁の間の連絡調整が出来ていないとき

今検討している想定では業者は 1 社である。このため 2 ヶ所の官公庁を担当する業者の営業担当者は、同一人物か、同僚である。2 社の間で相談すると談合であるが、社内で相談することは法律で禁じられていないし、同一人物の場合には、当然両方の契約先の情報は一元的にこの担当者が持っている。そうすると、相手方の官公庁の間で、うまく調整が出来ていたり、できる可能性があるのか、何かの事情で調整することができなかったり、そうした意思疎通を行うつもりが両方の窓口の担当者の双方にないことがわかるときがある。

すると 2 ヶ所の官公庁とそれぞれに見積額を調整しなくてはならなくなり、ほぼ G2Q1N1C1 の場合と同じことになる。

[開発費の配分]

それぞれの官公庁と個別に契約するので、配送費や難易度に関しては、契約ごとに業者は実際にかかると思う費用や自らが適正と思う利益をのせた価格を提示することになる。この点に関しては、契約が 1 件である場合に比べ、官公庁に対して行う説明は楽になるものと思われる。しかし、1 件目の見積を業者が依頼された時に、この業者は 2 件目の発注が別の官公庁からあることを知らない可能性もある。官公庁の側で査定する際に、その契約担当窓口ももう一つの官公庁の発注があることを知らなければ、業者の見積もってきた開発費が高すぎるという判断はできない。こうした例は、1 件目が本予算に計上されており、2 件目が予備費に計上されている場合にも起きる。2 件目の発注はないかもしれないのである。

つまり、1 件目は高い価格で契約され、2 件目では**開発費のフリーライド**が発生する。

[配送費の配分]、[難易度の価格への反映]

この調整は、官公庁の横の連絡がないので、業者の側で行うしかなくなる。実費を請求することにすると、**遠隔地の官公庁は高いコストを払うことになり、不平等**が生じる。だからといって、2 ヶ所への**負担額を均一にすると、遠隔地や困難が予想される側の官公庁で発生するコストを近隣の官公庁が負担することになる。**特に差が極端な場合、フリーライドに近い状態になり不公平が発生する。また、1 件目の見積をしているときに、2 件目の発注があることを業者が知らなければ、実費の請求によるしかなくなる。

(c) 3 ヶ所の官公庁との随意契約

3 ヶ所の官公庁が 1 件ずつ随意契約する場合つまり、G3Q1N1C3 のケースについても検討しておこう。3 件目の契約は G1Q1N1C1 とほぼ同じことになる。ただし、先の 2 件でどのようなことになっているのかで状況は異なってくる。

・受注実績があり、仕事量や利益が確保できている場合や、

・受注実績はあるが、まだ、利益の出ていないとき、

・損を承知で、無理に 1～2 件受注してしまっていて、これ以上損になる仕事はできないとき、さらには、

・利益は充分にあるが、仕事の量が少なく、設備や人に遊休がでそうなとき、

・2 件とも利益もなく、仕事量も小さく、損をして受注する値打はないと辞退しているとき

などである。

受注実績があり、仕事量や利益が確保できている場合には、不正をするインセンティブはない。増員したり、残業させてもよいと判断できれば、3 件目を受注すればよい。

受注実績はあるが、まだ、利益の出ていないときには、利益がある仕事なら請ければよいが、損をするのなら、できれば断りたい。すると、そんなことにならないように、その 3 件目を発注する官公庁に何とかしてもらえるように働きかけることになる。不正までして何とかする必要があるかどうかは状況次第である。追い詰められていると思えば不正に走る業者もあるだろう。

損を承知で、無理に 1～2 件受注してしまっている場合は、もし、3 件目でまた損が出るようなことがあれば大変である。この場合は、3 件目の官公庁にかなり強く働き掛けることになるだろう。不正をする業者も多くなるかもしれない。

利益はあるが仕事の量が足りないときには、不正へのインセンティブは小さい、他の仕事に回すなどして、遊休した設備や人材を使えば良いので、無理をする業者は少ないだろう。

2 件とも辞退しているときには、背水の陣である。3 件目を取らなければ、今期は、受注実績も、仕事量も、利益も全てがゼロになる。3 件目の受注を確実なものにして、しかも、規模も代金も仕事量や利益の確保できるものでなくてはならない。損を承知で 2 件受注した場合ほどではないとしても、不正をしても、なんとか良い条件の契約を取ろうとする業者もあるだろう。

[営業費用の増加]

引き合いのある官公庁が 2 ヶ所から 3 ヶ所に増加するのであるから、営業費用がその分増える。さらに、上述したような追い込まれた事態に 3 件目で至らないためには、1 件目、2 件目の発注に際して業者はどのような判断をしなくてはならないかを考えてみよう。

[開発費の配分]

開発費はできれば早めに回収しておくにこしたことはない。こうした観点から、開発費の負担を検討してみよう。

他の官公庁から 2 件目、3 件目の発注があることが事前にわからないときには、1 件目の受注で開発費を回収するしかないわけで、業者は開発費の全額をこの 1 件目の見積もりに積算する。官公庁側も他の官公庁が同じものを発注することになっていることを知らなければ、業者の言い分を聞くしかないだろう。

官公庁側では、他の官公庁から 2 件目、3 件目の発注があることを知っていて、業者が知らない場合にはどうなるであろうか。この 2 件目、3 件目の**発注が公開**されているものであれば、**問題にはならない。**官公庁の担当者から、業者の営業担当に対して、もうすぐにＸ庁とＹ省から同じものの発注があるから、当省は 1/3 の負担にしたいと告げて、業者と交渉できる。

しかし、まだ**公表されていない場合**には厄介なことになる。官公庁側の開発費の見積と、業者側の見積は 3 倍の差になってしまう。試作品の発注やソフトの開発のように、**開発費が価格の大半を占めるような場合には、官公庁側の査定の結果を聞いて、業者は死活の問題だと考えるかもしれない。**官公庁側でそれではと業者に対して説明すると、守秘義務の違反、機密の漏えいに当たる犯罪になってしまう。**追い詰められたと思った業者は不正に走る**

ことになるかもしれない。何とかしてほしいと、有力議員や官公庁の高官に頼みこむものも出てくるかもしれない。

どうしてよいのかわからなくなる場合もある。1 件目は本予算、2 件目と 3 件目は予備費や補正予算で執行される予定になっている場合である。2 件目、3 件目が発注されるかどうかはわからない。災害や事件、官公庁にとっての予期せぬ歳入不足などにより、予備費は他の目的に使用されるかもしれないし、補正予算は景気の状況次第で議会に上程されないかもしれない、さらに、上程されても議会が否決することもある。年度末に事後清算するといった方式は一般には物品や役務の調達においては取らない。1 件目に全額負担とすると、2 件目、3 件目の発注者は、開発費を**フリーライド**できる。仮に何がしかの開発費を 2 件目、3 件目にも加算すると、業者には**過剰な利益**が発生する。

[配送費の配分]、[難易度の価格への反映]
の 2 点については、別々に 3 件の発注があるため、特別な取り決めが官公庁間にない限り、それぞれに業者は請求することになる。ただし、発注元の 3ヶ所の官公庁の間で話し合いがついていて、開発費や配送費や難易度の差についてのオプションの費用をどこがどれだけ負担するのか取り決めが事前に官公庁の間でできていれば、[開発費の配分]とともに、この面倒な価格の差の配賦の問題から業者は開放されることになる。

[辞退の判断]
官公庁の間の連絡調整が良くできているときには、1 件目で業者が辞退すると、他の官庁もそのことを知ることになる。その結果、2 件目、3 件目を発注しようとしている官公庁では、その業者がやはり辞退してしまい、困ることを避けるために、別の業者に創業や参入を促すことになるかもしれない。このような場合には、3 ヶ所の官公庁から 1 件ずつ 3 件の発注があるものの、実質的には、1 件の契約と同じであるかそれに近いものとして、業者は辞退の判断をしなくてはならない。

もし、官公庁の間での情報交換ができていない場合にはどのようにすることになるだろうか。赤字になるかもしれない契約を辞退できるだろうか。この判断には、様々な要因を考えてみなくてはならない。好況で、他社には充分な遊休設備や遊休人員がなく、技術的参入障壁も高く、自社においても 1 件あるいは 2 件辞退しても困らない状況があれば、辞退も選択肢に入ってくる。しかし、新規参入してくるかもしれない他の業者のある場合には、多少の損をしても、参入を阻止することの方が重要な場合もあるだろう。この場合には手抜きなどの不正を考えなくてはならなくなる。

[受注実績の確保]
3 件の発注があるといっても、1 件ずつ別の官公庁から発注があるわけで、一つ受注しなければ、その期のその官公庁からの当該契約の受注実績はゼロになる。そうすると、損になるかもしれないけれど受注するということになり、手抜きなどの不正を考えなくてはならなくなる。これを避けるためには、事前に 3 つの官公庁のすべてに影響力のある議員や上位の官公庁の公務員に何とかしてもらうことが、手っ取り早い方法として検討の対象になるだろう。当然、2 つの官公庁の場合より、さらに上位の議員や公務員の力が必要になる可能性がある。つまり、手抜きと贈賄の 2 種類の不正へのインセンティブが働くことになる。

[仕事量の確保]
仕事量を確保するには、3 件とも受注するか、大きい仕事を受注するかしなくてはならない。このためには、事前情報が重要である。1 件の受注で今期はやっていけるのか、2 件、3 件ないと、設備や人手が余るのか知っていて対応するのと、知らないで困るのとでは、大きな違いになる。そこで、官公庁との意思疎通がうまくいかないときには、何と

かして情報を引き出す必要が出てきてしまう。これも不正の種になる。

[利益の確保]

契約が 1 件の場合を検討したときに説明したので省略するが、官公庁の見積が業者の見積を大きく下回るような場合には me が大きくなり、不正の種になることも変わりがない。実質的に 1 件の場合と同じであるが、3 ヶ所の官公庁に契約担当者がいるため、困ったときに説明を聞いてもらえる可能性は高くなる。しかし、それがうまくいかないときには、不正であることを承知のうえで、両方の官公庁に影響力のある人に頼る業者が出てくる。

[共同発注のメリット・ディメリット]

発注元が 3 ヶ所に増えたことにより、共同発注のメリットは、業者の側では大変大きなものになる。個々の官公庁へ契約や説明に行く手間がなくならないので、営業コストは 1/3 までには減らないかもしれないが、少なくとも、交渉の相手方は 1 ヶ所に減るため相当な営業費用の節約になる。当然、利益の上がりそうな先とだけ契約するという手は使えなくなるし、官公庁側の見積が低すぎると思ったときに、話を聞いてもらえる相手方の交渉窓口が1つに減少するので、困ることも起きるかもしれない。しかし、上述した問題のかなりの部分が軽減されるかなくなってしまうメリットもある。

一方、官公庁の側では、業者が不正な手段をこうじる可能性が軽減される他に、業者で軽減された費用の分だけ安く物品や役務の調達が可能になり、工事の発注も可能になる。

ただし、**政治家や利権を求める公務員は、自分たちの活躍する機会が減少するため、こうした方式を嫌い、個々の官公庁での分権的な調達を推進しようとするかもしれない。**地方分権を促進すべきであるという議論が最近増えてきているが、このようなメカニズムを利用することを政治家が望んでいるためではない事を筆者は願っている。

(d) n ヶ所の官公庁との随意契約

随意契約のなかでも、少し極端なケースを最後に見ておこう。どの官公庁も 1 社の業者に依存している場合 GnQ1N1Cn である。極端といっても、このような例はすぐに見つかる。

・数町村ある島に建設業社が 1 社しかないとか、印刷業者は 1 社しかないといった場合

・ヘドロや軟弱地盤の中にトンネルを通すには、潜管と呼ばれる特殊なコンクリート製の筒を使うが、これを作るために必要なプレキャストコンクリートのメーカーは富士見工研一社しかない。

・新型の A 型インフルエンザに効果のある薬は

内服薬ならば　中外製薬の　タミフル　しかない。

吸入薬ならば　グラクソ・スミスクラインの　リレンザ　しかない。

官公庁の調達窓口は、全国の公立の病院である。

・PC の OS は

Microsoft 社の Windows しか、安くて業務用に使えるものはない。

官公庁調達窓口は、中央地方政府とその出先、外郭団体・・・の全ての機関である。

・著作権のある本を出版している出版社は個々の書籍についてみれば 1 社しかないが、

これを買う側は、官公庁や図書館、大学、高校、・・・と無数にある。

・電力も各地域に 1 社である。

その地域の官公庁の調達窓口は、中央地方政府とその出先、

外郭団体にかかわらずその電力を調達している。

従来の、研究では大きな官公庁1つと小さな無数の業者を想定することが多かったが、この想定 GnQ1N1Cnは、それとは、全く逆のケースである。いくつもの官公庁が1つの大きな業者から供給を受けていたり、極端な場合には、**無数にある官公庁に大きな1社の業者が供給**する場合、何が起きるのか検討しておこう。また、現場では、薬品やWindowsはちょっとかわった調達方法で、つじつま合わせになっていることもあるのでそれにも触れることにする。

業者が一社で、多数の官公庁が買い手になる場合も、状況は一律ではない。買い手の官公庁の数、つまりGnのnの大小で供給側の業者のとれる行動が違ってくるので、その場合分けから説明をはじめる。

[nが比較的小さい場合]

4 ≦ n ≦N 程度

Nという数字は特定できるわけではない。古い京都大阪の商人の間で言われてきた、「お客様の顔の見える商売」のできる範囲であり、n が比較的小さく、業者にとって顧客である官公庁のひとつひとつと丁寧な付き合いのできる限界という意味である。業務や工事、商品やサービスによりこの限界は様々である、このため丁寧に対応できる顧客の上限をNとここでは表記しておく。この範囲の顧客の数の範囲であれば、業者においては、

・その顧客を担当する営業担当者を配置することができる。

・営業責任者(社長、部長、担当役員)も、客先の担当者や、客先別の営業実績を知っている。

・営業実績とは、引合、見積、入札、受注、失注、トラブルなどである。

・知っているとは、聞いたことがあるという程度ではなく、コンピュータや帳簿で検索しなくても内容が概略わかっているという意味である。

・内容とは客先の嗜好、客先の経済状態、経営状態、客先が起こしたトラブル(クレームや支払いの遅延)等である。

・そして、良い得意先なのか、いやな客なのか、なくてはならない客なのか、
どうでもよい客なのかといったことが、直感的に分かっている

などの条件を言う。つまり、このような条件が整っていて、はじめて、顧客ごとに異なる仕様の変更や、取引条件の設定変更が可能になる。つまり、官公庁側の仕様に合わせた見積、契約、納品、施行などが可能になる。

[nが大きい場合]

n ＞ N 程度

nの数が上述のNを上回ってしまった場合である。

少し古い言い方かもしれないが「大向(おおむこう)を相手にした商売」の場合である。「大向」の元々の意味は、劇場の舞台の正面の指定席の後ろにある立ち見席のことである。そこには、たくさんの観客が入ってきて、舞台の上からは誰が観ているのかわからない。このため、誰かわからない大勢のお客様達という意味で商売人もこの言葉を使うようになったようである。その「大向を相手にした商売」しかできないほど、取引先が増えてしまった場合ということになる。

この「大向を相手にした商売」では、ひとりひとりのお客様の状況を充分には把握できない。クレームがなぜ付いているのかとか、回収できない売掛の個々の事情までは充分理解できず、何かあれば、相手のことを調べなくてはならない状況をさす。具体的な事情ではなく統計的に損金の引き当てを考えなくてはならないような場合もこれに当たる。

このような状況に対応するには、自社で製品の出荷やサービスの内容について、一定の基準を設けて、品質や価格を管理しておいて、クレームなどに対応する。また、販売価格の上限や下限を定めておき、合致する場合にだけ契約を結ぶといった商売をしないと、クレーム処理や売掛の回収に走りまわることになり、本業がおろそかになって

しまう。

(e) nの比較的小さな場合

nの大小の影響を考えてみるわけであるが、先ずnの小さい場合、すなわち業者が個別の顧客である個々の官公庁の仕様や、代金に対する査定に対して、一つ一つ見積をたてたり、仕様変更に応じたりできる範囲の場合を考えてみよう。複数の同業者がある場合でも、競争入札資格審査をした結果、特定のランクの業者が 1 社しかない場合はこの例に当たる。その地域の官公庁やその出先である支所、外郭団体、学校など複数の官公庁の調達発注の窓口に、その 1 社が対応しているケースである。

この場合は

n = 1, 2, 3

で検討してきたことが、そのまま問題になり、n の数が増えるにつれて次第に調整が困難になっていく。

[営業費用の増加]

分権化が進み、各出先や学校毎に調達や発注が実施されれると、その発注に当たる窓口の一つ一つに業者は往訪し、営業活動をする必要がある。このため、n の数が増えれば増えるほど、営業費用は増大する。

[開発費の配分]、[配送費の配分]、[難易度の価格への反映]

同じものが納品できる場合開発費用は 1/n ずつ代金に加算すればよいのか、発注規模に応じて加算すればよいのか、その他の基準で請求すればよいのか、官公庁側での取り決めがなければ業者は迷うことになる。また、期中に全部でどこからどれだけの発注があるのか事前にわからないときには、最初の注文に開発費を加算することにして良いのかどうかも迷うことになる。そして、n の増加にともない、配送費や難易度の価格への反映に関しても、複雑な調整が必要になる。

[辞退の判断]、[受注実績の確保]

についても、どこかで 1 件でも受注すれば実績が確保できるという意味では判断は容易になるが、辞退した先が、新規参入者を招き入れる危険はなくならないので、結局は全てを受注しておくことになりがちであると考えられる。

[仕事量の確保]

[利益の確保]

に関して問題が発生し、見積の相違や予算の総額の制約などが原因の場合には、n の数が多くなってくると、個別の折衝の積み上げで解決することは非常に困難になってくる。その結果、不正な手段で高官や首長、議会、議員などへの働きかけを行わざるを得なくなっていく可能性がある。こうした人たちの威を借りて、統制を取ってもらうのである。従って、このようなケースでは、官公庁側の当初の見積、予算などの決定は非常に重要であって、官公庁の発注契約担当窓口は業者との意思疎通を密にしておき、必要な情報を的確に与えて、原価に関する正しい情報に基づいて、見積や予算の査定ができる必要がある。

[官公庁と民間の情報の調整機能]

多くの場合、民間から官公庁に出向している者や、官公庁から民間に出向したり、転籍した者が、[営業費用の増加]～[利益の確保]に関する複雑な情報の仲介をしている。その理由は、極めて単純である。民間の経験のない公務員は民間企業がどういう情報がないと見積が立てられないのかわからない。逆に、官公庁に勤務したことのない民間企業の営業担当者は、何年か官公庁に出入りしていれば官公庁が何を必要としているかについてはわかるようになるかもしれないが、どんな形でそれを必要としていて、どんなタイミングではどこまでしか業者に話ができないか、どこまでしか約束できないかを完全な形では理解するのは容易ではないからである。言葉の使い方から、用語の定義まで異なる二つの世界の通訳と情報の解説者が必要とされている。ところが、これがマンネリ化すると、癒着の関係ができてしまう。その最大の問題が**軍産複合体**といわれている米国の政府、軍、メーカーの関係である。軍産複合体については第 5 章第 1 節で触れる。

たしかに、日本にもたかりのような移籍もあり、問題があるので、民主党が政権をとってからも、公務員が民間企業に再就職するのを「**天下り**」であるといって**原則禁止**の方針を打ち出している。しかし、もし、本当にこの禁止が徹底されると、政府の調達発注をめぐるトラブルは増えることになる。理由は単純なことである。製品の仕様にせよ、建物の用途にせよ、サービスの内容にせよ、全てを文書にして契約を結ぶことはできない。仲介にあたってきた出向者や転職者がいなくなれば、官公庁と業者との意思疎通が不十分になり、双方に誤解が残ったまま契約が結ばれる可能性が高まる。すると、予想外の仕様の変更や追加作業なしには、官公庁の役に立つ物はできないし、使いやすい建物も立たず、意図しないサービスが提供されたり、やってもらいたいことができなかったりする事態が多発する。この後始末の負担は、結局は業者にふりかかってくることになる。

要するに、一律の禁止では問題は解決しない。問題のある出向や転籍がどのようなものなのか、また、役に立っている出向や転籍がどのようなものなのか、よく考える必要がある。米国やロシアなどでは、この問題を解決する一助とするために、教育機関の定員について面白い政策が伝統的に取られている。公務員や軍幹部を養成する日本の東京大学や防衛大学校などに相当する大学の定員を、公務員や軍幹部として採用する人員の 2 倍～数倍に設定している。卒業生同士の付き合いなどが不正の温床となるディメリットよりも、官民の意思疎通が円滑にできることのメリットのほうが大きいという判断があるものと思われる。日本では、第 2 次大戦中に、旧帝国大学と陸軍士官学校、海軍兵学校で増設や大幅な定員増が行われ、戦時の増員で必要な公務員や軍人のさらに数倍程度の学生が教育を受けた。戦後の経済成長期には官公庁や自衛隊の幹部の同級生が多数民間企業で働いていて、官と民の間の調整が円滑に行われていたのである。

(f) n の大きな場合

[共同発注のメリット・ディメリット]

n の数が増加すると、共同発注のメリット・ディメリットもはっきりしてくる。ばらばらに発注があるときには、n 倍の営業の手間を要したものが、1/n で済むことになるのでそれだけでも営業経費は削減されるし、開発費、配送費などの費用の配分も業者は判断から解放される。この 1 ヶ所の調達窓口が業者から見積をとるのであるから、業者の側でも充分な対応が可能になってくる。当然、議会や首長のはたらきかけの利権はそれだけ小さくなるわけであるから、政党や報道機関などを含めたそのすじからの抵抗が生じることになる。しかし、それを聞いている余裕が業者側にはなくなってしまう。

これまでに論じてきた範囲では、共同発注を行うかどうかは、官公庁側が決めてきた。しかし、この状況下では、業者はもはや個別に官公庁のニーズを聞いたり、価格に対する希望を考慮したりする余裕はない。このため業者は製品、サービス、工事などを大部分のニーズにこたえられるように自らの基準で規格化しておき、一定の品質を確保したうえで、量産する。

この基準に合わないものだけ、要求仕様に合わせて、見積をたてたり、値決めの交渉を行ったりすることで対応する。官公庁は業者の設定した規格と価格で量産品や一律のサービスを調達するか、さもなければ、非常に高価な特注のサービス、製品、工事を発注することになる。

この、官公庁側の調達発注窓口の数や、そこから出てくる引合の数が多くなりすぎて、業者がもはや個別の対応ができなくなったために取らざるを得ない対応は、以下のように考えると理解しやすい。官公庁の発注は相変わらずバラバラなのだが、あたかも規格が統一された共同発注を受けたかのように業者の社内で、規格や価格を一定にして供給することで、見積、契約、その他の営業費用を大幅に節約できる。当然、大部分のニーズに対応できる仕様のものを作らないと、製品、サービス、工事のメニューが複雑なものになり、管理経費や手間がかさむため、大部分の顧客に対しては、いくつかの選択肢は認めるもののメニューに記載されたパッケージ化された製品、サービス、工事を提供することになる。

家庭で食事を作るのであれば家族一人一人の嗜好や体調を考えて、おかずの種類や量を加減して配膳できるが、大会社の社員食堂では、そんなことはできないので、何種類かのメニューから選んでもらうことにして、大もりのオプションくらいはつけるが定食を食べてもらう。食品の好き嫌いや味にうるさいことを言い出す社員や役員には、相談の上別料金で特別メニューを提供するのと同じである。

そうなると社員食堂の定食のランチの食べ残しと同じ現象も起きる。この業者の提供するパッケージの内容は、いくつか限られた種類のメニューで、できるだけ多くの官公庁のニーズに対応できるように、面倒な特注への対応を軽減したいわけであるから、幕の内弁当のように、いろいろなものの組み合わされたセットがパッケージ化されている。その結果、個々の官公庁の窓口においては、部分的に、ときには、殆どの部分が不要なものになる。しかし、こうしたほうが、品質の安定や、価格の抑制につながるのであれば、その無駄を含んだ仕様(過剰スペック)の製品、サービス、工事を供給した方が良い。具体的な手法については、第５章のモジュール化に関する部分で詳述する。

(g)　実際に行われている調達方式

現場で、実際にこのようなｎの数が多い場合に行われている調達方式についても、少し触れておこう。官公庁が多数あり、供給者は１社である場合を現行の政府の調達発注システムは想定していない。このため、こうした事例が発生している場合、例外として扱うか、いろいろな手法で、個々の調達に対して複数の業者が競合する異なったケースを作り出して、制度に無理やり適合させているようである。

・随意契約方式と市場からの直接調達

もちろん、随意契約方式と市場からの直接調達という２つの方法がWTOでは例外として認められていて、現場の調達規則にもそのことは規定されているので、多少手続きは面倒であるが、調達発注先が １ 社しかないことを証明する手順をふめば、入札手続きをせずに、随意契約の交渉をすることができる。一度随意契約の手続きをとることになるとそれを踏襲することはそれほどの困難はないようで、随意契約で発注されているものが増えてきて、調達発注の過半に達する調達窓口も多い。また、秋葉原などへ出向いて、仕様に合致するソフトウェアや機器を買ってくることにすれば、一般の人々の買える市場からの調達であって、WTO で許されている調達方式である。

しかし、各調達窓口毎に細かい調達発注規則が定められており、また、取り扱い件数も多い場合、手間のかかる随意契約の方式が実際には取りにくい場合がある。競争を導入せよと内閣から指示され、随意契約の比率が何パーセントを超えているとマスコミから批判を受けている場合には、特に新規にそうした随意契約の手続きは取りにくい。

このため歪んだ対応がとられていることもある。こうしたいくつかのケースに触れておこう。

・公共料金方式(競争原理が利用できるのに競争の対象としない例外処理)

電力やガスなどは、公共料金が定められているので、そのとおりにするということで、随意契約の対象にすることは容易である。東京都庁が、北海道電力、東北電力、東京電力、中部電力、関西電力、中国電力、関西電力、九州電力、沖縄電力を指名して入札をするなどということは非現実的であると大抵の人は思うので、都庁は東京電力と随意契約をする。実際には、送電線は電力各社の間で相互に接続されており、遠隔地の電力会社の電気を買うことも容易なので、大口の電力需要のある民間企業では、様々な契約が行われているのであるが、普通に考えるとそれはできないと思っている人々が多いという状況があり、随意契約の対象にできると一般の人が思うという理由で随意契約の手続きは取りやすい。つまり、競争の対象としない例外処理になっている。たいてい、官公庁の出先や、外郭団体の施設は、民間の事業所のようにガス会社や電力会社と契約している。電力の場合であれば小さな事務所は従量電灯料金を支払い、大きな施設は、高圧、特別高圧の変電設備を備えて大口の契約を結んでいる。このため、官公庁もその施設や建物ごとに、民間の消費者や企業と同じく最寄りの電力会社、ガス会社、水道事業体から、民間企業や家庭と同じ金額で電気、ガス、水道の契約をして、料金の負担もしているわけである。

・部品や下請けにしてしまう処理(見せかけの競争 1、独占的下請け)

法律の建前の通りに入札をしたように見せかけるため、擬制的に官公庁が1つで、業者は複数あることにする手法もある。これには2種類の契約方式がある。その一つがこの部品あるいは下請け方式である。パソコンを発注する際に Microsoft Windows がプレインストールされていることという条項を仕様書に書き加える。あるいは、海底トンネルの浅海の部分では潜管工法を用いプレキャストコンクリートをはめ込んだ壁面で水圧に耐える構造にすることと工事の仕様に書き加える。

パソコンの納入できる業者も、海底トンネルを掘削できる業者も多数あるので、マイクロソフトの代理店や製品を扱える卸売、小売業者なら入札資格が取れる可能性がある。また、殆どの一流の総合建設業者は、富士見工研のプレキャストコンクリートを仕入れるルートを持っているので、何社も応札可能なゼネコンが存在する。こうして、あたかも、大きな官公庁の受注をめぐり、複数の小さな業者が競争しているかに見える状態を作り出すことが行われている。

・物流システムを利用した処理(見せかけの競争 2、卸売業社、小売業者の競争)

もうひとつの擬制的な競争は、ソフトウェアや薬品の場合である。その商品を取り扱う物流システムが形成されている。薬局や薬の卸売業者、パソコンの販売店や官公庁向けの事務機器の商社がある。書籍や雑誌についても同様である。メーカーとの直接交渉を避けて、こうした小売り、卸売り、専門商社などの業者に価格を競わせる。再販価格が決められているものであっても、決められているのは病院などが患者に提供する価格や保険の点数であるため、中間段階ではこうしたことが可能になる。このため、薬品やソフトのライセンスの値引き競争を、入札や見積合わせで実施している場合もある。これによって、形式的には競争を実施したことにしているわけである。ソフトウェアは民間の企業や家庭でも使うし、薬品も民間の病院や医院で使用される。市場からの調達であって、一見何も問題がないように思える。しかし、官公庁の窓口である県立病院、市民病院、県庁、市役所、大学、高校といった、大口の需要が競争による買い叩きを経て納入され、中小の企業、病院、医院、民間の消費者は定価でものを買うメカニズムが形成されているわけで、恒常的に負担の転嫁が発生している。

・特殊なものの発注(見せかけの競争 3、メーカーの競争)

特殊なものの発注の場合にはどうなるであろうか、この場合、擬制的な競争を作り出すことも困難である。このため形式的に入札に付すため、業者の指名を少し広くする方法がある。例えば、潜水艦を作れる造船所、掃海艇を作れる造船所、護衛艦を作れる造船所が各 1 社しかない場合を想定してみよう。円筒形のフレームを組み立て、磁気を取り除く装置をもった屋根つきのドックで潜水艦は作られる。掃海艇は大型の木造船である鋼船のドックとは違う設備が必要である。護衛艦の建造は大型のエレベータ、大砲、ミサイルなどをドックの隣で組み立てて、それをクレーンで据え付ける装置のある造船所でないとできない。こうした異なる性格の業者を造船業という大きな分類でまとめてしまい資格審査をしておいて、この 3 社を指名するわけである。すると、1 社を除いた他の 2 社では新規に施設を建設する費用がかさむので、潜水艦は潜水艦メーカーが落札し、掃海艇は掃海艇のメーカーが落札し、護衛艦は護衛艦のメーカーが落札する。実際には競争にはなっていないし、随意契約で行われる細かい査定も行われない。

つまり、入札が行われているからそこには競争があるかといえば、それは、かならずしもそうはなっていないというのが答えである。面倒でも随意契約をうまく機能させることを考えないと本質的な問題を解決できない。

・対策

この複数の官公庁が１社と随意契約を結ばなければならないケースは、参考になる先行研究がないようであるので、多少冗長かもしれないが官公庁が２ヶ所の場合からｎヶ所の場合まで丁寧に検討してみた。

その結果、いくつか重要と思われる点があるので、列挙しておくことにする。

・事前情報の重要性

何ヶ所から発注があるのかを事前情報として、業者に知らせておく必要がある。これは、費用逓減の状態にある業者には、何ヶ所から受注があるのかわからない状況に置かれていると、開発費など先行投資の回収を１ヶ所でしなくてはならないのか数か所でできるのか官公庁との間に見解の相違ができてしまうためである。

補正予算や予備費に計上してあるものについては、筆者は以下のように考えている。官公庁が**調達発注をするのかしないのか曖昧にするのであるから、その責任は、官公庁が取るべきである。**つまり、本予算に計上した数量や件数だけで見積を行い、その単価を補正予算や予備費で調達発注するものに適用することをルールとして法的に認めることにする。そうしておけば、実際には補正予算や予備費で発注が行われないことになっても、業者には損失は発生しない。従って、災害などがおきて、官公庁が予備費や補正予算を災害対策等に優先的に使うことを検討する段階で、予備費や補正予算での受注を予定していた業者に損害が発生する心配を官公庁はしないで良い。つまり、災害等の対策など政策の裁量の自由度が増すことになる。

また、運良く予備費や補正予算で追加の発注が行える時には、業者には大きな利益が出る。これは次のように考えるべきではないだろうか。災害対策費などが使われずに、マクロ的なマイナス要因が発生しているのであるから、それを補うためには、個人所得や企業利益を発生させる必要があるが、そのメカニズムを調達発注制度に組み込むことになる。つまり、**マクロ的な景気の安定化には、補正予算や予備費に計上されている数量を、単価の計算の際に除外しておく規定が必要**なのではないのであろうか。

・**随意契約を減らして競争入札に置き換える政策には疑問**がある

医薬品、ソフト、艦船などの例をあげたが、いずれも、実質的には競争になっていない。入札にした場合には査定や値決めの交渉はできないので、結局高い買い物をすることになったり、低価格の落札結果の価格の転嫁が起こったりする。落札率が下がるということは経済学的には非合理なことが起きていることの証明であり、目的でもなければ、成果でも無い。業者が見積に高い切り代を乗せていたか、入札でダンピングをさせたかいずれかの結果に過ぎない。**めんどうでも競争条件の整わないものは、随意契約をすべきである。**

・官公庁と業者の意思疎通の重要性

官公庁と業者の間に価格の見積の相違があるとき、業者は追い詰められると、影響力の大きい高官や政治家、さらには政党を頼ることになる。これを避けるためには、**官民の人事交流も含めて意思疎通の改善を促進すべきである。政治家や報道機関とは利害が対立する**ことになるので、必ず批判されることになるが、その批判が当を得たものかどうかは、慎重に官公庁で検討すべきことである。立法権、司法権、とは独立して、行政権は存在するのであり、これが守れなければ封建的な分権制度へ回帰することになり民主的な現在の制度は維持できなくなる。天下りの禁止などで、人事交流の道を閉ざし、官公庁と業者の間の意思疎通を阻害し、官民の間の情報を媒介する役割を作り出し、政治家や報道機関が自分たちの存在意義を大きくしようとすることは、公共選択論や、政治経済学で、長年にわたり、さんざん議論されてきた、レントシーキングの一例なのではないだろうか。

・査定能力の重要性

上記の 3 点から、結局、**各官公庁が充分な査定能力を持つこと**が必要である。もしそれがかなわないのであれば、**査定能力を持てる規模での共同発注**をするようにした方が良い。

というのがこの分析のインプリケーションではないかと筆者は考えている。

(5)指名随契

これまでは、有資格業者が 1 社しか存在しない場合について考えてきたが、これ以後は、業者間に競合の発生するケースも扱う。有資格業者間に競合が生じないこれまでのケースと、これ以後の競合の起きるケースとで、業者にとって、最も異なる点は、受注の安定性が保証されなくなる点である。このため見積価格の算定にも影響が発生する。最初の想定は、有資格業者が 2 社あるのを、官公庁が何かの基準で選考し、1 社を**指名**して随意契約を結ぶケースで G1Q2N1C1 である。

指名するという用語の意味について、明確にしておこう。この想定では1回目の選考で 2 社を 1 社に限定することにしてあるが、最終選考より前の段階で、最終選考に残す業者を絞り込むことを、指名する(nominate する)という。また、選ばれた業者を指名先(指名業者 nominee)という。指名の方法は様々で、二回とも入札によることもあれば、何かの基準で採点して決めることもある。指名の基準に、「○○市役所の□□業務に△年の実績を有するもの」とすれば、前年までにその業務をしたことのある業者が指名されることになるので、経歴による差別化により新規参入者を排除することも可能である。企画や価格のコンペや市民の人気投票で候補を絞り込むこともある。

そして、1 社に絞り込んだ相手と随意契約の交渉をする方式が、**指名随契**(指名による随意契約)である。

[開発費と設備費]

業者が1社で、随意契約でほぼ安定な受注が保証されている場合でも、開発費をめぐっては、見積価格には問題が起きることをすでに論じたが、業者に競合が発生すると、設備費に関しても開発費と同様に難問が起きてしまう。

ここでは、税法に規定されている減価償却ではなく、原価を計算する管理会計の観点からこの問題を考えてみよう。毎年同規模の受注があるのであれば、設備や施設を建設してこれを定額で減価償却することができる。また、3 年に 1 回の割合で定額の受注があることがわかっているのであれば、その受注した年に定額の 3 年分の減価償却をすることもできる。しかし、いつ受注ができるのか、受注額はいくらなのか、わからなければ、定額の償却で原価を計算することはできない。

税務上の法定耐用年数が 10 年である設備でも、その設備を使用して作る物の需要が 6 年間しかないことがはじめからわかっていれば、見積に設備費として加算しなければならない原価は 6 年をもとに計算した原価である。これはライフサイクルコストといわれている。たとえばメーカーが自社で6年毎に自動車のモデルチェンジをすることに決めていれば、その自動車の車体を作るプレスの金型の費用を6年で償却するようにしないと正確な原価の計算にはならない。この点から、官公庁の需要に競合する同業者がいる場合には、はなはだ厄介な問題が起こる。

官公庁、特に中央官庁は多年度契約を禁じられている。毎年、入札や見積合わせで受注者が決まるため、業者にとっては受注できる年もあれば、受注できない年もある。さらに、償却が終わらないうちに政策が変わり発注がなくなって、受注はなくなるかもしれない。このような設備の減価償却をいくらに見積もればよいのであろうか。そのままの設備で民需に転用できるのであれば、法定の 10 年の償却で良いのかもしれない。しかし、転用できないときには、民需への転換をするときに、残存簿価を廃棄損として計上し、さらに解体費、撤去費、搬送費など除却費用がかかり、建物の改修費用も発生する。場合によると移転の費用も発生するかもしれない。こうなると、官公庁の調達発注に応じることは一種の賭けになってしまう。特に困る点は、安直に長期にわたり毎年受注できると考える業者の見積額が安くなりその業者が落札を独占するかもしれない点である。

また、不安定な受注に対応するためには、受注のできた年だけ派遣社員や期間工を雇い、施設を賃借し、設備をリースして、製造や工事を請け負い、受注できないときには、派遣切りを行い、リース、レンタルをしないで済むようにする経営を選択せざるを得なくなる。すると、技術力の低下や、リース、レンタルコストの増加などに加えて、失業給付などの社会的な負担も発生する。

[切り代(きりしろ)]

競合する相手のある場合、見積額に切り代を乗せることができるであろうか、予算取りのための見積で、この Q2 の想定のように競合する相手が1社であれば、切り代をのせることが可能な場合もあるであろう。もし、切り代を乗せることができるのであれば乗せておいた方が、業者にとっては得になることがある。予算の査定などで値切られても、確定する予算が増加するからである。2 社の見積の平均値や高額のものが予算案に計上される場合は、切り代の乗っている分だけ予算案の金額は増えることになる。一方、安いほうの見積額が予算案に計上されるのであれば、切り代を乗せることで他社より高くしてみても何の利益にもならない。

また、こんなことも考えられる、官公庁側の予算額が総枠で規制されており、この調達の優先度が低いような場合には、見積額が高すぎると、別のものの調達を優先し、その調達を延期したり、断念したりして、予算から外されることも起きる。そうなると、切り代を乗せることは不利になる。

入札や見積合わせの段階で切り代を乗せると負けることもある。相手が高コスト体制の会社で、自社が低コスト体制の会社であって、自社が切り代を乗せても絶対に負けない自信があれば話は別だが、ふつうはそういうことはあり得ない。産業スパイを競合先の会社に送り込んで、相手方の見積価格がわかっていたり、自社が他社よりも低コスト体制の会社であることに自信があるならば、切り代を乗せる余地はある。

不正を承知で、談合を行い、切り代を乗せてその一部をその会社に支払う取り決めをし、しかも、その履行が確実に保証されていない限り、切り代を乗せて値段を吊りあげれば、それだけ失注の可能性が高くなる。官公庁は 2 社の見積書を比較して随意契約の相手を決めるときに、価格の安い方を選ぶ可能性が高いからである。

[営業費用]

適格業者が 1 社、つまり Q1 の随意契約の場合には営業費用は回収可能であった。辞退すればもちろん還ってこないが、受注すれば、赤字にならない限り回収できる。しかし、競合する業者があり、入札や見積合わせで失注すれば、営業費用は回収できない。競合する会社の方が賃金が安いとか設備や機器で自社より上回っていて、低価格で納品や工事などができることが分かっていれば、失注の可能性は高い。失注の可能性の高い競争になりそうだとわかっていたら、回収できない営業費用をかけるだけ損をすることになる。すると、相手方がいくらで応札するのか情報が欲しくなる。入札のための面倒な見積作業をしなくて済むからである。少しでも無駄な営業費をかけたくないと考えて、ここでも、競合先へスパイを送り込むか、談合をして情報をもらうことにする業者が出てくる可能性がある。

[受注実績の確保]、[仕事量の確保]、[利益の確保]

発注件数が 1 件しかないため、この 3 つの観点からは、業者の考えることは 1 つだけである。民間の需要に転向可能な会社や事業部であれば、予算資料のための見積には利益の確保に重点をおいた見積を出したうえで、選考に際しては、自社の見積と同額の見積をだせばよい。損をしてまで受注する必要はなく、他社が自社より高い札を入れた場合にだけ受注すればよい。

一方、市場からの隔離が発生している場合、つまり、不景気で民需への転向ができないとか、官公庁担当営業本部であり、この受注ができなければ今期の受注実績を失い、社内的にも廃部などの検討対象となり、翌期以後も受注実績がないため競争入札参加資格のランクが低下したり、指名対象になれない可能性が出るのであれば、指名に負けるわけにはいかない。赤字が出ても、会社が大きければ他の市場に赤字を転嫁できたり、転嫁できなくてもそれだけで倒産する危険がなければ、うんと安い見積がだせるかもしれない。このときにも、競合先がいくらの見積をしているのか知っていれば、赤字幅を圧縮したり、うまくいけば利益の出る価格の見積を提出できる可能性もある。

このため、産業スパイを送り込んだり、官公庁から情報を引き出したり、不正を承知で談合により価格の取り決めをするメリットが発生する。役員や幹部が警察に捕まり、多少の罰金や課徴金を支払わされても、何百人、何千人が失業するよりはましであると考える経営者もでてくる。

このように1期に1件しか発注のないケースでは、競合する先のない随意契約の場合に比べて、競合する業者が1社参入しただけで、随意契約であっても、指名獲得競争が発生して、不正への誘因が一気に増大し、ダンピングの必要性も生じることになる。

[指名の獲得]

過当競争を業者の側から積極的に避けようとする試みも行われる。入札や見積合わせを 2 社で行うのではなく、指名随契(自社 1 社を指名してもらい随意契約を結ぶ)になるように努力する。指名については、これ以後しばしばふれることになるので、指名の獲得について触れておこう。

指名をいかにして受けるのかは、官公庁営業の腕の見せどころのひとつである。

- 会社の営業実績を示し、業務、工事、納品が確実に履行できることを示し、
- カタログやパンフレットを用意して、いかに公務(官公庁の業務)の執行に、便利で有効な業務、工事、製品、サービスが提供できるかを示し、
- 足しげく営業担当者が、現場の部局や発注担当窓口を訪れて、発注の時期を聞き、指名業者の選択に必要な資料をタイミング良く届け、
- さらに、将来の官公庁の業務に必要になりそうな情報を提供し、計画の策定や、予算要求に協力し、少しでも他社よりも自社を指名することが有利になるように政策の立案に協力することまで

限りない営業努力が行われる。

一見、無駄のような営業活動であるが、官公庁が情報を収集するために不可欠なものになっている。それぞれの製品、工事、業務、サービスなどに関する詳細な知識や、業界の動向、原材料、装置、工法等の開発状況などに関しての情報は、昔(江戸時代～明治時代)のようにお城や大きな役所に情報が集中されていて、城下の職人や商人は、役所の指導でいろいろなことをしてきた時代と異なり、特殊な場合を除いて大抵は各業者の持つ専門知識の方が、官公庁の持っている情報よりも新しく、かつ、豊富である。これを提供してもらえないと、調達や発注に関する充分な検討が官公庁側ではできない。つまり、こうした業者の営業努力は官公庁の情報源として必要、不可欠なものになっている。

[差別化による指名の獲得]

一般的には、差別というものはない方がよいが、このプロセスでは、業者にとって他の業者と差別されることは大変良いことである。その業者の製品、サービス、工事、業務を他社は供給していない、あるいはできれば、他社には供給できないということが証明でき、官公庁の窓口も、検査、審査の機関も、ときには市民や国民が納得してくれるかどうかで、状況が変化する。

他にはないことが説得できれば、発注に当たり安定して１社を指名してもらうことができる。つまり、毎年、随意契約の交渉ができるからである。[開発費と設備費]の取りはぐれはもう起きないし、[受注実績の確保]、[仕事量の確保]、[利益の確保]などの問題も受注がないかもしれない場合よりはずっと楽になる。つまり、G1Q2N1C1 のケースは、この指名獲得のための営業努力が余分なコストとしてかかってはいるが、それを除けば、指名以後のプロセスはG1Q1N1C1 と同じになる。

・対策

指名随契は、指名獲得競争という余り望ましくない競争を引き起こすことを述べた。望ましくないという意味は、業者にとっては先行投資の回収が不安定になり、営業経費がかさみ、高官や政治家の関与に余地を与え、納税者は不明朗であると思うからである。よく考えてみると、結局指名で１社に絞れたということは、他社には対抗できない、性能、品質、ノウハウ、材料などを指名された業者が持っていたということであり、それを最初に示せなかった業者の営業能力と、それを仕様に入れることのできなかった官公庁の知識の不足に原因がある。つまり、初めから、１社とだけ商談を進めれば、周囲に迷惑をかけずに済むケースであるように思える。

もし、既存の業者が、その説明を怠っていて、新規参入が発生し、指名で競争を避けなくてはならなかったのであるとしたら業者に責任があるのかもしれないが、それを知らなかった官公庁側の責任はもっと重い。しかし、この指名随契は、こうしたミスの救済手段としての役割も果たしている。他の業者でもその仕事ができるその納品ができると声をかけてしまったときに、そうではなかったと１社との随意契約に戻す仕組みとして機能している。そういう意味では政府の調達発注制度にはなくてはならない仕組みである。

しかし、これを悪用してひいきの業者だけと契約したり、企業から官公庁へ出向した者が他社からノウハウを集める行為も筆者は官公庁営業を担当していたときに見てきている。従って、そうした行為を規制するルールを明確にしたうえで、この仕組みは残しておく必要があるとも思っている。

そして、ここで最も大切なことは、どの業者が何を納品できて、どんなサービスが提供できて、どんな工事ならできるのかについての、正確な情報を官公庁の担当者は知っていなければならないという点である。具体的には第５章で述べるが、官公庁の側では過去の受注実績とその評価に関する情報を蓄積しておき、仕様の作成にあたり参照することで混乱を避ける必要があるし、また、業者の側では無理な指名獲得競争に陥らないように、官公庁のニーズを正確に理解しておき、自社が受注するべき案件なのかどうかを判断できるようにする必要がある。

しかし、こうした対策では対処できない状況も起こる。官公庁側の需要が政策の変更で急に減少して、必要性を絞り込まなくてはならなくなった結果、指名先を２社から１社に減らさなくてはならない場合である。こうした場合には、指名から外される業者における未回収費用の回収は困難になる。その対策としては、既存の先行投資の補償をするとか、別の案件はその業者を指名するといったきめ細かな対応を求められる。ここでも、政府の調達発注担当者は充分な教育を受けており、広い知識を持った、有能な人材であることが必要であると筆者は考えている。

(6)競争入札

(a)　最も単純な一般競争

官公庁の窓口が業者一社に頼っている関係は望ましくないという考え方もある。過剰な仕様のもの、つまり、必要でない技術や製品を官公庁にとって必要であると思いこまされて契約させられているのではないのかとか、不当な利益を乗せた価格でその業者が売り込んでいるのではないかという疑問がおきることもある。その疑問を払拭するためには、情報源である業者を１ヶ所から２ヶ所に増やすことにすると部外者にはわかりやすい。そうして、官公庁側は両者の提案や価格や業務、工事、製品、サービスの内容を比較して最終的な仕様を決定し、その仕様に基づいて入札などの方法で契約の相手方となる業者を決める。

また、相手方の業者も、引くに引けない事情があり、両社が指名獲得競争を繰り広げて、官公庁では収拾が付けられず、指名随契にはできない場合もある。1 社は過去からその仕事を継続してきた会社であり、ここで失注すれば、開発費、設備費が回収できず、仕事もなくなる。もう一社は、他の市場が不況で仕事がなく、官公庁の仕事に活路を求めて参入してきているような場合である。どちらの業者も失注すれば死活の問題である。

このようなときには、業者間の競合が最後まで残り、見積合わせや入札でどちらの業者を選ぶのかを実際に決めることになる。

これが先にゲーム論的な分析を試みた一般競争の中で最も単純な想定である。一般競争では有資格業者なら希望すれば全て入札や見積合わせに指名してもらえるので競争に参加できる。この想定では、2 社しか資格のある業者がないので、2 社が指名してもらっている。G1Q2N2C1 のケースである。

[他の市場からの隔離のない場合]

他の市場からの隔離されていない 2 社の競争 G1Q2N2C1Ma になった場合には、上述のような深刻な状況ではないので、入札や見積合わせがうまく機能する。

例えば、自衛隊の基地のある町に米屋が 2 軒ある場合を考えてみよう。この基地の食堂が米を入手するとき、2 軒の米屋から米の価格表を取り寄せて、米の相場を確認し、予算をとっておく。予算の執行の段階では、どのような米を買うのかを決めて、2 軒の米屋を呼び仕様書を渡して見積合わせをする。具体的には「古米の標準米 50%と新米のあきたこまち 50%のブレンドで月末までに 1 トン納品できること」などを書いたものを渡し、見積書を提出させて、安い方の米屋から米を買う。この場合は、米屋は損をしてまで値引きする必要は全くない。米屋の店頭販売や町の各食堂に納入することで、米屋の営業は成り立っているのであるから、損をしてまで自衛隊に米を納める必要はない。2 軒の米屋は自社で立てた見積の通りに金額を提示する。また、銘柄の指定をやめて、仕様を「食用に供せる米1トン」とすれば、もっとも安いもの、つまり、一番安い米を提供できる業者から、その米が納められることになる。

この仕様の決定には、政策的配慮が必要である。銘柄の指定なしで最も安い米を自衛隊が買ってしまうと、その安い米しか買えなかった経済的弱者の世帯は、値段の高い米を買わざるを得なくなるからである。

但し、この米の例では、もし、自衛隊が最低の価格の米を買い占めてしまえば、最低の価格の米しか買うことのできない、その町の最低所得層の人々には買える米が無くなってしまう。その点に関して、仕様の作成に政策的な配慮が必要であるものの、それさえうまくできれば、社会における資源の適正な配分を損なわず、市場において決まる価格で政府の調達発注が円滑に行われる例である。そういう意味では、この例のように、他の市場からの隔離がない場合は、入札や見積合わせによる現行の政府の調達発注制度がうまく機能する。

[他の市場からの隔離のある場合]

G1Q2N2C1Mi、つまり、業者にとって他の市場(民間とか別の町の官公庁)に供給することができない場合にはうまくいかない。この場合、入札や見積合わせで負けた業者は仕事がなくなってしまうので困ってしまう。そして、指名随契のところで論じたのと同じように、問題が起きる。

失注した側の業者では[開発費と設備費]、[営業費用]が回収不能になる。[受注実績の確保]もできない。もちろん、受注がなければ、仕事量はゼロ、利益はマイナスである。従って[仕事量の確保]、[利益の確保]を優先するのであれば、発注回数が 1 回しかないため、無理に値引きした価格で応札しない限り、受注は確実ではなくなる。すると、受注を確実にするためには、利益は犠牲にするしかなくなる。こうして、不正をしてでも仕事を取るか、赤字で操業するのかの二者択一を迫られることになる。

特に、この会社が前期以前からその仕事を受注しており、今期継続できないと、設備や開発の費用が回収できないような場合には、損失は、その期の発注額よりずっと大きな場合もある。このようなケースでは、談合により自社の受注を確実にしようとすることを先ず考える。しかし、談合の交渉がまとまらず入札や見積合わせになってしまえば、1000円入札、100円入札などという作戦も考えなくてはならない事態になる。とりあえず、損でも仕事量を確保して、事業部として社内で生き残らなくてはならないからである。

このときに、後で赤字が回収できるかもしれないという期待が持てる場合には、こうした低価格入札に対する誘因は強くなるものと思われる。第3章第2節で述べた、スイッチングコストによるロックインはその一例である。第5章でもこのことについてさらに論じることにする。

(b) 最も単純な指名競争

上述の一般競争では、適格業者ならば、希望すれば誰でも応札できる。このため、ダンピング競争を繰り広げたり、手抜き工事や、粗悪品の納入をするような業者が入ってくるのを阻止できないので、その対策として指名により入札に参加できる業者を制限するようになったことは第 2 章で述べた通りである。その指名による入札への参加の制限のある場合に何が起こるのかも考えてみよう。

ここで扱うのは指名競争の中では最も単純な想定なのだが、以下に述べるように、かなり複雑な状況が発生する。本書の分類に従えばG1Q3N2C1に当たるものである。

指名随契 G1Q3N1C1 に比べて、指名先が1社増えて 2 社になるだけなのだが、違いが生じる。官公庁の発注先の選定が実質的に 2 段階になるからである。建設工事や土木工事の発注で良く見られる方式がこの 2 段階の選抜である。基本的には、実力のなさそうな業者や、手抜きなど粗悪工事の目立つ業者に入札の機会を与えてしまわないように、一定の審査をしながら指名先を決め、後は、入札で低価格の業者を選んだり、総合評価の見積合わせを行って受注先を決める。その中で、最も単純なケースが、この想定であり、指名の段階で1社が外され、最終的に入札でもう 1 社が外されて、残った 1 社が受注する。

G1Q2N2C1 の場合でも、[開発費と設備費] や[営業費用]の回収、[受注実績の確保]、[仕事量の確保]、[利益の確保]ができなくなると、不正の発生する原因になることを示したが、さらに、そうした官公庁と業者の関係が保たれている中に、さらに新規参入を試みるものが加わった場合なども、ここで検討しているQ3のケースである。業者2社が官公庁向けの営業を続けているところへ、もう 1 社が新規に参入し、営業活動を開始するとこの G1Q3N2C1 となる。

このことが、新たな不正の原因になる。当然のこととして指名を受けられないと受注はあり得ない。有資格業者が 2 社から 3 社になったことで、指名を受けられない業者が 1 社できてしまう。

[指名獲得競争]

前期まで受注があり、開発費や、施設費の回収が済んでいない業者が、今期に指名を受けられないと、今期の受注がなくなっては困ってしまう。民需への転向なども期待できず、死活問題になる場合には、どうでも指名を受けたいと考えるのは自然の理である。既存の 2 社と新規に参入した 1 社の間では熾烈な競争が発生する。競争が熾烈になるのには、それなりの理由がある。後発業者に有利なことがあるからである。

- 一般的に技術は日進月歩であるため、後発業者は新しい技術で競争に臨むことができる。
- 製品の仕様、サービスの内容、工事の方法などの、過剰な部分と、不十分な部分の情報が公開されていたり、何かの方法でその情報を後発業者が入手している場合には、後発業者はコストダウンし、しかも官公庁のニーズにより則している仕様で競争に参入できる。
- 予算取りへの協力などの先行投資や、研究開発投資を後発業者は負担していなかったり、節約できたりするので、その意味でも後発業者が低価格で競争に参入できる。

こうした優位性から新規参入を企てる業者ばかりではない。不況に陥っている場合などは、他に仕事がなくなり、従業員、資材、機械、施設をあそばせることになっている業者が、全額費用は回収できなくても、遊んでいるよりは赤字が小さければ少しはましであるという観点から非常に安い価格や料金で参入してくる場合も多い。

こうして無理な参入を企てる業者が現れた場合、それを迎え撃たねばならない既存の業者との間にダンピング競争が発生する。それを事前に阻止しようとする既存の業者と、なりふり構う必要のない参入業者が競争することになるわけであるから、その中には不正であることがわかっていても、指名で便宜をはかってもらえるように、官公庁の発注担当者に贈賄、接待などをするものが出てくる。また、担当者レベルでうまくいかないときには、その上司や首長、大臣、議員などの力を利用しようとすることになる。

このG1Q3N2C1のケースは、指名が行われた後は、G1Q2N2C1と同じ状態になるので、ここでは指名に関する競争についてだけ扱う。その指名の後に起こる現象については、一般競争G1Q2N2C1を参照されたい。

[実績重視の評価基準1]

指名にあたり、新規業者にとって、最も厳しい基準は、「その官公庁との間に過去に同一の契約があること」を指名の基準にすることである。この基準が保証しているものは、過去の先行投資はいつの日か回収できるということであるので、新規参入の制限を競争の制限と短絡的に考えることは適切ではない。米国のように設備のライフサイクルの期間で契約できるのならば話は別なのだが、多年度の契約ができない日本では、官公庁以外に販路の無い物や技術の開発投資が回収できるようにするためには、新規参入の制限が必要である。次々に新規参入を許していると、過剰な投資が行われて、社会的には資源の配分にひずみを作るとともに、業者には遊休設備や仕掛品などの使われない資産の償却費や廃棄費用、未回収の費用が損失として残されてしまう。

これを防止するために、開発投資や設備などのライフサイクルの期間、過去に同一の契約があることを条件にするのである。そうすることで、指名業者を選考する際に、先行投資の償却が終わるまでは、新規には参入できないようにする。唯一、参入の可能性ができるのは、既存の業者が倒産などの理由により1社減り、指名2に対して、1社しか基準を満たす業者がない場合である。つまり、欠員ができたときにだけ、倒産したり廃業した会社の経営権を引き取ることで新規参入することができる。

このような選考の方法は、スポーツの世界では一般的に行われている。プロ野球や、サッカーのリーグ、相撲の親方株などである。また、生鮮食料品を扱う中央卸売市場の仲買などにもこうした制度が取り入れられているし、タクシーが駅に乗り入れて客待ちをする権利などもこうした方法が採られている。誰かの廃業を待つか、権利を買い取って初めてサービスの提供者になれる制度である。入れ替え戦が年に一度行われるスポーツもあるし、引退の基準の決められている場合もある。設備やノウハウと人との違いはあるが社員や公務員の定年制もその一種である。

こうした方法の官公庁の調達発注版が、指名の条件に、過去の同一契約の実績を取り入れる方法である。スポーツの世界や、中央卸売市場と異なる点は、営業権を譲渡する方法に加えて、欠員のできた時には、他の選考基準を官公庁の側で選定できる点と、欠員がなくても、指名先の数を、法律、条例、規則、時には裁量で増減できる点である。このため、官公庁との取引に当たる業者は他の業界、すなわちスポーツや卸売市場の仲買などよりもかなり不安定な立場にあると考えられる。この不安定さが、指名を確実なものにしたいという強い希望につながり、各官庁の窓口へ日参するなどの過剰な営業活動になったり、時には、賄賂や接待により指名に便宜を図ってもらおうとする業者の行動の動機になったりしている。

[実績重視の評価基準2]

次に、新規参入者に厳しい仕組みは、過去において「官公庁に対して受注実績があること」、という条件を付けることである。その官公庁での受注実績、他の官公庁での受注実績に加えて、民間企業での受注実績、を審査や指名の実績として評価する場合もある。また、受注の実績だけではなく、指名を受けた実績が問われることもある。われわれが、個人的な買い物をするときに、前回はどの商店やデパートで買ったかとか、隣人はどこのスーパーで買っているのかとかいったことを参考にしたり、友人から、どことどこを比較してどうだったかといった話を聞いてどこで買うのかを絞り込むのと同じであって、この指名先の制限自体を、競争を制限しているとか、参入の障害になっていると決めつけることはできない。

この条件は、今回の発注を行う官公庁でなくても、何処かの官公庁で、受注した経歴を問うているわけであるから、官公需に応じている業界のメンバーの中から指名をするというものである。この条件により、今まで、官公庁に当該業種で契約をした実績がない業者を排除できる。これは、中央卸売市場や、証券取引所で長年行われてきた慣習と同じで、その市場に対して過去に供給してきた企業以外は指名の対象にしないというものである。これにより、業界全体の供給サイドのプレーヤーの数を増やさないことはできる。しかし、ある企業が納入業者や請負業者として、特定の官公庁のために行った投資の回収が保証されているわけではない。

そうした状況の中で、景気の後退局面や、予算の削減に直面したときには、民間の需要や他の官公庁の需要が減ってきたために、今まで受注実績のなかった官公庁との契約も、とりたいと思う業者がでてくるかもしれない。こうした業者は、多少ダンピングをしても今までの取引の無かった官公庁との取引に参入してくるかもしれない。

生鮮食料品市場や証券取引所では、その取引が不成立でも、他の取引で収入を得るチャンスがあるが、官公庁との契約の世界では、特定の官庁の特定の契約の指名先から外されれば、他に需要がないことも多い、先行投資をした業者は損をしないためには指名から外されるわけにはいかない。その結果、上述のような形での新規参入があるかもしれないという可能性だけでも、既存の業者は困った状態に置かれる。指名から外されるかもしれないからである。指名から外されれば受注のチャンスはなく、先行投資の回収の方途はなくなってしまう。困った業者は、いろいろな手を打つことになる。

・この業者も受注実績の無い他の官公庁の指名を受けようとする。
・指名の基準を[実績重視の評価基準 1]とするように働きかける。
・業者間で相談(談合)して、営業先の調整をする。
・官公庁の担当者に指名で便宜を図ってもらえるよう接待・贈答(贈賄)する。

などである。

つまり、官公庁の決定如何で、過剰な競争になるか、不正をするか、業者はぎりぎりの選択を迫られてしまう。

(c) 有資格者が 3 社の一般競争

この状況は、はじめから 3 社で競争させることにしている場合や指名随契や指名競争をしようとしてもうまく業者が絞り込めなかったときに起きる。有資格業者が 3 社あり、その 3 社の全てが入札や見積合わせに契約相手先の候補として指名を受ける。発注は 1 件しかないので、1 社のみが受注できて、他の 2 社は受注できない。G1Q3N3C1 のケースである。

[他の市場からの隔離のない場合]

一般競争 G1Q2N2C1Ma を分析する際に米屋の例をあげたが、町の米屋が 2 軒から 3 件に増えて G1Q3N3C1Ma になっても、個々の業者にとって、損をしてまで官公庁の契約をとる必要がない点は変わらない。2 軒から3軒になったことで変わる点は、業者にとって受注できる可能性が 1/2 から 1/3 に減少することと、官公庁側の事務が若干増加するくらいのことである。従って他の市場から隔離されていない業者を集めてきて競争を行えば、ダンピング競争は起きないので、大した問題にはならないのである。

[他の市場からの隔離のある場合]

G1Q3N3C1Mi で他の市場にアクセスできない事情のある業者には、事態は容易ではない。この点をもう少し考えてみよう。

[指名の獲得]

もしこの指名の方法があらかじめ決まっていたものであれば、有資格業者は全て最終選考に参加できるので、指名獲得競争は起きない。しかし、実際には 3 社が指名獲得競争を展開した結果、官公庁側では指名先を絞り切れないということになったものであるとしたら、3 社は通常の営業努力に加えて、相当大きな指名獲得のための営業努力をすでにしている。すると、それに伴って3社に生じた営業費用も相当大きなものになっている。このうち2社が失注するわけであるから、深刻な事態である。

当然のこととして、受注業者以外の業者は営業費用や、未回収の開発費用の回収はその期にはできない。指名2社が 3 社に増えるのであるから、その費用の回収できる確率は下がることになる。つまり、Q3N3 であるからといって指名獲得競争がなくなるわけではなく、制度として指名という手続きがある限り、指名獲得競争はなくならないのである。すると、この 3 社の間で談合による調整を行い、指名獲得競争の費用を軽減することが、全体の費用の無駄を軽減することになる。

[開発費の回収]、[設備費の回収]

この二つの観点からは、以下のようになる。従来、2社が競争しており、この2社は過去に受注の実績を持っているものとすれば、過去においてこの2社は、開発費や設備費をかけている。毎期受注できるわけではなくて、負けた期には償却費用だけ発生し累損として残っていく。しかし、何期か過ぎるうちに、何度か受注してやがて、徐々に回収してきたわけである。この状況に、さらに新規に 1 社が加わって 3 社となる。この新参の 1 社が受注できるということはどういうことであるかを考えてみよう。

既存の 2 社は、どのくらいの割合で受注できるか知っている。その掛け目をかけて、資金の調達費用や設備や人員を遊休させた時のコストも加算した価格を知っていて、その価格で最終的な見積合わせや入札に臨んでいる。新規に参入する 1 社が弱気の判断をして、受注できる期の割合が 1/3 以下であると判断すれば、この 3 社目の見積価格や入札価格は既存の 2 社より高いものになる。一方、既存の 2 社は 1/2 程度であるとして資金を調達し、回収期間を設定してきているものとすると、この新参の見積よりも安い価格で勝負できる。これでは新規参入者には不利である。

少なくとも、過去の契約額については、公開されていたり、公開されていなくても大抵は尋ねれば教えてもらえるので、知ることが可能である。それを見た上で、不利とわかっていて新規に参入する業者はない。この業者は、強気の判断をしているから新規に参入してきているわけである。つまり、1/2 の受注確率ではなく、それ以上の確率で受注できると判断している可能性がある。毎年契約が取れるとか、他の官公庁とも同様の契約のできる可能性があるとかいった、いわば既存の 2 社よりも甘い判断によっている可能性が高い。その結果、既存の業者よりも低価格で落札することになる。

すると既存の業者にとっては悲惨である。少なくとも、今期は受注がなく、開発費や設備費の先行投資の回収が延期される。つまり、既存の2社にとってはコストアップ要因となる。このため、翌期以後は先行投資の回収を念頭に置けば、前期より高い見積や入札をする必要に迫られる。すると、翌期以後も新規に参入した業者の価格が低くなり、毎期その業者に仕事は取られてしまう。そして、累損として残っている先行投資は永久に回収できない。これではたまらないので、既存の業者2社は、先行投資の回収を後に回して低価格の札を入れたり、低価格の見積を出して、仕事を奪い返すことを考えることになる。

このため、新規に参入した業者は、その判断の通りに、毎年受注することは容易ではない。既存の業者 2 社が次々に低価格の競争をしかけてくると、受注できるのは 1 回限りとなり、ここでもまた先行投資が回収できなくなる。受注前に気づいているのであればよいのであるが、何とかなると思っていたから安値の見積や、安値の札で参入したわけである。受注してから、その価格では引き合わないことに気づくことになる。

こうした事態を未然に阻止しようとする既存の業者がいる場合は、新規参入者に対抗して、既存の業者も損を覚悟の安値の札を参入のあったその入札から入れる。もちろんその価格で実際に契約は履行したら損失がでるわけであるが止むを得ない。こうして、新規参入業者と、既存の 2 社のいずれかが受注するわけであるが、いずれの業者が受注しても、その業者は無理な価格で官公庁と契約することになるので、何とか費用の削減を考えなくてはならなず、手抜きなどの費用の削減策をとる動機を持つことになる。

(d) 多数の有資格業者の一般競争

官公庁の窓口は 1 つであり、当期に出る発注は 1 件のみである場合で、適格業者の数が m 社ある場合を考えてみよう。G1QmNmC1 のケースである。官公庁から登録業者数社が依頼されたり指名されたりして入札や見積合わせの競争に参加させられる場合もあれば、公募が掛かり、多数の業者が競争に参加することもある。m≦3 についてはすでに検討したので、4 ≦ m について考えてみよう。

[他の市場からの隔離のない場合]

[m が比較的小さい場合]

G1Q2N2C1Ma の米屋の例と同じく、他の市場にアクセスできている業者には、官公庁との取引を損をしてまでする必要がない。その官公庁に何社が出入りしているかとは関係ない。従って、不正をしたり、ダンピングをして無理に官公庁との取引をしたいと思う業者は出てこない。

[m が比較的大きい場合]

他の市場にアクセスできている業者にとって、官公庁との取引は損をしてまでする必要がないのは、その官公庁に何社が出入りしているかとは関係なく同じであるので、不正やダンピングの問題はあまりない。ところが、m が非常に大きくなってくると、他の市場にアクセスできている業者ばかりの競争でも、今度は違った問題が起きる。

先ず、官公庁での事務手続きが増えてきて無視できなくなってくる。何十社もの見積書を集めて、それを精査して予算をとり、今度は何十社も集めて説明会を開き、何十社もの営業を集めて入札を行う。呼び出される業者のほうもたまらない。何十分の一の確率でしか落札できないのに、官公庁から呼び出されれば、見積書を発行したり、入札に出向いたりしなくてはならない。当然のこととして、各社の社内では、稟議書などによる決済も必要になる。この経費は落札できる 1/m の確率、つまり何十回かに 1 度しか回収できない。

こういうことでは困るので、一般競争の公募や、多数の業者を指名するのではなくて、少数の業者の指名入札にし、無駄な営業費用の削減を求める業者が出てくる。聞き入れられなければ、業者登録の辞退や、次期の競争入札資格審査を受けないなどの方法で業者は逃げ出してしまう。指名をやめて一般競争の公募をしたら入札に応募者が出なかったというニュースもあった。

このように考えてくると、他の市場にアクセスできる業者の業界に対して、官公庁が調達発注を行うときには、入札や見積合わせによる現行の政府の調達発注制度がうまく機能する。しかしうまく機能することはするのだが、行き過ぎると業者の官公庁ばなれが起こってしまう。5 社も 10 社も時には何十社も集めて、見積合わせや入札を行い、費用を官民両サイドでかける意義がないような場合もある。米屋の例でいえば、基地の米の需要が町の米の需要の何割にもなるような大きなものであるときには、見積や入札の手続きが必要かもしれないが、その米の需要が町の米の需要全体からみて小さなものなのであれば、何社かの米屋を見て回り、店頭で安くてよさそうな米を買い求めてくるようにすればそれで良いのではないだろうか。

民間の企業では、安い部品でも 2〜3 社の見積を比較して選ぶし、大規模な工場の建設も 2〜3 社の見積の比較で発注する。時には、見積合わせなどせず、品質や技術をみて順位を決め、順番に随意契約の交渉をして契約先を決めることもある。しかし、一般的な官公庁の調達発注の規定では、調達発注の金額に応じて集める業者の数を増やすことになっている。金額の少ない間は指名競争が行われ、金額が大きくなると業者の数が増えて、最大の金額のランクでは一般競争になっている。

この規定の根拠は、小額の発注は数が多く、1 件当たりの金額が小さいと、コストが掛けられないから、金額の大きい物だけ手間とお金をかけて調達するというものである。長年考えてみているが、それが資源配分の観点や価格理論の観点から合理的であるという根拠が思い当たらない。業者の側では、金額の大きいときには、それなりに見積に費用がかさむのを無視した、官公庁の側の都合に過ぎないのではないだろうか。それを当り前のようにしているため、次のような結果になっていることが多いような気がする。

付き合いで指名されたり、公募に応募を依頼された業者は、本命の業者がどの会社なのかを聞いて回ったり、調べて回る。わかるといくらで入札するつもりなのか尋ねてくる。それより 1 円でも高い札を入れておけば、受注してしまうリスクは避けられ、見積のコストもかからない。また、官公庁から見積の積算根拠を聞かれそうな場合には、受注予定業者に、提出するものを作ってもらい、ハンコだけ自社のものを押すことにする。しかし、これは談合あるいは官製談合の一種である。

[他の市場からの隔離のある場合]

[m が比較的小さい場合]

4 ≦ m ≦M 程度

M という数字は特定できるわけではない。ここでの M は、それほど大きくない数であって、数年に 1 度は業者が受注を見込める程度という意味である。この範囲であれば、設備やノウハウ、技術その他が民需とは異なり転用できない場合でも、業者の行った先行投資は、いつかは回収が可能である。また、ダンピングをしても、いつの日かその損が回収できると思える範囲である。発注が 1 件しかないのに、m が大きくなる、つまり多くの業者が競合するようになると、各社の受注できる確率はどんどん下がり、設備費や開発費は回収できず、ダンピングで損をしても、後で取り戻せる可能性はほとんどなくなる。この異なる状況を区別して考える必要がある。m が比較的小さい間は、m の変化で状況が変わってくるので、その様子から説明する。

[営業費用の増加]、[開発費の増加]

m が大きくなれば、各社の負担する開発費用や営業費用は m 倍に増える。そして、当期の契約は 1 件のみなので、受注できるのは 1 社だけであるから、m－1 社ではその費用を回収できない。もちろん、翌期以後も 1 件ずつ発注がある場合には、他社が受注できる可能性もある。何年かするうちに m 社に仕事が一巡すれば、後先はあるが、やがて全部の業者で先行投資は回収できる。しかし、今期限りである場合には、回収不能な費用が残ってしまう。m が大きくなればなるほど、競争相手が増えるので、開発費用や営業費用の回収の見込みは下がってくる。当然、全体からみてこうした費用は m 倍に増えるのであるから、社会的な損失はそれだけ増えていく。

上述したように、これを防ぐための談合もある。取りたいと余り思っていない案件については、それを取りたいと思っている業者に、いくらで見積をたてたか、官公庁から予定価格をいくらと聞いてきたか、いくらで札を入れるのかを聞いてくる。そして、それより少し高い見積を出したり、札を入れることにする。すると、取りたい仕事に関する入札の時だけ見積などの営業経費をかければよいので、営業費は何分の一、時には何十分の一で済むようになる。もちろん、この行為は、それによって社会的資源の浪費が防止されていても、また、その結果官公庁の契約価格がその分安くで済むことになっていても、談合なので違法である。また、この談合は他の市場からの隔離の無い時にも起きるので、市場からの隔離の有無とは関係がない。

この談合を防止する最善の策は一般競争であると考えられている。企画コンペ、見積合わせ、入札などで資格要件は決めるが、指名数を決めない方法である。特に、郵送受け付けや、電子入札など直接窓口に来なくても参加できるような仕組みを用意すると、参加業者にはどの業者が競争相手なのかわからなくなり、談合をしようにも接触する相手が分からないので、談合ができなくなるといわれている。

すると、一般競争により契約相手を選ぶことには、社会的合理性があると考えがちだか、決して経済学的な合理性は確保できていない。一般競争により、入札、見積あわせ、企画コンペが行われ、選ばれた 1 社が官公庁の契約の相手方になる。勝者もダンピングして無理をしていることが多いので、いつもできるかどうかわからないが、見積通りに価格を設定したのであれば、この勝者は、製造原価に適正利益を乗せた報酬を得ることができる。

この点は、経済学の示す需要が希少な場合限界費用が逓減している領域での価格の決定どおりかもしれない。しかし、競争に負けた業者にも費用が発生していることを忘れてはならない。この負けた業者の負担した費用は経済学的にいえば社会的なロスである。

さらに、一般競争においては、次回の受注が全く保証されていないことから、設備投資や開発費用の回収はその1回の受注で行わなくてはならない。また、受注できなかったときに発生した、交通費、見積の経費、企画書の作成のための費用などの営業費用は、何十回に一度かわからないが落札できるまで、累積損として残っているので、これを、運よく受注出来た時には一気に回収しなくてはならない。つまり、見積価格はそれだけ高くなっている。

そして、累損を全部回収できなくても、一部でも良いから回収しようとか、受注がなければ存亡の危機に官公庁担当部門が直面するので、損でも安値で受注しようとするダンピング競争が起きていることもある。この費用もやがては何かの手立てで回収しなくてはならない。

つまり、**一般競争は長い目で見れば、契約額を引き上げ、納税者の負担になっている。**特に、ダンピングして無理に落札したのであれば、相当な手抜きか、割の良い追加発注か、何らかの方法でその不足を補う必要がある。

[指名の獲得]

マクロ的な観点とは別に個々の業者の観点に立てば、費用が回収不能になることは望ましくないので、指名により自社を含む少数に業者を絞り込んで指名競争にしてほしいと考える。このため、指名獲得競争が起きる。官公庁の側では各業者の意向を聞いて調整がつけば、指名先を限定することになるが、調整がつかなければ有資格業者全部で入札や見積合わせをすることになる。これが一般的な一般競争の状態である。また、最近は報道機関等により一般競争の比率が問題にされる場合もある。このため、条約、法律、規則で決められていないにもかかわらず公募による一般競争が行われることもある。

[新規参入]

今期は1つしか発注がないが、将来何度か、あるいは毎期この1件の発注がある場合がある。そうであればいつかは受注できる可能性もある。しかし、新規参入があった場合には過当競争が発生する。3 社目が参入してきた場合よりも4社目が参入してきた場合の方が、競争の激しさはますが、個々の業者にとっての費用の増加はいくらか緩和されてくる。3 社目の時には、受注確率が 1/2 から 1/3 になり、先行投資の回収に要する期間は 1.5 倍に増加したが、4 社目の時には受注確率が 1/3 から 1/4 になり、先行投資の回収に要する期間は 1.3 倍に増加するだけだからである。m が大きくなるにつれて回収期間が長くなってしまうことにはかわりがないが、その伸びる割合は小さくなる。つまり、それに要する資金コストの増加は小さくなってくる。

しかし、費用が増加することには変わりはないので、結局官公庁はその分だけ高くものを買わされることになるか、手抜きをされてしまうことになる。ダンピング競争が起きて、業者で費用の回収ができなければ、企業の収益が悪化して納税額が減少するか、他に転嫁されることになる。この点をもう少し詳しく説明しておこう。

指名競争にならず、一般競争になったとしても、業者の数がそれほど多くないときには談合が成立する可能性がある。すると、高いものを官公庁が買わされる。この仕組みは次のようなものである。

- ・有資格業者の全て、あるいは、その業界団体が、公式な入札や見積合わせの前に、事実上の指名競争で受注予定者を決めてしまう。これは、**業界ぐるみの談合**とか**業界団体による談合**と呼ばれるもので違法行為である。
- ・引退する既存の企業の先行投資の未回収分を補償したり、選考過程の敗者の負担した費用を勝者が負担するということは、民間の取引では普通に行われている。企業の合併、株式の取得などの資本提携、事業部門の譲渡などにはじまり、参加者には何かの特典をつけるとか、入札や営業や興業の権利を既存の業者から引き継ぐ場合には会員権、暖簾、親方株とよばれる権利の売買が行われるなどである。

  このような一般的な仕組みは官公庁の業者選定では、一般的には禁止されている。受注できなかった企業の営業費用や開発費用が支払われると、**談合金**(サイドペイメント)と呼ばれ、違法行為である。しかし、m がそれほど大きくなく、お互いの顔が見えている仲間内であれば、何とかしてあげなくてはということになる。不正を承知で補償行為が行われることもあるし、合法的に事業部門の分割譲渡とか仕事の一部を敗者の下請け企業に勝者の下請けとして回す方法もある。
- ・次に、**談合金がない場合でも、受注する業者の利益を高めに設定しておくことにより同じような仕組みができる**ことがある。具体的には m 社で競争するのであれば m 倍の開発費や営業費用を乗せておく。そして、受注した業者は m－1回他の業者の受注する別の入札に付き合うことにする。これは、受注者と受注価格を指定する談合であり、これも違法である。
- ・談合が成立しない場合、競争して入札なり見積合わせをすることになる。すると、ダンピングをした者が受注する。受注者は損失を出すか手抜きをする。手抜きは違法である。損失が出れば、納税額、給与、配当などを減らすか、他の製品に転嫁することになる。受注できなかった m－1 社でも営業費用や開発費用は無駄になる。この費用は回収できないので、納税額、給与、配当などを減らすか、他の製品に転嫁することになる。

不正が行われるかどうかは、先に、業者数の少ない場合について利得行列を使って詳しく検討したので、ここでは、不正の種ができることを指摘するのにとどめておく。この m が比較的小さいケースで重要な点は、**一般競争であっても営業費用を節約するための談合が起きる場合がある**点である。

[m が比較的大きいい場合]

$M \leqq m$

入札や見積合わせに参加する業者が多くなりすぎて、先行投資が回収できなくなった場合を考えることにする。このケースでは **m が大きいため、m 社分の開発費や営業費用を価格に載せた場合、高くなりすぎる**ので、談合を業者間で行ったり、業界団体が指導できる範囲を超えてしまい、談合では問題は解決しない。

また、**開発費用や営業費用をこの 1 期で回収**しておかないと、たとえ受注に成功しても、翌期以後は受注が取れる保証は全くないのであるから、残った損失を回収できる見込みが立たない。この必要性は、他の市場から隔離されている業者では、他の市場での受注に費用を転嫁できない分だけ厳しいものになる。

特別な資格などの必要な業界では、業界団体が全ての有資格業者の上部団体として存在する場合もある。しかし、業者の数が多いと目が行き届かなくなる。各業者にしてみれば、受注する業者に付き合って、費用と手間をかけさせられるのであるから面白くない。そこで、もし、業界団体が談合を試みれば、中にはそのことを当局に通報したり、発注元に知らせて、業者の選定をできなくしたり、そこまでいかなくても、嫌がらせをするものが出てくる。

それでは、多くの業者に立てさせた提案、見積、などの費用、営業費用、研究開発費用はどうなるのであろうか。受注できなかった業者では、納税額、配当、給与などの減少、他の製品、業務、工事の代金に転嫁するか、どこか他の工事や業務で手抜きをすることになる。また、受注した業者は、見積が甘かったか、ダンピングして受注しているので、同様な転嫁をするか、手抜きを考えるかもしれない。

[一般競争の落とし穴]

官公庁が調達や発注を公募して一般競争に付すことで、一般競争均衡が成立するような競争原理が導入されていると短絡的に考えることは、このケースを考えてみる限り誤りであることがわかる。談合は確かにやりにくくなったり、成立しなくなったりする可能性が高い。しかし、1 件しか発注がないのに m 社をよべば、落札価格や見積価格は下がるかもしれないが、受注できない m－1 社には、回収できない費用が発生し、その業界には無駄な費用が発生してしまう。下がった価格も原価を反映したものではなく、見込み違いか、意図的なダンピングによるものである可能性が高い。そして、不正の種をまくことになっている。

・対策

ここでの分析から得られる知見は、本書の中で最も重要なメッセージである。

「一般競争」という言葉から「一般競争均衡の成り立つ市場における競争原理」を連想してしまうが、政府の調達発注における「一般競争」は「一般均衡の成り立つ市場における競争原理」の働くことを保証するものではない。入札や見積合わせの現場で一般競争を行ったときに市場原理に近い原理が働くためには、条件が整っていなくてはならず、さらに、コストを伴うものであるということである。具体的には、

- 政府の調達発注において一般競争を行った場合に競争原理が働くためには、競争に参加する全ての業者が、他の市場から隔離されておらず、しかも、その市場は一般均衡の成り立つような市場原理の働く競争市場であることが必要条件になっている。
- また、その条件が整っていて、市場均衡に近い状態で落札者が決まっても、落札できなかった業者には、支払われることのない営業費用や調査、研究費用が発生していて、その先行投資は回収できない。
- そして、受注は不安定なものになり、労働者の雇用もそれに伴って不安定化するとともに、価格に積算される先行投資の償却費用も増大して、政府の支払う価格を引き上げているかもしれない。

随意契約も望ましいものではないかもしれないが、一般競争入札や一般競争による見積合わせもやはり望ましいものではない場合があるのである。

- 市場があり、市場から業者が隔離されていないことが条件なのであるならば、業者を呼びつけて入札や見積合わせをする必要はなく、市場から直接調達すれば良い。
- 国際法的にも WTO の条約では、市場から直接調達するものを入札に付す必要はない。

つまり、**一律に競争を拡大することは誤り**であり、調達発注する案件毎に、生産体制や市場の有無を確認し、**競争**を推進すべきものと、**市場から直接調達**するものと、**随意契約**を用いて値決めの交渉をするものに**分類する必要がある**のではないかと筆者は考えている。

(7)発注件数の増加が競争に与える影響

随意契約について検討した際に、発注件数を複数に分けると、査定が厳しすぎて業者を追い詰めてしまう問題を緩和することができる場合のあることに触れた。ここでは、競争にも発注件数は大きな影響を与え、棲み分けを可能にしたりするので、その影響を分析してみよう。

(a) 2社に2件の発注の競争入札

官公庁の窓口は1つであり、適格業者の数が2社ある場合で、当期に発注が2件である場合について考えてみよう。G1Q2N2C2のケースである。2社の業者をA社、B社とする。どちらの業者が落札するかは次の4通りとなる。これを区別するため

1件目の受注と2件目の受注がともにA社である場合をAA

1件目の受注と2件目の受注がともにB 社である場合をBB

1件目の受注がA社、2件目の受注がB社である場合をAB

1件目の受注がB社、2件目の受注がA社である場合をBA

と書くことにする。

[他の市場からの隔離のない場合]

G1Q2N2C2Maのケースから分析を始める。上述の4通りの内どの結果になっても、業者にとっての死活問題は起きない。A社B社ともに他の市場にアクセスできるのであるから、自社の見積よりも安くするダンピングの必要もない。ただ、もし問題が起きるとすると、積算にミスがあったときである。

A 社が工事を難工事になると誤って見積をたてたり、納品のための運賃がまとまった量になるため割り引かれるのをわすれていたりと入札額を高額に見積もっていた場合、落札結果はBBとなり、B社のみが受注する。しかし、この場合B社の見積には問題がなかったのであるから困ったことは起きない。

B 社が工事を簡単に済むと思っていたり、仕入れ価格の見積が甘かったりすることもある。例えばトンネル工事において、岩盤が固く、断層がいくつもあり、通常の工法では歯がたたたないのを見落としていたとか、仕入れで、5個10個ならば端物(はもの:ロットサイズ以下の余り)で1,000円で調達できていたのに、受注が決定して、数千個まとめて発注してみると端物というわけにはいかずに 2,000 円することがわかったなどということがある。この場合も落札結果はBBとなり、B社のみが受注する。そして、B社は損をすることになる。この損害がB社に耐えられるものであるときには問題ないのだが、耐えられないようなときには契約が履行できなくなる。場合によると手抜きを考えることが必要になるかもしれない。

こうしたミスや見込み違いを除けば、官公庁からの受注がなくても困らないわけであるから、基本的には問題は起きない。

[他の市場からの隔離のある場合]

次にG1Q2N2C2Miのケースを考えてみよう。他の市場から隔離されている場合には、AAとなるとB社は受注実績が今期はなくなってしまう。BBとなると今度はA社が実績がなくなってしまう。A社が誤って安い見積を出していればAA、B社が誤って安い見積を出していればBBの結果は起きやすくなる。また、A社B社ともに受注実績を今期確保しておかないと来期に Q2N1 の指名随契となった場合に指名されない可能性が出てくる。他の市場に販路や顧客の無い業者は今期是が非でも 1 件は受注しておきたいと考えるであろう。すると、安い見積を意図的に出して、相手を排除することを考えるかもしれない。A社がそう考えるときにはAAとなりやすくなる。B社がそう考えるときにはBBとなりやすくなる。両社がそう考えたときには、AA,AB,BA,BB いずれになっても適正な価格よりも安い価格

で契約されているわけであるから、手抜きが行われる可能性が全てのケースに付きまとう。

こうした事態を避ける方法は業者にしてみれば談合しかない。AB または BA の結果がえられるように事前に相談することになる。

官公庁の側でこうした事態を避けたければ、Q2N1 の契約を2件発注することにして、それぞれの業者と随意契約をする方法もある。それができるためには A 社、B 社が相手にまねのできない特殊性を持っていて、発注においてその特殊性が必要であることが証明されなければならない。一度、この面倒な手続きができれば、翌期以後もそれを踏襲していくことは比較的容易であると思われるが、最初は簡単ではないため、こまった状況が放置されることもある。これをもう少しやり易くするためには、**輪番制の発注**を制度の中に組み込んで、A 社、B 社と交互に指名随契で価格交渉をすれば良い。入札においては談合により契約額を吊り上げることができるので、交渉のできる随意契約の輪番制の方が官公庁は費用を節約できると思われる。

[新規参入]

もともと2社業者があったのではなく、A 社が既存の業者として官公庁に出入りしていたところへ、B 社が参入してきたものとしよう。このときは、他の市場からの隔離の有無で状況が違ってくる。

[他の市場から隔離されていない場合の新規参入]

G1Q2N2C2Ma について考えると、他の市場から隔離されていない業者が 1 社から2社になっても、不正を行ってまで官公庁との取引を競い合う強い動機は両社とも持っていない。つまり、不正の起きる可能性は低い。

[一社だけが他の市場から隔離されていない場合の新規参入]

一方、G1Q2N2C2Mip で、B 社が民需が低迷し食べて行けなくなったときに、官公庁の仕事で一息つこうとして参入してきたものとすると、話は別である。しかし、このケースは良く考えてみると民間市場が供給過剰で、もはや販路としては用をなさないのであるから、民間の市場にはアクセスできないという意味で、両社ともに隔離が発生していると考えることもできるので、次のケースに含めても良いだろう。

[2 社共に他の市場から隔離されている場合の新規参入]

今まで随意契約をしてきた A 社は、B 社の出現により、G1Q2N2C2Mi となり見積合わせや入札をしなくてはならなくなる。そして、その結果上述したような競争が起きてしまう。当然のこととして、A 社は B 社の新規参入を阻止したいと考えるであろう。過去の受注実績を指名の条件に加えてもらえるように、官公庁の調達発注窓口に働き掛けることになる。

B 社は何とか指名の対象にしてもらわなくては、参入が果たせないのであるから、指名先の選考で過去の実績が問われないで済むように働き掛けることになる。

この結果、両社の営業担当者が官公庁の発注業務の担当者や現場の部局に日参して、激しい競争が起きる。すると、その応対に官公庁側の担当者は追われることになる。そうなると面倒なので、新規に B 社が参入してきたことを A 社には知らせないことにする。すると、この場合 B 社だけに情報が与えられるのであるから、B 社が安い見積を準備することが可能になり、フェアでない競争が行われてしまう。さらに、事前の準備段階では A 社は気づかなくても、1件目の契約で随意契約ではなく見積合わせや入札の手続きが取られると A 社は B 社の参入に気づくことになる。つまり、営業の競争は避けられない。放置すればダンピングと手抜きが発生する可能性は大きい。困った担当者は対策を準備することを考えなくてはならない。

説明会を開いて2社を同時に呼ぶ方法もある。すると、2社の営業担当者同士は顔見知りになる。相談すれば談合だが、そうするかどうかは業者間の責任で、官公庁の担当者は預かり知らないところである。この方法で、うまく業者間で話し合いができれば、官公庁の担当者は面倒な営業に対する対応をしないで済むし、不正が発覚しても、業者間でしたことで、自分は無関係であると主張できる。しかし、よく考えてみると、新規参入の場合には、この方法はうまくいかない。参入したいB社はA社がそれは困ると言ってみても、何とかして参入したいわけであるから、A社の言い分を聞くわけにはいかない。そんな相談にのったら違法行為であるといって A 社の主張を拒めばよい。拒まれたA社にしてみれば、そのまま引きさがってはA社の売り上げが減ってしまう。やはり指名で実績を盾にしてB社を排除してもらおうとするだろう。すると結局官公庁の発注窓口に A 社は相談に来ることになる。そして官公庁ではA 社の言い分を聞くかどうか判断が必要になる。つまり、面倒な対応を迫られることになる。随契理由がなんとか成り立つときには、A社の言い分を聞くことにするが、面倒な書類を作って決裁をとり、B社から不満の出ないように説得する手間もできる。

また、随契理由が明確でないとなると、今度は A 社にその説明をする必要が出てくる。そうこうしているうちに月日が経って、今期の発注を見送るか、入札を行うかしか選択の余地がなくなる。

結局 A 社は、ダンピングをして B 社に落札させないか、もっと別の方法、例えば有力者に調停の斡旋をしてもらうような不正を選ぶかしかなくなる。

もし、このような結末を官公庁の調達窓口の担当者が好ましくないと思っており、A 社のみに依存する状態も望ましいものではないと考えているとしたら、どうすればよいだろうか。A 社、B 社それぞれが受注する AB または BA に結果をするためには、直接業者に指示を出すしかなくなる。これは**官製の談合**である。

[棲み分けへの誘導]

違法行為をしたくない官公庁の担当社は、次の方法を探ることになる。2件の発注の内1件を継続案件を中心にした高額の案件、もう一つは、新規の調査や試作、試行を中心としたごく少額の案件にすることにする。A社は過去の先行投資の回収や、現存の社員の雇用の確保などがあり、1件目の高額の案件を取りたいと考え、B 社は2件目の小額の案件を取りたいと考えるならば、A社、B社は談合する余地ができる。A社が1件目に従来の価格の札を入れることにする。B社も新規に開発費や施設費を投じるが、仕事や製品のライフサイクルを考慮すると投資の回収や施設の償却の期間をA社よりも短く設定しなくてはならない可能性が高いので、その分B社が正直に積算した価格が高くなる可能性がある。この仕組みを利用するのである。官公庁の担当が説明会で「1件目は継続案件が中心で、この先、何年程度しか続かない可能性があり、後継の代替案を検討するため、もう一件試行的な発注を行う。また、来期以後は、できれば、試行的案件をもう1件出すことになるかもしれない」ことを両社の営業に説明することにする。

A 社が新規参入を完全に阻止したいと思っていれば、ダンピングをして全ての案件を取りにかかるだろうが、それほどでもない場合には、1件目を従来の価格で受注し、もう1件はとりあえず B 社に譲っても良いと考えるかもしれない。B 社も無理をして1件目をとっても先がないなら、A 社にまける可能性が強いが、損をしない価格で1件目に応札し、2件目の小額の案件を安めの価格で応札することにすれば、参入の目的は果たせる上に、損をする場合の金額を小さくすることができる。

こうした、うまい組み合わせに2件の発注が分割できる場合もあれば、分割できない場合もある。また、暗黙の官製談合に業者が乗ってくるかどうかはわからないし、一社が乗ってきても、他社がダンピングに走り、うまくいかないかもしれないので、成功するかどうかの保証はないが、そうした工夫をしてみる余地はありそうである。

民間企業が、下請けや、出入りの業者にこうした仕切りかたをしても、何の違法性もないので、1社に特定の仕入れや下請け業務を依存するのは良くないと考えたときには、大した混乱もなく**仕入れ先や委託先の複線化**ができる。しかし、官公庁の調達発注業務は、一筋縄ではいかない仕組みになっている。

(b) 2社に3件の発注の競争入札

契約件数が1件増えて3件の場合を考えてみよう。G1Q2N2C3のケースである。2社の業者をA社、B社として1件目、2件目、3件目の順にどちらが受注するのかを表示することで結果を表すことにすると、

AAA,

AAB,

ABA,

ABB,

BAA,

BAB,

BBA,

BBB

の8通りの結果が生じる。A社B社がともに他の市場とアクセスできる場合には、入札制度はうまく機能するが、他の市場から隔離が発生している場合には、

AAAならばB社がこの期の受注実績を失い、死活の問題を生じる。

BBBならばA社がこの期の受注実績を失い、死活の問題を生じる。

この仕組みを詳しく検討してみよう。

[くじ引きによる業者の選定]

入札をやめてくじ引きで受注業者を決めることにすると、入札するよりもましな結果になる可能性もある。そこで、くじで受注者を決めて、金額は随意契約により交渉で決めることにする。すると、くじの場合、等確率であるならば、全てをA社が受注するのは、

AAA　　で　確率は　1/8

全てをB社が受注するのは

BBB　　で　確率は　1/8

A社が2件、B社が1件受注するのは

AAB,ABA,BAA　　で　確率は　3/8

A社が1件でB社が2件受注するのは

ABB,BAB,BBA　　で　確率は　3/8

である。

この方法では、1/4の確率で死活の問題が起こるかもしれず、3/4の確率で棲み分けができる。入札にするとこの状態よりもましな状況は作れるだろうか。必ずしもそうではないので、少し詳しく検討しておこう。

[入札による業者の選定]、[入札がうまく機能する場合]

ここで、入札による場合何が起こるかを考えてみよう。まず、G1Q2N2C3Maについて考える。A社とB社がいずれも他の市場にアクセスしており、そちらが主で、この官公庁との取引が従の関係にあるものとする。A社とB社は共に損をしたり、違法行為をしてまでこの官公庁と取引する必要はない。すると、A社、B社ともに他の市場で自社が契約のできる最低の価格以下では応札しない。それ以下の価格でこの官公庁と契約すれば、他の市場でもっと高い価格の受注ができるチャンスを逸するからである。

A社はA社の設定している値段、B社はB社の設定している値段で応札してくる。このことは、A社とB社のいず

れか安い方の業者が、3 件全部を落札して AAA または BBB となることを意味している。高い札を入れた業者は、それ以下で契約したのでは損だと考えているので、そんなに安いのなら契約したくないわけであるからその業者にとっては、受注しないことの方がベターである。落札した業者も所望の価格の契約が3件取れたのだから、取れないよりはベターである。そして、最も安く工事、サービス、物品が手に入ることになったという意味でこの官公庁にとってもそれがベストの帰結である。

今、A 社に余力があまりなく、1件目、2件目は低価格で契約できるが、3件目に関しては新たな設備投資や増員などを必要としており、高い価格でないと契約できない事情があるものとすると。A 社は2件について低額、3件目には高額の札を入れる。その結果落札は、AAB となる。つまり、A 社、B 社の棲み分けが自然に発生する。この場合においても、A 社、B 社は共に所望の額で契約ができ、官公庁も最低の金額で契約ができるのでベストの結果が得られたことになる。つまり**このケースでは市場原理が機能して、一般競争による調達発注で市場に近い状況を作り出せる。**

[一方だけが他の市場にアクセスできる場合]

一般的には法律による規制はなく、どこででも、商売ができるはずだから、片方だけが市場から隔離される G1Q2N2C3Mip の状況は起きないと思う方がいるかもしれないが、いくらでもこういう場合が発生する。例を示すと、

A 社は製品別の事業部を持っており、全国的に事業展開している。B 社は地方別、顧客層別の営業重視の事業部組織を持っており具体的には○○支店の官公庁営業部がこの官庁を担当しているものとする。A 社の営業担当者は他の市場とアクセスできるが、B 社の担当者は他の市場にはアクセスできない。

A 社は全国の工事を手掛ける大臣免許の建設業者であり、官民問わず広く工事を受注している。B 社は県知事免許の小規模な一地方の建設業者で、持っている機材や技術の制約で架橋工事しかできない。この地方で橋を発注するのは市役所だけである。この場合も A 社の営業担当者は他の市場とアクセスできるが、B 社の担当社は他の市場にはアクセスできない。

というような場合である。

この場合、入札制度がうまく機能する場合としない場合があるのでそれを示しておこう。

[入札制度がうまく機能する場合]

B 社が地元の利を生かして BBB と落札するか、余力の関係で BBA, BAB, ABB, AAB, ABA, BAA のいずれかの棲み分けのケースとなった場合には、B 社は能力に応じて所望の契約が取れ、A 社も安くて割に合わない件を除いて落札できているので、業者2社にとってベストの結果が得られており、官公庁も最も安い価格で3件とも発注できているので、入札制度はうまく機能している。

[手抜きの発生する仕組み]

A 社の技術力が勝っているとか、B 社では材料などの仕入れが高くついているなどの理由から 3 件とも A 社の見積が B 社の見積より安くなる場合がある。数億円の契約でも差が1円あれば安い方が落札する。従って、わずかでも A 社が安い場合 AAA と A 社が独占する。すると、B 社、もしくは、B 社のこの地区の官公庁担当部門は死活の問題にさらされる。この期には受注がゼロになり、翌期には前期契約実績がなくなるからである。

B 社は当然そうした事態を避けるために、少なくとも3件の内1件はダンピングをしてでも安い札を入れることになる。結果は BAA、ABA,AAB,BBA,BAB,ABB,BBB のいずれかになり、A 社 B 社の棲み分けか B 社の独占状態になる。一見それて良いように見える。しかし、B 社は利益が低下するか損失を出すことになる。この損失が大きいときには、A 社に見返りを用意して説得してみようと思うかもしれない。こうなると談合である。A 社は余程大きな見返りのない限

り、違法性のある談合には簡単には応じないだろう。すると最後はダンピングして低価格で落札し、手抜きをして、受注実績と利益の両方をB社が確保しなくてはならないかもしれない。

[談合の成立する場合]

両者共市場から隔離されているG1Q2N2C3Miの場合も、技術力の差、営業体制の差、開発投資や設備投資の回収額の差、あるいは見積のミスなどで、A社とB社の見積額に差がつくと考えるほうが自然である。つまり、同じ業種品目の入札が3件あるのであるから、安い方の業者が3件の落札を独占する可能性が高い。すると、見積の高くなる業者は3件すべてを失注することになり死活問題に直面する。

一方、相手の業者よりも安い金額で契約できる自信があっても、相手方が死活問題と考えてダンピングしてくる可能性がある。その結果相手方の独占状態になる可能性がある。すると、自社の死活問題になるわけで、この安さに自信のある業者にも談合することにメリットがある。つまり、両社の間には共存のための**棲み分けが談合により成立**する。

談合が成立していることにより、契約の相手方の意思決定主体が2つではなく1つになる。つまり、入札額に切り代が載せられる可能性が出てくるのである。官公庁が契約先を1社ではなく2社にしたい理由は、主として2つの目的からである。一つは万一、1社しかない契約先が何かの理由で倒産したり災害にあったりして、供給能力を失ったときに備えるバックアップとしてもう1社欲しい。もう一つの理由は見積額を比較して適正な契約額を検討する材料が欲しいからである。しかし、2社が談合し、価格に切り代を乗せてきた場合には、後者の目的は達せられない。

入札に頼っていると、談合が行われている場合にも、落札額を契約額とするしかなく、高いと思っても、その金額で契約することになる。1件、1件の入札で高いのではないかと思うたびに談合の調査をしていたのでは、仕事にならない。困った状態になる。そこで、入札ではなく見積合わせを行い、安い側の業者と随意契約の交渉をするといった方法も考えられる。しかし、このようなプロセスを踏むには、積算が官公庁の側でできなくてはならないし、随意契約の手続きも必要になる。現在の我が国の実情は、工事関係の契約では、かなりの官公庁にある程度の積算能力があるが、物品やソフトウェアについて、充分な積算能力があると思われるのは防衛省くらいであって、一般の官公庁でコンピュータや消防ポンプ車の価格の積算ができるか問われれば、無理であると即座に答えが出るであろう。すると、入札でもうまくいかず、見積合わせと随意契約の組み合わせでもうまくいかない。それが現状である。

そこで、取り締まりの強化ということになるが、年間何万件、何十万件あるかわからない入札について、談合の有無を全て調べることなど到底できない話である。さらに100%摘発されるとわかっていてもこのメカニズムで発生する談合は阻止できない。

摘発されて何人かが逮捕され刑事罰を受けて免職させられ、その期は指名停止処分になり、課徴金が付加されることになっていても、談合をしないでダンピング競争になり、その競争に敗れて廃業や廃部になるよりは、多少の犠牲をはらっても、談合で棲み分けて仕事を確保できることのほうがずっとましだからである。課徴金が高額化してくれば、積算の段階でそれも経費と考えて予備費に組み込み切り代を積むことで解決することになるだろう。

(c) 発注件数がたくさんある場合の競争

契約数のnについては、これまでに1件から3件について検討してきたので、ここでは

$$n \geqq 4$$

について考える。G1Q2N2Cnのケースである。

[他の市場と両社が隔離されていない場合]

G1Q2N2CnMaつまりA社B社ともに他の市場にアクセス可能であり、この官公庁との取引がなくても、それほど困

ることのない場合には、n≦3 の場合同様、両社ともに自社の見積に正直な応札をするのが最善である。A 社が価格を引き下げれば 3 件とも独占して受注できるかもしれないが、もっと儲かるチャンスを失う。価格を高くすれば B 社が独占的に落札し、A 社は官公庁との契約実績とともに売り上げを増やす機会を失う。B 社にとっても状況は同じである。官公庁にとっても市場価格で契約ができる。

[他の市場から一社が隔離されている場合]

A 社が他の市場にアクセスできて B 社が隔離されている G1Q2N2CnMip の場合を考えてみよう。これまでに述べてきたように、A 社は自社の見積通りに札を入れてくる。B 社が談合を持ちかけても A 社は話に乗ってくれない。そこで B 社はどうすればよいだろうか、発注件数が 4 件以上になると、**談合が成立しなくても、共存の可能性が出てくる。** まず、1 件目を自社の見積で応札してみる。その時 A 社の応札価格もわかるので、A 社のおおよその単価が B 社にもわかる。

1 件目の落札が B 社ならば、B 社は先ず受注実績が確保できる。A 社の方が高いので、今度は B 社が儲けることを考える。2 件目以後、A 社の見積の予想をたてて、その金額よりわずかに安い札を入れる。それで負ければ、予想の立て方を修正する。また、勝ってもその時の A 社の金額を基にして予想の精度を高めていく。この方法は話し合いをしたわけではないので、談合には当たらない。価格も市場価格で応札する A 社の価格に近付く。

B 社が1件目に負ければ、2 件目では 1 件目の A 社の金額を参考にして A 社より少し安い金額の札を入れる。2 件目にも負ければさらに安くする。こうして、なんとか受注実績を確保できるまで下げていく。あとは、それまでの A 社の応札金額を参考にして必要な量の仕事を確保する。この場合、B 社は B 社の実力では出せない A 社の金額よりさらに安い価格でしか仕事が取れない。B 社にとっては面白くないかもしれないが、それが競争の結果である。A 社は他の市場でその価格で営業しているのであるから、B 社は文句を言うことができない。どうしてもその価格で営業ができないのであれば、やり方を変えるか廃業に追い込まれるかしかない。そうなれば、B 社は手を抜いてくるかもしれない。しかし、ダンピングの競争をした結果ではないので、手を抜かなければ損失に耐えられないほど安値になっている可能性は低く、手抜きの行われる可能性は幾分低いものと思われる。

そういう意味では、このケースは若干他の市場の価格よりも低い金額にすることで、共存が可能になるわけであるので、ベストではないかもしれないがそれに近いという意味で、入札制度がそりなりに機能するケースであるともいえる。

[他の市場から両社が隔離されている場合]

発注件数 n が小さい時には、他の市場から両社が隔離されている G1Q2N2CnMi の場合には市場機能がうまく働かず、談合が行われやすいことを先に示した。しかし、n が大きくなることで、状況は少し変化する。**実際に話し合いを A 社と B 社が行わなくても共存の道が探れる場合がある**からである。そのシナリオを考えてみよう。

(1件目の入札)

A 社は、最初からダンピング競争や談合について考えるのではなく、残りの契約が 3 件位に減ってからでも遅くはないものと思っているものとしよう。全部で 4 件発注されることが分かっているときには、最初の 1 件については相手の出方を見ることにして、自社の判断している適正利益の 2 倍の利益の出る少し高めの札を入れる。

B 社も全く同様の判断をしていれば、B 社は 1 件目に同様に利益が 2 倍の札を入れる。

その結果、A 社か B 社のいずれかが最低価格になるが、この最低価格は官公庁が設定した上限価格、つまり、予算を下回って入れれば、落札となり、受注が決まる。今,この落札者を A 社としておこう。A 社は、この 1 件目の入札で2件分の利益を得たことになる。

(2 件目の入札)

1件目の入札の結果A社は落札し、しかも利益を余分に上げているので、A社には余裕ができる。ダンピング競争や談合について考えるのは最後の2件で良い。そうなると、この余裕を利用して、2件目は3倍の利益の上がる価格で応札する。

B 社は、ここで談合について考えるかもしれない。しかし、A 社はこれに応じることはない。危ないことをして、せっかく確保した利益を不意にする必要はないからである。B 社は 1 件目では負けたが、A 社の付けた価格を1件目の開札で見ている。そこで、こう考える。A社はB社と同じ考え方をしているようだ。A社には1件目で余裕ができているはずで、もう少し高い札を入れてくる。そこで、B 社は A 社の付けると予想した価格との差を慎重に分析したうえで、2件目も利益の 2 倍になる札を入れることを検討する。それでも A 社に負けるかもしれないと思えば、A 社の入れる札の予想額より少しだけ安い札を入れることにする。すると、今度は B 社が落札する。

(3件目)

このB社の行動を見届けたA社は、3件目も談合には応じないで。利益を2倍より少なめで、なおかつ自社見積よりも高い B 社の金額よりも安い金額に設定した3件目の札を準備する。

B 社はすでに1件落札していて利益を手にしているので、A 社の過去の入札価格の実績に基づく予想より低ければ3件目は自社見積の近辺の金額の札を入れる。しかし、A 社は過去の2件の応札に比べれば、自社利益の掛け目を半分以下にしているので、A 社が落札する。

(4 件目)

以上の結果 A 社はすでに自社見積で3件分余りの利益を手にしている。4件目は損をしてまで取る必要はないので、自社見積の札を4件目には用意し、ここでも談合に応じない。

B 社は自社見積の2件分に近い利益をすでに確保しているので、仕事量がさらに欲しければ、自社利益を乗せない札まで用意できる。

4件目をいずれが落札することになるのかはわからないが、少なくとも A 社の見積額で A 社が落札するか、それより少し少ない金額で B 社が落札する。

(全体の結果)

両社が上述したようなシナリオで行動する限り、談合することもなく、ダンピング競争に陥ることもなく、共存しつつ充分に利益を上げることのできる結果になる。悪くいう人々はこれを「**慣れ合い**」の関係ができているというし、良く言う人は「絶妙な**阿吽(あうん)の呼吸**ができている」という。

4件の入札全体を通して見ると、落札者と落札金額は、

1件目	A 社が落札	A 社見積の2倍の利益
2件目	B 社が落札	A 社見積の2倍に近い利益
3件目	A 社が落札	A 社見積の1件分より多めの利益
4件目	B 社が落札	A 社見積より少し少ない金額

という結果になっていて、A 社と B 社が仲良く2件ずつ落札し、A 社は見積4件分に近い利益をあげ、B 社も2件の受注で自社の見積よりも多めの金額を得ている。入札制度に従えば、随意契約のような査定と価格交渉はできないので、官公庁は、落札額で契約し、2社に支払うことになる。

官公庁側からすれば、この結果は、余り望ましくないということになるかもしれないが、ダンピング競争の結果、手

抜きや、不良品の納品が起きたり、談合の取り調べを受けるよりはずっとましな結果であると考えられる。しかし、経済学的には、競争原理が十分に生かされておらず、余分に支払われた金額は納税者の負担であって望ましいことではない。

[査定の精度の向上と予定価による上限の設定]

この解決策はただ1つしかない。官公庁の調達窓口が随意契約をする時のように、正確な査定能力を持っていて、落札価格の上限を上手に設定することである。一般には予定価を上回る札しか入らなかった場合は、何度かの再入札を行い、それでも、予定価を上回るときは、入札額の最小の札を入れた業者から順に随意契約の交渉が行われる。このようなプロセスを経るとA社B社は共に予定価格がどのような水準になっているのかを学習してくる。つまり、nの数が多くなればなるほど、査定の方法が業者間にも普及するので、業者の応札金額も官公庁の査定額に収斂してくる。そして、官公庁の積算や見積の査定に業者の応札価格が収斂してきて業者の得る余分な利益はほとんどでなくなる。

一般には、予定価と落札価格の差が小さいことを持って、談合や、官製談合の起きている証拠であるかのように言われることが多いが、入札システムがうまく稼働することの結果として、予定価の95%とか、98%に落札価格が決まることもあるのである。

物品の調達などでは、仕入れの原価、保管費用、搬送費などは、官公庁でもかなりの精度で把握できるときがある。そのような状況で正確な査定が行われ、予算が決まり、入札の予定価が決められているとしたら、民間の市場では1%とか2%しか利幅の無い商売しかできないことは良くあるので、予定価に対して落札価格が99〜98%になっても、業者にとってはシビアな契約なのかもしれない。官公庁の見積能力が十分にある場合や非常に分かりやすい市場価格がある場合には、正確な市場価格で予定価格が決まるので、入札制度がそれなりの機能をして、落札率が1に収斂する可能性もあるのである。

[見積の手間の軽減]

この積算や査定の精度の向上と、厳しい上限の設定は、次の問題を引き起こす。A社、B社の利益率が低下してくるわけであるから、そこを何とかしたいと両社は考えるようになる。仕事の手抜きや品質のごまかしなど違法行為も選択肢のひとつであるが、もう一つの方法が営業費用の削減である。100%受注ができるわけではなく、失注すればその対価の得られない見積の手間を軽減することは重要である。もし、初めから予定価格が分かっていれば、それが実現できる。このため、官公庁の予算書など公開情報をもとに予定価格の予想をたてる。良くわからなければ「御予算はいくらぐらいですか」と聞きに行く。

民間の取引の営業活動で相手の予算をあらかじめ聞いて見積を用意することは、全く当たり前のことである。家の増築に400万円借りたので、その他の業者にも支払いが生じるから、大工さんには300万円しか予算が用意できないと施主が答えても全く違法性はない。しかし、官公庁の場合には、入札の予定価を教えると違法行為になる場合がある。

合法的な場合は、仕様や設計に基本的なことが書かれているだけで、細部を業者が提案できる場合が多い。この場合は入札書あるいは見積書とともに設計図書や企画書の提出が求められ、企画コンペと呼ばれる。この方式では、提出された見積額が同じになっても企画や設計の良し悪し、業者の信頼性や実績を官公庁が判断して契約の相手先を決める。例えば、調査の委託の企画コンペの場合ならば、予算1,000万円までで、100の企業における残業の実態調査を行い、それを分析した1,000ページの報告書を提出せよといった形で仕様が示され、どの企業をどのように調べて、誰がどのような分析をするのか企画と見積額の両方を提出せよといった方式である。

設計、仕様、企画については官公庁の要求通りにするものとして、価格のみの競争が行われる場合、一般的には予定価格の事前の通知は非合法とされる場合が多い。すると、非常に複雑な積算作業の必要な製品の納入や、大規模な工事などの場合には、非合法な手段とわかっていても、官公庁の担当者から、総額や主要な部分の見積額などを聞き出すことが予定価格を上回って失注となったり、安く見積り過ぎて損をしたり、儲け損なうよりもよいと判断する業者が出てくる。

[うまくいかないケース1]

もちろん、A社とB社が談合しているわけではないので、双方が描くシナリオが一致していないと、A社の一人勝ちになったり、B 社が途中でダンピング競争をしかけたり、談合しないと解決できなくなったりする可能性がある。そうした場合には、談合や、手抜きが横行する。また、新規参入者が入った結果、業者が 2 社になった場合などは、こうした棲み分けも既存の業者にとっては損になるので、ダンピング競争が発生して、手抜きの原因になる。

1 件目の入札で A 社は上述のような方針で少し高めの札を入れる。これに対して、B 社は受注実績の確保を優先し利益の殆どない安い札を入れる。すると、1 件目は B 社が落札する。このとき、A 社は B 社がそれでも充分利益を得ているものと誤解するかもしれない。

2 件目の入札で A 社は、B 社は 1 件目で落札して、ある程度の利益を得ているので、余裕のある応札をしてくるものと思い、1 件目に B 社の入れた札と同額か少し安い札を入れる。このとき、B 社が、1 件目の A 社の金額を参考にして、少し高い金額の札を入れるか、1 件目と同じく利益はほとんどないが損にはならない札を入れれば、A 社が落札できる。しかし、積算の誤りなどで B 社がさらに安い札を入れてしまえば B 社が落札する。

3 件目の入札に臨む A 社と B 社は、この時点までに、今期に見込んでいた利益はまだ得ていない。ここまでが BB の時には A 社は受注実績の確保もできていない。A 社は B 社が相当低コストで積算しているものと誤解する。そうなると受注実績の確保のためにはダンピングか談合かしかないと判断するかもしれない。B 社にとっては、まだ利益が確保できていないのであるから少し高めの金額で残りの少なくとも 1 件を落札したいと思っている。すると、両社の思惑が一致し、談合の話が進むことになる。

B 社は別の判断をするかもしれない。今期は、初動で安く札を入れてしまったため、利益の確保に失敗したが、仕事は 2 件とれている、談合して摘発されるリスクを犯すよりは、なんとか生き残れるので、談合には応じないで、様子を見ることにする。

すると A 社は受注実績の確保のためにはあと 2 件なので、あとの 2 件を全て B 社に取られると受注実績ゼロになってしまう。また、1 件でも受注実績が取れればよいのか、2 件とも取る必要があるのか、ダンピングをどのようにするのかの判断が必要になる。他の市場から隔離されている A 社は、仕事量も確保しなくてはならいので 2 件ともダンピングして取らなくてはならない可能性が高い。そうなると、手抜きを A 社が考える可能性が出てくる。

n が多くなると、この状況は少しずつ改善される。B 社が 1 件目、2 件目で誤って低価格で受注してしまっても、先は長いので、3 件目、4 件目に利益の確保できる水準の札を入れる。すると、A 社に受注のチャンスが生まれる。その結果、談合しないで共存できる可能性は高まってくる。

[うまくいかないケース 2]

A 社 B 社が共に自社見積の通りに最初のうち札を入れ続けるものとする。仕様がほぼ一定の案件ばかりの場合には、A 社と B 社のコストの違いから、いずれか一方が落札し続ける。仮に落札し続ける業者を A 社とする。B 社が他の市場とアクセス可能な場合には、それでも構わない。B 社には死活問題は起きない。しかし、B 社が他の市場から隔離されていれば、一定の件数の受注をしないと生き残れない。すると、ダンピングをするか、A 社との談合の道を探ることになる。この場合 A 社が談合の必要性を感じていないと、相当な便宜の供与や談合金など何か大きな見返りが必要になる。これに B 社が耐えられなければ、B 社によるダンピング受注と手抜きの起きる可能性が高い。

このケースの厄介な点は、n の数がいくら増えも、何件目かで必ず B 社が追い詰められることである。そして、考えて見ればおかしなことなのだが、正直な業者で、官公庁相手の商売なのだから、**特別に儲ける気持はない。一定の利益が上がればそれでよいというまじめで、一所懸命の業者ばかりの時には、そのうちの誰かが追い詰められてダンピングが起きる仕組みになっている。**

・対策

この分析から得られた結果も、競争による政府の調達発注には限界のあることを示唆している。

- 案件の数が増えることにより、過当競争は緩和されるかもしれないが、談合に頼らなくても経済学的観点からは過剰な利益を得ることのできる棲み分けの戦略が利用できるようになってしまう。
- また、生産が費用逓減領域にあるような場合には、独占が発生したり、誤って過剰な需要予測をたてた業者が独占的に落札することを入札制度は阻止できない。

この二つの点を解決するためには、予定価格の上限と落札額の下限を設定して、過剰な利益や低価格の落札を阻止する複制限をかけなくてはならない。

第 2 章で述べたように官公庁では入札に付す案件を増やす努力を行っており、また、予定価格と下限の複制限を行い仕組みを改善しようとしてきた。しかし、この改善は充分な成果を上げることができていないことも事実である。これを解決するためには、業者側での正確な原価計算と官公庁の担当者の査定能力が必要になっていると筆者は考えている。

また、筆者は悲観もしていない。それは、2 章に述べた横須賀市などの例では、業者の数と案件の数がうまくバランスすると、談合がなくなり、しかも、契約価格がある程度低下するという非常に好ましい結果が得られているからである。条件の整っている場合に競争の徹底は有効である可能性が高いと思っている。

(8)受注できない業者の出る競争

最も単純な一般競争 G1Q2N2C1 をゲーム論的に分析した際に、他の市場から業者が隔離されているとダンピング競争の囚人のジレンマが起きることを述べた。ここでは、このメカニズムをより深く理解するために、業者の数がさらに増えた場合について検討することにし、発注件数の不足がこの過当競争の問題のもう一つの原因になることを示す。

棲み分けが可能になる場合もある G1Q2N2C2 にさらに 1 社が加わった場合を考えてみよう。G1Q3N3C2 のケースである。最も単純な一般競争 G1Q2N2C1 の場合と同様このケースでは 1 社か 2 社は契約を取れない。また、この G1Q3N3C2 においても、3 社の業者の置かれている状況によりいろいろなことが起こる。

[他の市場からの隔離のない場合]

G1Q3N3C2Ma においては G1Q2N2C1Ma において述べたのと同じ意味で、入札制度が機能を果たす。どの業者もこの官公庁以外との取引ができるため、この官公庁との取引で、特に損をする必要はない。また、この官公庁と取引ができなくても、それが直ちに存立を脅かすことにもならない。また、不正に手を染めることで社名に疵がつけば、他の市場での評判にもかかわってくることになり、損にはなっても得るものがない。

このため、3 社ともに他の市場で受注できる価格で見積合わせや、入札に応じることになる。すると、見積金額の低い業者の独占的な落札になるか、その業者の供給余力が足りなければ、その次の業者というように、価格の低い者から順次落札することになる。

市場原理が機能するという意味で、入札制度はうまく機能する。ただし、官公庁が調達する物は最低の価格の物である。このため、最低価格でなければその財、サービス、工事などが手に入らない経済的弱者がそのサービスから締め出されてしまったり、より高価なものを買わざるを得なくなったりする場合もあるので、仕様の設定にはこの点に充分な配慮が必要であり、最も影響の少ないものにする必要がある。

[他の市場から隔離されている業者が 1 社含まれている場合]

G1Q3N3C2Mip で他の市場から隔離されている業者が A 社であるとする。A 社が B 社や C 社よりも低価格で供給のできるときには、A 社は B 社や C 社よりも低価格で官公庁との契約ができる。契約のできない B 社 C 社は、他の市場にもっと高く売れる販路を持っているので、ダンピングする必要性がない。つまり、A 社が受注することで特に問題は起きない。

しかし、A 社が B 社、C 社より高い見積をたて、その金額で応札すると、1 件目の落札者は B 社か C 社になる。残りの 1 件を失注すれば、A 社は今期の受注がゼロになる。つまり、死活の問題になる。B 社、C 社に談合の話を持ちかけても、両社はそれには応じない。B 社 C 社は他の市場でその価格で受注していて商売になっているのであるから、わざわざこの入札だけで高い値を付ける理由がない。そうなると、A 社は損を承知で安い札を入れるしかなくなる。この状況が翌期以後も続く可能性は高いのであれば、手抜きをしてその期の内に損失を補填しておこうとするかもしれない。

[他の市場から隔離されている業者が2社含まれている場合]

同じく G1Q3N3C2Mip であるが、他の市場から隔離されている業者がもう 1 社増えて 2 社になった場合について考えてみよう。他の市場から隔離されている業者2社を A 社と B 社とする。C 社は他の市場とアクセスできるので、その市場で付いている価格で見積や、応札をする。このとき、A 社と B 社とが C 社よりも低い金額の見積が出せるのであれば、C 社はいないのと同じである。このため、A 社と B 社との間で。想定 G1Q2N2C2Mi で両社が市場から隔離されているのと同じ展開になり、ダンピング競争になったり、談合が起きたり、様々な状況になる。

A 社と B 社が C 社より高い見積しか出せないときはどうなるであろうか。C 社には高くする理由も安くする理由もない。C 社は他の市場で付いている価格の札を入れる。A 社 B 社が談合を持ちかけても、C 社にはそれに応じる必要がない。結局、A 社と B 社の部分的な談合が成立するしかしないかの話になるだけなのだが、A 社、B 社には損になる C 社の価格以上の価格を付けることができない。市場機能が働いていて、良いことは良いのであるが、C 社を排除して A 社と B 社で 1 件ずつ受注する談合を A 社と B 社で結んで落札しても、A 社 B 社には損失が出る。すると手抜きの原因になる。

[3 社共他の市場から隔離されている業者の場合]

前期まで 3 件の発注があって、うまく棲み分けができていたのに、今期は 2 件しか発注がない場合に G1Q3N3C2Mi の状況が起きる。

1 社か、2 社が必ず受注ゼロになる。談合が成立するとしたら 2 社もしくは 1 社が高めの金額で受注することにして、余分に儲かる分を受注できない 1 社か 2 社に談合金として配分をするか、受注する 1 社か 2 社が受注できなかった業者を下請けとして使い、転業転職に必要な面倒をみるような形態の談合が考えられる。

談合が成立しない場合には、最も安い業者が落札する仕組みなので、ダンピングしたり、誤った見積を立てたりして安い札を入れてた業者がまず受注する。2 件目の入札においてもこの状況は改善しないで、後がもうない分だけ激しい値引き競争が起きるかもしれない。つまり、勝者も利益を上げられず、受注できなかった 1 社か 2 社が存続の危機に直面する。官公庁には予算の使い残しがでるが、**粗悪品の納品や手抜きの起きる可能性は高まる。**

・**対策**

受注できない業者の問題は、政府の調達発注システムの改善だけでは解決できない問題であると筆者は考えている。その理由は

・他の市場があり、そこにアクセス可能な業者は、官公庁で失注しても困らない。

・景気が良ければ面倒な官公庁の調達発注に新規参入しようとするものは少なくなる。

ためである。

つまり、景気対策、産業政策全体の中で、問題を解決すべきであって、基本的には内閣府や経済産業省の分掌である。行政管理局、公正取引委員会、会計検査院だけではどうにもならないように思える。この場合には、景気の補正、産業構造の改革といった、景気対策や産業政策の中で、問題を解決していかなくてはならない。このためには、業種ではなく、品目毎のきめ細かな生産や物流の観測に基づいた政策判断が必要なので、第５章で具体的に対応策を示すことにする。

(9)業者も発注件数も多数の場合

ここで扱うのは、有資格業者がｍ社、発注はｎ件ある場合 G1QmNmCn である。

[独占の可否]

競争市場では、業者間に価格の差のあるときには、最も安い価格で供給する業者が有利になる。極端な場合はｎ件を１社で受注してしまいそれ以外のｍ－１社は受注できない。物やサービスの供給において、規模の経済が働き、限界費用の逓減するものの供給では、安い価格で供給が可能な業者が出てくると、他社を圧倒してしまうため、独占が発生する。しかし、ｎ が非常に大きくなり、生産設備の増設が必要になったり、遠隔地への搬送費用がかさむようになったり、規模の大きくなった組織の管理に多額の費用が掛るようになってくると、Ａ社よりも安く供給できる業者が別にでてくる。これをＢ社としよう。

ｎが大きくなることで、Ａ社一社では限界費用逓減領域の外に出てしまい、限界費用が上がり始め、別の地域には別の企業の独占が起きる。この場合、それぞれの地域に、その地域で最も効率の良い供給者が生き残る。それが、Ａ社であり、Ｂ社であるわけで、そうしたことが起きているのであれば、最も効率よく供給が行われていると考えられるので、独占を問題視する必要はない。ガス、電力などの供給において地域独占が認められているのは、その方が効率が良いと思われているからである。

政府の調達発注制度の中でも、こうした現象がおきる。しかし、それで良いとは言い難い場合も多い。

見積合わせにせよ、入札にせよ、企画コンペにせよ、いずれの場合も、契約の内容と比較して、価格の安い業者が落札する。このため、ｎ件の全てに最低価格で応札する業者があれば、その業者がｎ件全ての契約を独占する。この業者をＡ社としよう。

これが、真の効率を反映しているのであれば、市場における競争に近い状況を政府の調達発注制度が作り出しているのであって、制度がうまく機能していると言える。しかし、実際の政府の調達発注の現場で、落札者がどの業者に決まるのかは、現実の効率とはあまり関係がないものと思われる。言い換えると、入札、見積合わせ、企画コンペで負けてしまい、倒産に追い込まれる会社や、廃止される事業所や官公庁営業部門は効率が最悪であったものではない。むしろ、優良な業者が落札できないことが起きる。

電気やガスは単価を契約しておき、使い始めてから、代替できるものと比べて高いと思えば使用量を減らして、他のものに変えることが自由にできる。エアコンの暖房の電気代とガスの床暖房のガス代を比較しながら筆者も状況により自由に使い分けている。一般的な政府の調達発注は事前に契約が結ばれ、工事の完了、サービスの終了期限、物品の納品、報告書の提出などが済むまでは、途中で契約を解除できないし、使用量や納品される物の数、

建物の面積などについて変更はできない。そして、入札で決まった代金を官公庁が業者に支払う。

A 社が入札に臨むときには、A 社はまだ実際の工事に着手しているわけではなく、サービスの提供も始めていない。物も製造していない。調査や研究にも着手していなくても、入札に応札できてしまう。つまり、事前の見積すなわち推測によって応札金額が決められているわけである。従って、その業者が実際にその金額で工事や納品ができなくても、最も安く見積もった業者が落札する。

このため、意図的に他社を排除するために費用を他の市場に転嫁することを暗黙の前提にして値引きしたり、将来の発注で取り戻すことを前提にして、損を承知でダンピングしたり、手抜きを前提にして低コストの見積をたてたりした業者であっても、安い金額を提示できれば受注できる。また、そうした意図がなくても、誤って安く見積もってしまったり、費用逓減状態のときに初めから全件を受注できるという強気の見積をたてたりした業者も受注で有利になる。このため、そうした業者の独占的落札が発生する可能性が高い点が民間の市場における競争の結果生じる市場の独占とは根本的に異なっている。

これは、いわば過当競争の一種であって、健全な状態であるとは言えない。官公庁の側がこの問題に有効な対策をこうじることができないときには、業者や業界が何とかしなくてはならなくなる。こうして過当競争を避けるための談合も、成立する場合があるので、具体的に、もう少し詳しく状況を考えてみよう。

[競争参加業者数が発注件数を上回る場合]

G1QmNmCn では競争に参加する業者の数 m と発注件数 n の組み合わせで、これまでに述べてきた様々な状態が起きる。そこで、先ず業者の数 m が発注件数 n よりも多い

$$m > n$$

の場合から考えてみよう。

その期に発注される案件は n 件なのに、競争に参加する業者が多数集まってしまう現象は、公募型の一般競争を実施した時によく起きる。担当者が不慣れなため、競争が必要であるとの強い信念から、多数の業者に「公募がありますので是非参加してください」と声をかけると、m>n が起きる。これは、指名競争を一般競争に切り替えるときなどに見られる現象である。さらに厄介なケースもある。官公庁が予算不足から財政の均衡を回復しなくてはならない局面や、政府の重点施策が変更された場合は、財源を捻出するために予算を削減される予算項目での発注が減る。ニーズがなくなり、政府が該当の発注を削減していく場合にも、昨年まで受注していた業者の数だけ今期は案件が発注できないことがある。また、競争政策が導入され、過去の受注実績にとらわれないことにするなど、資格要件や指名の基準が緩められたときにも、m が n よりも大きくなることがある。このように、特別なことではなく、政府の調達発注には m>n の状態がしばしば起きる。

[支払われることのない費用]

この場合、この期は 1 件も受注できない業者が必ず出る。その数は少なくとも m－n 社であり、上述した独占的落札が発生すれば m－1社が受注できない。この受注できなかった業者は、次の経費が回収できない。

・競争入札参加資格の審査にかかった費用

・当該業種品目に関して官公庁に対して行った営業活動の費用

・見積合わせや、入札に参加するためにかかった営業活動の費用

（これには、設計、企画、試作、予備調査などの費用も含まれる。）

また、前年までは、指名入札や随意契約などが行われたり、業者に受注がいきわたっていたのに、一般競争になり業者数が増えて、毎年受注していた業者が受注できなくなった場合には、さらに回収できない費用がこれに加わる。管理会計上の設備の償却や、開発費用の回収は、毎年受注してきた企業では、その設備や開発したノウハウ、

ソフトなどのライフサイクルで回収している。すると、突然受注できなくなったことにより、その期以後の先行投資の回収が不能になる。悪くすると、その期だけでは償却しきれず、何期かにわたって、累損の償却が必要になるかもしれない。累損を抱えた業者は競争入札参加資格審査を通してもらえなかったり、指名の対象から外されるのが一般的である。

こうした費用は、受注できなかった業者から、他の市場に転嫁され他の消費者の負担になるか、利益を圧縮するので納税額の減少を通して政府に負担が転嫁されるか、下請代金や従業員の給与や株主への配当が減ることで、企業の関係者の所得の減少とという形で転嫁される。解雇される従業員が出れば雇用保険などへの転嫁も起こり社会保障負担が増加する。

また、入札においては過当競争により低価格の落札が発生する可能性が高く、この場合、落札価格は実際の経費を賄えない。その結果、業者が誠実に納品したり、仕事をしたりすれば、落札した業者においても、損失が発生する。これは、受注した業者から、他の市場に転嫁され他の消費者の負担になるか、利益を圧縮するので納税額の減少を通じて政府に負担が転嫁されるか、従業員の給与や配当が減ることで、受注業者の関係者の所得の減少として負担が転嫁される。

それを避けるために、業者が官公庁に助けを求め(泣きをいれるともいう)、追加発注などが行われて不足分が補填されれば、見積合わせや入札が公正に行われなくても、業者は救われるわけで、これが繰り返されれば、仕事を取りたいときには適当に安い金額で仕事を取ってしまえば、後は何とかしてもらえるというモラルハザードを引き起こす。

官公庁が業者を助けないときには、業者は手抜きや粗悪品の納品でつじつまを合わせるかもしれない。この場合、不完全な施設を使わされたり、堤防が崩れたり、必要なサービスが受けられないといったことが起きてしまい、納税者が損害を被る。また、検収や検査で摘発されないように、手心を加えてもらえるよう、贈賄、接待、便宜供与などを業者が官公庁に対して行う素地を作ることにもなる。

業者が工事や納品を放棄して解散してしまえば、予算が執行できなくなり、官公庁と納税者が困ることになる。

[市場原理が働く場合でも発生する経費]

G1QmNmCnMa で m 社全てが他の市場から隔離されていない場合にも、m が大きいことにより、業者には回収のできない経費が発生する。他の市場でどの業者も営業しているのであるから、他の市場で付けている価格が分かっているので、事務手続き上の誤記を除けば、見積には間違いが起きない。しかし、この場合でも回収できない費用は発生する。

民間の取引においても、見積合わせが行われることがある。しかし、ふつうは2～3社の比較が行われる。さらに多くの供給者がある市場では、競争に参加している供給者の提供する価格や金額が一覧できる仕掛けが用意されている。また、それらを相互に結び付ける業者も存在する。不動産業者の店頭やホームページに、売り出されている住宅や店舗が価格とともに掲示されているのはその例である。このため、売り手、買い手の両サイドで価格や請負金額を比較する費用は少なくて済む。

しかし、官公庁の調達発注では、このような仕掛けが不十分な場合が多い。一般競争の入札を実施することにした場合について考えてみよう。掲示をインターネットに出すような方法が最近では取られるようになってきている。官公庁の廊下の壁や掲示板に公告することもある。また、新聞、雑誌、官報、公報に公告が掲示される場合もある。これによって、20 社、30 社、時には 100 社などと多数の業者が集まってしまうこともある。そうした場合には、受注できず、営業費用の回収できない業者が多数出る。

また、調達規則により、何社の競争によるという基準が定められている場合には、一般的には金額が大きくなると多数の業者の間の競争に付すよう定められているものが多い。しかし、規模の大きいものや、難しいものの発注では、対応できる業者の数は逆に少なくなる。したがって公募しても名乗り出る業者の数は少なくなる。そうなると、その業種に登録している業者を規則に定められている数だけ5社、10社などと指名することになる。

その結果、いずれの場合も、業者からみれば受注できる可能性は、民間の一般的な営業活動において期待できる受注率である1/2とか1/3とかいう水準とは桁の違う小さなものになる。希望業者数が少なくて指名先に選ばれてしまい、付き合いで入札に参加させられる場合などは、受注のリスクさえ発生する。望んでいない入札に指名された場合、不慣れな分野の見積をたてるのであるから、積算の根拠から研究したり調査したりする手間がかかる。また、見落としも生じる。このため金額を低く見積もる公算が高い。すると、誤って受注してしまい。受注すればどんなことがあっても、納品や工事は実施しなくてはならない。自らできないので他社の助けを必要とする。一部か全部を外注するわけであるが、当然のこととして、足元を見られて、高いものになる。

業者が官公庁に提示できる金額にのせる営業費の掛け目は、随意契約の場合や一般的な民間市場の場合に比べて、数倍から数十倍見ておかないと採算に合わなくなる。また、受注リスクに備える場合、他社がいくらで応札するか聞けば談合になってしまう。さりとて、推定でこのくらいとしておくと上記のように受注してしまうかもしれない。部分的に外注する場合は、まだ大したことではないかもしれないが、丸投げしなくてはならないようなときには、この丸投げ自体が違法行為になる。いずれにせよそうなっても困らないように、自社で対応できない部分を、引き受けてくれる業者を探し、なんとか引き受けてもらえるようにプレミアムを払い、さらに自社の管理費用を乗せることを想定した金額で応札することになる。良くゼネコンの管理経費が高すぎるとか、政府調達における利益率が高すぎるといった議論がある。それを調査した時に、失注したときの業者の費用を調査したものを見たことがない。ここに見落としがあるように思う。

つまり、入札をするために、業者における費用の負担が増加し、応札金額も上昇してしまうのである。そして、こうした準備にかかった費用は、官公庁からは落札業者以外には支払われないので、殆どこうした場合には掛った費用は回収できない。つまり、市場原理が機能して、市場における最低価格の供給者が落札する場合にも、官公庁が入札や見積合わせを行うと、落札価格を市場価格より高くしてしまっていたり、支払われない営業費用を落札できなかった業者に負担させているのである。

無理をして、他の市場と同じ金額で受注した業者は、この余分にかかった費用を捻出するためにどこかで手抜きをする可能性が出てくる。また、受注リスクを軽減するとともに、調査や見積の積算に要する費用を節約するためには、受注を希望している業者を探していくらで応札するのかを聞いて、それより1円でも高くして応札する方法が確実である。これは談合以外の何物でもない。個々の企業が何かをすると不正になるなら、業界団体で調整することにすると、これもまた業界ぐるみの談合である。

[発注件数が業者の数を上回る場合1]

G1QmNmCnでm≦nではあるが、nはそれほど大きくない場合から考えてみよう。

この場合には、全ての業者が受注できる可能性がでてくる。しかし、各社の自由な競争に委ねた場合には、問題が発生する。

[独占の可否]

m＞n のときと全く同じメカニズムで、1社かあるいはごく少数の業者に受注が集中し、受注できない業者が発生する。この時発生する問題もm＞nの場合と同じで、回収できない営業費用が発生したり、入札価格が市場価格などよりも高額になったりする。また、競争の中で受注する業者が実際に最低価格で業務や納品のできる業者ではなく見積の段階で誤りがあったり、意図的にダンピングしたりする業者であったりする。このため、入札により発生する1社の独占状態は是認できるものであるとは限らない。

[談合の成立の可能性]

m が n に比べて大きいと、上述のような受注リスク回避のための部分的な談合はできても、全部の業者の参加するような談合は成立しない。全く受注のない業者が出てくるためである。英語では談合を ring といい、日本でも昔は輪になると言っていたようである。輪になり順番に受注するという意味である。順番に仕事を取る談合は業者の数 m が、発注件数 n を上回っている場合には、順番の回ってこないものがでるので成り立たない。受注できなかったものに、談合金を支払うにしても、業者の数が多いと談合金の総額が大きくなりすぎて、談合は採算の合わないものになってしまう。

しかし、発注件数が業者の数を上回る場合には、状況が異なってくる。まず、どの業者も1回ずつ受注するような方式の談合が可能になる。また、談合金の支払いをする場合にも、希望が競合した場合、他の案件を受注してもらい、利益に差が出る場合はその差だけ談合金を支払うようなことも可能になる。このため、発注件数が有資格業者の数を少し上回るくらいになると、談合のシナリオは描きやすくなる。

もちろん、競争に参加する業者がすべて、他の市場から隔離されておらず、官公庁との契約がなくてもやっていけているのであれば、談合に参加するメリットはない。自社が他の市場に提供している金額で官公庁が契約してくれるのならば契約し、値切られるのなら契約したくはないので、落札できなくてもかまわない。しかし、他の市場から何かの理由で隔離されている業者にとっては、この期に受注がないと、死活の問題である。

談合の無い場合には、最も経費を低く抑えることのできる業者や、見積の積算に見落としがあり間違って安値の札を入れた業者の一人勝ちの状態になる。このため競争に参加させられただけで、受注できずしかも他の市場から隔離されている業者には死活の問題となるので不満が出る。希望する案件を受注したり、利益率の高い案件を受注したりしたものに対する風当たりもそれだけ強くなる。

このような場合に、談合により、皆が受注できる体制をつくることにすれば、談合に参加したくないという業者は、ダンピングして仕事を取るしかなくなるので、談合に参加して仕事と利益を確保する方を選ぶ者が増える。

[談合のディメリット]

仕事が取れない業者をださないという上記の談合は、政策的にも必要であるという考え方が出てくるかもしれない。しかし、ひとたび談合が成立すると、官公庁にしてみれば m 社を呼んできて見積合わせをしたり、入札をしたりしているつもりでも、**実際には談合に参加した業者の共同体と契約するのと同じである。**すると G1Q1N1Cn で扱った**切り代をのせる行為(水増し)が発生し、査定して、相対で値決めの交渉をする必要が生じている**わけである。

しかし、入札や見積合わせでは、最低の金額を入れた業者を相手方として決定し、この時に金額もこの業者の提示した金額で確定してしまう。

つまり、入札や見積合わせにおいて談合が発生すると、切り代は必ず利益として業者の手に入り、場合によれば、そこから談合金なり、取れなかった業者に一部の仕事を下請けとして出す一種のサイドペイメントの原資が生まれてくる。さらに、その談合を擁護したり指示したりする公務員や政治家への見返りの原資にもなり、談合の他に、贈収賄などの犯罪の原資が生み出されてしまう。この追加費用を負担するのは、官公庁であり納税者である。従って、談合を容認することはできない。

[発注件数が業者の数を上回る場合2]

G1QmNmCnMa で業者の数の何倍もの発注件数がある場合

$m \ll n$

を考えてみよう。

[全ての業者が他の市場から孤立していない場合]

この場合は、見積合わせや入札で業者は、他の市場に提供している金額で応札することになる。もし、費用逓増の領域で営業している企業があれば、2件目、3件目の応札では金額が高くなり、費用逓減領域にある業者は逆に金額が下がるので、後者が2件目、3件目では落札する。市場が官公庁の調達発注システムの中でも形成されていることになる。

一般競争ならば参加しない選択ができるし、指名競争ならば辞退することにより、何度も落札できなかった企業は後の入札や見積合わせを避けることで、無駄な見積作業からも解放される。官公庁の側は、落札した金額で契約していれば特に難しい問題に巻き込まれないでも済む。

ただし、5 社も 10 社も指名している場合には、支払われない営業経費が発生する問題だけは残っている。

[一部の業者が他の市場から孤立している場合]

G1QmNmCnMip のときは他の市場から孤立している業者にとっても、市場価格より1円でも安ければ受注のチャンスがある。もし、その金額で供給ができないのであれば、負けても致し方ない。その業者が倒産しても官公庁は他の業者から供給を受ければよいので、そういう意味では問題がないし、市場価格で供給のできない業者が倒産するという意味でも問題ではない。

また、この場合には、談合して、落札額をつりあげることはできない。他の市場での商売で営業が成り立っている業者は、他に理由がない限り、談合に参加することで、摘発されるリスクを冒す必要がないので、談合には参加しない。すると、談合参加は、他の市場から孤立している業者にとっても落札できないかもしれないという不利を背負い込むことになり、談合が成り立たない可能性が高くなる。すると、余分な利益は出ないので、談合金や、賄賂その他のレントの原資がなくなる。

発注件数は、充分にあるのであるから、談合に参加して、摘発され、競争入札参加資格を停止される危険をおかしてまで、得るものの無い談合にはだれも参加しなくなる。

[全ての業者が他の市場から孤立している場合]

この G1QmNmCnMi の場合は、談合が成立することもあれば、しないこともある。談合が成立しない例から考えてみよう。

[談合の成立しない状況]

業者のすべてが**費用逓増領域**にある G1QmNmCnMiPmc の場合である。この場合、費用逓増領域にある業者にとっては、受注が一定量になるまでは利益が増えるが、それを超えて受注してしまうと、追加費用が増加してきて利益が減ってしまう。こうした経営規模の最適点に達した業者はその規模で操業できていれば、満足なわけで、談合に参加し、摘発されてその期の競争入札参加資格を停止されてしまえば、他の市場からは孤立しているのであるから、大きなダメージを受けてしまう。談合に参加するのではなく、利益が最大になる経営規模を超える案件に対しては、それでも利益の出る高い金額で応札するか、自主的に辞退することになる。

その結果、この**官公庁の需要には市場が形成されている。**大きな官公庁が出す多数の案件を、競争して受注する、小さな多数の業者のモデルケースである。先に述べた横須賀市の成功例はこのケースではないかと推測される。

[弱い談合が成立する場合]

全ての業者が**費用逓減領域**で営業しているG1QmNmCnMiPfcの場合には、談合の成立する可能性がでてくる。

・もともとは充分な件数の発注があり、官公庁の発注の市場が形成されていたが、予算が削減され、案件も減っていくような過程で、大半の業者に過剰な設備や、人員、機材のあるような場合である。受注量が増えると、遊休資源が活用され、生産性が向上する。

・不況で他の市場から締め出された業者が、景気対策のために作り出された新規の多数の案件の受注を目指して集まって来たような場合、もともと遊休している人や設備や機材を投入して製造や工事、サービスの提供をする上に、新規の研究開発投資が回収されないまま残っている状況になる。この場合、物をたくさん作ったり、サービスや工事の受注を増やしたりすことで、どんどん単価を下げることができる。

この状況下で、入札や見積合わせによる、発注を繰り返せば、先に論じたように、低価格の見積をたてたものばかりが落札する事態となる。そして、その落札業者も無理をしてダンピングしたか、積算のミスにより落札したのであるから、採算は合わない。手抜きなどの方法で生き残ろうとする。そこへ検査、検収の強化をすると、業者は困ってしまう。そこで、事前に相談して、金額が下がらないよう申し合わせをすることになる。これは価格カルテルであり談合の一種である。それでも、独り勝ちが起きてくると、今度は、落札者の事前決定を談合の中で行うことになる。しかし、この談合の結束力は弱い。他社を駆逐できれば、受注量が増大し、低価格でも採算があうと思う業者が出てくる。そして、談合の情報を当局に提供し、他社を出し抜くことになる。

この談合の弱点は、談合しても実際に談合金の原資ができるほどの金額の水増しが難しい点にある。たくさんいる業者の中には、大きな設備や、多数の人員、機材の余剰を抱えている業者もある。リースやレンタルや派遣社員のダンピングも不況下では当たり前に起きる。すると、金額を一定にしても業者間で原価がまちまちになり、利益率もバラバラになるため、談合で業者に一定の上納金を要求しても、中には払えない業者もあり、中には余裕はあるが、そんなことはもったいないと考える業者も出てきてしまう。皆が納得するという意味でのサイドペイメントがうまく決められない。

・対策

ここでの分析からは、**条件次第で、多様な現象が起きる**ことがわかる。このため、解決の方法も一律ではなくなる。つまり、まず、**問題の発生している状況を切り分けることが必要**であり、それぞれのケースに応じた調達発注の方法を選ぶ必要があると筆者は考えている。その切り分けをどのようにするのかは第5章で提案する。

(10)発注窓口の数も多数ある場合

本書の分類方法ではGkQmNmCnのケースである。実際に、世界には数百の国がある、日本一国を取り上げても、中央政府、地方政府、その出先、独立行政法人、政府系企業、私立学校等の政府資金を補助されている機関・・・と万を超える数の官公庁の調達発注窓口があり、全世界では何十万あるいは百万を超えるかもしれない調達発注窓口がある。これに対して、一定以上の規模の建物を建てたり、土木工事の施工をしたりできる大会社はおそらく数千社程度のものであろうと思われる。WTO の条約で国際的な一般競争入札が要求されているような、アイテムに関しては、ほぼこの想定が該当する。

言葉の障壁、気候の相違、電力事情の相違、交通事情の相違などと、様々な条件の差があり、このすべてに自社の力だけで落札を独占できる業者は存在しない。費用逓増の状況にある。

つまり、

$m \ll k \ll n$

の世界は一つの市場を形成している。

従って、人為的に競争を制限するのを止めようというのが、WTO の趣旨である。

・対策

この第 4 章で行った分析は、すくなくとも業者が製造原価を知っていることを前提にしたものである。そうした前提のもとでも、業者のおかれている状況が他の市場から隔離されているかどうか、発注件数が多いか少ないか、業者の数が増えたか少ないかなど、条件次第で種々異なった結果が発生することを本書では示せたのではないかと考えている。

従って、この大規模な工事の世界市場のように、政府の調達発注が大きな市場を形成している場合の政府の調達発注に関する世界のルールと、上述してきた小さな政府の小さな案件を円滑に運用するためのルールとは異なったものでないといけないのではないだろうか。以下には章を改めて、先行研究と以上の問題の分析との関係、さらには解決のための改革の要素について論じることにする。

第５章　解決に必要な要素の検討

この章の目的は、先行研究と本書の関係を明らかにしつつ、次世代の政府の調達発注システムに必要な要素とは何かを明らかにしたうえで、その要素がどのようなものであるべきかを明らかにすることである。従ってこの章は先行研究をサーベイしながら本書の研究により追加された新たな視点がどのようなものであるのかを述べた第 1 節と、その視点に基づいて必要となる要素の一つ一つについて述べた各論である第 2 節～第 7 節により構成されている。

第 2 章において、政府の調達や発注については、非常に歴史の長い問題の循環があり、最近では、談合やカルテルにより高値を維持する従来型の不正に加えて、不当に安い価格で応札する不当廉売が新たな問題として生じてきたことに触れた。この不当廉売はマクロ経済的にも従来の問題より悪い影響を与えている可能性が高く、さらに、従来からあった問題も現在行われている競争重視の改革では解決できていない。つまり、政府の調達発注システムはさらなる改革を必要としているのである。

第 3 章では、原価の計算さえもうまくできていない場合があり、また、その他の様々な原因で、低価格の応札が起きる可能性のあることを論じた。第 4 章では、仮に、業者が正確に原価を知っていても、随意契約や入札の現場では、案件の数、業者の数、他の市場からの隔離の有無など、状況が異なると、厳しすぎる査定や低価格で応札するダンピング競争が発生して、業者が追い詰められ、贈収賄、談合、高官や政治家の関与など、様々な問題が異なった原因から発生することを論じた。政府の調達発注システムは、かなり根の深い問題を抱えている。

この章では、解決策の検討に入る。もちろん、このテーマは多くの研究者の興味を惹き、多くの研究がされてきたし、現在も盛んに行われている。解決策について検討を行うにあたり、こうした先行研究がどのような視点から行われているのか、また、どのような資料があり本書はそこに何を付け加えようとしているのかを確認することからはじめよう。

第１節　政府の調達発注に関する研究の動向

(1)業者(企業)の行動原理

上述の第 3 章と第 4 章とは本書の前提としているモデルである。このモデルの中で**『業者』**と筆者が余呼んで来たものは、実際には調査や研究を官公庁から請け負う、大学や研究所などの調査研究機関、工事を請け負う土木建設業者、様々なサービスを提供する NPO、NGO、個人の経営する会社、大規模な商社、海外の政府や企業の出先までが含まれている。そして、例えば研究調査機関にしても、その設立されている基盤は、大学であったり、金融機関であったり、電力会社や建設会社などの大企業であったり、業界団体であったり、政党や政党の中の派閥のシンクタンクであったり、政府の外郭団体の公益法人であったり、民間企業へのコンサルティングを手がけている海外の会社であったりと千差万別である。そして、その一つ一つの業者を取りだすと、政府の外郭団体であり、政府からの出向者がいるかと思えば、民間の業界や企業からの仕事も受託していて、民間企業からの出向者も多数働いているし、受注だけでなく設立の資金や運営費の補助も双方から受けているといったように、複数の性格を持ったものもある。

こうした、業者の入札や随意契約における行動原理を単純化して考えると誤りを犯すことになる。本書の第 3 章と第 4 章で扱った業者のモデルは、民間の企業を念頭に置いたものである。民間企業以外の業者の目的は、利益を上げることよりも、もっと異なるものである可能性が高い。大学では多額の研究費を政府から得て研究を進めることが、大学の設立目的である教育からかけ離れてしまうために、会計を別にする目的で研究所を設立している場合がある。大学の教育は法人税の対象とならないが、教育以外の活動である研究の受注は法人税の課税対象である場合があるためである。また、金融機関のシンクタンクは政府の政策がどのように進められていて、どこに投資をしたら回収しやすいのか情報を収集するために官公庁の研究を受託しているかもしれない。NPO、NGO 法人の場合は、さらに千差万別の目的をもって設立されている。ヨットとかサッカーとかのスポーツの普及、それから得られる教室の受講料や競技場の入場料、ときには興行収入が目的のこともあろう。また、何かの宗教や思想、社会的な運動を広めるのが目的かもしれない。

こうした分野の研究もあり、古いものでは途上国における多様な供給主体に関する Hicks-U(1965)や、参考文献に「手を付けられていなかった特殊な経済主体の研究」や「供給に関する新しい考え方」としてまとめてあるように、奉仕に関する Iannaccone (1992)、不確実性を取り入れた Dana (1998)などの研究がされるようになってきている。

実際に、このような多様な目的を持って異なる行動をする業者が入札の場には登場する。しかし、これを全て説明することは、筆者の能力を超える作業になるし、冗長にもなるので、企業の行動に限定して第 3 章、第 4 章をまとめてみた。

その企業においても、小さな企業においては、本社が官公庁との取引に当たっている場合が多いが、事業本部、支店、あるいは、特定の担当者が裁量を任されて、官公庁からの受注を分掌していることもある。こうした部門や担当者が、全て同じ行動原理で入札や随意契約の交渉に当たっているとは考えられない。設立されたばかりの部門では 1 件でも良いから実績を上げなくてはならないだろうし、長年の実績を持つ大きな事業部では、安定した受注が業績目標通りに達成されることが重要かもしれない。業績が悪くなり、廃止が検討されている支店や事業部門はなんとか仕事を確保し、できれば少しでも利益を確保したいかもしれない。そうした違いが実際の官公庁の調達発注の現場では、制度がうまく機能するかどうかに影響を与えているので、これをモデル化するために、企業の行動の原理に関しては、利益最大化の原理、フルコスト原理、受注実績の確保、利益の確保などを考慮し、これに筆者の見聞きしてきた生き残りをかけたダンピングの選択行動を付加してモデル化を行った。

利益の最大化行動をを前提にした政府の調達発注システムの先行研究はこれから説明するように多数存在する。しかし、それ以外の行動原理も含めて、複数の行動原理を前提に分析した政府の調達発注システムの先行研究は無いようなので、もう少し詳しくこの点を説明しておく。

① 益の最大化(限界費用、市場価格)

利益最大化の原理は、古典的なミクロ経済学からはじまり、これにスティグラーの効用理論に関するサーベイ(Stigler (1950))に示されているように、限界効用の理論でモデル化された需要サイドを組み合わせたものが、古典的な均衡理論である。この古典的な供給サイドのモデルの使い方については、ヒックスが経済成長を理論化する中(Hicks(1965))で、わかりやすい形に整理しており、サミュエルソンがミクロ経済理論を体系化する中に取り入れ(Samuelson (1947))、現代の均衡理論ではドブリューが一般均衡の存在証明(Debreu (1959))を行うときに供給サイドで用いている。つまり、最も良く知られている企業の行動原理が利益の最大化である。

こうしたことから、入札に関しては一般競争入札によると一般均衡により資源の最適配分が達成されるということが暗黙の前提として想定された改革論があり、それが推進されていることは第 2 章で述べたとおりである。こうした市場の均衡メカニズムは条件が整えばうまく機能すると筆者も考えている。その条件とは、本書の第 4 章で述べたように、利益の最大化行動を取っている業者が、市場から隔離されておらず、業者が費用逓増の状況で活動していて、官公庁が最低価格のものを買い占めても、経済的弱者が困らないときである。しかし、この条件はいつも整っているわけではない。

第 3 章の第 3 節と第 4 節で述べたように、長期的にはサミュエルソンの Shutdown Point の右側で、短期的には同じく Break-even Point の右側の水準で生産活動が行われていなければならないというのが、その条件である。この水準で生産活動が行われている場合には、生産を増加すると費用逓増、収穫逓減の状態になる。このため市場原理が働くこの領域は、費用逓増領域とか、収穫逓減領域とか、規模の経済の経済の働かない領域とか、規模の不経済の領域とか呼ばれている。
この条件が揃っている場合には、政府の調達発注において一般競争を実施すると、市場原理が働いて、競争均衡に近い状態が実現できるが、業者が市場から隔離されていたり、生産の水準がこの領域に無い場合には様々な問題を発生させることを、本書の研究で突き止めることができたのではないかと筆者は思っている。

②フルコスト原理(費用逓減、平均費用)
市場原理が利用できない場合、つまり、長期的にはサミュエルソンの Shutdown Point の左側で、短期的には同じくBreak-even Pointの左側の水準で生産活動が行われている場合には、生産を増加させると、費用が低減し、収穫が逓増し、規模の経済が働く。作れば作るほど安く供給ができるようになるので、1 社がそれを始めると他社を駆逐してしまい、自然に独占状態になる。このため、この領域は費用逓減領域、収穫逓増領域、規模の経済の働く領域、あるいは、自然独占の領域と呼ばれている。この領域での値決めのメカニズムが原価を積算し利益をマークアップするフルコスト原理を利用した交渉による値決めである。本書は、この場合に政府の調達発注で値決めをするための仕組みが随意契約による交渉であり、随意契約がどのような問題を抱えているかを示すと同時に、この領域で生産されている財、サービス、工事などの発注には不可欠の制度であることを示すことができたのではないかと思っている。従って、随意契約を減らしたければ、各品目の生産活動を費用逓減で規模の経済が働く低い水準から、費用逓増で規模の不経済の働く高い水準に引き上げてから入札を実施しないと問題が解決しないことも本書で説明できたのではないかと考えている。さらに、この点は次のような展開で、新たな問題の原因を形成した。
小さな企業が単一の物を生産しているわけではないし、また、その需要が充分にあり、費用逓増の状態で操業している場合だけではない。そうした場合、企業は単純な利益の最大化の原理ではうまく行動できない。特に企業が大きな資本を蓄積し、大規模な生産設備を稼働させ、不況期にはその設備に遊休ができるような状況の下では、どの企業も生産量が増加して売り上げが増えれば、生産費が逓減していくような状況ができる。歴史的には第 1 次大戦や、第 2 次大戦で急激に生産を拡大した後に、遊休設備や人員を抱える状況が起きたし、冷戦後の米国でもその対策が必要になった。この状況下での価格の決定メカニズムを実態調査をもとにして説明したのがホールとヒッチのフルコスト原理である。平均費用に適正利益をマークアップして価格が決まるというこの理論は、利益を最大化するのではなく、一定の利益を確保するための企業行動である。フルコスト原理による価格形成の考え方はその後、企業の行動原理の新しい考え方の下敷きに使われるようになる。
そのひとつは、ガルブレイスの考え方である。第 2 次世界大戦で連合軍の最高司令官であったアイゼンハウアーは、後に米国の大統領になったが、そのアイゼンハウアーは離任演説で、軍と産業の間には癒着の関係ができていて弊害になっていると言い残した。**軍産複合体**と呼ばれるこの構造を理論的に解明しようとしたガルブレイスは、その原因となっているのが、テクノストラクチャーと呼ばれる管理の仕組みとそれを支える人々の存在であり、彼らは、企業の経営を計画的に管理することを目標にしている。そのために、生産計画の前提となる価格を一定に保つような仕組みを作り上げていると指摘している。この研究をまとめたものとしては、Galbraith(1967)、Galbraith(1969)などがあり、参考文献のリストの中に、代表的な文献をまとめてある。**官民の癒着**の構造の一種で、官公庁が業者の情報に不正をしてまで頼っている事例は、防衛省のような先進的な技術力を官公庁側が持っているような場合にも生じている。防衛省の守屋次官の事件(2008 年)はその例である。
日本においては、政府の調達発注における積算の長い歴史のあることを 2 章で説明したが、民間の市場において価格が市場原理に基づいて決まっているのか、フルコスト原理に基づいて決まっているのか、ガルブレイスのいうような現象はおきているのかについても先駆的な研究がある。製造業の主役が大量生産方式の重厚長大産業から多品種少量生産方式の軽薄短小産業に移り始め、製造業からサービス産業に産業の主役が変化していく中で、経済のソフト化が労働市場にどのような影響を与えるのかを研究した島田晴雄チームが、その報告書(島田(1985))の中で 2 つの点を指摘している。一つ目は価格についてであり、価格は短期の需要変動に対して感応的ではなく、コストに基づく価格決定が一般的であるとする計量分析の結果がある(植田、吉川(1984)) 。第 2 には島田チームの計量分析の結果であって、労働市場の雇用形態ががストック型からフロー型に変化し始めているというものである(島田(1985))。

この意味を筆者は次のように解釈している。生産方式の多品種少量生産方式への変化は、一つ一つの商品の需要の減少をもたらす。そして、多くの品目で、費用逓減領域にまで生産は減少し規模の経済が働くようになった。この結果、民間の市場においても、市場の均衡で価格が決まるのではなく、ロットサイズの大小で価格が変化するようになる。そうすると、価格交渉による値決めが増えてくる。そして、需給のバランスで変動する市場価格を与件として大量生産方式の製造量を調節する方式から、受注生産方式に製造が変化する。その中では、価格をできるだけ一定でしかも低く保つことができれば、安定した顧客を確保できる。このためにはコストの管理が必要になる。すると、部品の調達や仕入れの価格と賃金を安定的に低く保つ工夫が必要になる。

常勤職員を雇用するストック型の雇用では、賃金が硬直化し、年とともに年功制度によって上昇する圧力を持っている。これをフロー型にして、派遣労働やアルバイトを必要なときに必要なだけ雇用すれば製品の単価にかかる労働コストを一定に、しかも、低く保つことが可能である。つまり、日本でも価格形成は市場原理からフルコスト原理に変化してきた可能性が高く、その兆候を島田チームは 1980 年代に見つけていたのである。

③下請け管理の手法の発展

その後、経営管理の手法は、さらに発展して、単なるコストの安定化を目指すだけではなく、コストの伸縮性をも求める方向に発展する。こうした方向への変化を必要としたのは、ニーズの多様化である。自動車を例にとれば、動けば安い方が良いと思う顧客は、中古車を買う。中古車には大規模なマーケットができた。そこではオークションにより市場原理で価格が決まっている。一方、新車は中古車に比べれは割高である。ここでは買い手が仕様を決める。ボディーはシルバーメタリック、座席はブルーで電動のリクライニング、などと指定すると、メーカーは価格表をもとに積算を行い、見積書を作る。顧客は 2～3 社の見積を比べてから、価格の交渉をする、価格の値引きばかりではなく、下取り価格、無償で付けるサービスのオプション、保証、整備の特典、ローンの金利など実質的な値引き交渉である。メーカーの価格表には切り代がのせてあり、ディーラーの営業担当者はその額を教えられている。値引きしないと売れないとわかると、そこまでは値引きする裁量が与えられているのである。

このような方式で契約が決まってから、生産ラインにその自動車の生産が指示される。これはフルチョイスシステムと呼ばれる自動車の販売方式であるが、いわば、官公庁の随意契約の方式で新車は販売され生産されるようになった。

これに対応するためには、いろいろな工夫がされてきていて、下請けとの関係でいえば、主に 2 つの対策が取られた。一つは、決まった価格で、決まった品質の多様な部品を、決まった時間の内に納品するという信頼関係の構築である。別の言い方をすると部品や材料を在庫で持つか、時間内に生産するかの管理を任せ、価格変動や間に合わなかったときの失注のリスクは下請けに持たせる。さらに、仕入れルートを複線化しておいて、必要なときには価格競争をさせる。これが主に自動車などの産業でとられたジャストインシステムとサプライヤーマネジメントである。

この結果、下請け業者との契約が短期化し、価格の決定が親会社からの下達ではなく双方の話し合いによるものになった(西口(2000)p.149,p159)。話し合いはどうすれば所望の性能の部品が低価格で作れるのかを相談するわけで、下請けの都合を聞く話し合いではない。

そして、労働市場においては人材派遣業が拡大し期間工やアルバイトの割合が増加したことは周知のとおりであるが、親会社と下請けとの関係も固定的なものとはせずに、下請けをネットワーク化して斡旋することを専門とする業態(EMS:Electronic Manufacturing Service)の会社へのアウトソーシングがパソコンやデータ通信の分野から広がり始めている(稲垣(2001))。

上述した雇用形態のフロー化とともに、この下請けと親会社の関係は下請けや労働力への値引きの転嫁の可能性を広げている。

④上述の分析結果と企業の行動原理に関する先行研究から得られる問題の構造

上記の①～③が、第 4 章において非常に細かい場合分けをして、政府の調達制度がうまく機能したり、うまく機能しなかったりする条件を筆者が調べた主な理由である。

筆者はその結果をこう考えている。自動車や PC のように、どこででも売られ、民間に大きな需要のあるものでさえも市場原理で価格の付いているのは中古品だけであり、新品は相対の随意契約で積算方式の価格が決まっているという先行研究が間違っていなければ、新車や PC を政府が発注するときに入札にかけても、業者には基準にする**市場価格が無い**。

さらに、これらのディーラーやメーカー、それを扱う代理店や商社にはほとんどの場合、官公庁を担当している営業部門があり、そうでないところにも、その担当者がいる。彼らは、官公庁に納品できなければ成績が下がる。そして、初めから市場はなかったのであるから、分掌の違いと、市場がないという二重の意味で**市場から隔離**されている。

その中で、最低価格方式、除算式総合評価、加算式総合評価と方式は異なっていても、競争入札を実施すれば、**落札率は低下**する。安値の受注になったからといって自動車も PC もソフトウェアも手を抜いて作れば事故を起こしたり、動かなかったりする。

従って、下請けに部品代金の切り下げを求め、それでも足りなければ、期間工や派遣工の賃金をカットし、それでもだめなら、海外の下請けに部品を発注し、それでもたりなければ、海外で組み立てまでした製品を OEM で納めることが現代の日本や米国の業者(企業)にはできる仕組みになっている。**損失の転嫁**がサプライチェーンを通じて発生する。

従って、一般競争入札の拡大政策は、アジアを中心とした海外の産業に大きく貢献する政策であり、市場開放に大きな成果の期待できる政策と言えるのかもしれない。その見返りは日本の**産業の空洞化**であるが、高齢化した日本の労働力は、もう働きたくないのだからそれで良いとすることができるだろうか。政府の調達発注に端を発し産業空洞化に至る問題のあることに官公庁営業の経験の中で気付いた筆者には、それで良いとは思えないので、本書で示した研究が必要であると考えている。

(2)公共財の供給サイドの研究

本書のテーマは政府の調達発注システムであり、少しその範囲を逸脱するかもしれないが、関連がある分野なので触れておいたほうが良いと思われる研究分野が、公共財の供給に関する研究分野である。

政府が国民に対して供給しているもの、つまり、公共財に関する研究は、**外部性、競合性、非排除性など**財の性質を分析して、**「何を公共財とすればよいのか」**という視点から研究が行われてきたが、最近では、この問題は、**「誰が何をどのように供給すべきか」**という視点から研究が行われるように変わってきている。つまり、財の性質に加えて、供給者の行動モデルが、具体的な財やサービス毎に研究されるようになってきた。そして、談合や汚職の問題もそうした視点から、行動原理をつきつめて考えてみるようになりつつある。

①供給者の行動モデル

効用・利益・所得

印南(1997) には医療の世界で医師の行動原理を研究している研究者の間では、利益の最大化だけではなく、異なる視点から供給のメカニズムが研究されていることが示されている。すなわち Feldstein、印南の行動モデル、Lee の効用極大化モデル、Davis の利益極大化モデル、Pauly, Redish の共同体モデル、Fuchs, Kramer, Newhouse の医師の目標所得仮説モデルといったいくつかの行動原理の研究が紹介されている。

社会貢献に関する動機

Francois (2000)においては、誰に公共サービスを供給させるべきかに関して非常に興味深い問題が提起されている。社会奉仕の精神を持つものに業務をさせるべきか、利益を追求するものに業務をさせるべきかについては、一概に結論が出せないとする理論的研究である。奉仕の意欲のあるものは不要なものを多く欲しがる傾向を持つ。むしろ、利益を追求する者が供給に当たるほうがましであるというのである。利益を追求する者は、効果がなく収入が減少するようなことはしないので無駄な出費が抑制できる。

この考え方が正しければ、無償のボランティアの集まった NPO の奉仕団体と通常の業者の混在するような分野では、利用者は NPO のサービスを受けた方が良い扱いを受けることができる。しかし、NPO だけでは社会的なニーズが足りない場合には、業者に委託する必要もある。しかし、業者が開店休業状態なのに、NPO の施設やサービスには行列ができ、利用者から苦情が出てくる。ニュースやニュース解説には格好のテーマとなる。業者の委託費の増額や補助制度が準備される。すると、業者だけに利益の出る委託費の増額は不公平であり、こんなに良く活動しているNPOが補助の対象とならないのはおかしいということになり、平等に補助金が支出される。

その結果、政府の支出は過剰なスペックのものや過剰なサービスの供給のために増加する。こうした問題を回避する仕組みも政府の調達発注システムには組み込まれている必要がある。

②何を誰が供給すべきかに関する研究

ここでいう何とは、漠然と何かを指すのではなく具体的な財(物品)、サービス(役務)のことである。また、誰とは具体的に、官(国際機構、中央政府時には省庁、地方政府時にはその部局、外郭団体、独立行政法人(エージェンシー))、団体(官の各政府の外郭団体、第 3 セクターなど半官半民の組織、民間の組織(NPO、政治団体、宗教団体、学校法人、労働組合、各種協同組合、企業、自治会、町内会、管理組合、家庭、個人、学生・・特定の職業))を指している。つまり、公益のために奉仕する一般的な公務員の理想像を想定するのではなく、生身の人間の集団である具体的な組織を想定している。そうした組織を念頭に置きつつ、以下の研究がある。

中央政府から地方政府への権限委譲

Crèmer, Palfrey (2000)では単峰性の需要分布を国民が持っている場合、シビルミニマムなどの政策に関して、中央政府の強い指揮権を国民が求めることになることを示した理論研究が行われている。環境、公衆衛生、高速道路の安全基準などを地方に権限委譲することは正しいことではないかもしれない。

政府の調達発注システムの観点からは、地方に発注権限が分権化されると、それだけで国から都道府県への移譲ならば 47 倍、市町村等への以上ならば 1000 倍前後の調達発注手続きの手間が発生する。ソフトウェアなどコピーして使えるものであれば、その開発費や製造コストも同様になる。また、分権化すると官公庁の査定能力は低下することは避けられない。シビルミニマムとして全国に行きわたらせなくてはならないものについては、こうしたコストも分権化の判断には加える必要が出てくる。

筆者は政府の調達発注のルールは、国、地方、独立行政法人、公営企業などの分類があってもよいが、全国的に統一された共通のルールであることが望ましいと思っている。シビルミニマムの一種ではないのだろうか。そうだとすると、何万もある官公庁の窓口毎に規則を定めることになっている今の制度はおかしいのではないだろうか。徹底した分権化の進んだ荘園制度や幕藩体制の遺物に過ぎないのではないのだろうかと思っている。

公共財の民間による供給に関する研究

大住（1999)には各公共サービスの供給を官民いずれが行うべきか、公的企業の民営化、入札による費用の削減、業績評価、英国のResource Accounting and Budgeting、米国のベンチマーキングについての比較研究の成果がまとめられている。これを見ると、民営化をすべきかどうかを検討するときや、実際に民営化が行われ効果の検証を行うとき、さらに官公庁間で供給システムに相違があるとき、どの方法が良いのかを検討する手法が確立されつつあることがわかる。その観点からさらに一歩進んで、制度としてその評価の方法を取り入れた事例を紹介したのが上山(1998)である。米国における行政評価システムの導入状況、イギリスにおける考え方を紹介し、日本へ導入する場合の課題、分野対象による個別の異なる方法が必要なこと、リーダーシップ、タイミング、手法がうまく組合わされることの必要性が説かれている。

官公庁の窓口毎に異なる調達発注規則の比較もこうした研究の対象にすべきであろう。

民間の政府 Private government

Helsley, Strange (1998) は公共財を私的に供給するという意味では上記の公共財の民間による供給や民営化の話に似ているが、少し違ったものの研究である。米国には13万を数えるRCA;Residential Community Association があり、警備保障、リクリエーション、計画、外部との折衝、輸送、公園などを提供し、個々の住居の相互の機能を調整する役割を開発業者に取って代わって果たしている。マンションの居住者や地域の住民は、資産の譲渡に関する規制や、その他の条件を含む契約を結んでRCAに加入する。RCAには、小はマンションの管理組合のようなものから、計画的な開発を手がける大きなものまである。RCAの加入者は、政府への納税や政府からの受益に加えて付加的、自発的にRCAの費用(日本でいえば町会費、管理組合費にあたるもの)を負担している。このRCAは、公園など公共施設を提供したり、警備保安業務を行ったりするという意味で、日本のマンションの管理組合、団地自治会、町内会よりさらに政府に近い存在である。

この拡大は、政府がサービスを低下させる原因になり、加入しない住民との格差を生じさせ好ましくないとするのがHesley,Strangeの論文である。また、Glomm, Lagunoff (1998)は、上述のような米国の状況を踏まえた上で、公共財の私的な供給がされている地域と、政府のみが公共財を供給している地域の間で、足による投票 vote with their feet(引越し)に均衡が存在する条件を検討したものである。所得の格差で均衡が生じ、低所得者と高所得者が別れて住むようになるという。このモデルをItaya, Shimomura (2001)は、微分ゲームを使って数学的定式化できることを示し手いる。

きめ細かい複雑なサービスを全て政府で委託契約をして管理すると調達発注制度にかかる負荷が多くなり、こうしたやり方は良い様に思えるのであるが、やはり、別の問題が起きるようである。この点は、本書でもまだ解明できていない。

公共財の需要の自発的顕示を計測する実験

Rondeau, Schulze (1999)は集合消費財の私的供給が可能かどうかは、参加者の人数でか割ることを示すため次のような実験をした。学生のクラスをサンプルに、自発的に負担しても良いと思う金額と、集合消費しようとするもののセットを提示させ、45-50 名程度の場合、供給が成立しやすいことを実験的に確認した。Cadsby,Maynes (1999)は一定の参加者の水準threshholdまで貢献者が集まればその公共財が供給され、集まらなければ供給されずに貢献した者が損をするような場合、自発的貢献 voluntary provisionがどの条件で変化するかを実験した。その結果フリーライドは殆ど生じない、スレッシュホールドの高さの影響は大きくない。

しかし、報酬や返金の補償が持続的な供給に大きな影響を与えることが示されたとしている。

実際に日本では、鉄道、放送など様々な集合消費財が官民両方から供給されている。調達発注システムでいえば、NHKが入札で、民放は随意契約で良いとか、NHKは多年度契約はできないけれども民放は数年のリースで機材を調達しても良いといった、業者の側からはわかりにくい仕組みになっている。NHKが民間企業のように外注先を下請け化したような契約をしていたようで、2009 年に指摘を受けたNHKが改善をする旨の放送をしていた。NHKの調達発注方式を官公庁と同じように変えるのではなく、NHKの民営化を考えた方が調達発注方式の観点からだけならばすっきりするのではないかとも思える。民放各社も経営不振になったということはないので、報酬や返金の補償は民営化しても問題ないと考えられるのがその理由である。

私的財の公的供給

公共財を誰がどのように供給するのかという研究のほかに、私的な財を公的に供給することの是非をめぐる議論もある。Epple, Romano (1996)は医療衛生関係のサービスは、市場のみで供給したり、公的にのみ供給するよりも、政府が供給し、民間の追加オプションを多数が選好する均衡が存在することを示した理論研究である。また、Gurgaand (1998)は私的な財である高等教育に税金を使うのはおかしいとする Garratt と Marshall(1994)の議論に反論を述べており、教育や医療という結果が個人に帰属する程度の高いものでも公的供給に関する議論が行われている。

いずれも、この 1 世紀～2 世紀程度の期間に、ごく限られた人々しか受けることができなかったサービスを、広く、国民が利用できるようになったものである。このため、医療や教育に関する政府の調達発注制度は洗練されたものにはなっていない。教科書や医薬品は著作権や特許のあるものであり、独占的な供給者が存在する。これを入札で調達するようなことが行われているのは上述した通りである。

このように、政府調達問題の最も基礎にある、政府は何を供給するのか、また、その供給は誰にさせるのか、その機能はどのような動機に基づく行動に依拠すべきかといった緻密な研究が一つ一つ行われはじめている。今後、この種の研究が多数積み重ねられてくることにより、何を中央政府が供給し、何を地方政府が供給し、町会や管理組合ではどんなサービスを提供し、何を民間企業が供給し、ボランティアは何をすべきかが明からなることが期待される。また供給者をどのように混在させると効率がよくなるのかといったこともわかるようになるものと思われる。本書では、政府調達の現場に起きる問題のメカニズムを、かなり具体的に分析し、競争参加者の利害や行動の原理に立ち入った分析を第 3 章と第 4 章で行ったのは、こうした供給者の行動原理に関する研究の流れに沿うものである。

(3)汚職や談合に関する研究

談合に関する研究は比較的多く、談合の結束力、談合の発見方法、不正摘発の企業に与えるダメージといった具体的な個々のテーマが研究の対象になり始めている。

談合の結束力の研究

McAfee,Mcmillan (1992)は、サイドペイメントの無い弱い談合と、参入阻止やサイドペイメントの行われる強い談合における結束力の理論的な評価を行い、前者では抜け駆けは阻止できない。後者では入札の前に闇取引の別の入札が生じるとしている。

本書では、この現象が発生するメカニズムを第 4 章で分析し、市場からの隔離や入札への参加者の数などが、談合の成立やサイドペイメントが可能かどうかに影響を与えることについても筆者の考えを示した。市場から隔離された業者に死活問題がおきると談合金などのサイドペイメントが必要になり、結束力の強い談合が発生する。

談合の発見方法

しかし、サイドペイメントが発生すると、サイドペイメントの原資を得るために落札価格を吊り上げる必要が出てくる。このため、談合が発見しやすくなる。Porter, Zona (1993)は調達に関する入札で談合の 存在を計量経済学的にテストする方法を研究している。ニューヨーク州交通局の高速道路の工事に関するデータを使った実証研究を行い、談合の存在を否定できないとする結論を得た。

この研究は、談合が摘発された入札のデータと、そうでないデータを比較するなどの方法で行われているもので、使われている統計的な手法も複雑であるため、現段階で、公正取引委員会や警察、検察の手間の軽減に役に立つとは思えない。しかし、大変地味な作業であるが統計的な分析を積み重ねて行くうちに、手間のかからない便利な方法が見つかるかもしれない。そのときには、電子入札などと組み合わせることで、異常を即座に判定できるため、その入札を不調にしてしまうこともできるようになる。

米国のニューヨークと並んで日本では東京工業大学の坂野研究室が行っている入札に関する統計的実証研究に筆者は大きな期待を抱いている。もし、入札の現場で談合やダンピングのあった事が即座に分かるようになると、最低価格を入れた業者と随意契約の交渉を始めて、厳しく査定を行うなど、犯罪として取り締まるのではなく、制度的に良い結果をもたらす仕組み作りができるようになるかもしれないからである。

筆者は昭和 60 年(1985 年)頃に交通法規と規制に関する研究チームに加えて頂いていた。その当時は駐車違反が大きな問題となっていた。そこで筆者は次のような提案を行った。同じお金を支払うのであれば、駐車違反の反則金という罰金を支払うよりは、駐車料金を支払う方が気分が良い。そこで、都内全域を駐車禁止にするのではなく、交通の妨げにならないだけの幅員のある道路には全てパーキングメーターを設置し、道路の使用料を取ることにしたら良いというものである。ドライバーにすれば、どうしても車を止めなくてはならないときに、どこに止めればよいのかがわかるメリットもある。その結果、今日では大都市には多数のパーキングメーターが設置されている。同じ仕組みを政府の調達発注のシステムに組み込むことを筆者は提案したい。

本書の研究成果によれば、入札において談合が発生して、落札価格が吊り上げられたということは、市場原理が働かない状況にあるのに入札を行った結果である可能性が高い。つまり、そこでは随意契約による値決めの交渉が必要である可能性が高いことを意味している。そうであれば、随意契約を行うことにして、査定を実施して、談合金などのサイドペイメントの原資になっている切り代を削ることにすれば良い。業者が進んで競争入札にすることにしたのではないのに、罰金である課徴金を支払わせられたり、刑事訴追されたりするのは面白くないことである。しかし、落札業者が随意契約の場で、官公庁と相対で値決めの交渉をして、切り代を削られるのであれば、それほどの不満は起きないはずである。

不正の摘発の業者への効果

Karpoff, Lee, Vendrzyk (1999) は米国における防衛調達に関する不正の摘発で、直接支払う罰金などの損失、捜査・起訴・指名停止処分の報道による株価の下落など、損失を 1983 年から 1995 年までのデータをもとに計測した。そして、受注額トップ 100 に入る強力な企業はあまり余り影響を受けていないが、小さな企業は大きなダメージをうけることを示した。

この研究の結論は、罰則や課徴金では、小さな悪事は懲らしめることができるが、大きな悪事は懲らしめられないという正義に反することが起きていることを実証している点で、非常に重要なものである。この結論が正しければ、日本の最近の制度改革で、罰則を強めたり、弱めたりの試行が行われているが、そうした方法を探っても、問題が解決しないことになるからである。

この観点からも、罰則や課徴金の強化だけではなく、談合を現場で早期に発見して市場原理が利用できるのか利用できないのかを判定し、市場原理が利用できない状況にあることがわかれば随意契約で査定による値決めを行うシステムの研究が必要である。正義に反することを放置しておくのは良いことではないと思うからである。

もちろん、市場原理が利用できる状況下にありながら、過大な利益を得るために不正が行われているのであればこれを罰することは当然のことである。それを筆者が止めるべきであると言っているのではない。あくまでも、市場原理の働かない状況下で追い詰められた業者が行った談合は、罰するのではなく、過大な利益つまり切り代を査定で削ればよいということである。サイドペイメントの原資がなくなれば談合は自然に崩壊するのではないだろうか。

競争と参入

Bresnahan, Reiss (1991)は、市場の規模と参入について注目し、寡占的で専門的な市場への参入障壁などを実証的に研究している。参入により価格は下がる。また、Chiappori, Salinie, Valentin (1999)では、先行企業と後続の企業との競争が研究されている。この結果は、日本で行われた研究の結果(坂野他(2006-1)、坂野他(2006-2))と一致する。つまり、業者の数が増すことにより政府は安く調達発注の契約ができるということは、日米においては確認できるようである。そのメカニズムについては、過去に考えられてきたもの以外にも多くの理由があることを本書では第 3 章と第 4 章で示せたのではないかと考えている。

競争と汚職

Bliss, Tella (1997)は、ユニークな研究である。常識的に考えられてきた競争重視の考え方に警鐘を鳴らしている。完全競争により賄賂を支払う余分な利益がなくなるので、汚職は撲滅できるとする考え方は単純すぎる。競争が厳しいほど費用を削減したいと考えるようになり、このために賄賂を贈るものが出る。また、独占的地位を得るために競争相手を市場から追い出すために賄賂を役人に贈るものがいるが、これも考えが足りない。競争が無くなれば賄賂を得る種がなくなるので役人はそんな話にはのらないというものである。

この考え方は第 4 章で示した、設備投資や営業費用が回収できなくなることや、費用軽減ために談合が起きる可能性のあることなどに共通する考え方である。しかし、官公庁が独占を容認しない理由は、レントシーキングと決めつけるのは誤りであると筆者は考えている。費用逓減状態に供給サイドがある限り、独占的な供給の方が、費用の削減という意味では、官公庁にとってメリットがある。このため、電気、ガス、などはもとより、多くの品目で、随意契約や指名随契が行われている。比率でいえば半分を超える官公庁も多いと思われる。

原則的に競争原理が働くという前提で政府の調達発注制度ができているため、例外にしなければいけないということの証明が必要であり、その手続きが面倒であったり周囲に理解してもらえなかったりすることの方がもっと困った問題で、手抜、談合、贈賄の原因になっている。業者は賄賂を公務員に送るよりも、自分たちの於かれている業界の実情を周囲に説明するためにお金を使うべきである。この研究はその役に立つのではないかと考えている。

また、官公庁の調達窓口は全国に万を超える数がある。その現場に、個々の調達発注の業種品目のどれが競争に付すべきものであり、どれが随意契約をすべきものかガイドラインを作れという現在の制度は、極めて無駄の多い制度である。しかし今まで、現場にこのルール作りが任されてきたのには理由がある。本書以前には、どのような基準で随意契約か競争かを選択するのかを示したものが無かったのが実情であることは、第 2 章で述べてきたとおりである。入札だけでもうまくいかないし、随意契約にも弊害が多いことはわかってているので、現場の実情に応じて何とかせよということである。

本書では、政策学がその答えを出せるようになり始めていることを示すことができたのではないかと考えている。方法がわかったのであるから、この判定は一元化することが望ましい。つまり、調達発注の値決めのゲームの一方のプレーヤーである官公庁の窓口にルールを作れというのは常識に反する。もちろん、アンパイヤーである取締り当局がルールを作るのも同様に常識に反する。いずれも、自分のやりやすいようにルールを作ることになるからである。官公庁の窓口は手間がかからず安く調達ができて、場合によると、たくさん付け届けが来るようなルールを考えるであろうし、取締りに当たる会計検査院、公正取引委員会、警察、法務省は捜査がしやすく起訴したり有罪と判定するのに便利でわかりやすい基準をルールにしようとするであろう。いずれも、最適な資源配分を維持しつつ適正な価格を決定することにはならない。さらにこの問題の難しい点は、立法府である国会や議会も、予算や契約の決裁権限者であってプレーヤーの一員である点にある。与党はその政策の実現に有利になるように、支持をしてくれる業界に有利になり、陳情や献金が議員自身や与党にたくさん集まるように制度を組みルールを作ろうとするであろう。それが Bliss, Tella (1997)のいうレントシーキングである。これも資源の社会的な最適配分を損なう可能性が高い。

この随意契約か入札かを選択するルール作りはこの全ての当事者以外が行わなくてはならないと筆者は考えている。第 5 章第 7 節で具体的な筆者の考える方法を提示する。

汚職に対する適正な罰金

Polinsky, Shavell (2001)もまた常識を覆す理論を展開している。高額の罰金をかけると賄賂の額が増える。通報者に報奨金を出すと、無実の者が濡れ衣を着せられるので、通報には報奨金は出さないほうが良い。少額の罰金でも、(公務員や企業の官公庁担当者は)もともとリスクを避けるタイプの人々なのだから効果は得られるはずであるという。一方、罰金による談合防止策の有効性を三浦 (2002)は検証しようとしている。

この二つの考え方は、どちらか一方が正しいのではなく、状況次第でどれも当てはまらないこともあるし、どれかが正しいこともあることを本書の研究成果は示唆している。上述した一連の分析からは、他の市場から隔離されていない業者間の談合は、取締りによって防止できる可能性があるが、市場原理が働かない状況で無理に入札を実施し、業者の数に比べて案件が少ない場合には、業者の間に死活問題が起きている。業者が死活問題を抱えているときには、こうしたペナルティーシステムによる問題の解決ができないことを第 4 章で度々述べた。また、賄賂だけではなく談合の原因にもなる。

通報制度も行き過ぎると、相互に監視し合うギスギスした業界ができてしまう。濡れ衣を着せられる人も出るかもしれない。そうなると虚偽の通報や誤報に対する罰則を考えなくてはならなくなるという屋上に屋を重ねる悪循環が起きてしまう。業者の間で死活をかけた競争が発生してしまっているときに報奨金を出した場合、通報制度を悪用して競争相手を陥れる新たな手段ができてしまい好ましくないことを Polinsky, Shavell (2001)は主張しているのである。

どのような場合にペナルティ政策が有効かというと、競争が成り立つような市場とのアクセスが業者にあり、しかも、その業者が Karpoff, Lee, Vendrzyk (1999)の言うように小さい業者であるときである。本書の第 4 章第 2 節(2)でその条件を明らかにできたと思っている。このような古典的なイメージの関係が成り立つ場合のあることも米屋の例を用いて述べた。

このように、本書では矛盾するように見えていた Polinsky, Shavell (2001)の研究の流れと三浦 (2002)の研究の流れの関係を整理できたのではないかと考えている。

つまり、異なる病原菌に効く薬が違うように、また、有効でない薬の投与が副作用を起こし、毒になるように、通報制度やペナルティ政策はどのような調達問題のどの場面で有効かを見極めて適用していかなくてはならないというのが筆者の考えていることである。

汚職の原因の計量分析

Treisman (2000)には、法体系が整備されているかどうか、プロテスタントの国かどうか、途上国かどうか、政情は安定しているか、など様々な要因が汚職の数に影響しているかどうかについて国際比較を行った。そして、こうした要因の影響もあるが、時代によりもっと大きく変化していることを示している。Mauro (1998)は教育支出や医療保健支出が多い国では汚職が多いという意外な計量分析の結果を示している。つまり、汚職の問題は、道徳や貧富や治安・政情・法的制度の問題というよりも、本書が問題にしているように、経済的メカニズムによって起きる問題であり、その時々の、政府調達発注政策のあり方に起因している可能性が高いのである。

また、こうも考えられる。摘発される汚職が多いのは、汚職が少ないからであり、汚職が摘発されないのは、汚職が一般的なことであるからかもしれない。

日本の国内の状況を考えてみても、土木、建設、防衛関係の調達などの事件が目につく、この分野は、積算技術にせよ、評価の方法にせよ、古くから非常に良く研究されてきた分野である。さらに、最近では情報の開示が進んでいる。そういう分野であるから、口利きをする公務員や政治家がいると目立つし、水増し請求があると検証することができるし、良くできた仕様書があるので手抜きや水増し請求が判定できる。

一方、実際に米の品質を測定することは技術的にはできるのだが、その方法や技術は一般には余り知られていない。この米が美味しいとか、あの米の方が味があるなどという話になると、誰でも何かを言い始める。それなのに、米のブレンドの割合などが加減されていても気づく人はめったにいない。こういう状況で政治家や高官があの業者のこの米がうまかったといっても全く目立たない。廃棄されるはずの事故米が、病院、施設、学校などにも納品されていた事件は、何年あるいは10年も20年も気づかれないままになっていた。

(4)需要サイド(調達システム)の研究

公共財の供給に関する研究に加えて、公共部門がどのように調達発注を行うべきかについても、様々な観点から研究が行われるようになっている。そこでは、物品や役務(財やサービス)の供給者を選択するための入札、資産や物品の払い下げや公債を売却するための競売、公共工事の発注など公共財を提供するために必要な経済活動の詳細がどうあるべきかについての研究が行われている。この分野は本書のメインテーマであるので、少し詳しくの研究の動向について見ておくことにしよう。

入札と競売

入札と競売の問題は、値段の安さを競う入札と、値段の高さを競う競売の問題であるが、値段の変化の符号を逆転すると、同じ性格を持っている場合がある。このため、いずれかの理論が、大抵、他方でも利用できる。また、入札と競売の問題は、価格を決定するメカニズムの問題であって、一般均衡理論や市場原理の研究では余り関心がもたれなかった。また、関心があっても複雑な現象をうまく分析するツールが普及しておらず、深く研究ができなかった。しかし、20世紀の後半にこの分野では非常に多くの研究が行われるようになり、体系化も進んできた。分析の道具として、統計理論、ゲーム理論、変分学、確率論、数値解析、数値実験が普及したためである。このため、入札や競売のルールが、参加者の持っている情報、動機、リスクに対する態度、などと組み合わされてどのような結果をもたらすのかが次第に明らかになりつつある。この価格決定メカニズムの研究の視点からも、政府調達に関して研究が行われるようになってきた。

特に、McAfee, McMillan (1987)には、最近の研究のサーベイが行われており大変参考になる。さらに、松井、渡辺(2003) には、こうした伝統的な入札や競売の仕組みに加えて、電子オークションが加わり、電子入札が政府の調達発注にも取り入れられ始めている中で、どのように入札システムを設計すべきかに関する研究が数理計画法の領域では研究され始めていることが述べられている。

情報の偏在を解決する入札方式

入札に関する工夫は古くからおこなわれており、Moldovanu, Tietzel (1998)には、ゲーテが 1797 年に最高値、最低値を切り捨てる入札の原理を利用した洗練された方法で取引における情報の偏在の問題を解決していたことが示されている。上述した一番札排除の特例はゲーテかすでに利用していたのである。

業者がグループを形成して競い合う入札

談合による見積費用の削減について第 4 章で触れたが、同様の現象の研究がある。Baik, Kim, Na (2001)には、独占供給の免許の交付の入札のように、いくつかのグループが競いあい、落札が一社になる入札では、まじめに費用をかけて応札するのは各グループ一社だけで他社はフリーライドすることになることが示されている。

本書で扱った見積費用削減のための談合はグループ一組の談合であるが、この研究は何組も談合のグループができて、そのグループが競い合うことが起きること、その談合の中でフリーライドがおきることを研究の対象にしている大変興味深いものである。入札にジョイントベンチャーが参加することが許されているのをうまく活用すれば、多くの入札で見積の費用が節約できる。現在の日本の調達規則は金額に応じて、競争させる業者を増加させる仕組みになっているが、これを改めることで、状況は改善する。そして、何組かのジョイントと官公庁は、随意契約のように交渉を行い、選考を進めればよい。航空機の選定などは、機体、装備など数社のメーカーをまとめる商社が間に入ってメインコントラクターとなり、似たような状況で選定が進んでいる。このため、ロッキード事件、ダグラスグラマン事件、最近の守屋防衛事務次官の事件など、不正があると良く目立つので摘発されてしまう。悪い制度ではないと筆者は考えている。ただし、官公庁側の査定能力が十分でなければ、良い結果は出ない。

二段階方式

Fullerton, McAfee (1999)は、研究開発の費用を負担すると損をする問題の解決に取り組んでいる。競争方式による研究開発契約をいきなり一社が勝者になる通常の方式で決めると、2 社の場合が最小費用になる。競争の参加者が増えるほど、費用がかさむ。また、選ばれる一社が最適であることを事前(審査や入札の段階)に確認することはできない。そこで、入札を 2 段階にすることにして、一度目の入札で m 社を選定し、その m 社はもうかるか損するかにかかわりなく自らその費用を負担して仕様書の通りのものを作ることにする。最後にこの m 社から勝者一社を選んで契約をする。こうすることでいきなり一社を選ぶ方式の問題を回避できる。

日本ではこの 2 段階選考制度は指名入札制度として根づいている。しかし、日本の指名入札制度は形骸化してしまい、金額がいくらのときには何社の競争と決められているのを利用して、その数だけ業者を入札に呼べば、形式的な要件が満たされているので良いことにされている。これが、未回収費用の発生につながっていることは再三述べてきた。第 2 章で述べたように、指名入札が導入された経緯を思い出して見ると、不良業者を排除することが目的であったはずである。そうであれば、数を合わせるのではなく、審査をするという指名本来の意義を復活して解決すればよい。この二段階方式は現行法の中でも可能な方法ではないだろうか。この場合、試作の発注の方法について少し研究が必要になるかもしれないのと、官公庁でかなりの手間が必要になりそうなので、何にでもこの方式を取り入れるのは難しいかもしれない。

しかし、すくなくとも日米に共通している金額に応じて小額のときは少額調達手順、少し金額が高くなると指名随契、さらに高くなると指名競争で 2 社、3 社と増えて行って、上限を超えたものが一般競争入札というルールは早急に止めるべきである。官公庁側の手間が発注金額に見合わない、高い物はたくさん業者を集めて落札率を下げると予算に余裕が残って後が楽になるという官公庁側に都合の良い理由以外にはこのルールを正当化する根拠がないように筆者は思っている。

今までは、どのような状況でどのような調達方式が望ましいのかを理論的に示すことができなかったので、金額と業者の数を簡便法として利用してきたが、どの調達方式が望ましいかは、本書で再三述べてきているように品目毎の生産の状況や業者の数と案件の数の関係で違ったものになっている。この条件に合わせて調達の方式は選択されるべきであり、指名競争と決まった時には、民間で通常に行われているように、せいぜい 2～3 社、多くても 4 社程度にまで事前審査で指名先を絞り込んでから入札にすることにして、支払われない先行投資や営業経費を削減すべきである。これに合わせて、公取(2003-2)が推進すべきこととしているように、業界も談合を考えるのではなく、ゼネコンや商社などをメインコントラクターとするジョイントを積極的に業者登録しておいて、これを活用していけば非合法ではない良い仕組みができるのではないだろうか。

同時に競る方式

理論的に色々な入札を提案する人がいるが、実際に運用できる入札システムを設計するのは容易ではない。しかし、実用的な研究もある。Milgrom (2000)には通常の一つ一つ入札していく方法ではなく、売ったり買ったりするものを、全て同時に競りにかける方式が提案されている。応札者は封書で欲しい物に値をつけ、それぞれの最高値を建値として、何回か決まった回数競るか、値が動かなくなるまで競る。この方式は、無線の周波数割り当てに 1994 年に実際に使われた。こうすると、全てに最高値の札を入れるとその全てを買い取らなくてはならなくなる。

調達発注の入札にこの方法を応用すれば、安値の競争を緩和できるかもしれない。原価を割った安値の札でシェアを拡大しようとしたものは、多数の原価割れの受注をしてしまい、経営が成り立たなくなる。単純ではあるが面白い方法である。

紙に金額を書いて箱に入れる入札では、全国の官公庁の出す案件を 1 ヶ所に集めて、一斉に入札することは考えられないが、電子入札がインターネット上で行われているのをうまく利用すると、同時に全国の官公庁の調達や発注を入札にかけることができる。もし、独占を制限したければ、同時に応札できる件数の限度を定めればよい。各業者は自社ができる仕事の例えば 2 倍の範囲で取りたい仕事から順に番号をふった入札を行い、限度を超えて落札した場合には、限度を超えた分を自動的にコンピュータに辞退と判定させればよい。このメリットは非常に大きく、個々の官公庁で、業者の資格審査をする必要もなくなる。全国の官公庁で資格審査を受けて業者登録している業者があれば、それが 1 回の審査で済むわけであるから、業者の手間も、官公庁の手間も数千分の一で済む。官公庁側はその余力で今までできなかった詳細な審査が行えるようになる。

入札だけではなくこの方式は、随意契約にも広げることが可能である。そうすると、業者が無理をしているかどうかを見極めたい時に、入札と随意契約を一元化して客観的に判定することができるようになる。一元化された官公庁案件市場があればよいと筆者は思っている。

不正の発生原因を入札制度そのものにあるとするもの

Anderson, Goeree, Holt (1998)は、不正が生じる原因を入札の制度そのものにあるとしている。落札方式の競争(入札)システムでは、失注者にはその費用が支払われずに、勝者に全てが支払われる。この方式がロビー活動やレントシーキングの原因であると考えている。指名先の増加や入札に要する費用の増大がレントの浪費を増加させる。

この視点は、本書の考え方に近い。競争入札はあたかも市場がそこに形成されるかのような印象を与えるが、そうではないことを、第 3 章と第 4 章で説明した。そして、入札への参加者が増えることにより落札率が低下することが確認されていることも上述した。業者が生き残るために必要な利益を得ることも断念させられる可能性のあることについても触れた。業者が行き詰ると、何処かに相談しなくてはならない。気心の知れた同業者や、業界団体と相談すると談合になる。政治家や政府の高官に相談すればということを暗に導き、それが意識的なものなのか、知らずにそうなっているのかに関係なく、政治家や官僚のレントの源泉になっている可能性は高い。単に、政治と業界の関係の問題ではなく制度のあり方を問題にしている点でこの研究は意義の深いものである。

電子入札システム

政府調達の電子化が普及すれば、情報の偏在の問題も緩和できるし、地域的に限定されてきた政府調達の市場が一気に広域的なものとなり、上述したように同時入札も可能になる。入札に官公庁へ出向く手間や費用も激減する。安永（1998)では、公開鍵暗号による認証を利用した電子入札システムの開発を行い、平成 11～12 年度に国の予算で実証実験が行われた。この技術や同様の研究の成果はすでに実用の段階に入っている。つまり、技術的には新しい仕組みが既にできている。先にも触れた松井、渡辺(2003)は、このような政府調達用のシステムや、さらに、それに先行して普及している民間のネットオークションの仕組みをどのようなものにするのがよいのかを研究するために、入札やオークションを数理計画の問題として定式化して、理論的に取り扱う試みである。

そういう意味では、次期政府調達発注システムの技術開発や、実証試験の時代は数年前に終わっている。つまり、次の世代の政府の調達発注制度をどのように組立てて運用するのかが今日の課題である。その運用に障害になることがあれば、それが、企業の経営の問題であれ、法規の問題であれ、政府の組織的な問題であれ、改革すべきかどうかの検討の対象にしていくべきであろう。

制度改革

金本（1993)、 金本（1993-2）、金本（2002)は公共工事の発注をめぐる不正をなくすには制度の改革が必要であるという研究である。 Engel, Fischer, Galetovic(2001）は、価格で落札を決めることに異論を唱えている。スペイン、メキシコなどでは高速道路の建設は免許制で、建設と一定期間の維持運営の免許をどの業者に与えるかを決める入札がある。この場合、建設コストが予想を上回ったり、通行量が少なかったりといったリスクが存在する。業者(いくつもの道路を建設運用するフランチャイズ)を選定するとき、最小の通行料金を提示した業者を落札とするよりも、収入の現在価値を最も少なく見積もったものを落札とするほうがリスクを軽減できるとこの論文は主張している。

この考え方に対する評価は本書では扱えなかったことの一つである。しかし、積算における予備費の査定の上で極めて重要な研究テーマであると思っている。

地元の業者の優遇政策

地元業者へ優先的に発注する方式は広く行われている方式ではあるが、Naegelen, Mougeot（1998)は、優遇政策により地元の業者は経費削減を怠り、政府と優遇している業者との癒着が生じるとしている。

この視点は、競争政策では解決できない問題が、価格決定のメカニズムだけではなく政府の果たさなければならない役割の一つである地域の振興と政府の調達発注との関係にも存在することを指摘している。優遇することで地域の産業が本当に弱体化しているかどうかの研究を今後してみる必要があり、その方法論の研究も必要である。今のところ筆者はこの問いに答えを持ち合わせていないが、経済的な合理性とは何かという点にまで及ぶ古くて新しく、しかも難解な問題であることだけは承知している。地元には業者が1社しかないが、隣の町にも1社あり、その隣の年には10社あるとき、どのように業者を選定するのかを考える問題である。地域の振興も、国全体の資源配分の効率も、独占の禁止も、その会社が受注できず倒産した時の社会的な給付の負担も、全て含めた解決策があるのかどうか考える問題になる。その解決策には、公平も、公正も、正義も、福祉も、効率も要求される。次の世代の研究者の課題を提起している点で、この研究を筆者は評価したい。

最近のプロジェクトの評価の研究

プロジェクト評価の研究は、単純な入札制度に変わるものとして注目されている。価格や見積額が高いとか安いとかいった、単一の尺度で受注者を決定して、公共工事のようなプロジェクトをその業者に任せてしまうのではなく、応札業者の作成した提案や計画を様々な専門的な視点から比較検討して総合的な評価を下すことにより、どの計画を実施するかを選択する方法である。この考え方は、行政に今日ではある程度試されるようになってきていて、宮川他(1997)、計画行政（2002)、廣松、黒川、吉村、竹内（2002）にみられるように多くの成果を挙げて、それなりの評価を得ている。

政府の調達発注制度の中に組み込む値打のある方法である。しかし、これも手間がそれなりにかかる方法であり、全ての調達発注を一律にこのような方式で扱うことは行政上の無駄な負担となる可能性を秘めている。どのようなときに、この方法が有効なのかの研究を必要としていると思われる。

OR と PPBS

プロジェクトや政策の総合的な評価の考え方の起源は、第二次世界大戦の前に行われた軍事的な作戦の研究にある。強力な機甲部隊と航空戦力を持つドイツ、最新鋭の航空機動艦隊と潜水艦隊を持つ日本との間には圧倒的な戦力の差があり、米英はそれまでの戦略ではどうすることもできなかった。このため、軍事力では対処できないという共通認識に立った米英をはじめとする各国は、生産管理、確率、統計、数理計画などを駆使して研究を重ねた上で、戦争計画を立てた。この研究の成果は眼を見張るものがあり、形勢を逆転することに成功したMorse,Kimball (1950)。この考え方は、OR(Operations Research)呼ばれるようになり、軍事的な作戦研究の分野にまず定着した。生産の現場では生産ライン、在庫、配送網、通信網、品質、安全などの管理に応用されるようになった。上述した価格形成の話の中で、ガルブレイスが後にテクノストラクチャーが生産計画をたてるようになっていると言っているのは、この考え方が、軍から産業界に広がり定着した状態のことである。

軍事作戦と産業界での生産計画の分野で成功したこの手法は、経済の分野では米軍の予算のコントロールに使われ、PPBS(Planning, Programming Budgeting System:Hitch,McKean (1960)、石沢（1969)、惠羅(1968))と呼ばれたが、うまく機能しなかった。 その理由は以下のようにいくつか考えられる。

①成功した第二次世界大戦の作戦研究では、目的のはっきりした個々の作戦の最適化であったのに対して、PPBS が最適化しようとしたものは、世界最大の公共財の供給システムである米国の外交軍事システムの予算であったこと。そこでは、目的が漠然としていたり、明確であっても複数の目的が絡み合っていて、意思決定機構も多くの階層構造を持つ複雑なものであるため、単純な数理計画問題として問題を定式化することが困難であった。

②作戦の研究では数値による成果の評価が敵と味方の生き残った兵器や兵員の数などで評価できて比較的やりやすかったが、防衛予算の分野の問題では、評価の尺度をどのように計測するのか合意の

得られないことが多い。

③今日のようにコンピュータも最適化の技法も発達しておらず、大規模な問題を効率よく解く手段がなかった。

④現在のように政策学科、管理工学科、ビジネススクールなどの教育を受けた者が現場に配置されておらず、評価手法を応用する経験、知識、動機の全てが不足していた。

ことがあげられる。

本書ではPPBSの提唱された1960年代には、まだ実用の域に達していなかったPPBSのツールのひとつであるABC会計が、今日コンピュータを使った管理会計が普及したことによって、政府の調達発注において業者が損失を発生させる問題を解決する有用な手段として利用できるようになっていることを、本章第4節(4)で示す。

NPMとベンチマーキング

その後プロジェクトの評価手法で成功例が出始めた(大住(1999)、上山(1998))。そのひとつは民営化などに利用され、成功を収めつつある**NPM**(New Public Management)の考え方である。これは、最適化する対象を、架橋計画、廃棄物処理計画、官舎の管理など明確な業務単位に限定した上で、企業会計の原理を導入して、帳簿組織を完備する。その上に立って、ORやPPBSの時代とは比べ物になにないほどに発展してきた各種の最適化(数理計画、確率統計、多元的意思決定、・・・・・)手法を駆使して、どのようにその事業を管理すべきかに関する検討を行い。エージェンシー化などの制度改革を行う方法である。

この方法の成功は、

①PPBSのように大きなシステムの多元的問題を限られた技術で解決しようとするのではなく、民間企業と同様に会計の帳簿組織が作れる規模の対象に問題を限定することで、数値的な目標や評価尺度を明確にすることができること。

②意思決定の機関や組織を明確にし、その行動の目的を定めることができること。

③現場に、経営、管理、財務、その他、必要な個別の問題を数値的に解析したり、管理するためのコンピュータ、ソフトウェアー、情報ネットとそれらを運用するためのノウハウを持ち、教育を受けた人材が配置できるようになったこと。

④議会、監督官庁、大学、シンクタンクなどに企画や評価を支援する研究者やコンサルタントなど多くの学識経験者と組織が完備してきたこと。

に支えられている。

また、もうひとつの流れは、帳簿組織などの会計尺度の導入できない分野で発展しつつある手法であり、最近では、**ベンチマーキング**に代表される一対比較の導入によるノンパラメトリック(数量化しない)比較手法である。どこかの自治体の特定の公共サービスと他の自治体の同じサービスを考えられるだけの観点から比較して、Yes/No または 良/否などの判定を行って比較し、優劣を総合的に判定しようとするものである。この手法の導入により、これまで、漠然と比較が行われてきた制度や政策の比較が、わかりやすいかたちでできるようになった。

プロジェクト評価の体系的整理

橋山 (2001)には、プロジェクトの公共性、政策決定過程における評価の役割、総合評価の必要性、多元的総合評価、実際の各種プロジェクトの評価、欧米における政策評価の動向が体系的にまとめられており、総合評価の重要性が示されている。

プロジェクト評価の限界

この、プロジェクト評価の考え方がそのまま一般的な物品や役務の調達問題に適用できるとよいのだが、答えはノーである。総合的な評価には計画段階、予算化の段階、企画の競争、発注業者の選定、運営段階、中止や終了の段階などに、様々なかたちで専門家による評価を行う必要がある。時にはコンサルタントを雇ったり、シンクタンクに依頼したり、専門家の委員会・審議会などを開くといったことも必要になる。このため、評価のための費用も多額にのぼるし、時間もかかる。数百億円～数兆円の規模のプロジェクトであれば、この費用は評価によって得られる効果に比べて問題にならないかもしれないが、数円～数百万円、せいぜいが何億円かの物品や役務の調達では、何百万円～何億円もかかる総合評価を行うことはできないのである。

また、今日明日に買い付けて、必要とする部門に届けたり、今年、来年に着工し、何年後かには完成している工事や建造にこの手法を導入すると、結論が出た時にはニーズはもうなくなっていて、建物も立ってしまったあとである。

(5)各論

政府の調達発注する業種品目は多岐にわたり、個人消費に次いで多くの異なったものから成り立っている。このため、入札制度や不正の研究といった一般的なアプローチの他に、調達される財の特性に合った調達制度がいかにあるべきかとか、特定の財に特有の取引上の問題をどのように解決していくかといった研究なしには、現実の問題に対処できない。そこで、品目ごとに研究が行われはじめている。

土地の収用

まず、Nosal (2001))は土地などの個人の資産を政府が徴収するにあたり、租税の物納や徴発による方法は、社会的厚生に関して適当ではなく、市場価格で収容することが社会的厚生において最適であることを理論的に示した。

この研究は土地の収用に関するものであるが、物品や役務の調達においてもこれに近い観点は必要である。政府の調達発注は安ければよいというものではない。本書の第 3 章の市場価格のあるケースの分析や、価格が市場価格や平均費用から乖離する現象の分析はこの考え方を一般化したものである。

ワインの競売

Ginsburgh (1998)) は、ワインの競売について研究し、ワインの競売においては、不在の応札者が応札の過半を占めるなど、普通ではないことがあり、一般的な競売の研究に使うのは適切でないとする実証研究を行った。

本人が参加しているのか代理人が参加しているのかが問題になるのであるとすれば、他の競売や入札においても、その場に各業者から参加している営業担当者がどこまでの判断や値決めに関する裁量をあたえられているのかは一律ではないので、そこから研究をやり直さなくてはならないのかもしれない。この種のオークション理論が今後どのように発展していくのか注目している必要がある。

材木の競売

材木の競売に関しては、米国営林局の統計が公開されてきたため、多くの研究が積み重ねられてきている。最近では Baldwin, Marshall, Richard (1997)が、営林署の材木の競売に関する実証分析から、価格の下落の原因としては、供給の増加よりも、入札談合のによる可能性が高いことを示している。売却される材木の量に関する事前情報の効果を、同じく営林署の材木の競売に関するデータで実証分析した研究 Athey, Levin (2001)もある。落札するために量の情報がどのように効果を発揮するかを、実証的に検証した。

これも、競売の研究であり、調達発注の問題とは価格の変化の符号が逆になってはいるが、談合による価格カルテルの効果が、需給の変動が価格に与える効果よりも大きいという結果は大きな意味を持っている。調達発注に関しては、業者が談合しなくてはならない状況に追い込まれて談合が成立すると、落札価格で契約しなければならない入札の特性から、契約価格の引き下げの交渉の機会がなくなり、政府は高い買い物をしなくてはならなくなることを第4章の分析で示したが、材木の競売でも同じことが起きていて、そこでは談合により払下げ価格が下がっている。

公債の入札

同じ競売でも公債の入札では異なった方法で競売が行われている。同時に複数のものを競りにかける multiunit auctions が行われ、工事や物品・役務の一般的な入札とは異なっている。 Nyborg, Rydqvist, Sundaresan(2002)は、スエーデンの国債の競売で、不確実性と競売の規模が、応札者の行動に与える影響を計測した。不確実性の増大で値を下げ、需要量を減らし、応札価格のバラツキが大きくなる。しかし、入札の規模の影響は少ないとしている。Cammack(1991)は、米国のTB市場のデータを分析すると、応札者の行動は、完全情報モデルよりも、不完全情報モデルの方が説明力がある。場外市場の値動きは競売の値動きに連動しているわけではなく、予想した以上にバラツキが大きいとしている。

これも符号を反転すると、調達発注の問題と関係がある。部品や原材料の価格や下請けの代金の相場、あるいは、業者の従業員の賃金といった原価の変動と、落札価格の関係がどうなっているのかということである。少なくとも Cammack(1991)が分析した国債の入札に参加した金融機関は、いくらで国債を買ってくれる顧客が何人いるので、いくらでどれだけの国債を落札すればよいのかを積算して、落札価格や、仕入れる国債の量を決めている仲介業に徹しているわけではない。従って、不確実性が増加すると強気の金融機関と弱気の金融機関では判断が異なり、応札にばらつきが出ていると考えることはできないだろうか。つまり、金融機関自身が投資あるいは投機など別の目的をもって行動していて、価格のバラつきや変動の原因になっているのであろう。

情報が不確実で、正しい需要予測によって積算された原価によって、業者が入札に応札していないものとすると、需要予測の不確実性が増大した時に、たくさん受注できると考える強気の業者が低価格で応札してしまい、実際の原価を下回る契約が行われる可能性を本書でも指摘したが、国債の市場で良く似た現象があるわけである。

防衛調達や軍産複合体の研究

米国の建国は、そもそも当時の英連邦の経済システムが米国の実情に合わなくなったことによるものであることは周知のとおりである。Thistlethwaite (1963)の著書 *The Great Experiment* のタイトルそのものが言い得て妙なように、米国の歴史は、建国後、経済的な利害関係の調整や法体系の整備を行いながら手探りで解決策を見出す大きな実験であった。防衛調達に関しても連邦国防費の支出権限を誰が持つべきかということからはじまり Evans/Margulis/Yoshpe (1968)、経営技術を取り入れた調達の工夫が重ねられてきた。こうした背景を持つ米国で、政府調達の適正化に関する研究が非常に熱心に行われるようになったのは、第二次世界大戦や朝鮮戦争の後である。大きくなった米国の防衛支出や航空宇宙開発の費用を削減しなくてはならなくなったときに、いかにして効率を維持しながら予算を抑制するかが大きな問題となったからである。特に、アイゼンハウアー大統領が退任演説の中で、軍と産業界の間の癒着の構造に触れたことを契機として、Galbraith (1969) *How to Control the Military*,邦訳、『軍産体制論』、Lens (1970) *The Military-Industrial Complex*、『軍産複合体制』、DeGrasse (1983) *Military Expansion Economic Decline*、『アメリカ経済と軍拡(産業荒廃の構図)』といった本が出版され、国防総省と防衛産業の間の官民の癒着の複雑な構造やその経済に及ぼす効果について、日本でも注目を浴びるようになった。

こうした中で、地味な研究が行われていた。Gorgol (1972)は、企業や政府が多様な選択行動をとるとき、調達の現場にどのようなことが生じるのかをコンピュータでシミュレートしようとした。この研究の手法は、今日、オークションの設計においても利用されているモンテカルロシミュレーションである。また、戦後 50 年を経過し、秘密区分が解除されるた資料をもとにした分析も可能になった。Mulligan (1998)は、第二次世界大戦において発生した労働の供給の増加を、賃金の上昇だけでは説明できないが、資産価格の仮説を株価、利子率、民間投資などに適用して考えると説明がつくと述べている。

第２節　市場からの調達の拡大

以上に政府調達システムに存在する問題点と、その関連分野に関する最近の研究の動向や、資料について見てきたが、その中で、特に解決策の検討を行ううえで以下の点に着目することにする。

- ・政府の調達発注システムで調達発注されるものは種類が多く一律に問題が取り扱えない。WTO の条約や米国の法規に見られるように、個別の対応が考えられるようになり、研究もその方向に向かい始めている。
- ・大規模なプロジェクトや工事などに比べて、個々の調達や発注は単位も金額も小さいため、人手をかける方法では問題が解決できない。
- ・発注者である政府や政府系企業の窓口は細分化されており数も多い。
- ・どのような供給主体に公共財の供給を任せるべきかについても研究がされるようになってきており、調達発注の方式も多様なものにしていかなくてはならない。
- ・入札の方法も、日本で一般的に行われているような方法だけではなく、いくつかの方法があり、選択しながら合理的な方法を考えていかなくてはならない。
- ・不正への対応をペナルティの強化だけでは解決できないとする考え方が出てきている。
- ・電子取引、クレジットカード、ネット上での入札など、既にある程度実用化されているものがあり、実用化の可能な新しいツールが整いつつある。

もちろん、課題は多く、一連の問題を一気に解決することはできない。こうした、状況を受けて、最近の研究では、関係者の利害や行動原理、各種情報の有無などを非常に具体的に取り扱うようになってきている。別な見方をすると、政府の調達発注システムにおける問題の解決には、一つ一つの原因に、一つ一つ対処していく研究手法がとられ始めている。このため、実際に政府調達の問題を扱おうとすると、この分野で行われている研究が、バラバラでどうつながっているのかわかりにくくなってきている。

しかし、これは、医療や保健の分野で、清潔な環境を維持するという共通な対処もあるが、寄生虫、アメーバ、スピロヘータ、細菌、ビールス、プリオン、遺伝子など病気の原因が多岐にわたり、その対処の方法も千差万別であるのと同じことで、政府調達問題の研究分野でもこうした研究分野の細分化が始まっているのではないかと考えられる。

以下には、こうした動向に従って、これまで検討してきた問題の構造やメカニズムを利用して、問題の分類を試みた上で、それぞれどのような対処の方法があるのかについて検討を行うことにする。

入札により市場価格と落札価格とが乖離するのを解決するためには

①入札を止めて直接市場から調達する

②入札は放棄せず、市場価格と落札価格の乖離の原因を排除する

③随意契約で調達する

という方法がある。政府の調達するものの範囲は広く、この解決策の選択においても、どれを選ぶべきかは一律ではない。

市場からの調達を考えるとき

①-a)調達の対象となるものに市場があるかどうか

①-b)市場がない場合、市場を作り出せるかどうか

①-c)市場に調達担当者がアクセスできるかどうか

①-d)市場価格で調達できたかどうかをどうやって評価するのか

といったことを考えなくてはならない。ここでは①-a)の観点から、小額調達のガイドラインを取り上げて検討する。①-b)の観点からはエージェンシー、アウトソーシング、モジュール化についてふれる。①-c)ではクレジットカードやインターネットの利用を取り上げる。①-d)に関しては情報公開の必要性を取り上げる。

市場を作り出すことが困難であったり、適切でない場合には、入札の方法で調達を行わざるを得ないが、そこには既に述べたように多くの問題がある。このため、

②-a)政府の側での対策

②-b)業者の側での対策

を考える必要があり、②-a)の観点から、電子調達システムの利用、②-b)の観点から管理会計システムの導入について検討することにする。それでも駄目なものについては

③随意契約で調達する

随意契約は悪い側面をを強調されてきたが、値決めの交渉ができるので、入札ではできないことができる。これを利用する必要が最後には出てくる。

(1)少額の調達のガイドライン

政府の調達発注システムを使わないで、政府が直接市場から物やサービスを調達できれば、政府の調達発注システムに固有の問題は回避できる。そこで、直接市場から物やサービスを調達することにすると、

①何を市場から調達すればよいのか

②誰がどこで調達すればよいのか

③支払いはどんな方法で行えばよいのか

④その調達の価格や数量が妥当であったかどうかをどのように検証するのか

ということが問題になる。

①の何を市場から調達するのかについても切り口は一つではない。価格の大小、物品・役務の性格、などにより状況は異なる。しかし、この中ではっきりとしているものもある。そこで、先ずこの点から解決策の検討を始めることにする。

「調達するものの価格が小さく入札の費用が無視できないときには、論を待たず市場から購入すればよい。」のである。ところが最も単純なことでありながら、なかなか実行できず、多くの現場で入札に頼っているのが現状である。個々の物品や役務の金額は小さくても、官公庁全体の年間の調達を合計すると多額に上るため、もし、この点を追及されたとき困りはしないか。まとめて、管財課などの調達担当部門にまかせると、調達規模が大きくなり安く調達できるのではないかといった危惧や期待が生じる。また、調達の手続きは面倒な上に、間違いを起こすと困るので、できれば責任を回避したい。そこで、総務や管財に任せておいたほうが良いということになる。

このため、官公庁の名前の入ったメモ用紙、罫紙、ノート、ボールペン、鉛筆、封筒、封金袋などが作られ、食品、フロッピーディスク、ガソリン、灯油、医薬品など、どう考えてもどこでも手に入るものが入札に付され、現場はコスト意識のないままこれを使っている。

先ず、**「小額の物やサービス」**というからには、当然のことながら、市価があるのであり、大手のスーパーなどの物流業者、商社、卸売業者などに匹敵する調達量を確保できる力のない官公庁が、市価を下回る価格で調達できると考えること自体が、誤りの根本的な原因である。実際に入札をすると、市価を下回る価格で落札することがしばしば起きるが、これは、4章にに述べたような市場からの隔離などのメカニズムが業者働くためであって、正しい価格がついたわけではない。入札で損をした業者は、その見返りを求めることになり、これが不正の温床になるのである。

米国では、先に示したように、$2,500 まではクレジットカードを利用して個々の職員が市場から購入、$2,500～$100,000 ではインターネットによる電子調達とすることになっており、この、少額調達手順 micro-purchase procedures の徹底が政府調達円滑化法 Acquisition Streamlining Improvement Act (USH.R. (2002))において求められている。わが国でも、こうした改革が早晩必要になってくる。もちろん、こうした改革を実施するには、多くの準備が必要である。これを列挙すると、

①対象にするものの具体的でわかりやすいリスト、
②標準化すべきものと付加的オプションの分離、
③少額調達と随意契約の基準の一層の明確化と契約価格の計算方法の標準化、
④少額調達手順を認める業者や商品の格付けや順位の決め方の規定、
⑤抽選や輪番制の検討、
⑥調達先の選定、検品、評価のコストが、増加しない工夫、
⑦個々の公務員の誰に何の調達を許すのかという規定の整備、

である。

①対象品目リスト

対象品目については、簡単なようでなかなか難しい面がある。米国では、第 2 次世界大戦以後も、幾度となく戦争を経験し、そのたびに、賃金や物価の統制が行われてきており、部分的なものも入れると数十回に及ぶ。この結果米国では、どのような物やサービスにどのようなメカニズムでどういった価格がついているのかを官と民とがともにある程度知っている。一方、日本では、第 2 次大戦のころに、〇公(まるこう)と呼ばれた公定価格を導入してはみたものの、政府の少額調達の対象になるような食品、日用品、雑貨などはヤミ市場が優勢でうまく統制がとれなかった経験をもっている。こうした風土の中で、標準商品分類で数百万種類に及ぶ商品やサービスの一つ一つについて、適正な価格を市場が形成しているかどうかを判定し、調達を市場から行うべきであるかどうかを決めていかねばならない。公正取引委員会がある程度こうした調査をしているが、あくまでも、独占禁止法を守らせるための調査である。

全面的に実施するには、地方による差もあるので、気象庁が気象台やアメダス観測網を整備しているように、内閣府か経済産業省の下に、流通物価観測網を作り時々刻々の物の動きや物価の変動の観測をすることから始めなくてはならない。それがないと小額調達対象品目のリストの管理はできないだろう。これでは政府の負担が増えはしないかという危惧がでてくると思われる。しかし、政府の調達発注制度の問題の解決を中央官庁では、法務省、検察庁、警察庁、公正取引委員会、会計検査院におしつけて、細かい調整は何万もある官公庁の契約窓口に個々に調達規則の作成をさせている体制を見直し、こうした現場の負担を大幅に軽減することにしなければ、指摘や摘発だけでは問題は解決しない。この点は改めてこの章の最後の節で説明する。

②標準とオプション

市場のないものは、どこかで買いたくても売っているところがない。では売っている物がないから小額調達手順の対象から外してよいかと言うと、答えは微妙である。市場の有無の判定を試みるとき、境界を引くことが難しいためである。水中に敷設された機雷を除去する水中ロボットと漁網を保守する水中ロボットや水中工事の作業ロボットは同じものなのかどうかという判断はこの問題を象徴している。海上自衛隊では別のものと考えられていたが、諸外国の海軍は同じものであると考えていた。

機雷の除去と漁網の補修

以下の話は、艦隊に勤務していた筆者の友人からきいた話である。もう 20 年ほど前のことになるので正確さの保証はできないが筆者は以下のように記憶している。

1990 年代のはじめのことである。海上自衛隊が、はじめて、海外で本格的な任務に就いた。作戦名は Operation Gulf Dawn(湾岸の夜明け作戦)である。任務はクエート沖に敷設された機雷の除去であり、数ヶ国の艦隊が海域をわけて掃海作業を行った。何ヶ月かが過ぎ、任務を終えた各国の艦隊が、一箇所に集まり、任務の完了を祝って親睦のパティーをひらいた。このとき、お互いの掃海艇を訪問して見学する機会があった。海上自衛隊の幹部は日本以外の国の掃海艇には、テレビカメラとマニュピュレーターを装備した水中ロボットが搭載されているのを見て驚いた。スキューバダイビングの訓練をして、機雷のあるところまで潜っていって、これをアンカーから切り離してくる作業は極めて危険な作業である。一瞬のミスで機雷は爆発し人命が失われる。何とか無人化できないかと考え予算をとり、設計を試みたが、特殊なものでごく僅かしか必要でないため、高額になりすぎて開発には至らなかった。日本では水中作業のミスをなくそうと猛訓練が重ねられていたし、米国ではイルカを訓練して任務に当たらせたりもしていた。さすがはヨーロッパ各国の艦隊、すごいものを持っている。そう考えたこの幹部は、仲の良くなったある国の士官にこうきりだした。「重要な装備であるから、秘密区分がかかっていて、話してもらえないかもしれない。しかし、わが国でも隊員の人命は大変重要だ。人道的見地からも、そこをまげてヒントだけでも教えてほしい。帰国したらすぐに予算の要求をするとともに、外務省に通知して協力してくれた貴国への感謝の念を伝えたい。どうか、どこの国がその水中ロボットを開発し何という会社が作っているのか教えてもらえないか。」

すると、相手の士官は一瞬の戸惑いの後に思いもかけないことをいい始めた。「われわれは決して非合法なスパイ活動で日本の技術を盗んだわけではありませんし、どこかのメーカーに秘密裏に生産させているのでもありません。秋葉原で合法的に購入して、これを各艇に装備しています。この点は、ここにいるどの国の海軍も同じです。」そういった、この士官は、日本のメーカーの日英対訳の取扱説明書を見せて、「これがその証拠です。市販されているものでも十分使えるのですから、日本の艦艇の装備はもっと進んでいると思います。それを見せていただくのを楽しみにしていましたが、よほどすごいものに違いない、われわれが見学させてもらったときには全てどこかにしまいこまれていて、見せてはもらえませんでした。どうやって機雷を除去しているのかたずねると、勇敢な潜水隊員の話でごまかされてしまいました。海外に技術が供与しても良くなったときには、こうして共に作戦に参加したわが国にもその技術をぜひ教えてください」。この話は、直ちに護衛艦隊司令部に伝送され、翌日知らせを聞いた補給処の幹部が秋葉原に急行した。すると、その店頭には定置網の補修や水中の工事現場で使用する国産の水中ロボットや機材が何種類も並んでいた。

つまり、その特別な仕様が本当に必要なのかどうかということを机上での検討や、理論的な考察、実験室での試作から判定することは非常に難しい。屋外で作業をするときに防水のライトが必要なのか、その何十分の一の価格の懐中電灯を雨の日や、水しぶきを浴びるときにビニール袋に入れて使えばよいのか、また、そうしたものは何もいらず、近くに車を止めてヘッドライトで照らせばよいのかは、現場で試してみる以外に答えは出ないのである。海上自衛隊の水中ロボットの話のような高度な自衛隊の装備の特殊仕様の問題から、便箋やボールペンに官公庁のマークや名前を入れたり、〇〇運動実施中とロゴやキャッチフレーズを刷る必要があるのかどうかまで、長い試行錯誤と議論を要するのがこの問題である。

官公庁の現場の担当者が、町を歩いていて売られているのを見つけたものが、自分の仕事につかえるかどうかはわかる。自分の使っているものと比べて使い良いものかどうかもわかる。しかし、官給品の調達価格は知らないので、どちらを調達すると良いのかは判定できない。調達の担当者は価格の比較はできるが、代替できるのかどうかは判定できない。業者は官公庁のニーズがどんなものなのか、紙に書いた仕様の上ではわかるが、自分の売っているものと仕様がすこしでも違うと、官公庁の仕様に合わせた値段の高い見積を用意することしかできない。

官公庁の現場の担当者にコストの情報と発注の権限を持たせたうえで、自分で選ばせることにより解決するしかない。

③随意契約と小額調達

小額調達では、誰かが売っているものをそこで売り手から直接買ってくるのであるから、一種の随意契約が行われたことになる。この点も、微妙な判断を必要としている。競争によって業者を選定することが法律上の建前となっている点と、調達価格をどのように計算するのかが決まらないと随意契約をして良いかどうかが決まらない点が、難しさの原因である。

個々の財サービスの単価を調達価格と考えると非常に少額であり随意契約の対象になるが、部局や官庁で一年分の調達をまとめてみると入札対象の金額に達するようなことがある。これをどう扱うのかあいまいにしておくと、何でも入札を行うことになる。調達の担当者は、もし、会計検査で年間の調達の総額がこんなにあるのになぜ入札しなかったのかと叱責されては困ると考える。そして、例えばボールペンや封筒を何千本、何万枚も発注する。現場はコスト意識なしでこれを使うので、管理ができなくなる。そこで、管理のために所属部門で上司から伝票に承認を受けてから、総務で受領するようにする。この事務のコストはまとめ買いで下がった価格の何倍にもなる。現場では仕事にあったものを選ぶことができず、使いにくいボールペンや封筒を使うため事務の能率は下がる。

つまり、調達の単位を、ロットサイズ、時間、使用部門の範囲、業務の範囲など、きめ細かく規定して、発注の規模を特定し、少額の調達なのか、入札を必要とする規模の大きな調達なのかを規定しておかなくてはならない。また、同じボールペンでも、価格は数十円のものから数万円のものまで千差万別である。どの価格をもとに、調達額を決めるのかも問題になる。

また、納品を本庁需品課などと指定している現状と違い、市場から物を調達するときには、販売店に鞄を持って買いに行くか、電話で配達してもらうか、遠隔地から宅配便で送ってもらうのかといったことで違いも出てくる。このため包装の費用や、配送の費用も考えなくてはならなくなる。保守やメンテナンスの費用を調達額に加えるのかどうかも議論は分かれる。このため、調達額をどのように計算するのか、一つ一つの品目ごとに決めておく必要が出てくる。

そして、一般的な少額調達と特別な仕様を必要とする随意契約との違いにより、費用の計算方法は異なってくるので、それぞれに、どの範囲の費用を調達費用と考え、どんな単位で、どんな計算をして調達額とするのか定めておかなくてはならない。その上で、一般的なものには少額調達手順を適用し、特殊なものには随意契約や入札の手順を適用する必要がある。この規則の制定を、現場に押し付けることは理にかなわない。それを定期的に判定する専門の機関を設けて、規則を制定し、分類基準を決めて、データベースとして提供し、それを検索するだけで、これはどうして調達すればよいのか現場が簡単に事務処理できる仕組みが必要である。

④業者と商品・サービスの格付け

取り扱い品目ごとに、あらかじめ審査を受けた業者のリストから数社を指名して行う入札の場合とは異なり、一般の公務員に市場から自由に物を調達発注させる場合、一般的な消費者が直面するのと同じ問題にその公務員は直面することになる。品物が盗品や密輸品ではないか、品質の保証はあるのか、アフターサービスは受けられるのか、交換部品は供給されているのかといったことも問題になる。つまり、業者の信頼性、商品の信頼性、性能、維持費用など考えておかなくてはならないし、考えなくてはならないことにはきりがない。これを調達のたびに各課、各係で調べていたのでは、大変な労力が無駄になる。

この問題は、商品や業者の格付けを行う専門の部門や機関を設置して、そこで格付けを行っておき、その格付けを参考にして各部局課係で商品を調達する方法をとることにより解決することができる。必要なものの種類は多く、市場には商品やサービスが氾濫しており、広域的で大きな規模の機関を設置しないと調査と分類はうまくいかないように思われる。すくなくとも、現在行われているような、都道府県市町村でやっているように官公庁毎に審査行う方法では対処できないし、中央官庁でやっているようにどこかで合格していれば、どこででもその格付けを適用するという方法では、審査行う窓口が小さすぎて、業者や商品の審査をきめ細かく実施することができないことは間違いのないことであるので、最も審査の甘い官公庁で業者は審査を受けるようになる。このためどのような単位で審査の機関を作れば良いのかを考えておく必要がある。国内に多くのメーカーや商社などを擁する日本の特性を生かしたシステム作りができるかどうかが今後の課題となるだろう。一般からの苦情の処理を内閣府の国民生活センターに任せているのを止めて、経済産業省の産業政策のひとつとして考えていかなくてはならないのではないだろうか。

⑤抽選や輪番制の検討

格付けが実施されると、当然のこととして、最も高い評価を得た業者や商品に発注が集中する現象が生じる。これでは、その業者で何か事故が起きて特定の商品の供給が途絶えたときに、公務の執行が止まってしまうという深刻な事態の原因になる。例えば、1位の製品の生産ラインが天災や火災で停止するものとする。2位の製品のラインは大きくないとすると、この製品の供給は激減する。他に代替のきかないものであれば、その製品を使用しなければならないサービスを多くの官庁は提供できなくなる。このため、発注の集中度をいつも監視しておき、集中が発生してくると、何社かの製品に発注を分散し、リスクを回避する必要がある。分散の方法として、抽選や輪番制など様々な工夫が必要になる。

政府の提供しているサービスには、代替のきかないもの、停止できないものなどが含まれており、公共性の高いものほど停止や代替のできないものであるので、そのサービスの提供に必要な投入要素である物やサービスの調達発注に関しては、特にこの集中の排除の仕組みがかかせない。産業連関表の作成に当たり、各省庁が協力しているように、各省庁の壁を越えて、ボトルネックの排除を目的にした、発注購入の分散を計画的に行うための仕組みを作る必要がある。そこでは、一定の基準を満たす業者を輪番制で指名したり、受注のシェアの制限をしたりする必要がある。少額調達の製品を納入する業者を抽選で決めることも必要かもしれないし、企画コンペ上位数社の中で最終的な発注は抽選や輪番制で決めるといった、業者選定の方法の検討が必要になってくる。

筆者はすぐにも全国の官公庁窓口で行われている調達発注業務を一元化して管理せよと言っているのではない。ボトルネックを作ってしまわないために、シェアの制限や輪番、抽選を行わなくてはならないかもしれないので、そうした方法が必要になってはいないか、いつでも検討のできるように、全国の官公庁の調達窓口でバラバラに行われている発注業務を全て見渡せるガラス張りの仕組みが必要である。別の言い方をすると、かなり細かいレベルまでの調達発注情報の集積と開示を行うことから、次世代システムの設計や準備を始めなくてはならない。

⑥調達にかかる時間と費用の上限

少額調達手順の導入を検討する第一の目的は、調達のための費用の節約である。入札に要する官民両サイドのコストを軽減して、業者の側の利益を損ねない形で、官公庁の側も効率の良い調達を実現することができれば理想的である。したがって、少額調達を行うために、調達先の選定、検品、評価のために、総務部などの調達担当部門で行うまとめ買い方式の調達よりも手間や費用をかけたのでは意味がない。ましてや、調達される財やサービスの価格を上回るほどの費用がかかると、マクロ経済的に見れば、政府によって買い上げられた物やサービスによって生み出された付加価値以上に政府が消費を行ったことになってしまう。

こうした状況を避けるためには、何円までの調達には何時間までの手間をかけてはならないといった規制が必要になる。もちろん、個々の調達の一つ一つにこうした規制をかけることは合理的でない。平均的に見てまとめ買い方式よりも、調達のための手間や費用が節約できていればそれでよいわけである。このコストの管理を民間が管理会計で行っているように官公庁版の管理会計あるいは原価管理システムを作ってコントロールする必要が出てくるかもしれない。そのとき再び陥ってはならない誤りがある。漠然とした大きなシステム全体の管理会計を目指して失敗した例がある。PPBS での失敗に見られたように、単純な定式化ができない最適化は、失敗する。せいぜい一つの会計単位で、なおかつ場所の離れていない範囲の調達について、どのくらいの時間や費用を個々の調達に掛ければよいのかをコントロールすることが重要であろう。

⑦少額調達の担当者

個々の公務員の誰に何の調達を許すのかという規定の整備も必要である。トップダウンの営業という営業の手法がある、官公庁ならば大臣や局長、企業なら社長や専務に近づき、その影響力を行使してもらうことで、その官庁やその会社の特定のものの調達発注を自社で独占する営業方法である。官公庁やその外郭団体、政府系企業も民間企業同様にそのターゲットとなる。ところが、このような営業を許すと、せっかく少額調達方式を取り入れた意味がなくなる。独占的に一つの業者の決まった製品が供給されるのであれば、はじめから、調達を担当する部門が入札の上、まとめ買いをしたほうがずっとましである。

逆に、全ての職員に自分で使用する少額の物やサービスを全て自由に選ばせることにするとどうだろうか、ボールペン、シャープペンシルなど個人的に使用するものならば、まだ、個々の使いやすいものを選ぶといったメリットがあるだろうが、プリント用紙やファイル、フォルダーなどまちまちの厚さでバラバラのサイズのものが職場に溢れると整理ができなくなってしまう。個々の職員にしても、いちいち自分で買いに行くのは、なはだしく面倒である。そうなると各課の庶務係が、自分の課の仕事に合わせて、最も都合のよい業者から適正な価格で調達するのが良いかもしれない。業務量の安定している課では最低価格でまとめ買いするのが良いかもしれないし、業務量が不安定で、突然大量に何かが必要な課では、少し高くても即応してくれる業者から買い付ける方が良いこともあるであろう。

この、誰に何を調達させるかということも、非常に複雑で一般論としての答えの出しにくい問題であるが、公務の効率を左右する問題であるので、一つ一つの調達品目とその用途に関して慎重な検討を重ねる必要がある。

以上に、少額調達のガイドラインが必要であることと、そのガイドラインの中でどれだけのことが決められていなければならないのかを考えてみたわけであるが、ガイドライン作りは簡単そうに見えて実は手間のかかる仕事である。少なくとも30年以上前の Evans/Margulis/Yoshpe (1968)には$2,500 以上の少額調達調達手順が米国ではすでに取り入れられていたことが記述されており、米国では非常に長い歴史を持っている。わが国で、全ての官庁や外郭団体に急にこの制度を適用しようとしても、ここで見てきたように事前にしておかなくてはならないことが多すぎて混乱を招くことが予想される。そこで、パイロットモデルとなる官庁を決めて、先行した実験を行いながら、例えば 10 年以内に中央官庁、次の 10 年で都道府県、さらに次の 10 年で全官庁に普及するといったペースでの導入の過程が必要になるであろう。

(2)クレジットカードによる調達

少額調達、電子取引、出張旅費の決済手段としてクレジットカードを米国では利用している。その発行枚数は 250 万枚に達しており、その中で不正使用が後を絶たないことを先に述べた。しかし、これをやめて、用度金を各部局課に置いておいて使う従来のシステムに戻そうという議論はない様だ。現金が置いてあれば、また違った形態の犯罪が起きるからである。

現在の官公庁のクレジットカードは、個人が使用しているものとほとんど同じ機能のものである。何段階かの一定の与信枠が与えられており、その範囲内での支払いは内容にかかわらずオーソライズされてしまう。このため、決裁を受けていない不正な支払いも可能になっている。この点は現金や小切手と同じであり、まだ、情報システムの機能を十分に活用しているとはいえない。情報システムの機能をもっと活かす方法に関しては次のようなことが考えられる。

現在、文書管理システムが普及し始めており、官公庁や企業の中の稟議や決済がコンピュータ化され始めている。一部の先進的な企業では既に行われているが、将来はこの仕組みを、財務会計システムと連動させることが普及することになると思われる。この仕組みはワークフローシステムと呼ばれる電子決済システムで、起案、稟議、決裁をネットワークに接続されたPCで行う。現場の担当者、検収担当者、審議担当者、決裁権限者の承認、却下、再申請、修正、決裁の手続きが電子的に行われる。このシステムの上で、決済が終わったものについては、財務会計システムの上で予算の枠が与えられる。この予算枠の範囲内で、発注、納品確認、または、竣工検査などの結果を財務会計システムに入力すると今度は支払い枠が与えられる。さらに、請求書が到着したことを入力すると、財務上の資金の準備が行われ、あらかじめ予定された支払日に銀行振り込みなどの方法での送金が自動的に設定され、その当日になると銀行に対して支払いのためのデータが送信される。

このシステムは、将来は、個々のカードの支払いのオーソリーセンターのシステムにも連動されるようになると思われる。そうすれば、決裁を経て支払いが承認された少額調達に基づく買い物かどうかが、商店やスーパーのレジでもわかるようになる。

カードの機能も磁気カードから、IC カードに変わり、取り扱える情報量は急速に増加している。これをうまく利用できれば、決裁済みの支払い枠、支払っても良い商品やサービスの種類、支払い先が審査をパスした業者かどうかの判定といったこともカードとネットワークとオーソリーセンターの組み合わせで可能になってくる。

民間ではすでに国内でも利用されている仕組みであるので、官公庁でもこの仕組みを試しておく必要がある。現在、米国では少額調達用のクレジットカードによる犯罪が多いので、日本では様子を見てからなどといっていると、この種の調達管理システムが利用しやすくなったときには、そのノウハウを全て海外に頼ることになり、莫大なソフト使用料を海外に支払いながら国内での政府調達を行わなくてはならなくなってしまうだろう。これが、パイロットモデルでもよいので、とにかく急いで新たな調達発注システムを政府の何処かで稼動させなくてはならない理由である。

(3)エージェンシー

研究機関など多くの政府の機関を独立行政法人(エージェンシー)にする動きが進んでいる。これは官公庁の一部分であった機関を独立した会計単位に分離することを意味している。このエージェンシー化の意義を調達の面から考えてみよう。

先ず、官公庁自体の規模はエージェンシーを切り分けた分だけ小さくなる。独立したエージェンシーはさらに小さな単位となる。このため、調達するもののロットサイズは一般的には小さくなると考えられる。エージェンシーをよく見てみると、従来から、独立した調達窓口をそれぞれのエージェンシーになった機関が持っていたものが多い。競争参加資格審査、業者登録、入札などをそれぞれに行ってきた。但し、調達規則については共通の規則が適用されていたものがほとんどである。監督官庁の審査を経ていれば参加資格が与えられ、入札などの手順や金額による扱いの適用も監督官庁と同じである場合が多かった。今のところ、独立したエージェンシーでもこの調達の方法が引き継がれ、監督官庁の調達規則がそのまま適用され、審査も官公庁の審査を受けていればその写しを提出するだけでよいという運用が行われていて余り際立った変化は見られない。このため調達発注の分野に限ってみれば、実質的に何かが変わった様子はない。しかし、今後、このエージェンシーは(1)(2)に述べてきたことを試行する上で重要な役割を果たせるかもしれないと筆者は考えている。先ず、独立したのであるから、元所属していた官公庁の調達規則に縛られる必要はなくなっている。このため、

・条約や法律で規制されている以外は、そのエージェンシーが独自に基準を設けて調達を円滑化することができる。

・特殊な業務を行っているために、独立させたわけであるから、そこで発注するものの中で、大きなロットで入札に付すものと、少額調達手順の適用できるものの種類は元の官公庁のものと差異があるはずである。このため、独自の少額調達規則を定めることのできることを活用する余地がある。

・規模が小さいことは、クレジットカードによる調達の導入や、カードの機能の高度化の試行を行うことにも適している。調達される物の範囲や、調達先の業者の数、少額調達手順を試行する場合の地域も限定されたものにすることができるからである。

・エージェンシーは独立採算を取ることを目的の一つとして与えられており、調達の円滑化による効率化もエージェンシーの経費の削減に寄与すると考えられる。

つまり、エージェンシーを先に述べた少額調達手順のパイロットモデルとして活用することが可能である。特に、最先端の情報システムの完備している教育・研究機関でエージェンシー化されているものには、情報のインフラもこれを管理する組織もあり、また、職員も情報機器の操作に習熟している。

(4)業務のアウトソーシング

規模もそれほど大きくなく、明確な組織的な目的もない業務であって、独立行政法人(エージェンシー)として独立させるほどのものではない業務であるが、ある程度の規模を持った業務であるので、そこで必要としているものの調達発注には上述の少額調達の適用がすぐには困難な場合もある。しかし、この場合も発注の単位を思い切って変えてしまうことで入札の回数を激減し、発注額を大きくして、調達のために必要な費用を限られたものにすることができる場合がある。その一例が、アウトソーシング(外部委託)である。健康診断、車両やコンピュータの運用管理、航空機、情報システムの整備や管理、配送、清掃、ビル管理、警備、といった業務は官公庁以外の組織や人に委託することが可能である。官公庁の数は多いので、業者の側からすれば、大半の官公庁が業務を委託してくれるのであれば、市場が形成され、数ヶ所～数百ヶ所の業務を請け負えば事業として効率を追求しながら仕事ができる。業者との契約を現在の法律の下では毎年行う必要があり、その都度入札を行うか、随意契約を交わすかの判断が必要であるが、この点を業務毎によく検討し、必要があれば多年度の安定したアウトソーシングを可能にすると、市場原理を利用しつつ入札回数を減らし、入札のためのコストを減らすことができる。

そこで、現在、障害となっているのが、予算の単年度主義である。多年度にまたがる契約は、翌年度以後の予算の先取りであるとして、護衛艦の建造のような特殊なものの調達以外は行われていない。これを禁止をしているのは憲法第 86 条であると考えられており、アウトソーシングを官公庁が本格的に取り入れるためには、この憲法第 86 条の改正が必要になるかも知れない。米国では、各年度の予算とライフサイクルの予算である大統領の支出権限の 2 種類の予算を組むことでこの問題を解決している。業者やプロジェクトは支出権限予算の中で選択され、毎年の収支の状況を見ながら、その支出権限の予算枠を今年はどれだけ使うかを決めるのが年度予算である。この方式であれば憲法の改正は不要かもしれない。

アウトソーシングする場合には、投資の回収の保証がないと、費用が高くなる。外郭団体を作ったり、民間企業に担当部門を作って、政府の業務の一部を委託するようにしてアウトソーシングが始まるが、途中で費用がかさみ過ぎているとして、入札に切り替えてしまうようなことをするので、業者である外郭団体や企業は不正をしてでも仕事を守らなければならなくなる。これは、業務の継続性や投資のライフサイクル、人の雇用のライフサイクルを曖昧にしたままアウトソーシングをして、継続性や効率が問題になる例である。

常識的に考えればわかることなのだが、アウトソーシングのコストは自前で仕事をするコストより高くなる。それは、投資の回収や事故のリスクなどの負担料が自前で行うよりも高くなるからである。自宅で食事を作るか外食かの選択と同じである。調理や後片づけの時間に値段の差以上の収入のある仕事ができるとか、その時間がないと病院で治療が受けられず病気が悪化するともっと高いものについてしまうとか、それを上回る分業のメリットがあってはじめて外食やアウトソーシングにした方が良いと結論が出せるのである。ところが大抵、アウトソーシングでコストを下げるといって、アウトソーシングが始まる。これは事前のアセスメントが不完全なことの証ではないかと思われる。この問題と管理会計の基準の選択は密接に結びついているので、第 4 節管理会計システムにおいて、業者の企業会計の側面から詳しく説明するが、多年度の契約が保証されるかどうかはアウトソーシングの値段に決定的に重要な要素である。レンタルかリースか買取かの選択と本質的に同じ問題であるので、検討をした上で必要ならば憲法を改正するくらいの気持ちで、このアウトソーシングについては取り組む必要がある。

民間の企業ではコア・コンピテンスを自社に残し、他を子会社化してアウトソーシングしたり、売却してしまったりしてきて、今日では、サプライヤーマネジメントやEMSと呼ばれるような高度な仕組みができている。また、様々な手法で分析した結果、民間企業では、会社や部門を分割したり、部門を子会社化したりという方向で進んでいるのに、外郭団体や、独立行政法人、公営企業を非常にたくさん持っている官公庁では、逆に、その数が多すぎるとか、そこに、上級官庁から人が移籍すると天下りだからけしからんとか、何か次元の違う議論が目につく。多数ある外郭団体は子会社や下請けに当たるものなのであるから、それを最も効率的に動かして、本省や県庁の行政の効率を上げるようにする努力をもっとする必要がある。親会社が子会社に人を送り、子会社から親会社に出向するのは当たり前のことである。民間企業では部門ごと異動させるなどは日常茶飯事である。政府におけるこの分野の議論は不十分であるように思える。

官公庁の提供しているどれかのサービスを検討して、そのサービスが公共性の高いものであり、政府によって供給され続けるべきであるということになっても、そのサービスの提供に必要な個々の業務や資材や労働力として投入される個々の物品役務については、必ずしも政府で供給したり、個別に調達するべきかどうかは別の角度から検討しなくてはならない。この点については、第3節のモジュール化のところで説明する。

(5)少額でないものの市場からの調達

少額のものの市場からの調達を入札にかけないで行えるようにする少額調達手順の確立の必要性については既に述べた。また、米国では実際に$2,500 までのものの調達における少額調達手順の徹底が求められていることについても述べた。しかし、WTO 条約では、市場からの調達については、全て入札の手続きをしなくて良いことになっている。小額であることを条約は要求していない。

一般的な官公庁の調達発注の規則は、高額のものの調達では、何円なら何社と指名をして調達を行うのが当たり前のことになっており、長年にわたりそうしてきた現場では、この話は理解しにくい話に聞こえるかもしれない。見積合わせを行ったり、業者を集めて企画書を出させたりしているのは官公庁だけではない。中堅以上の企業でも当たり前のことであって、こうしたことをしなくて良いといわれても、担当者は何を言われているのかさえわからない。

この点を考えるには、発想の転換が必要である。入札を行う必要が本当にあるのかをもう一度考えてみよう。入札など競争による調達発注を行う目的は明確である。できるだけ、適正な価格すなわち市場価格に近い価格で調達発注を行うためである。市場で市場価格の付いている物や工事を発注するのであれば、入札は必要がないはずである。買いたたくことで、少しでも安いものを買う行為には経済学的な合理性はない。

第4章で述べたように入札のモデルは、大きくて、何でも知っている政府と、多数の小さな商人や製造業者との取引を念頭に置いたものである。第2章で述べたように、入札制度の歴史は古く、国民の大半が農林水産業に携わっていた時代に入札制度ができた。当時、わずかにあった工業製品、つまり、石垣の石、壁土、杭、柱、土嚢などは築城や治水事業のための建設資材、馬、鞍、桶、弓矢、刀、鉄砲、大砲、などの武具の大半は各藩の御用であった。

この時代には、年貢は五公五民、七公三民と言われたように高く、政府調達の市場に占める割合もそれなりに大きかったと考えられるし、藩の数も数百と少なく、現在の政府の調達窓口の数の数十分の一しかなかった。また、民間の資本の蓄積も現在のような企業グループや金融グループのように大きくはなかったものと考えられるので、まさに、モデルのとおり、学問を修め教育水準の高い情報をもっている武士が、商人や職人を集めて、入札を行い、競争原理を利用して調達価格の適正化をはかる仕組みが機能していたのではないかと思われる。それでも、問題が起きていたことは第2章で述べた通りである。

しかし、今日、現実の政府は、多くの商品やサービスの市場では、それ程大きくない買い手である。各産業の生産物の需要の内、政府需要が占めている割合が10%に達する産業は電力と建設くらいである。また、政府の調達窓口は、中央政府各省庁の本庁と地方や都道府県毎にある出先、都道府県の本庁と各地区の出先、市町村とその出先、さらに、中央政府、地方政府のそれぞれが設置している外郭団体に分かれている。明確な統計がないので定かではないが、その数は少なくとも数万あると思われる。つまり、その一つ一つの調達担当部門は、防衛省などの特殊な窓口を除けば、商社、デパート、スーパー、生協などの調達部門や、大企業の購買担当部門と比べるとかなり小さな存在に過ぎない。つまり、一消費者に過ぎないのである。

各藩の賄い方や、普請方が御用聞きを呼びつけた時代のやり方では、うまくいくはずがないことを、先ず認識する必要がある。その上で、御用聞きを呼びつけるのではなく、買い物に出かけたり、通信販売を利用したりして、物の値段を比較し、妥当な値段で、ものを買うという、全く普通に家庭や企業でやっている調達の方法を取り入れる必要がある。世界的には、GATTからWTOに体制が移行したときに、市場からの調達は競争(入札)制度の対象外とすることが決められ、このような制度改革の道が開かれた。市場で値段のついているものの値段を決めなおす必要はないからである。

第3節　モジュール化

ここまでは、市場原理の利用が可能な問題について考えてきた。次に、市場原理の使えない少量の需要に生じる諸問題について考えてみよう。上述したように、自動車やPCまでが、市場原理で価格が付いていない可能性があるので、市場原理の使えない少量の生産における需要と供給について良く考えておく必要がある。

財政支出の効率を高めるためには、低価格で高機能の、財(物品)、サービス(役務)を調達し、無駄のないように工事を発注して、行政の効率を追求し人件費を節約しなくてはならない。しかし、これが行き過ぎると、無理な調達により良心的な業者は損失を出し、悪い業者は低価格の粗悪品を納め、作業の手を抜き、結局は社会的な損失を発生させることも再三述べてきた。これを回避するためには、市場から直接調達できるときには、市場から調達すればよいが、市場が存在しないようなときには、必要な費用を積算し合理的な価格(平均費用に適正利益をマークアップした価格)で調達をすることになる。この際問題になるのが、平均費用である。

平均費用は生産や流通をはじめて、供給量を増やしていくと当初は減少する。規模の経済である。これが、政府調達の現場では厄介な問題を引き起こす。平均費用以上の価格で受注しなければ損失が発生する。最初の調達で運良く落札のできた業者は次の入札で有利になる。平均費用よりも低い限界費用以上で落札できれば損をしないからである。参入を目指す同業他社は、平均費用を下回る出損を覚悟の応札をしなくては受注のチャンスが無い。

損失が政府調達の現場すなわち財政政策の所得・消費循環の最初の段階で発生すると、上述の通り景気対策のための財政の拡大が、逆に、景気を萎縮させることになる。これを回避するには、各官庁が規格(仕様)を統一して、各業者が大量に供給を行える環境を整備する必要がある。しかし、各官庁が別々の庁舎を構えているのは、その地域ごとに微妙に異なる状況があり、画一的な行政を行うことが望ましくないためである。貧しかった時代には、同じものを調達し、各種の財・サービス・工事の多寡など量的な差でこの特色を出すような行政でも、その方がコストがかからないからという理由で受け入れられたかも知れない。しかし、繁栄を極め、納税者の負担も高くなってきた今日、個々の地域の特色にあった財・サービス・工事へのニーズはますます高くなっている。そうすると、各官公庁や自治体は、違った仕様の似て非なるものを発注しなくてはならない。一つ一つの調達の規模は小さくなり、規模の経済の恩恵には浴せないことになる。そして、この多様な仕様が、市場の形成を妨げるのである。

しかし、政府調達の需給両サイドにモジュール化を導入すれば、多様化するニーズに応えつつコストの軽減ができることは、自動車やコンピュータなど民需の製造の場合と何も変わらない。すでに政府調達においても、一部ではモジュール化が実施されそれなりの成果を挙げている。その原理を分析してみよう。

(1)モジュール化の先行事例

政府の部門の中で特にモジュール化が他の部門よりも進んでいると思われる部門は防衛に関する分野である。この分野では財・サービス・工事の需要が戦時と平時では極端に変化する。このため、特に戦時から平時への需要の減少時には、予算が制約され、その支出の方法に特段の工夫が必要になる。また、特殊な技術を要する調達が多く、その特定の生産技術を伝承しておかないと、次の有事の際にその生産ができなくなる。無理に採算に合わない供給を強要し、生産者を破産させたり、必要なものの生産から撤退させたりしてはならないのである。

①部品の統一

昭和 30 年代の航空部隊では、既に、規格の統一された部品が使用されていた。この規格には NAS(Navy Army Standard 米国の陸海軍統一規格),ISO(International Organization for Standardization 国際標準化機構の規格),JIS(Japanese Industrial Standard 日本工業規格)の 3 種類があり、特にボルトやナットなど脱落しやすいものは、すべて、このどれかを使用していた。どこの基地へ不時着しても、そのねじを締めなおせばまた飛行できるようになり、短時間で任務に復帰できるからである。

②アタッチメントや弾薬の統一

昭和 40 年代に入ると、北大西洋条約機構軍やその同盟国の間で、共通の弾が撃てる火器(銃砲等)が配備され始めた。日本製の自動小銃も NATO 弾と呼ばれる各国共通の弾が撃てる。また、各航空機にはアタッチメントをはめると共通の爆弾やミサイルが搭載できるようになった。

③マウントの統一とモジュール化

昭和 50 年代になると、実際にモジュール化と呼ばれるようになった本格的な規格の統一が進む、たとえば艦船は、その航行する海域や用途によって排水量も船型も異なっている。むかしは、これにあわせて大砲が設計されたり、逆に 46cm 砲ができたのでこれを搭載するために戦艦大和・武蔵が建造されたりした。しかし、モジュール化は全くちがった発想に立っている、決まったサイズの穴(マウント)を甲板上に開けておき、そこに、レーダー、大砲、機関砲、ミサイルローンチャー、爆雷投射機など何でもモジュールにして、取り付けて使うというものである。

④戦闘モジュール

現在の各国の部隊の運用を見ていると、部隊そのものの編成のモジュール化が進行している。部隊が特定の機能を使ったときに、その特定の任務についた戦闘モジュールの隊員のみが疲れを癒すために帰国することにする。そのモジュールを入れ替えるだけで、部隊全体の移動をしないで戦闘能力を維持できるので、大幅なコストダウンになる。艦隊では、艦船をそのまま海域に配置しておき、乗員をそっくり入れ替える実験も始まっている。このためには、指揮の執り方、補給の方法など、モジュールの様々なインプットとアウトプットのチャンネルを規格化しておけば良い。

⑤モジュール化を必要とした理由

20 世紀の前半までは、大国間の戦争がよくあり、時には婦女子まで動員して兵器を流れ作業で作らなければならない程だった。20 世紀の中ごろには、東西対立の冷戦構造のもと、局地的な代理戦争が戦われるだけになり、さらには、その東西間の冷戦も 20 世紀の後半には終結した。この結果、主要各国の個々の部隊にとってみると、殆ど戦闘に遭遇する機会がなくなった。つまり、武器弾薬の補給もそれほどいらなくなり、戦車も航空機も流れ作業で作っている工場はなくなった。世界中に売れている米国の戦闘機でさえ一機ずつ組み立てられている。つまり、特定の機種がいくらたくさん売れても、たかだか費用逓減領域で規模の経済が働く程度の量しか売れないのである。

一方、お金を支払う側からは、めったに無い戦争のために、多額の支出をする意味が無い。つまり、徹底した合理化を各国の部隊は要求されている。銃も、航空機も、艦船も、戦車や大砲も何十年間も使う時代になった。このため、機体や、船体を生かし、砲やミサイルを性能の良いものと取り替えたり、中古品を国と国の間で売買したりして使っていかなくてはならない。どこへ持って行っても、そこにある部品や弾を補給し、必要なモジュールを組こめば戦闘のできる兵器や部隊が求められている。つまり、互換性 interoperability の確保が不可避であって、モジュール化はその手段である。

⑥モジュール化とビジネスアーキテクチャー

こうしたモジュール化の流れは、民間に波及していて、企業のビジネスモデルを変え始めている。青木、安藤(2002)には、ヒエラルキー型、情報同化型、情報異化型にモジュラーの類型化がされていているほど、様々に応用されつつあることが示されていて、ゲーム産業、自動車産業、半導体露光産業、工作機械産業の例が分析されている。藤本、武石、青島(2001)には、半導体、自動車、金融、海運、ソフト開発、携帯電話端末の開発、工作機械のモジュール化が分析の対象になっている。こうした、モジュール化は、先に述べた下請け管理の手法に非常に大きな自由度を与えることになり、サプライシステムマネジメントや EMS を可能にした。

つまり、製品機能をモジュールに分解することで、下請けの部品メーカーの管理が可能になり、経営の内容をモジュール化することで、分社化やアウトソーシングが可能になったのである。そうなると、下請けや外注先は、親会社だけではなく別の会社にも部品や業務を提供できるようになり、極端な時には、その子会社も売買の対象になる。すると、一旦は市場均衡による価格決定メカニズムが、上下関係の値下げの転嫁の仕掛けになったかのように見えた垂直的な分業の中から、新たな部品や、部分的な業務の市場が登場しつつあるのが今日の状況であるとは言えないだろうか。

(2)モジュール化による解決策の検討

多様化により減少した個々の需要を部品や部分的な業務の世界で再び増加させて規模の経済を利用する一つの方法がモジュール化である。政府調達におけるモジュール化の基本的な原理は以下のようなものになる。

①官公庁主導のモジュール化

艦艇のモジュール化の例を取り上げたので、この例を使い、モジュール化によりどのようにして問題が解決できるのかその基本原理を見てみよう。

多様化した需要とは次のようなものである。

- ・外洋を航行できるミサイル搭載護衛艦
- ・外洋を航行できるレーダー搭載イージス艦
- ・内海で使用するミサイル搭載高速艇
- ・内海で使用するレーダー搭載高速哨戒艇

が各一艇必要であるとする。そこで、4 種類の異なる仕様書を書いて発注するとそれぞれ 4 種類の船体と装備を設計製作してドックで組み立てることになる。需要は各艦艇種毎に一艇である。これはモジュール化とは逆の世界で、インテグラルなアーキテクチャーと呼ばれている。これを、モジュール化する。

- ・外洋航行用船体
- ・内海航行用高速船体
- ・ミサイルシステム
- ・レーダーシステム

の4つのモジュールに分けた仕様を作りこの4種類の発注をする。すると、各モジュールの需要は2組ずつになる。これを次のように組み合わせて使う。

- ・外洋を航行できるミサイル搭載護衛艦
  - ・外洋航行用船体
  - ・ミサイルシステム
- ・外洋を航行できるレーダー搭載イージス艦
  - ・外洋航行用船体
  - ・レーダーシステム
- ・内海で使用するミサイル搭載高速艇
  - ・内海航行用高速船体
  - ・ミサイルシステム
- ・内海で使用するレーダー搭載哨戒艇
  - ・内海航行用高速船体
  - ・レーダーシステム

この例では、1 つであった需要がモジュール化によって 2 つになっただけだが、モジュールの種類やニーズの組み合わせで、需要が何倍にもなる。すると次の図に示したようにさらに規模の経済を利用することが可能となり、調達価格を低くすることができる。

官公庁の仕様書の作り方次第で、モジュール化ができるという意味で、この手法は官公庁主導のモジュール化である。また、官公庁の一つの部門の中で、仕様を統一することでモジュール化ができる例でもある。

図 16　モジュール化の効果

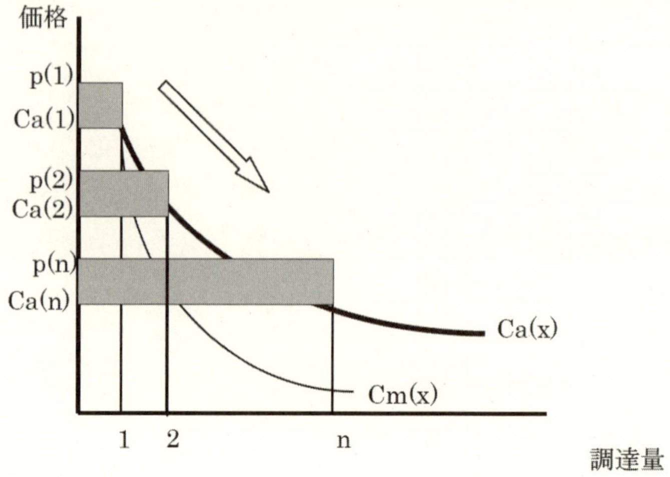

②民間主導のモジュール化

しかし、官公庁の側からみていると、所管も違い全く異なる機能に当たるが、これを財・サービスを納入している業者の側から見ると共通している場合があり、モジュール化の原理の利用できるものもある。

・納税通知書の発送

・年金の支払い通知の発送

・選挙の投票券の発送

は、所管の部局が異なり、各自治体毎に異なる住民に対して発送しなければならないという点では異なっているが、書類を送るという意味では同じことである。うまく、この機能をモジュールとして切り分けることができると、数百ある市町村の3つの機能に共通モジュールを作れるので、2,000件以上の需要がこのモジュールには発生する。実際に、封入・封緘・発送業務には専門業者ができてきて自治体間、部局間共通モジュールの市場ができている。

図 17　自治体間、部局間共通モジュール

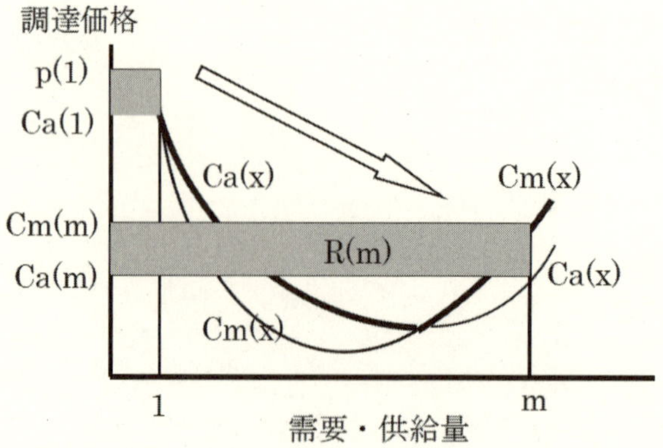

このモジュール化は、業者の側がそうしたサービスを始めて、官公庁に売り込んでいかないと、官公庁の側から作るのは難しい。そういう意味で、このモジュール化は民間主導のモジュール化である。

③官民の共通モジュール

官民の仕様を統一してしまうようなことも実際には進行している。オフィスの間仕切り、家具などの業種では、事務室や会議室のユニットやモジュールは、官公庁であっても、民間の企業であっても、同じ規格のものが使われるようになって久しい。このようなものの調達には市場メカニズムが使えるのである。

各種公共料金の支払い

振り替え納税

などの機能がどこの金融機関、郵便局、コンビニでもできるようになったのも金融業における一種のモジュール化により、官民共通のモジュールができて市場機能が利用され、コンビニ業界が代行業を始めた成果である。銀行の預金口座からは

クレジットカードの返済

住宅ローンの返済

など各種の支払いに加えて

各種公共料金の支払い

振り替え納税

もできる。代金の請求、税金の徴収、入金と消しこみの処理などの決済機能を業務の上でうまくモジュールに切り分けることができたのが実現の鍵になっている。

米国では$2,500 以下の少額の政府調達を、すでにクレジットカードで決済している。これも政府の支払いに関する機能をモジュール化し、民間と共通にした例である。

④もう一度機能を見直す意義

多様化して膨張する財政需要を抑制しつつ、不況を克服するという二つ目標が財政に課されている。しかし、多様化に対応しようとすると量産による規模の経済が使えなくなり調達価格は上昇する。効率化と称して調達価格を無理に引き下げると、損失が発生し、所得の減少が波及して景気は萎縮する。財政政策の意図とは逆の効果が生じると、不況の克服という目標と矛盾する。業者を集めて買い叩く方式では、予算は節約できるかもしれないが、不正の原因となり問題は解決しない。

しかし、もう一度、業務や調達品の機能を丹念に点検し、共通の機能を探し出して、共通のモジュールが作り出せないか検討することは、大変有意義なことではないだろうか。モジュールとして切り分けるものは、大砲や、レーダーのような具体的な物であっても良いし、請求や徴税のようなサービスないしは機能でも良い、隊員や乗員のような人のチームでも良いことは、上述した通りである。

モジュール化の基本的な原理と、いくつかの事例に触れた。しかし、まだ大部分の行政のサービスについてはこのような検討の手がついていない。誰も損をしない、スマートな節約を可能にする手段が政府調達のモジュール化である。この観点からは研究の興味が尽きない。

第４節　管理会計システム

以上には、政府の調達発注システムの問題点を解決するために、市場からの直接の調達の拡大やモジュール化により調達品目の市場を作るする手法を検討してきたが、この市場からの調達の拡大には限界があり、しかも改革には時間のかかることも説明した通りである。このため政府の調達発注は当面はそのほとんどを入札や随意契約に頼らざるを得ないし、将来市場からの直接調達ができるようになってもそれは一部であって、のこりはやはり入札や随意契約によることになる。

この場合、競争(入札)システムにより調達を実施するのであるから、先に触れてきた、不当廉売、談合、汚職などの問題と正面から取り組む必要が出てくる。刑罰 penalty の強化により問題を解決する研究も Polinsky, Shavell (2001)、三浦 (2002)をはじめ多数あることを述べたが、物品や役務を提供する企業の側から見ると、それだけでは官公庁の需要に応えることはリスキーで魅力のないものになってしまう。このため、民間で他に打つ手はないのかを考えてみよう。

(1)平均費用、限界費用と管理会計

平均費用と限界費用とはミクロ経済学的には割算をしたり微分したりして、どちらもひとことですましてしまう。しかし、実際に官公庁へ物やサービスを納入する企業の現場で平均費用と限界費用とを正確に計測しようとすると、大きな壁に突き当たる。会社が大きければ大きいほど、個々の商品やサービスの提供に要する費用の総額はいったいいくらであったのかわからなくなるからである。社長が軽井沢で得意先とゴルフをしたことが、今売れている新商品の製造や販売にどれだけ寄与したのか。女子寮のトイレと風呂を最新式のものに替え、野球部のユニフォームとヨット部のセールを新調したコストが今生産している新型の製品の製造費用や品質にどう影響しているのか誰にもわからない。

不当廉売の競争に陥らないようにする上で、最も重要なことは、売ろうとしている物やサービスの原価を正しく認識することである。原価さえ知っていれば採算に合わない無意味な競争に引き込まれるのを避けるチャンスが生まれる。つまり、平均費用と限界費用を正確に知っていれば、少なくともいくらで売らなければ損になるかがわかるからである。

そのためには、財務会計システムに加えて管理会計システムを各業者が採用し、正しく製造原価や営業に関する諸費用を社員が知っている必要がある。特に、市場のない場合には市場価格はなく、入札価格の目安を市場価格を参考に決めることができないため、納入する品物やサービスの製造や販売にどのように平均費用と限界費用とがかかっているのかを正確に知っている必要がある。費用を正確に認識できれば、見積価格や入札価格をいくらにすれば利益が出せ、いくらにすれば損失を被るのかを知ることができる。これによって、少なくとも、誤算によって生じる損失は防げることになる。

また、正確な管理会計の資料が完備していれば、入札のための見積の手間も激減する。指名を受けて仕様を渡されてから、見積価格を決定するまでの積算作業の基になる部品や工程などの単価は管理会計のデータから容易に得られるし、同様の製品やサービスを過去に提供したときの詳しいデータも管理会計には記録される。このため、その都度、一つ一つの部品や工程の単価から試算していくやり方に比べて何倍もの能率で見積作業を行うことが可能になる。これによって、営業コストを低下させることができるので、落札受注の機会も多くなる。

財務会計システムは、第 2 次世界大戦後、所得税法人税制度が普及するにつれて、個人企業、法人企業を問わず義務化され、日本の国内ではほぼ 100%普及したが、管理会計システムはまだ一部の企業が採用しているのに過ぎない。建設業においては製造原価の計算を毎年行い、これをもとに経営事項審査を受けるが、この審査では、個々の受注案件に関しての原価計算ないしは採算の評価は行われていない。しかし、今後、成長の期待できない少子高齢化社会の中で厳しい経営を迫られる企業では、必ず管理会計制度が普及する。このことは、本書で問題にしている政府調達の問題の解決には追い風になる。

管理会計の原型は、米国や英国で自動車の生産ラインや鉄道の効率化のために行われていた原価計算であった。これを、第二次大戦の前後にアメリカ軍が取り入れて、ベトナム戦争のころには国防総省が PPBS と呼んで予算の効率化に採用しようとして失敗した。余りにも規模の大きく目的の判然としないものの効率化に一挙に利用しようとしたためである。公共財の供給分野では、管理会計システムは、NPM の時代に成功を収める。このときには、たとえば英国の軍人の官舎を効率よく管理するために公社ないしは独立行政法人を設立し、世界中から経営幹部を公募し、決まった目的のための企業活動としての官舎の管理の効率化という明確な目的に、十分な人材を投入して成功したのである。この手法は、プロジェクト評価の時代とも呼ぶべき今日、多くのプロジェクトの効率化に官公庁では役立っているが、民間でも変化が生じている。

(2)企業における管理会計の普及

管理会計システムは、生産ラインや、工事現場、電話のようなネットワークの効率の良い管理、スーパーマーケットのような物流ネットワークの管理には不可欠な仕組みである。製品毎、客先毎、販売店やデポ毎に、何にどれだけの費用がかかり、それがどう収益に寄与しているのかを記録しておき、その、膨大なデータを基に、最適な在庫の維持、最適な販売経路の算出、利益を最大化する販売価格の決定など数理計画やその他の意思決定手法を駆使して経営の効率そのものを追求する競争が行われている。

そして、最近では、パッケージ化されたソフトウェアが販売されるようになり、急速に普及し始めている。低価格のPC 用ソフトにはまだ見当たらないが、分散型のクライアント・サーバー・システムあるいはメインフレームによる集中管理を前提にした大規模な会計システムには管理会計システムがついている。つまり、パッケージソフトを導入すると財務会計の処理を行うと同時に、

・部門別の採算管理
・顧客別の採算管理
・商品別の採算管理
・プロジェクト別の採算管理
・担当者別の採算管理
・・・・・・・・・・

などといった、費用と売上の実績の集計が行える仕組みがが付いてくる。そして、大半の企業では、その機能の一部しか実際には使っていない。それほど、ソフトウェアの機能は充実している。さらに、PC のハードウェアの機能の充実と共に中小零細企業でも同様の管理会計のシステムを利用できる状況が近い将来には整う。

また、もう一方で、管理会計の制度に不慣れな幹部に代わり、管理会計の制度をうまく使いこなせる幹部が企業をリードする時代が、これも、そう遠くない将来にやってくる。これは、多くの商学系の大学や大学院で管理会計システムについて学んだ人材が、各企業の中堅の幹部として活躍し始めているからである。

管理会計の仕組みを導入すると、従来は気に留められていなかったことが数字になって表れる。部門別採算管理システムからは、部門Ａは黒字であるが、部門Ｂの赤字がこれを食いつぶしているために今年のボーナスは少なかったというようなことが明らかになる。すると、経営陣は、なぜそのような無理をして部門 B を支えなくてはならないのか社員や株主に対して説明をする必要が出てくる。これは、会社全体が儲かっていればそれでよかつた時代にはなかった面倒な仕事である。しかし、資源の配分を検討するための有用な手段がひとつ増えたのだと考える必要がある。

顧客別の採算管理のシステムからは、C 市役所の仕事は儲かるが、D 省の仕事をするといつも赤字になる。また、民間の E 社、F 社の仕事は C 市、D 省よりもずっと利益率か高いといったデータが得られる。その結果、何で官公庁の仕事を続けなくてはならないのか考える材料が提供される。また、これも社員や株主へ説明が必要になる。

しかし、この情報を活用して、D 省の仕事のコストダウンを真剣に検討し、次期の入札では損をしない入札価格で応札し、他社に仕事をとられても会社としての損失が減るのであれば、それでよいという判断ができる。従来は、企業努力というあいまいな表現でごまかしてきた一種のダンピングがこれで防げるので、経営は健全になる。

つまり、不当廉売、ダンピングなどの問題を企業の中でもチェックできる仕掛けが近い将来に整う。官公庁が無理な入札を行い、競争させて安く買い叩いていると、いつの間にか優良企業は遠ざかっていくのである。それでは困

るので、これを制度として官公庁の調達システムに組み込むにはどうすればよいのかを研究する必要がある。

(3)管理会計システムの制度化

この民間企業における管理会計システムの充実は、政府調達システムの中で重要な役割を演じてきた入札制度の一部を新たなシステムに置き換えることができるかも知れないほど大きな影響を政府の調達発注システムに与えるかもしれない。市場のないものの調達にどれだけの価格を支払って良いのかを入札とは別に検証する作業は、今までも行われてこなかったわけではない。防衛庁の調達する装備には航空機、艦船といった高額であり、しかも他に需要がなく、メーカーも限られてしまい、入札だけではその価格の妥当性がはっきりしないものがある。このため防衛庁の管理局では元の装備局の時代から、納品されるものの製造工程にまで立ち入ってデータを求め、積算を行い検証作業を行っている。随意契約になったときにはこれをもとに交渉ができるし、水増し請求の有無を判定することにも役に立つ。

公共工事の発注に際しては、国土交通省の地方整備局や主要な地方自治体では、同様に、工事の工程や地形、輸送のアクセスなどの検討を行い積算を行って発注の予定価格をあらかじめ求めておいてから業者選定のための入札を行っている。また、その作業で集められるデータは、管理会計システムから得られるデータそのものか、これに代わる代替指標である。

これらは、いずれも発注の単価が充分大きく、こうした検証作業に要するコストは無視できる程度のものであるからできることであり、比較的価格の小さい物品や役務の調達の現場では費用と手間のかかるこうした原価の検討は行われてこなかった。しかし、もし、コストのかからない方法で原価の計算が行えるのであれば、この考え方は、少額の調達を入札制度から分離する場合にも大いに役に立つし、また、公共工事や自衛隊の装備の場合のように入札制度と随意契約を併用することも考えられる。

今まで、障害となってきたのは、企業の側では管理会計システムが普及しておらず、詳細な資料をつくると上述したように面倒なことが起こるので、積極的に原価の計算をする気持ちはなく、調達する側の官公庁も金額の小さい調達に手間をかけたくない事情があり、双方がやりたくないことは、結局行われずに今日を迎えた。しかし、今日、この問題をとりまく環境は変わりはじめている。

・高齢化社会を向かえ、長期に停滞する経済の中で、企業の側も仕事を選んでいかなくてはならなくなっており、管理会計システムの導入を必要としている。
・談合や汚職に不当廉売の問題が加わり、官公庁も調達制度を見直さねばならないところにさしかかっている。
・管理会計用のソフトウェア、ハードウェアが普及し始めている。
・情報システムのネットワーク化により、手間と費用をかけないで統計をとることのできるインフラができてきた。。

こうした環境の変化を前提に各企業が管理会計制度を取り入れるとすると、政府調達の円滑化の観点からはどのような管理会計システムが良いのかを考えてみよう。

(4)ABC 会計と TOC 会計

管理会計システムには基本的に異なった 2 つの考え方がある。ABC(活動別費用配賦 Activity Base Cost Alocation) 方式とTOC(制約理論 Theory Of Constraint)方式の2種類である。BSC(バランスとスコアカード)や数理計画法による統合が二つの考え方の間で可能であるとする最近の研究は、事例集(桜井 (2003-1)と、理論の体系に関する(桜井 2003-2)、岩田 (2003)、小林 (2003)、浜田 (2003)、望月(2003)、平山 (2003)が相次いで発表され大変ホットなテーマである。

本書のテーマである政府調達の制度の観点からも、この点は非常に重要であるので少し触れておくことにする。本書での興味の対象は正確な平均費用と限界費用とを商品ごとに得ることである。従って、この観点から必要になるのはABCの考え方である。ABCを企業が導入する基本的な意図は、「間接費の公平な配賦を通じ、利益の改善を意図」してのことである(小林 (2003))。先に挙げた例えでいえば、社長の軽井沢のゴルフや、ヨット部のセールにかかった費用は、得意先とのコミュニケーションの維持、企業イメージのアップ、社員の士気の高揚といった正に間接費であり、これを、各製品の販売に配賦することができれば、採算を正確に判定することができる。

その配賦をどのように行うのかについては検討を要することがあり、後述するが、ABC の基本的な考え方が先ず必要になる点は、議論のないところであろう。

もう一方の TOC の考え方を企業が「可変要素にのみに着目し、スループットの最大化を意図」(小林 (2003))して使っている間は、ボトルネック(混合数理計画法の制約条件の中で等号が成立しているもの(浜田 (2003)))になっている条件を緩和して生産量を増やすことになり、結果的にこのボトルネックの改善で商品の供給は増加するため、ABC の平均費用は低下するので本書の観点からも好ましい結果になる。

しかし、景気が悪く、遊休施設や人手の余っている状態での TOC の考え方の適用方法を誤ると、せっかくの管理会計の導入が正しい価格の形成を妨げてしまう場合があるので、この点を説明しておく。

不況下では、現在売れている製品の製造を増やす必要はない場合が多い。このとき、会社全体の利益を確保するためには、遊休している資源の活用を考えていかなくてはならなくなる。具体的には、ボトルネックになっていない(混合数理計画法の制約条件の中では不等号が成立している)ものをさがし出して、それを利用して他の製品やサービスを提供できないかを考えることになる。ここまでは、活用しない資源にも維持や雇用の費用は発生しているのであるから、その無駄を排して活用しようとしているのであって誤りはない。

しかし、次のステップで企業の採算にも、市場メカニズムや政府調達のメカニズムにも混乱を招き、誤りが生じる。この遊休資源を利用して提供された商品(物品・役務)の値決めがその鍵となる。限界費用(可変要素の価格)にTOC はいつも着目しているため、この限界費用を製造原価と思い込んでしてしまい、安い価格で商品を販売してしまうことが起きる。具体的に企業内の現場では、次のようなやり取りでこの誤りが始まる。

A 部門長からB 部門長に、「お宅の工場の○○坪と、事務所の△△坪とがあいているので、家賃の相場の半値で使わせてほしい。そうすると、◇◇の値段を競争相手より安く提供できるようになり、××だけたくさん◇◇が売れるので、A 部門では◎◎人のリストラをしないですむ。」、B 部門長も成績の低下に苦悩の毎日を送っているから、ついつい、「確かにそれはいい考えだ。B 部門の成績になるように家賃の半額相当分を社内売り上げとしてA 部門からB部門に付け替えてくれるのなら、B 部門の収益は改善するので、そうしよう。」と答えてしまう。

このやりとりの誤りは、家賃の相場(市場価格)以下で工場や事務所を使わせてしまう点にある。つまり正確な、総費用や平均費用が原価とされていない点が問題である。市価の半値の施設費でないと競合先に価格競争で負けてしまうのであるから、この企業の製造方法で製品を市場や官公庁に提供することは、資源の有効利用に逆行していることになる。

新たに製造しようとしているものはこの企業はまだ製造していないわけであるから、次の図に示すように、当初は平均費用が限界費用を上回っており、値決めは平均費用を上回る水準にする必要がある。これに対して、施設費を市価から乖離させることで、あたかも平均費用が限界費用を下回っているように錯覚し、限界費用を使って安く値決めをしている。この結果次のようなことが起きてしまう。

図 18　遊休資源を利用した新分野への参入の落とし穴

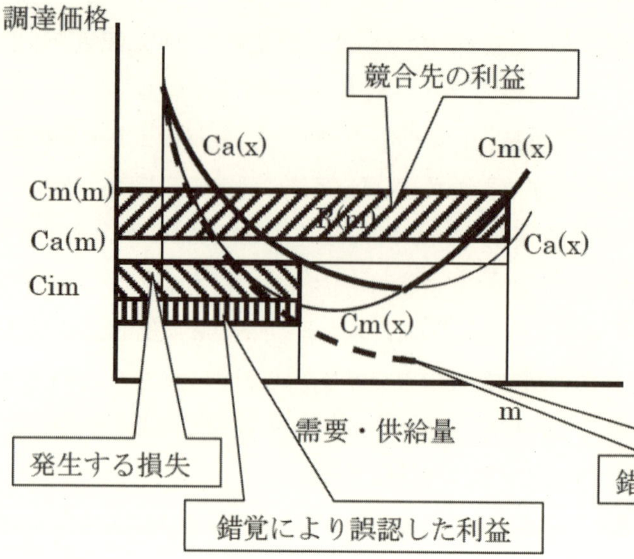

まず、この企業は儲かっているわけではなく、損失が発生している。

しかし、実際に他社より安いこの会社の製品に需要は集中する。競合先は仕事を失い、この企業が独占的に仕事を受注することになる。ところが、この企業の A 部門長が製品の供給を増やそうとすると、B 部門の遊休施設だけでは供給ができない。他の施設を借りたり買ったりすると採算がとれない。

TOC 会計のみに頼っているこの会社では誤った情報が経営陣に伝えられる。A 部門は原価を競合他社より安くすることに成功して◇◇の市場への参入に成功した。受注は順調に伸びて市場を席巻する勢いである。これに比べて B 部門の成績はあまりよくないので、この際 B 部門を廃止して A 部門を中心とする会社に企業を再編しようということになる。

しかし、この◇◇の製造に集中すると Cm(x)の限界費用と Ca(x)の平均費用が必要であり、Cim では採算割れとなる。しかし、客先は「君のところはこの値段でよいというから君のところに乗り換えたのに、いまさら、値上げをしろといわれても応じられない」と相手にしてもらえない。結局、この企業は A 部門も廃止するしかなくなってしまい信用を失ってしまう。

これを、避けるには、TOC を採用する場合にはいつも ABC を採用して、浜田（2003)、桜井（2003-1)の主張するように BSC や混合数理計画の考え方を取り入れて ABC と TOC の両者の指標を相互補完的に活用していく必要がある。正しい平均費用を知っていれば、常にこうした値決めの失敗で、錯覚による廉売を行ってしまうことが避けられるからである。

(5)費用の配賦基準の検討

(4)では TOC を採用している場合 ABC による補完が必要なことを述べた。すると、ABC ならば安心かというと、それでも、不充分な場合が生じる。以下に、この点を列挙しておこう。

[応益原理か応能原理か]

ABC による配賦の原則を応益原理におけば、(4)の例で言えば施設費は使用面積に応じて配賦されることになり A 部門の施設費は正しく配賦される。しかし、もともと B 部門中心にやってきたこの企業で施設費を応能原理で配賦するとどうなるだろうか、B 部門と A 部門との施設費の配賦の割合は売上高か利益に応じて配賦される。ABC では新規に◇◇の事業に乗り出したA部門にはまだ売上や利益は計上されていない。すると、施設費はB部門が負担することになり、A部門の◇◇の製造費用には加算されないことになる。つまり、**正しい値決めのためにはABCの費用配賦はいつも応益原則でなくてはならない。**

[経常収支の採算か、税引き前利益の採算か]

ABCシステムにも種類がある。期間損益の配賦に主眼を置いたABCシステムと、ライフサイクルコストの管理を中心にしたシステムとがある。古い設備の除却、貸し倒れ、金融取引などなど、派生的に発生する費用は、一般的に期間損益を重視するシステムでは除外されて計算され、経常収支の損益が各部門に配賦される仕組みになっている。一方、ライフサイクル管理を行うABCシステムでは、古い設備の除却、貸し倒れ、金融取引などなど、派生的に発生する費用は、将来のものまで含めて検討の対象となり、今期の損益に将来の税引き前損益を含めて長期的な視点で損益が管理される。

期間損益を中心に経常収支の損益を配賦するシステムを採用している企業では、結局、新規事業に編成替えをしたり、移転を繰り返す事業部の設備の除却費用、不動産の売却損などが平均費用の計算から除外されてしまうことになる。そう考えると、長期的な視点でライフサイクルコストを管理していくほうが良いように見えるが、その管理作業は煩雑になり、未実現の費用の予測という難問に逢着する。結果として期間損益に重点をおいたABCシステムを採用しておいて、新規投資や設備の更新に関するときだけ、できる範囲でライフサイクル管理をする折衷案をとることもある。

[減価償却は定率法か定額法か]

アウトソーシングの話とも関連しているが、減価償却に関してもいくつかの難問がある。法定耐用年数だけ設備を利用するわけではない。もっと使えるものもあれば、陳腐化が進むので、短期に更新するものもある。法定減価償却に準じるとしても、定率法で償却すべきか、定額法で償却すべきか2通りの方法が日本にはある。もっと違った考え方で管理会計上の償却を実施することもできる。その結果、期間損益に組み込まれる減価償却費には差が出てくるし、除却する場合の除却損も異なったものになる。こうなると、各社各様の方法で設備や機械の償却や除却が行われることになり、何が公正な製造原価かを決めることができなくなる。

この問題を解決するには政府は単年度主義に固執するのを止めて長期のライフサイクル契約に契約方式を改める必要がある。その上で、入札や随意契約の交渉に使う予定価格や水増し請求、不当廉売の判定基準に使う原価計算方式を法令によるルールとして決める必要がある。それができるまでの業者の自衛策は、官公庁との契約が随意契約から入札に変わり安定しなくなったときに、必要に応じて除却や加速度償却により採算の管理ができるような管理会計の仕組みを作っておくことである。

財務会計システム、つまり税法においても、この点は考慮されるべきである。随意契約を継続していた企業が競争政策の導入により失注した場合、先行投資の未回収部分が発生しているわけであるから、資産として帳簿に残っている未回収の投資の除却損の計上を法的に認める必要がある。そうしなければ、法定減価償却により、徐々に費用が発生し、将来の企業経営を圧迫し、法人税収の減少として支払われる競争政策の導入のコストが後に残る。除却損を認めるということは、企業に損害が発生したことを正確に記帳し、政府が今期の法人税収の減少としてその一部を支払うことを意味している。つけを先送りするのではなく、政策の変更によるコストは、政策を変更した政権で支払うべきである。

[資本の調達コスト]

建物を買うか、建てるか、借りるのか、それに必要な費用を、株の発行で調達するのか、社債を発行するのか、銀行からの借入で賄うのか、それぞれにかかる金利に差がある。剰余金として持っていた現金や預金をを利用するのか、他の事業につかうはずだった資金を使うのかで機会費用 opotunity cost には差がでる。また、この全ての方法でこの企業が資金を調達している場合、どの資金で建物を確保し、どの資金でどの事業の資金繰りをして、どの資金で機械を買うのか、それとも、機械は全てリースにたよるのかなどということを考え始めると、会社の支払い金利や、配当をどうやって個々の商品の原価に配賦すべきか無数に組み合わせが発生してしまう。

この方法の違いにより数%の利子率の差が出るとすると、数%しか利益率のない製品の製造は、金利負担の配賦の方法で黒字にも赤字にもできることがわかっていただけると思う。ABC 会計をいかに正確にしようとしてもこうした財務処理の壁があり、恣意性を排除することはとても難しいのが現場の実情である。

恣意性の排除をいかにして行うかは、安定した政府調達システムを作り、政府の調達基盤である納入業者を育成すると共に、公正な価格で政府調達を実施しようとするとき、極めて重要な課題である。各社が同じ土俵に立たないと、各社のつけてきた値段は高いのか安いのかの判定ができない。しかし、ここであきらめては何にもならない、こうした管理会計の情報が有るのかないのかは企業にとって死活の問題である。また、こうした管理会計の情報が政府の調達部門に対して開示される仕組みがあるのかないのかは、公正な競争を確保できるかできないのかの決定的な分かれ目になる。問題の所在はわかっているのであるが、管理会計を使っていくことのメリットの方がはるかに大きいことを強調しておきたい。

積算の根拠として、こういう管理会計を導入しなさいと決めて、業者の会計システムに財務会計システムや、各社が経営管理に使っている会計システムとは別に集計をさせることは、入力の手間を増やさないでも可能なはずである。会計検査院が 1 つソフトを開発して、これで検査しますと無償で全国の官公庁の出入り業者に配賦をすることにすれば、それで済む話である。地方公共団体には総務省から強制的に配賦することにしないと、まちまちのシステムが出来て、収拾がつかなくなる。都道府県や市町村毎に原価計算の基準が違うと入札に参加する業者がどこの業者なのかで不公平が起きる。

防衛省や米軍が採用して業者との折衝や発注に使っている CALS のようなものを開発業者や情報担当の部門は作りたがると思われるが、それを聞いてはいけない。そんな複雑なものはいらないのである。原価の計算だけ正確にできればよい。

第５節　情報の開示

コストのかからない政府調達制度を作るには審査や随意契約の積算に関してもコストをかけないことが大切である。このために情報の開示が必須である。官公庁の側での情報の開示の必要性は市場からの直接の調達を増やしていく上でもより一層明確であるので、この点を説明しておく。

(1)企業の側での準備

政府の調達はたとえ 10 円 20 円の少額調達でも、公的資金を用いて行われることには変わりはない。このため、市場価格の無いものについては、政府に物を販売する業者は、その価格の妥当性を示す必要がある。いわば業者の側の原価に関する情報開示があって、はじめて政府はその業者の、その製品を調達してよいことになるのではないだろうか。もちろん開示すると言っても、誰にでも見せる必要はない。企業の秘密事項は原価の内訳の中にたくさん含まれている。このため、**業者や商品・サービスの審査格付けの基準の中に管理会計システムが完備していて、価格の情報が審査する機関や人に開示できるのかどうかを加える**とともに、インターネットなどで秘密にしないで良い情報をコストのかからない形で開示することを求める価値があるように思える。建設や建築の業界では、受注案件別の損益計算が審査の対象になっているが、これを、他の業種品目にも普及し、情報の開示を行うということである。

(2)コストの情報の蓄積

従来、評価方法が研究されてきたのは比較的大きな規模のプロジェクトに関するものであった。また、その手法は、審議会、研究会、委員会などでの検討評価、シンクタンクなど研究機関への委託、官公庁内部の審査に至るまで、いずれも学識経験者、研究員、職員など専門家の手を必要とするものであった。しかし、ここで問題にしている政府調達は、件数が多く、契約金額の小さいものが大半を占めている。○○省××局△△課◇◇係の調達した封筒の性能と価格の評価を専門家に委託していたのでは仕事にならない。

しかし、封筒ようなものの発注は全ての官公庁とその出先で行われているはずである。したがって、年間数千件から数万件の封筒の調達が日本国内ではあるわけであり、どんな目的のどんな封筒をどこからいくらで発注したらどのようなものが納品され、どんな問題が生じたのかといった情報があるはずである。これをうまく利用できれば、それぞれの目的や数量の封筒はどのような方式で調達したらよいのかは自から明らかになる。つまり、個別の官公庁やそれぞれの現場での調達政策の評価はできなくても、全国的な規模での政策の評価はできる。このため、各官公庁や外郭団体等で、何をどのようにどこからいくらで調達したらどのような結果であったのかという情報を蓄積する必要がある。

公表する前にまず、全ての情報を蓄積する方法を検討しておかなくてはならない。何処かの計算センターに集めて一元管理するのが良いのか、各官公庁のサーバーにおいておいて、必要な時に集められる分散型が良いのかなど、コストや信頼性や使い勝手の良さを考えることから始める必要があり、時間がかかるが、今すぐに取りかかれば数年後にはデータベース化が出来ているはずである。

(3)監査・検査の限界

まとめ買い方式の調達を入札で行い、納品されてきたものの納品の検収はその場その場で行っている。また、全数ではなくてもサンプリングを行って検査をしている。調達が正しく行われたかどうか事務手続きについて監査することにもサンプリング調査が行われている。サンプリング調査ならば政策の評価と同様に規模がある程度大きければ、検査、検収、監査などの費用は調達総額に比べて無視できるほどにしかならない。しかし、制度を改革し市場からの直接購入などを開始するとその数は無数に増加するので、少額の調達では、検収や監査をうまく実施できない。時間や費用はかけられないし、知識やノウハウも現場には蓄積されていない。高々数十円、数百円といったものの、調達プロセスが適正であったかどうかを一つ一つ監査し、製品の品質を検査するなどということは費用と手間の点で理にかなわない。だからといって、少額の調達は野放しにして良いということではない。勝手に調達し好きなように使用させていたのでは、意図するかしないかにかかわりなく、無用なものや高価なものが調達されたり浪費されたりすることになる。このため、現在のまとめ買い方式から、米国のような少額調達方式へ制度を変えるにあたっては、その少額調達を適正に管理する新たな方法を事前に準備しておく必要がある。

小額調達制度では一つ一つの検収は購買担当部門ではなく、現場が行うことになる。これは、必要があり調達を行う現場のほうが、総務なとの購買担当部門よりも必要な仕様については知識が豊富であるのが一般的であるから、まとめ買い方式よりもうまくいくようになることが期待できるからである。しかし、問題は監査である。その現場の判断や手続きが正しかったかどうかを現場で検査させてみてもしかたがない。現場は現場の都合の良い結論しか出さないであろう。だからといって、これを省くこともできない。そこで次のような提案をしたい。

監査を行う目的は

①適正な手続きを経て調達が実施されていることの確認

②実際に調達されたものの価格が適正であったかどうかの判定

の 2 つである。①の適正な手続きを経た調達かどうかの判定は、予算内か、必要な審議・協議を経ているか、決裁権者が決裁をしているかを確かめることであり、②の価格の適正に関しては、性能、仕様に対して価格が高すぎても、低すぎてもおかしいので、この点を検討することになる。

まず、①については、**事前承認の手続きを徹底**することである。予算管理者や決裁権限者の承認を経たもの以外の購入を禁じておくには、定型化された書式に必要事項を記入するか、または、民間企業のワークフローシステムのような情報システムを利用した決裁システムを用意して、これに必要事項を入力して、審議や決裁を受ける。これは、まとめ買いした品物を受領する場合の事務手続き以上には手続きを必要としないので、調達方式の変更による事務の増加は起きない。カードの与信枠管理や業者の特定なども IC クレジットカードに組み込んでしまえばよい。これを、事後承認を認める方式にすると、職員が勝手に立て替えてきた代金の支払いが予算を上回ったり、組織としては必要がないという判断ができないものが購入されて事後処理をしなくてはならなくなる。手続きを複雑にするとともに、人手と時間が浪費されることになる。

②の適正価格の判定は、事前と事後の 2 段階に行うことにする。事前には上述の購入や発注の稟議の際におおよその**上限を設定**する。そして、この範囲を超えた発注や購入を認めないことにする。また、事後的には、面倒な手続きを省いて、調達の目的、価格などと、使ってみてどうだったかという**情報を蓄積して少なくとも調達発注に係る公務員に開示**することにすればよい。調達政策の評価の場合と同様に、全国規模で情報が蓄積されれば、自ずから、どの業者のどの製品は良くて、どこのものが粗悪品であるとか、価格はいくらぐらいのものならば使用に耐えるといったことがわかるようになる。つまり、コストを掛けないで、検収や監査を行ったのと同様の結果を得ることができるのである。

開示の方法や、誰にどこまで開示しておくのが良いのか、試行錯誤をしばらくする必要があると思われるが、試行をしている内に何年かたてばどうすればよいのかの合意ができるようになると思われる。

(4)費用の掛からない評価システム

もちろん情報の開示だけでは不充分なことも起きるかもしれない。この場合には、実際に性能試験を行ったり、耐久テストを行うことが必要になるかもしれない。現在、一般の消費者に対しては国民生活センターなどがこの問題に対応しているが、政府調達に関しても同様の機関を設ければ、各官公庁において検収や検査、評価の仕組みを持つ必要はなくなる。行政管理局か会計検査院の分掌であろう。

この場合も、調達情報が開示されていれば、よく調達されているものや、問題の多かったものについて検査を行い、結果を出すことができる。つまり、個々の調達現場での入札、契約、検収、評価の費用を軽減して、なお、評価の機能を少ない経費で維持するためには、こうした共通の機関も必要になる。この場合も各官公庁での調達の情報が使いやすい形で蓄積され開示されていれば、この機関での評価作業の効率は向上する。

もちろんそうした機関で全ての調達を評価することはできないので、調達に関する情報を先ず開示し、官公庁間、部局の間でもこれを相互に参照できるようにするとともに、議会、納入業者、一般市民もこれを見ることができるようにして、異常な契約がないか、価格は適正かを見えるようにすることは避けて通れない。ただし、見たがる人に全て見せて良いかどうかは、研究、検討、試行錯誤を必要とすると思われる。

不当廉売や談合による価格の維持などが発生すれば、次に、同様のものを発注しようとしている官公庁や、指名獲得を目指している他の地域の同業者の目に留まる。A 市に一万円で納めたものを B 市に 100 万円で納めていたら、B 市の議会や市民は納得しないであろう。納期にいつも遅れている業者や性能に問題のあることが繰り返し発生している業者についても明らかになり、次の指名の参考になる。

つまり、費用と時間をを掛けないで、多数の調達を評価する第一の策が調達発注情報の蓄積と開示である。

第６節　電子調達システム

調達価格が小さすぎて入札を行ったり、調達行為の監査がうまく行えなかったりするものの調達は、直接市場から行う方法があり、これに、情報の開示を組み合わせることで、その調達が適正であったかどうかが事後的ではあるが判定できることについて述べてきたが、調達価格は小さくないが市場を形成するほどの需要がないためにどうしても入札に頼らざるを得ないものがあり、これも入札にかかる費用が官公庁や業者の双方で大きな負担になり、不正の原因になっている場合もある。そこで、この問題を緩和するために、業者の側でも、また、官公庁の側でも費用のかからない調達システムが考えられるようになってきている。

(1)CALS

その一つは、非常に特殊な需要である防衛に関する調達を円滑化するためのシステムで、CALS(Computer Aided Logostic Support System)と呼ばれている。同じ CALS の略称で、民間版の数々のシステムがあり、混乱を生じている向きもあるが、ここで取り上げるのは、米軍や自衛隊の電子調達システムのことである。

このシステムの第一の特徴は、専用線を利用したシステムであり、一般的な公衆電話回線やインターネットからは切り離されている点にある。通信に使用されるコンピュータも通常市販されているものとは全く異なるメーカーで異なる論理の基に作られ、使用される OS も異なったものである。さらに、徹底した暗号化によりデータが送受信されるため、仮に傍受に成功しても信号は雑音と同じである。入札の仕様の説明から、各社の質問や、官公庁の回答、入札、開札までこのシステムの上でデータ通信を利用して実施できる。

つまり、従来の入札室のように閉ざされた環境がネットワークの上に形成されており、そこには関係者以外は全くアクセスできなくなっている。これによって、官公庁の側では、現場説明や入札のために場所を用意したりする必要がなくなった。業者の側も、その時刻に人員を拘束されたりしなくて済むようになった。営業担当者や専門技術者を入札のために出張させて官公庁との打ち合わせをする必要性はなくなった。

このシステムの第 2 の特徴は、暗号を使った膨大な量のデータ通信が可能なことである。このため、写真、設計図、図面、仕様書、各種のデータ、ソフトウェアなどがごく短時間のうちに授受できる。その結果、こうした情報の入った鞄を持ち歩き、これが盗難にあうというようなリスクもなくなった。

(2)インターネット上の調達システム

CALS のような非常に特殊な需要に対するシステムは専用回線という外界と遮断された環境を利用して使われはじめたが、もう少し、一般的なシステムを利用する必要のある調達もある。

利用の実例から始めた方がわかりやすいと思われるので、米軍の部隊への補給を例にとってみよう。部隊は世界中いたるところに移動する。つまり、この補給の受発注システムはどこででも使えなくてはならない。すると、(1)のような特殊なシステムでは用をなさない。ポータブル PC と電話線かケーブルテレビか携帯電話、それもだめなら衛星電話が使えれば使用できるシステムが望ましい。すると、現在は答えは一つしかない。これに対応できる通信手段はインターネットである。インターネットを利用して、受発注ができるようになっている。

インターネット上の調達システムは 2 つの部分から成り立っている。一つは、各部隊や出先からの需要を集計するシステム、もう一つが、業者から物品や役務を調達するシステムである。この二つのシステムがあることにより、以下のようなメリットがある。

- 各部隊や出先からの需要を集計するためのシステムを持つことで、入札に付すもののロットサイズを大きくすることができるため、一度の入札に要する費用を調達額に対して無視できるほど小さくすることができる。
- 統一して調達を行うことで仕様が統一された財やサービスが供給されることになり、どこにいても同じ装備や補給品が使えるので、転勤や移動による習熟のための時間的なロスが生じなくなる。

・業者にとっては、世界中に分散している米軍のそれぞれの部隊や出先に出かけなくても、必要な手続きをとり、入札に参加できるので営業費用の大きな削減ができる。

この米軍のために開発された調達システムは、現在、米国連邦政府により広く採用されるようになってきており、AqNet(Acquisition Network)として利用されている。そこでは、統一された方法で、審査を受け、インターネットの上で入札の情報を得て、入札に参加することができるようになった。

わが国では、次第に都道府県、主要市町村など自治体が競争参加資格の審査にインターネットを利用し始めている。公社、公団の中には入札の公示をインターネットで開始したところもある。しかし、一般的な案内や公示、申請書類の配布といったレベルのものであって、まだ、本格的な電子調達が導入されているというわけではない。

第７節 案件の分類と査定能力

以上には、新たな調達方式や、調達の道具を追加して、政府の調達発注制度の問題を解決する方途を探ってきたが、どの方式も、問題の緩和には役立つかもしれないが、決定的な解決策であるとは筆者は考えていない。上述の方法で市場メカニズムの働く余地を広げたり、市場から直接調達するものを増やしたりして、政府の調達発注システムを使わないことにすることにしても、それが全ての調達発注には適用できないため、問題が残ってしまうと思われる。このため、業者の側の自衛策として管理会計制度の導入の方法についても述べたわけであるが、政府の側でも行うべきことがいくつかある。

(1)調達・発注の性格の切り分け

本書の分析から得られている最も重要な知見は、

・市場メカニズムが働く市場の有無、

・市場から業者が隔離されているかどうか、

・競争に参加する業者の数、

・官公庁の調達窓口に査定能力があるかどうか

などの条件次第で問題が起きたり起きなかったり、問題の性格が変わり、取り締まりの有効性が有ったり無かったりするというものである。従って、調達発注を行う前に、それぞれの品目について、こうした条件がどうなっているのか見極めてから事に当たる必要がある。しかし、現行の政府の調達発注システムは、単純に業種と金額で適用する競争や交渉の方法を決める仕組みになっており、この点が不十分である。

また、政府の調達発注制度の問題の解決にあたる体制は、法務省、検察庁、警察庁、公正取引委員会、会計検査院による捜査や検査と処罰によって規制をかけ、細かい調整は何万もある官公庁の契約窓口で個々に調達規則の作成をさせる方法で行われている。この結果、これらの省庁と現場には分掌を超えた過大な責任と負担とを課している。本書では、問題の発生するメカニズムが複雑なものであり、原因は多様であって、処罰をいくら強化しても解決しない問題のあることを説明した。

異なる問題に対しては、異なる解決方法が必要である。従って、

・どこで何が起こっているのかを調べて、

・制度を変えることで解決するのか、

・運用の方法を変えて解決するのか、

・取り締まりや刑罰で解決するのかを切り分ける

ことから始めないと問題は解決しない。

どこで何が起こっているのかを調べるという意味は、本書の文脈に従えば、調達する品目ごとに、生産が費用逓減状態にあるのか、費用逓増状態にあるのかを確認して、市場原理が調達価格の決定に利用できるか、フルコスト原理による積算が必要なのかどうか、あるいは直接市場から調達することで調達費用を削減できるものであるのかを判定することから始めなくてはならない。そんなことを調べるのは、法務省、検察庁、警察庁、公正取引委員会、会計検査院の職務ではない。それを、あいまいにしたまま、これらの省庁は取り締まりの成果を求められてきたために今日政府の調達発注システムは混乱を招いているのである。

また、調達規則を現場で決める仕組みになっているが、その規則を考えたり、運用したりする職員にも、調達や発注するものの製造にかかわる多少の知識くらいは要求しても良いかもしれないが、数え切れない品目の物品、役務、工事の供給が費用逓減状態にあるのか、費用逓増状態なのか、業者は他の市場でどんな商売をしているのかを知らなくてはならない現状には無理がある。ごく一部の例外を除いて、経験と勘とで何とかしており、問題が起きると責任を問われているのである。

では、どこを改善するべきか。既存の政府の省庁間の分掌を前提に考えれば、自ずからどこでどうしたら良いのか決まってくる。経済産業省では毎年業種を1～2選んで、産業別に状況を調査しており、筆者も委員として加わった経験がある。しかし、調査の頻度もカバレッジも不十分であるので、全国の経済産業局に常設の担当部門を置いて、年々変化する品目毎の**生産体制を観測する**(調査し状況を監視する)べきである。これは、きめ細かい産業政策を遂行する上でも必要なはずである。

気象庁は、全国に測候所やアメダス(ロボット観測機)による気象情報収集システムを持っている。地震や火山も観測し監視している。航空自衛隊は、全国にレーダーサイトなどによる観測体制を敷いて、防空識別圏を出入りする全ての航空機を監視している。これによって天災で死亡する人の数は、年間数百から数千あった戦前戦後の時期の10分の1、100分の1のオーダーで減少しているし、奇襲攻撃をうけたり、爆撃を受けたりという戦災も起きていない。こうした災害同様に、経済の混乱で自殺に追い込まれたり、病気になり働けなくなっている人の数は少なくとも年間数万人に達している。そうでありながら、産業や経済を観測(調査監視)する体制は比べものにならないくらい貧弱である。農林水産業中心の生産と帆船による物流に頼っていた時代には、日照、雨量、気温、風速といった気象の観測情報は極めて重要な課題であった。戦争の時代に空襲警報は極めて重要な情報であった。今日では、同様に、物の生産や価格の決まり方に関する情報は重要な情報である。数万人の犠牲を放置したり無駄にしないためには、単に、自殺の防止策を考えるだけではなく、生産、物流、価格形成の情報を収集する観測体制を整えるべきであろう。

さて、気象情報の収集が気象庁、それをもとに堤防を作ったり水門を管理するのが国土交通省、農作物の管理を行う担当官庁が農林水産省と別になっているのと同様に、経済を観測するところと、それをもとに判定したり、ルールを改定したりするのは別の任務である。観測されたデータは他にも使い道があり、それぞれの官公庁で使えばよい。政府の調達発注システムに関してその情報を使ってどの調達発注方式で発注するのが良いのかを判定したり、調達発注規則の法令の改定案を作ったり、現場の調達規則(一種類ではなく、現場の状況に応じて数種類)を作るのは総務省の仕事である。自治省と行政管理庁と総理府の一部が総務省に統合され、その中に行政管理局が置かれているのであるから、総務省の行政管理局の中に専門の部門を置いて、経済産業省で集められた情報を分析して、調達規則をタイムリーに改定する部門を置けばよい。省庁統合の趣旨からして、中央政府とその出先だけではなく、地方公共団体やその出先を含めた整合性のある判定や規則作りにも責任があるはずである。入札制度の研究を会計検査院や公正取引委員会に全て押しつけているような現状はおかしい、検査や取締りのための研究はもちろん必要であるが、政府の調達発注が効率良く円滑に行われるためにはどうあるべきか行政管理局は研究する責任があるはずである。現状のままでは、検査や取締りのやりやすい方向が追及されてしまい、その結果、競争に付されているかどうか、どれだけ、値切りができているかという、一見、わかりやすい基準が追及されてきたように思われる。しかし、この基準は経済学的合理性とは別のものであって、現場の窓口や業者に無理を押し付けているように思えてならない。

各省庁から人を集め(知識の陳腐化を防ぐために一時出向が良い)、取締担当官庁からも応援を求めて、1～2 年毎に

市場からの直接購入

随意契約

指名随契

指名競争

一般競争

総合評価

企画コンペ

……

の切り分けの基準を改定する仕事をする。作るものはガイドラインでは、だめで、法令に基づく規則でなくてはならない。ガイドラインだと、また取締担当官庁と現場に責任が転嫁されてしまう。米国で行われたように、現場で調達規則を作るのを止めてしまわなくては改革の意味がない。

切り分け基準の改定と有資格業者の審査基準の改定を同時に行い、実際の登録審査をその間の年にすれれば、2 年か 3 年のサイクルが出来るし、登録審査で集める各業者の資料も活用できる。そうなると、審査を調達発注窓口ごとにする必要もなくなるし、情報の収集という意味では、都道府県や市町村の競争参加資格の審査も、建設業など業種ごとの免許の管理もまとめてしまえば、ずいぶんと簡素化もできる。審査するところと発注するところを一緒にしていることも不正の原因になっているのであるから、この際、審査権を発注の現場から取りあげてしまうことにしてはどうだろうか。業者の側からは**ワンストップで免許の更新と登録審査**が済んでしまうので便利になる。この窓口は全国にある経済産業局が良い。調査と審査を交互に行うようにすれば無駄がない。

(2)調達発注担当者の査定能力の向上

無理な査定や競争を無くすことが、業者を追い詰めた結果として発生する問題を解決することになる。ルールを作る者、ルールに従って調達発注を行う者、不正を摘発するアンパイア、不正を判定するジャッジの 4 者の間には、兼務があってはならないのはスポーツでは常識である。調達発注制度も同じではないのだろうか。本書では査定能力の向上が必須であることを述べてきた。調達発注の担当職員や、取締に当たる官庁の担当職員は、(1)の改革で審査業務から解放される分だけ、仕事が楽になるはずである。そこで職員を減らすのではなく、この余裕を研修、教育、実習、出向などに充てる。市場価格、フルコスト原理に始まり、サプライヤー・システムの管理、EMS、管理会計に関しては、知識と現場での体験が両方とも必要である。不正が行われているのか、仕組みが悪いのでそうなってしまうのか、どこまで値引きを要求してよいのか、どうすれば必要なものの仕様がうまく業者に伝わるのかなどは教育と OJT(On the Job Training)を併用しないと習得できない。

本書では、米国の制度改革について触れたが、米国の政府内では調達発注業務に非常にレベルの高い専門技術職であるという位置づけがされるようになってきている。日本でも民主党政権が出来て、国会議員や有識者による「予算要求の仕分け」が行われ始めたが、同様の機会は自治体の議会や、公営企業の経営会議の席上でもいくらでも発生する。そういう場面にも対応できて、わかりやすく要求額を説明できるようになるためには、(1)に基づく情報に加えて、自ら行った査定の正しさが整然と説明できる必要がある。このことが、調達発注制度の円滑な運用に欠かせないというのが、米国の改革の趣旨であろう。調達発注のチームの長になるには複数の学科を履修しているこ

とや長期にわたる現場の経験が要求され始めている。この点を、日本も取り入れるべきである。この改革に責任のあるのは現在の政府の分掌でいえば人事院と内閣府である。

(3)調達発注に関する知識の普及

官公庁の調達発注と、民間企業の調達発注はずいぶんと異なるものである。その相違が理解されずに、双方で誤解が生じて、トラブルになった経験も多い。また、時には事件としても報道されている。こうしたトラブルや事件を防止するためには、官公庁に対しては民間の商売のやり方の知識の普及。民間企業には、官公庁では民間と同じやり方が出来ないために民間の取引とは別のやり方があり、世界中どこへいってもそうした仕組みの中で政府と民間の取引が行われていることを知識として普及することが必要である。

上述したように、積算関係の資料はたくさん出版されるようになってきたし、書物や、研究論文は多数出ている。最近は、インターネットのホームページを利用して、業者に向けた広報がだいぶ行われるようになってきている。しかし、調達発注の担当者とそこに出入りする業者には、かなり知識がいきわたってきたように思えるが、会社の経営者、議員、報道機関などで、決済をしたり、ルールを決めたり、ニュースを伝えたりと、間接的に調達発注にかかわっている人々の間で、誤解が誤解を生むようなことがあるように思える。

特に、筆者の提案している、競争条件の調査にもとずく調達方式の切り分けを実施するには、法律、制度、行政機構、さらには業者である企業の体制の改革が必要である。そのためにはこうしたステークホルダー(間接的な関係者)が少なくとも、基本的な政府調達に関する知識を持っていなくてはならない。そうした人々への知識の普及の仕組みも用意する必要がある。

この改革に責任があるのは、内閣府であるが、われわれ研究者の責任も重い。

結論

本書は、政府の調達発注システムに生じている問題を、いかにして解決していくのかということについて、

第 1 章ではその制度がどのようなものであるのかを、日本と米国の制度を比較しながら、国際法、国内法、その他の規則等、制度の概要を見た上で、米国で行われた制度の改革について説明した。第 2 章では、古い歴史を持つ日本の政府の調達発注制度の歴史とそこで発生した問題、さらに、それに対して取られた対応について論じ、現在行われている改革でも、解決できていない問題のあることを指摘した。第3章では、どのような条件が整わないと、制度がうまく機能しないのかを、市場メカニズム、企業の会計、企業の行動原理、生産の規模の違い、などの観点から理論的に分析した。第 4 章ではさらに、ある程度条件が整っていても、官公庁の査定能力、市場原理の働く市場の有無や市場からの業者の隔離、業者の数と調達発注の件数などにより、状況が変わってしまい、適正な調達方法か違ってくることについてケース分けした理論的分析を示した。

第 5 章では、問題の解決に必要な要素を検討するにあたり、先ず、先行研究を分野ごとに整理して取りあげ、本書の第3章、第4章で行った理路論的な分析のどの部分に関するものが研究されてきたのかについて、サーベイした。その結果は以下の通りである。

かなり広い分野で、研究がされてきていて、それなりの有益な知見が示されて、制度の改革に寄与している。このため、整った体系に理論も制度も組み上げられつつあるように見える。しかし、解決できていない問題も、そこから明らかになり始めている。電子入札制度が大企業と国の間の契約ではなく、むしろ、中小都市の工事の入札でうまく機能し始めている現象や、どうしても政治家の関与を求める業者が出てくるなど、制度が想定している、生産、価格形成、業者の行動原理、政府の行動原理と実際がずれているため生じている問題がある。また、自動車や IT の分野では、生産の現場が多品種少量生産に適合できるように再編され、販売の方法が変化する形で問題が解決され、それぞれの局面では成果を上げている。しかし、その成功により価格の形成メカニズムが変わってしまっている。そこへ政府の調達発注制度で一律に競争を促進する政策がとられたために、効果が合成されて、今度は違った問題である低価格受注や産業の空洞化を促進してしまう現象が起きている。

政府の調達発注システムの中で発生してきた問題は、ダンピング、手抜、談合、贈賄、収賄など、表面的にはおなじような現象の繰り返しのように見えているが、実際には、多様な業種品目の生産と価格形成に係る諸条件の違いから、多様な問題が発生しているわけで、その解決には、問題の種類を切り分けて、原因を一つ一つ取り除いていかなくてはならない。

現在、政府の調達発注システムは、かつてはうまくいっていなかった摘発、取締りのツールである法令が整備され、会計検査院、公正取引委員会、などが設立され、警察などとともに取締を担当する官公庁の組織が整備されてきた。また、調達発注の現場では規則が整備され、ガイドラインが作られたり、積算の資料が普及したりしてきているし、一般競争入札を効果的に行う電子入札も可能になったり、総合評価方式が使用され、改良されている。しかし、それだけでは、多様な問題は解決しない。

運用の基準が、うまく、示されていない。何の発注には競争が有効で、どの調達は指名の上随意契約で交渉による値決めをしなくてはならないのかといった、運用上の問題を切り分けることは、取締担当官庁や、調達発注を行う官公庁が個々に調べて決める性格の問題ではない。このため、それを担当する仕事を、例えば経済産業省で調査し、行政管理局が規則にするといった形で、次の世代の調達システムに組み込む必要がある。

また、その規則の中では、無駄になる見積や営業の費用を抑制するため、金額が多ければ指名先を増やす仕組みも見直されなくてはならない。官公庁の窓口の査定能力が向上しないと、業者を過当競争に追い込むケースを減らすことはできないので、担当者の研修や教育など能力の向上をはかる必要があり、この点は、米国の改革を見習う必要がある。

一方、業者の側でも、正確な原価の把握できる管理会計システムを、経営の指針を探るための管理会計システム

とは別に持つべきであり、個々の商品、サービス、工事などの原価に対する正確な情報を持つようにする必要がある。そうでなければ、平均費用を割り込むような受注が発生していても見過ごされてしまうからである。官公庁相手のビジネスは、政策次第でいつ予算が打ち切られるかもしれず、時には赤字になるかもしれない分野であることを理解して、担当者や担当部門を無理な契約に追い込むことの無いような組織管理や人事管理上の方策も必要である。

参考文献

1. 政府調達問題に関する文献

(1)供給サイドの研究

①供給者の行動モデル

・効用・利益・所得

印南(1997) 印南一路、「医療政策と政策科学(諸科学横断的アプローチ)」、『政策科学の新展開』、宮川公男編、東洋経済新報社、1997 年、133-160 ページ。

医療の供給に関しては Feldstein、印南の行動モデル、Lee の効用極大化モデル、Davis、の利益極大化モデル、Pauly, Redish の共同体モデル、Fuchs, Kramer, Newhouse の医師の目標所得仮説モデルのあることを紹介している。

・社会貢献に関する動機

Francois (2000) Patrick Francois, 'Public service motivation as an argument for government provision', *Journal of Public Economics*, vol. 78, 2000, pp.275-299.

社会奉仕の精神を持つものに業務をさせるべきか、利益を追求するものに業務をさせるべきかは、一概に結論がだせないとする理論的研究。奉仕の意欲のあるものは不要なものを多く欲しがる。

②何を誰が供給すべきかに関する研究

何:漠然と何かを指すのではなく具体的な財(物品)、サービス(役務)

誰:官(国際機構、中央政府時には省庁、地方政府時にはその部局、外郭団体、

エージェンシー)

団体(官の各政府の外郭団体、半官半民の組織、民間の組織(NPO、政治団体、

宗教団体、学校法人、企業、自治会、町内会、家庭、個人、学生・・

特定の職業))

・中央政府から地方政府への権限委譲

Crèmer, Palfrey (2000) Jacques Crèmer, Thomas R. Palfrey, 'Federal Mandates by Popular Demand', *Journal of Political Economy*, vol. 108, No.5, 2000, pp.905-927.

単峰性の需要分布を国民が持っている場合、シビルミニマムなどの政策に関して、中央政府の強い指揮権を国民が求めることになることを示した理論研究。環境、公衆衛生、高速道路の安全基準など。

・公共財の民間による供給に関する研究

大住 (1999) 大住荘四郎、『ニュー・パブリック・マネジメント』、日本評論社、1999 年。

各公共サービスの供給を官民いずれが行うべきか、公的企業の民営化、入札による費用の削減、業績評価、英国の Resource Accounting and Budgeting、米国のベンチマーキングについてまとめたもの。

上山(1998) 上山信一、『行政評価の時代』、NTT 出版、1998 年

米国における行政評価システムの導入状況、イギリスにおける考え方を紹介し、日本へ導入する場合の課題、分野対象による個別の異なる方法が必要なこと、リーダーシップ、タイミング、手法がうまくくみあわされることの必要性をまとめたもの。

・民間の政府

Helsley, Strange (1998) Robert W. Helsley, William C. Strange, 'Private government', *Journal of Public Economics,* 1998, vol. 69, pp.281-304.

公共財を私的に供給するという意味では上記の公共財の民間による供給に似ているが、少し違ったものの研究がある。米国には 130,000 を数える RCA;Residential Community Association があり、警備保障、リクリエーション、計画、外部との折衝、輸送、公園などを提供し、個々の住居の相互の機能を調整する機能を開発業者に取って代わって果たしている。資産の譲渡に関する規制や、その他の条件を含む契約に加入して参加する。小はマンションの管理組合のようなものから計画的な開発を手がけるおおきなものまである。住民は、政府への納税や政府からの受益に加えて付加的、自発的にその費用を負担して加入している。(日本の団地自治会、町内会よりさらに政府に近い存在)

この拡大は、政府がサービスを低下させる原因になり、加入しない住民との格差を生じさせ好ましくないとする論文

Glomm, Lagunoff (1998) Gerhard Glomm, Roger Lagunoff, 'A Tiebout theory of public vs private provision of collective goods' *Journal of Public Economics*, vol. 68, 1998, pp.91-112.

上述のような状況を踏まえた上で、公共財の私的な供給がされている地域と、政府のみが公共財を供給している地域の間で、足による投票 vote with their feet(引越し)に均衡が存在する条件を検討したもの。所得の格差で均衡が生じ、低所得者と高所得者が別れて住むようになる。

Itaya, Shimomura (2001) Jun-ichi Itaya, Koji Shimomura, 'A dynamic conjectural variations model in the private provision of public goods: a differential　game approach'　*Jounal of Public Economics*, vol. 81, 2001, pp.153-172.

上述のような均衡が、微分ゲームを使って数学的定式化のできることを示したもの。

・公共財の需要の自発的顕示を計測する実験

Rondeau, Schulze (1999) Daniel Rondeau, William D. Shulze, Gregory L. Poe, 'Voluntary revelation of the demand for public goods using a provision point mechanism', *Journal of Public Economics*, vol. 72, 1999, pp.455-470.

上述のような公共財の私的供給の可能性が、参加者の人数で変化することを示すため、学生のクラスをサンプルに、自発的に負担しても良いと思う金額と、集合消費しようとするもののセットを提示させ、45-50 名程度の場合、供給が成立しやすいこと示した実験。

Cadsby,Maynes (1999) Charles Bram Cadsby, Elizabeth Maynes, 'Voluntary provision of threshhold public goods with contributions: experimental evidence', *Journal of Public Economics,* vol. 71, 1999, pp.53-73.

一定の水準 threshhold まで貢献が集まればその公共財が供給され、集まらなければ供給されずに貢献した者が損をする場合、自発的貢献 voluntary provision がどの条件で変化するかの実験。フリーライドは殆ど生じない、スレッシュホールドの高さの影響は大きくない。報酬や返金の補償が持続的な供給に大きな影響を与える。

・私的財の公的供給

Epple, Romano(1996) Dennis Epple, Richard E. Romano, 'Public Provision of Private Goods', *Journal of Political Economy,* 1996, vol. 104. No. 1, 1996, pp.57-84.

医療衛生関係のサービスは、市場のみで供給したり、公的にのみ供給するよりも、政府が供給し、民間の追加オプションを多数が選好する均衡が存在することを示した理論研究。

Gurgaand (1998) Marc Gurgand, 'Public Finance of Private Goods: A Discussion and Extention', *Journal of Political Economy,* 1998, vol.106, No.1, pp.226-231.

私的な財である高等教育に税金を使うのはおかしいとする Garratt と Marshall(1994)の議論に対する反論。

③古典的な企業モデルと最近の企業モデル

Hall, Hitch(1939), フルコスト原理に関しては、筆者は原典を確認できていない。

東洋経済の経済学大辞典には、Hall,R. L. and Hitch, C. J., Price Theory and Business Behaviour, Oxford Econ, Pap., No.2, 1939 が原典で 1951 年に再版されたとあるが、古い物であり確認できていない。

Hicks(1949) J. R. Hicks, *A Contribution to the Theory of the Trade Cycle,* Clarendon Press in the University of Oxford, 1949,邦訳 古谷 弘、『景気循環論』、岩波現代叢書、岩波書店 1951 年、28 刷 1976 年。

Hicks(1965) Sir John Hicks, *Capital and Growth,* The Clarendon Press, Oxford, 1965, 邦訳 安井琢磨、福岡正夫、『資本と成長 I,II』、岩波書店、1970 年。

この2つのヒックスの著書は、景気循環や経済成長に関して書かれたものであるが、その中で古典的な供給に関する企業の行動のモデルについても、使い方や、原理が示されている。

Samuelson(1955) Paul Anthony Samuelson, *Economics,* McGrawh-Hill, 1955, 9th edition McGrawh-Hill Kogakusha, Ltd. 1973.

経済学の教科書、23 Compettitive Supply, 24 Analysis of Costs and Long-run Supply, 26 Imperfect Competition and Antitrust Policy, 27 Theory of Production and Marginal-productivity にミクロ経済学的な企業の行動原理の定式化が行われている。

西口(2000)、西口敏宏、『戦略的アウトソーシングの進化』、東京大学出版会、2008 年。

日本の下請け制度の歴史と発展に関する研究で、政策、管理形態、英国との比較、現状に関する実地調査などからなっている研究成果。

藤本、西口、伊藤(1998)、藤本隆宏、西口敏宏、伊藤秀史編、『サプライヤー・システム』、有斐閣、1998 年。

自動車産業のメーカーと部品のサプライヤーの関係についての研究論文集

稲垣(2001)、『EMS 戦略(企業価値を高める製造アウトソーシング)』、ダイヤモンド社、2001 年。

電子、通信分野で広がりつつある、アウトソーシングの新しい方式 Electronics Manufacturing Service は自社の構築した下請け制ではなく、サプライチェーンを提供する専門の企業にアウトソーシングをする方式。その紹介と、日本での可能性についての分析、日本では製造をコア・コンピテンスと考える考え方が普及の障害になっているとしている。

島田(1985)、島田晴雄チーム、『経済のソフト化と労働市場』、ソフトノミックス・フォローアップ研究会報告書、第Ⅲ部、構造変化と経済運営－5、大蔵省大臣官房調査企画課財政金融研究室編集、大蔵省印刷局、1985 年(昭和 60 年)。

植田、吉川(1984)、植田和男、吉川洋、「労働市場のマクロ経済分析」、『季刊現代経済』、日本経済新聞社、Spring

1984。

④開発途上国の多様な経済主体

Hicks-U(1965), Ursula K. Hicks, *Development Finance*, Oxford University Press, 1965, 邦訳 能勢哲也、『成長の財政理論』、東洋経済新報社、1967 年。

多様な経済主体が存在する開発途上国での財政政策、会計制度、評価について検討したもの。

⑤モジュール化

藤本、武石、青島(2001)、藤本隆宏、武石彰、青島矢一 編、『ビジネス・アーキテクチャー』、有斐閣、2001 年。

青木、安藤(2002)、青木昌彦、安藤晴彦 編著、『モジュール化(新しい産業アーキテクチャーの本質)』、東洋経済新報社、2002 年。

上記 2 点は、製品、製造工程、サービスの提供システムのモジュール化に関する論文集。

(2)汚職や談合に関する研究

①談合に関する資料

公取 (2001) 公正取引委員会、『報道発表資料』、http://www.jftc.go.jp/pressrelease/、2001 年。

公正取引委員会の報道資料には多くの不正入札の情報が含まれている。

②汚職や談合の研究

・談合の結束力の研究

McAfee,Mcmillan (1992) R. Preston McAfee, John McMillan, 'Bidding Rings', *The American Economic Review*, June 1992, pp.579-599.

サイドペイメントの無い弱い談合と、参入阻止やサイドペイメントの行われる強い談合における結束力の理論的な評価。前者では抜け駆けは阻止できない。後者では入札の前に闇取引の別の入札が生じる。

・談合の発見方法

Porter, Zona (1993) Robert H. Porter, J. Douglas Zona, 'Detection of Bid Rigging in Procurement Auctions', *Journal of Political Economy*, vol. 101, No.3, 1993, pp. 518-538.

調達に関する入札で談合の存在を計量経済学的にテストする方法。ニューヨーク州交通局の高速道路の工事に関するデータを使った実証研究。

・不正の摘発の業者への効果

Karpoff, Lee, Vendrzyk (1999) Jonathan M. Karpoff, D. Scott Lee, Valaria P. Vendrzyk, 'Defense Procurement Fraud, Penalties, and Contractor Influence', *Journal of Political Economy*, vol. 107, No. 4, 1999, pp.809-843.

米国における防衛調達に関する不正の摘発で、直接支払う罰金などの損失と捜査、起訴、指名停止処分の報道による株価の下落などの損失を 1983 年から 1995 年までのデータをもとに計測した実証研究。受注額トップ 100 に入る強力な企業はあまり余り影響を受けないが、小さな企業には大きなダメージのあることを示したもの。

・競争と参入

Bresnahan, Reiss (1991) Timothy F. Bresnahan, Peter C. Teiss, 'Entry and Competition in Concentrated Markets', *Journal of Political Economy*, vol.99. No.5, 1991, pp.977-1009.

市場の規模と参入、専門的な市場への参入障壁などを実証的に研究して、寡占市場への参入について検討したもの。参入により価格が下がる。

Chiappori, Salinie, Valentin (1999) Pierre-Andre Chiappori, Bernard Salanie, Julie Valentin, ' Early Starters versus Late Biginners', *Journal of Political Economy,* 1999, vol. 107, No.4, pp.731-760.

・競争と汚職

Bliss, Tella (1997) Christopher Bliss, Rafael Di Tella, 'Does Competition Kill Corruption? ', *Journal of Political Economy*, vol. 105, 1997, pp. 1001-1023.

完全競争により賄賂を支払う余分な利益がなくなるので、汚職は撲滅できるとする考え方は単純すぎる。競争が厳しいほど費用を削減したいと考えるようになり、このために賄賂を贈るものが出る。また、独占的地位を得るために競争相手を市場から追い出すために賄賂を役人に贈るものがいるが、これも考えが足りない。競争が無くなれば賄賂を得る種がなくなるので役人はそんな話にはのらいいというもの。

・汚職に対する適正な罰金

Polinsky, Shavell (2001) A. Mitchell Polinsky, Steven Shavell, 'Corruption and optimal law enforcement', *Journal of Public Economics*, vol. 81, 2001, pp.1-24.

多額の罰金をかけると賄賂の額が増える。通報者に報奨金を出すと、無実の者が濡れ衣を着せられるので、通報には報奨金は出さないほうが良い。少額の罰金でも、もともとリスクを避けるタイプの人々なのだから効果は得られるはずであるというもの。

三浦 (2002) 三浦 功、『談合防止政策の有効性 Laffont=Tirole モデルの検証』、日本経済政策学会第 59 回全国大会 報告要旨集、2002 年、126-127 ページ。

・汚職の原因の計量分析

Treisman (2000) Daniel Treisman, 'The causes of corruption: a cross-national study' *Journal of Public Economics*, vol.76, 2000, pp. 399-457.

法体系の整備、プロテスタントの国かどうか、途上国か、政情不安、など様々な要因が汚職の数に影響しているかどうかの国際比較。影響はあるが、時代により大きく変化している様子が示されている。

Mauro (1998) Paolo Mauro, 'Corruption and the composition of government expenditure', *Journal of Public Economics,* vol. 69, 1998, pp.263-279.

教育支出や医療保健支出が多い国では汚職が多いという計量分析。

(3)需要サイド(調達システム)の研究

①入札・競売

安さを競う入札と高さを競う競売は符号を逆転するとおなじ性格を持っている場合があり、いずれかの理論は、大抵、他方でも有効である。

・システム全体のシミュレーション

McAfee, McMillan (1987) R. Preston McAfee, John McMillan, 'Auctions and Bidding', *Journal of Economic Literature*, Vol. XXV(Jine 1987), pp.669-738.

・情報の偏在を解決する入札方式

Moldovanu, Tietzel (1998) Benny Moldovanu, Manfred Tietzel, 'Goethe's Second-Price Auction', *Journal of Political Economy,* 1998, vol. 106, No. 4, pp.854-859.

ゲーテが 1797 年にすでに最高値、最低値を切り捨てる入札の原理を利用した洗練された方法で取引における情報の偏在の問題を解決していたこと示したもの。

・業者がグループを形成して競い合う入札

Baik, Kim, Na (2001) Kyung Hwan Baik, In-Gyu Kim, Sunghyun Na, 'Bidding for a group-specific public-good prize', *Journal of Public Economics*, vol. 82, 2001, pp.415-429.

独占供給の免許の交付の入札のように、いくつかのグループが競いあい、落札が一社になる入札では、まじめに費用をかけて応札するのは各グループ一社だけで他社はフリーライドすることになることを示したもの。

・二段階方式

Fullerton, McAfee (1999) Richard L. Fullerton, R. Preston McAfee, 'Auctioning Entry into Tournaments', *Journal of Political Economy*, Vol. 107. No. 3, 1999, pp.573-605.

研究開発契約を一社が勝者になる通常の競争入札で行うと、2 社の場合が最小費用になる。競争の参加者が増えるほど、費用がかさむ。また、選ばれる一社が最適であることを事前に確認することはできない。そこで、入札を 2 段階にすることにして、一度目の入札で m 社を選定し、その m 社はもうかるか損するかにかかわりなく自らその費用を負担してその通り作ることにする。最後にこの m 社から勝者一社を選んで契約をする。こうすることでいきなり一社を選ぶ方式の問題を回避できる。

・同時に競る方式

Milgrom (2000) Paul Milgrom, 'Putting Auction Theory to Work: The Simultaneous Ascending Auction', *Journal of Political Economy*, vol. 108, No.2, 2000, pp/245-272.

一つ一つ入札していくのではなく、売ったり買ったりするものを、全て同時に競りにかける方式、応札者は封書で欲しい物に値をつけ、それぞれの最高値を建値として、何回か決まった回数競るか、値が動かなくなるまで競る。この方式は、無線の周波数割り当てに 1994 年に実際に使われた。理論的に色々な入札を提案する人がいるが、実際に運用できる入札システムを設計するのは容易ではない。

・不正の発生原因を入札制度そのものにあるとするもの

Anderson, Goeree, Holt (1998) Simon P. Anderson, Jacob K. Goeree, Charles A. Holt, 'Rent Seeking with Bounded Rationality: An Analysis of the All-Pay Auction', *Journal of Political Economy,* 1998, vol. 106, No.4, pp.828-853.

落札方式の競争(入札)システムなど失注者にはその費用が支払われずに、勝者に全てが支払われる方式がロビー活動やレントシーキングの原因であると考える研究。指名先の増加や入札に要する費用の増大がレントの浪費を増加させる。

・電子入札システム

安永 (1998) 安永通晴、「1.調達入札関係 EDI　1-2.公共調達共通基盤システム」、平成 10 年度 3 次補正予算、通産省関連、2.次世代アプリケーション開発事業、(1)次世代アプリケーションのための共通的な次世代情報技術の開発、27 匿名プロトコルを用いた公正なオークションシステムの開発と実証、1999 年 5 月、(株式会社　日本総合研究所　提案書／報告書)。

公開鍵暗号による認証を利用した電子入札システムの開発事業、平成 11～12 年度に実際に開発と実証実験が行われた。

日刊工業 (2003)「電子入札システム刷新」、日刊工業新聞(記事)、2003 年 11 月 26 日。
NTT データが逆オークション方式の電子入札システムを採用し、ハードウェアの調達に利用して年間 4 億円程度の購入コストの削減を目指す。この記事には、暗号化の方式や、目標金額の設定などの操作に当たるものの指紋認証など、既存のシステムの組み合わせで、安価で短期間にこのシステムが開発できたことも述べられている。

日本工業 (2003)「電子入札」、日本工業新聞(記事)、2003 年 12 月 10 日。
中央官庁や地方自治体などが発注する公共工事の入札で、申請内容を電子データとして提出し、入札に参加する電子入札が普及し始めている。しかし、電子化に対応できない弱い業者が差別化されたり、添付書類をスキャナーで読んだりと、かえって手間がかかっていたりしており、理解されるまでにはまだ時間がかかるとしている。

藤田(2008)、藤田章夫、「電子競争入札でコストを 20%削減! 企業向け購買業務のスペシャリスト」、週刊ダイヤモンド、2008 年 11 月 29 日、114-115 ページ。
企業において購買を電子入札にすると、費用が 20%削減できるというコンサルティング会社があり、25 万社の売り手としての登録企業とのマッチングで、大企業に比べて特に高い値段で買っていた中小企業で効果があることの紹介記事。

横須賀(2007)、「電子入札／入札制度資料提供コーナー」、『横須賀市ホームページ』、2007 年 5 月 29 日、http://www.city.yokosuka.kanagawa.jp/keiyaku/shiryou/index.html。
入札の電子化により成功した事例。

②公共工事の発注

・制度改革

金本 (1993) 金本良嗣、「公共工事の入札制度と建設産業」、『エコノミスト』、1993 年 5 月 4・11 日号、28-33 ページ。

金本 (1993-2) 金本良嗣、「公共調達制度のデザイン」、『会計検査研究』、No.7, 1993 年、35-39 ページ、http://www.e.u-tokyo.ac.jp/~kanemoto/ProcKen.htm。

金本 (2002) 金本良嗣、「公共工事の発注システム」、『ビジネスレビュー』、47 巻 4 号、一橋大学イノベーション研究センター、
http://www.e.u-tokyo.ac.jp/~kanemoto/const.htm。

Engel, Fischer, Galetovic(2001) Eduardo M. R. A. Engel, Ronald D. Fischer, Alexander Galetovic, 'Least-Present-Value-of-Revenue Auctions and Highway Franchising', *Journal of Political Economy,* 2001, vol. 109, No. 5, pp.993-1020.
スペイン、メキシコなど高速道路の建設は免許制で、建設と一定期間の維持運営の免許をどの業者に与えるか入札がある。この場合、建設コストが予想を上回ったり、通行量が少なかったりのリスクが生じる。業者(いくつもの道路を建設運用するフランチャイズ)を選定するとき、最小の通行料金を提示した業者を落札とするよりも、収入の現在価値を最も少なく見積もったものを落札とするほうがリスクを軽減できるとするもの。

③物品・役務の調達

今井(2003) 今井良夫、「政府調達システムの運用の現状と問題点」、『CUC Policy Studies Review』、第 2 号、2003 年 3 月、13-19 ページ。

市場価格や限界費用から落札価格が乖離する原因、効果、対策の研究。

④地元の業者の優遇政策

Naegelen, Mougeot (1998) Florence Naegelen, Michel Mougeot, 'Discriminatory public procurment policy and cost reduction incentives', *Journal of Public Economics*, vol. 67, 1998, pp.349-367.

地元業者へ優先的に発注する方式は広く行われている方式ではあるが、地元の業者は経費削減を怠り、政府と優遇している業者との癒着を生じる。

⑤総合行政評価

橋山（2001）橋山禮次郎、『公共的プロジェクト採択のための政策評価』、千葉商科大学、博士学位論文、2001年9月。

(4)政府の調達発注に関する法令と統計

①国際的な政府調達の取決

・一般的な研究

Maggi, Clare (1998) Giovanni Maggi, Andres Rodriguetz-Clare, 'The Value of Trade Agreements in the Presence of Political Pressures', *Journal of Political Economy,* 1998, vol. 106, No.3, pp.574-601.

圧力団体の反対にもかかわらず政府がWTOやNAFTAなどへ加入しようとする動機について分析したもの。圧力団体は保護によって損をする国民へ補償をしないことも理由として考えられることを示した論文。

・WTO

WTO(-) World Trade Organization、"Agreement on Government Procurement" World Trade Organization, http://www.org/wto/govt/govt.htm.

WTO条約の政府調達に関する取り決め(英文)。

外務省(2002) 外務省、『WTO政府調達協定』、2002年7月、http://www.mofa.go.jp/mofaj/gaiko/wto/chotatu.htm/。

上記条約の邦訳。

WTO(1999) World Trade Organization, *Trade Policy Review,* World Trade Organization, 1999.

WTO は各国の通商政策の評価報告を作成しており、その中に、政府調達に関する現状や問題点、方針などが述べられている。例えば、米国のものは1996年、1999年に作成され1999年のものは、

Report by the Secretariat, *Trade Policy Review United States*, 1 June 1999.である。

米国の政府調達の規模、GATT/GPAの導入の経緯、WTO加盟、その国内規定、と並んで、'Buy American Act' の歴史的経緯や運用についても記述がある。

WTO(1996) Working Party on GATS Rules, 'Comunication from the United States Response to the Questionnaire on Government Procurement of Services', 21 October 1996.

WTOは上記 *Trade Policy Review* に関する調査の際の各国とのやり取りも記録保存しており、これは米国からの質問である。

政府調達を正確に定義してほしい、政府とはどこまでをいうのか、物品と役務は区別するのか、調達過程とは一般競争入札、指名競争入札、随意契約の違いがあるが、どの手順をいうのか、落札価格を公開するといっても、本来秘密にするべき契約価格を公開することで、第3者が応札者の情報を得て他の取引で優位に立つことになることをどう考えるのかといった、本質をついたやり取りが記録されている。

・FTAA

Inter-American Development Bank (1998) Free Trade Area of the Americas Working Group on Government Procurement, *National Legislation, Regulations and Procedures Regarding Government Procurement in the Americas,* Inter-American Development Bank, 1998, pp.1-184.

南北アメリカ 23 カ国の政府調達に関する法令、制度、調達過程を入札の基準に至るまで詳細に調査した報告書。

OAS/IDB/ECLAC (1997) Working Group on Government Procurement OAS/IDB/ECLAC Tripartie Committee, *Government Procurement Rules in Integration Arrangements in the Americas,* Inter-American Development Bank, 1997.

OAS 米州機構 Organization of American States, IDB Inter-American Development Bank, ECLAC Economic Commission for Latin America and the Caribbean の3者によってまとめられた FTAA 構想の中における政府調達の統合構想、WTO, NAFTA, MERCOSUR, Andean Group, Central America, CARICOM, Group Three, Birateral Agreements with Mexico, Bilateral Agreement with Chile の各協定や協定構想における政府調達取決めと今後のスケジュールの多角的、包括的な比較が行われている。

・日米構造協議

外務省 (1992) 外務省(資料)、「6.政府調達」、『日米構造問題協議フォローアップ(第 2 回年次報告)』、平成 4 年 7 月 30 日、1992 年。

1991 年 11 月の構造協議の申し合わせに基づき、(1)1992 年 4 月から、日本では(イ)入札手続の一層の透明化(英文広告の項目及び入札広告への問い合わせ先の追加、応札期間の延長);(ロ)GATT 政府調達協定の適用基準額の引き下げ(13 万 SDR から 10 万 SDR へ);(ハ)対象機関の拡大(28 特殊法人の追加);(ニ)100 万 SDR 以上の大型物品調達予定の早期の官報広告、(2)随意契約を GATT の規定のみとし、調達担当責任者を公表、入札資格審査の簡素化、内外の業者の平等なアクセスの保証など、(3)GATT に基づく対象機関、分野の拡大と異議申立て手続きの整備、(4)談合防止に関する法的措置の強化が実施されつつあることの報告。

・日本シンガポール新時代経済連携協定

内閣官房(2002) 内閣官房、「日本シンガポール新時代経済連携協定」『政府調達におけるわが国の施策と実績(世界に開かれた政府調達へ)』、第 III 編 2、平成 13 年度版 2002 年 3 月。

基準対象額の 13 万 SDR から 10 万 SDR への引き下げなど、物品とサービスの分野で WTO を上回る内容の措置を盛り込んだもの。

・APEC

APEC(-) *APEC Survey on Government Procurement Systems,*

http://mail.pcc.gov.tw/eng/gpis/apec0411.htm.

APEC 加盟各国の制度はこのページからたどることができる。

・中華民国（台湾）

Taiwan(-) 中華民国、*Government Procurement Law,*

http://www.pcc.gov.tw/eng/gipis/egplaw/.

中華民国の政府調達に関する法規。

②アクションプログラム

内閣官房(2002-2) 内閣官房、『政府調達におけるわが国の施策と実績(世界に開かれた政府調達へ)』、平成 13 年度版 2002 年 3 月。

わが国の政府調達に関する規定の解説、市場アクセス改善のためのアクションプログラム、個別分野毎の自主的措置、苦情処理制度、統計資料、など。

③調達発注の規模と法令規則

・英国

Peacock, Wiseman(1961), Alan T. Peacock, Jack Wiseman, *The Growth of Public Expenditure in the United Kingdom,* National Bureau of Economic Research, No. 72, General Series, Princeton University Press, 1961.

1890 年～1955 年の英国の財政に関する統計を整備し、政府の調達や財政支出の規模が、経済の成長に単に連動して増加するのではなく、戦争によって拡大し、戦後はその規模が大きいまま固定して、階段を上るように拡大していることを示した研究。この現象は転位効果 Displacement Effect と呼ばれるようになり、増税は平時にはしにくいが戦時に負担増が容認されると、それを戦争が終わっても維持することになるといういわば財政規律のみだれ、もしくは、議会制民主主義の欠陥の例として考えられるようになった。

・日本

財務省(2001) 財務省主計局調査課、『財政統計』、平成 13 年度、財務省印刷局、2001 年。

地方財政統計(2001) 『地方財政統計年報』、平成 13 年度版、(財)地方財務協会 2001 年。

内閣府(2002) 内閣府経済社会総合研究所、『国民経済計算年報』、平成 14 年版、2002 年。

江見、塩野谷(1966)、江見康一、塩野谷祐一、「財政支出の長期分析」、『財政支出』、長期経済統計7、東洋経済新報社、1965 年、1-61 ページ。

日本における明治～第二次大戦の期間の財政統計を整備して、転位効果の存在を確認した研究。

今井(1981) 、今井良夫、「防衛支出と経済成長のトレード・オフに関する考察」、理論計量経済学会、研究報告ディスカッションペーパー、1956 年、1-18 ページ。

今井(1982)、今井良夫、「防衛支出の最適拡大経路問題と防衛摩擦について」、防衛学会、研究報告要旨、1982 年、1-6 ページ。

今井(1982-2)、「防衛格差の発生メカニズムに対する理論的考察」、理論計量経済学会ディスカッションペーパー、1982 年、1-16 ページ。.

今井(1982-3)、「防衛支出の最適拡大経路問題への Dynamic Programming 法の応用」、日本おペレーションズリサーチ学会、ペーパーフェア ディスカッションペーパー、1982 年、1-32 ページ。

今井(1985)、「防衛支出の拡大プロセスの研究」、日本経済政策学会、ディスカッションペーパー、1985 年、1-24 ページ。

上記 5 件では、転位効果が財政規律の乱れから発生するものではなく、合理的な長期的経済成長経路を算出すると発生する現象であることをつきとめるた。

斉藤 (1994) 斉藤清史、『官庁契約のポイント』、全国会計職員協会、1994 年(初版)、1998 年(3 刷)、1-362 ページ。

調本（1990）防衛庁調達実施本部、『調達実施本部の概況』、防衛庁調達実施本部、1990 年、1-34 ページ。

調本（1976）防衛庁調達実施本部、『入札及び契約心得』防衛調達研究会、1976 年（初版）、1997 年（改訂版）、1-57 ページ。

東京都(1999) 東京都財務局・東京都交通局・東京都水道局・東京都下水道局、『平成 11・12 年度物品買入れ等競争入札参加資格審査提出書類記載要領』、(財)東京都弘済会用紙販売所、各年度。

各官庁(-) 各官庁・都道府県・市町村・自治体・公益企業・会社 『調達規則』、『入札心得』。

経済産業省(2002)『情報サービス産業白書 2002』、経済産業省商務情報政策局監修、情報サービス産業協会編、2002 年、144-145 ページ。

JIPDEC(2002)、『情報化白書 2002』、日本情報処理開発協会、2002 年、333-445 ページ。

・米国

Musgrave,Musgrave(1973-1) Richard A. Musgrave, Peggy B. Musgrave, Chaper 6, 'Public Expenditures: Structure and Grows', 'Fiscal Effects on Aggregate Demand and Employment' , Part Two: Expenditure Structure, *Public Finance in Theory and Practice*, McGraw-Hill, Inc. 1973, Second Edition, 1976, pp.129-153.

OFPP (2001) Mitchell E. Daniels, Jr. Director, Office of Federal Procurement Policy(OFPP), subject: *Use of Government Purchase and Travel Cards*, Memorandum for the heads of departments and agencies, 2001.

UN (1996-1999) United Nations, National Accounts Statistics: Main Aggregates and Detailed Tables, 1996-1997, 1999.

USH.R.(2002) United States, House of Representatives, 107th Congress 2d Session H.R. 3921 An Act *Acquisition Streamlining Act,* Passed the House of Representatives April 9, 2002.

FAC (2002) *Federal Acquisition Circular,* No. 2001-04, February 8, 2002.

Garcia, Keyner, Robillard, VanMullenkom (1997) Andrea Garcia, Hugo Keyner, Thomas J. Robillard, and Mary VanMullenkom, "The Defense Aquisition Workforce Improvement Act: FiveYears Later", *Acquisition Review Quarterly*, Summer 1997, pp. 295-313.

Office of the Secretary of Defense (2007), *"Defense Business Transformation"*, http://www.defenselink.mil/dbt/, 2007.

Fishpaw (2006) Edward R. Fishpaw, *'Changes made to Defense Acquisition Workforce Improvement Act (DAWIA)'*,David D.Acker Library, Defense Acquisition University, May 2006

United States Code Title 10. Armed Forces に加えられた調達発注関連の人材に関する修正を集積した数十ページに

及ぶ詳細な記録。

DOD (1997), News Release No.565-97, October 23, 1997.
Under Secretary of Defence for Acquisition and Technology R. Noel Longuemare が調達発注に関する多くの改革に成果を上げげたとしてパッカード賞を受賞したニュース。

E-GOV, http://www.whitehouse.gov/omb/egov/l.
大統領府が提供している米国電子政府の入り口。

OMB(2003), Office of Management and Budget, Exective Ooffice of the President, *'Implementation Guidance for the E-Government Act of 2002'*,Memorandom to all department and agency heads M-03-18, August 1, 2003.
大統領府から全省庁に発令された米国の電子政府 E－GOV 法の実行指針で、どのようなサイトをいつまでに立ち上げるかなどの内容と期限を含むもの。

Grasso (2002), Valerie Bailey Grasso, *'Defense Acquisition Reform: Status and Current Issues'*, Foreign Affairs, Defense, and Trade Division, Congressional Research Service, The Library of Congress, Janualy 9, 2002.
米国国会図書館の外交防衛通商部のまとめた、防衛調達改革の現状分析と評価

GAO(2003), United States General Accounting Office, 'INS Contracting Weakness Need Attention from the Department of Homeland Security', *Contract Management, Report to the Committee on Government Reform, House of Representatives*,GAO-03-799,July 2003.
米国の会計検査院 GAO が議会下院の行政改革委員会に出した報告書で、日本の法務省、警察庁、公安調査庁にまたがる仕事をしている Department of Homeland Security の入国管理局と引揚援護局などに当たる仕事をしている Immigration and Naturalization Service (INS)の調達発注業務の改善を求める内容のもの。

FAR(2001), Administrator of General Services,the Secretary of Defense, and the Administrator for the National Aeronautics and Space Administration, *FEDERAL ACQUISITION REGULATION,* September 2001.
大統領府のOFPP(Office of Federal Procurement Policy),OMB(Office of Management and Budget)の方針に従い、政府の調達発注に関する各省庁令FAC(Federal Acquisition Circulars)などをまとめた法令の体系、1984年から改定されながら発行されている。

④競争入札参加資格を取得するためのガイド

・日本

日経(2000)　日経事業出版社､『日経官公庁登録ガイド』、日経事業出版社、各年度。

・米国

AcqNet(-) http://www.arnet.gov/.
米国における連邦政府の調達システムに関する法令 Federal Acquisition Regulation、入札システムへの参加の方法などを解説した一連のサイトのホームページ。

(5)政府の調達発注に関する歴史と問題の研究

孫子(BC500) 孫武、孫臏、「作戦」、『孫子』、村山　孚　訳、『孫子・呉子・尉繚子・六韜・三略』、徳間書店、1965 年。
中国の春秋戦国時代の兵法書、この中に発注に関する記述がある。各種の翻訳が本書以外にもあるが、中国語の原

文の引用元としてここに掲載しておく。本書を含めて、政府調達やロジスティクスの専門家が訳したわけではなく、中国の哲学や古典の専門家の訳したものなので、いずれも誤訳を含んでいる。本書では用を用度や費用の用とは考えず、軍需品と訳してしまっている。

岩松(2008) 、岩松 準、「内外の建築積算の歴史的経緯に関する調査」、および、「日本建築積算略史－その起源と展開」、『建築コスト研究』、No.60、2008 年 1 月。
平安時代から今日に至るまでの積算技術と法令等について調査した報告書に掲載された論文。

安藝(2001)、『公共工事と会計検査』、経済調査会、初版 1995 年、改定 4 版 2001 年。
公共工事の会計検査で、指摘された具体的な事例の過去 10 年分を設計、積算、施行にわけ、体系的に分類し、技術的な側面まで含めて 1 件ごとに説明した資料と会計検査院の組織について説明した資料。

会計検査院(2009)、『平成 19 年度決算検査報告』、会計検査院、2009 年。
会計検査は、予算の執行された翌年に行われ、そのまた翌年に 2 年前の会計検査に関する報告書が作成されている。この 2009 年(平成 21 年)の報告書は平成 19 年度の報告書であり、毎年発行されている物の一つの例である。この中には、予算の執行に関する様々な問題の指摘とその後の処理がつづられているが、その中に、積算のミスや手抜きなどの調達発注に関する問題が数多く指摘されている。

会計検査院(2009-2)、『会計検査のあらまし－平成 19 年度決算－』、会計検査院事務総長官房調査課、2009 年。
上記、会計検査報告書は大部のものであるため、その概要をまとめたダイジェスト版が発行されている。本書は平成 19 年度決算検査報告書のダイジェスト版で毎年発行されている物の一例である。この中にも積算のミスや手抜きなどの調達発注に関する問題の指摘が要約された形で掲載されている。

武田(1999)、武田晴人、『談合の経済学－日本的調整システムの歴史と倫理』、集英社、1999 年。
日本における談合の歴史とそれに対する規制の歴史について、実例を集めて解説したもの。

小川(1994)、小川秀樹、『入札ガイドラインの解説』、商事法務研究会、1994 年。
公共的な入札に係る事業者及び事業者団体の活動に関する独占禁止法上の指針の解説と具体的にどの事例が違法となるのかを説明した解説書。

斎藤(2001)、斎藤清史、『官庁契約のポイント』、全国会計職員協会、初版 1994 年、改定 2 版 2001 年。
官公庁の契約担当職員や業者側の担当者のために書かれた、調達発注制度を規定している法令と実際の入札や契約に関する手続き等の関係を説明したマニュアル的な解説書。

公取(2000)、、公正取引委員会、「貨物自動車運送業及びソフトウェア開発業における委託取引に関する調査報告書」、平成 12 年 12 月。

公取(2001-1)、公正取引委員会事務総局 経済取引局取引部 取引調査室、「官公庁等の情報システム調達における安値受注について」、2001 年(平成 13 年)1 月 31 日、http://www.jftc.admix.go.jp。
電子政府の構築に向けた情報システムの調達において、極端な安値の受注が、多数発生していることを示した調査結果。今後は改善が図られることを期待するとともに、公正取引委員会としては厳正な対処を行うとしている。

公取(2001-2)、公正取引委員会、「株式会社日立製作所に対する警告について」、公正取引委員会報道資料、2001 年(平成 13 年)11 月 22 日。

東京都の発注した文書管理システムを日立が 750 円で落札したことに対する警告。このなかで最高額の東芝は 1 億 3200 万円であったなど、入札結果も公表されている。

公取(2002-1)、公正取引委員会、「富士通株式会社に対する警告について」、公正取引委員会報道資料、2002 年(平成 14 年)2 月 7 日。

金融庁が発注した電子申請システムをその供給に要する費用を著しく下回る 303 万円で落札した。また、他の官公庁のシステムについても同様の疑いがあることに対する警告。

公取(2002-2)、公正取引委員会、「株式会社にエヌ・ティ・ティ・データに対する警告について」、公正取引委員会報道資料、2002 年(平成 14 年)4 月 12 日。

法務省が発注した受付通知システムの入札に、その供給に要する費用を著しく下回る価格で応札したことに対する警告。

公取(2000-2)、公正取引委員会　経済取引局取引部取引調査室、「建設業関連団体による『積算資料』、『建物物価』等への価格掲載について」、2000 年(平成 12 年)9 月 8 日。

いずれも 10 万部以上発行されている(財)経済調査会と(財)建設物価調査会の月刊誌『積算資料』と『建設物価』に掲載されている価格を、官公庁も業者も参考にして見積をたててしまうので、自由な価格形成を妨げる恐れがあると指摘した文書。

公取(2001)、「報道資料」、公正取引委員会ホームページ、http://www.jftc.go.jp/pressrelease/20index.html。

公正取引委員会が主として報道機関のために作成している報道資料は、公正取引委員会のホームページの中にある報道資料のページで一般にも公開されている。この中には一般的なカルテルなどの事件とともに、談合事件についても報道資料が作成されたものについては公開されている。過去数年分の事件については、審決に至るまでの詳しい内容をこのホームページからダウンロードすることができる。

公取(2003)、公正取引委員会、「株式会社東芝及び日本電気株式会社に対する審判審決について」、公正取引委員会、報道資料、2003 年(平成 15 年)6 月 30 日。

郵政省の郵便番号読取区分機類に関する東芝と NEC の談合についての資料で、本件に関しては、審決の全文が公表されていて、その中に経緯や2社間、2社と郵政省間の会合の模様などが実名で明らかにされている。

公取(2003-2)、『公共調達における競争性の徹底をめざして(公共調達と競争政策に関する研究会報告)』、公正取引委員会事務総局経済取引局、2003 年(平成 15 年 11 月)。

政府の調達発注制度の現状や課題、欧米における制度の網羅的解説を行い、多角的な運用や多様な入札方式を導入するなどして競争を促進するべきとする研究会の報告書。

公取(2003-3)、公正取引委員会事務総局経済取引局企画室、『独占禁止法研究会報告書』、2003年(平成15年10月)。

公取(2005)、公正取引委員会、「課徴金制度等の見直し」、公正取引委員会ホームページ、2005 年(平成 17 年 10 月)

坂野他(2006-1)、坂野達郎、堂免隆浩、大網恵一、白川慧一、「IT 調達における低価格入札発生要因に関する研究」、『日本計画行政学会第 29 回報告要旨集』、2006 年 9 月、231-234 ページ。
低価格入札の発生に関する入札結果の統計解析、情報システムで最も落札率が低下していることを確認したした研究。

坂野他(2006-2)、坂野達郎、渡部厚、堂免隆浩、「公共工事入札における落札率に影響を与える要因に関する研究(入札方式効果、匿名性効果、サイズ効果)」、『日本計画行政学会第 29 回報告要旨集』、2006 年 9 月、235-238 ページ。
入札結果の統計解析で、入札のやり方により、落札率が異なることを確認した研究。

大前(2006)、大前研一、「談合をなくす二つの妙案」、『日経 BP』、2006 年 9 月。
談合を防止するため業者のするべきことの提案の記事、談合にかかわった者を全員クビにするコンプライアンスの強化と、ゼネコンを専門分野別の会社に分割する提案。

大野(2004)、大野泰資、「公共工事における発注者の役割(新しい入札・契約方式への対応)」、『会計検査研究』、第29号、2004年3月、37-50ページ。
工事の発注に関する総合評価落札方式や競争的交渉入札の導入に関する研究論文。

福井(2004)、福井秀樹、「官公庁による情報システム調達入札」、『会計検査研究』、第29号、2004年3月、25-35ページ。
情報システムの発注をめぐり低価格入札の発生するメカニズムを情報の不完備性(開発などの技術情報が業者に偏在している現象)によるものではないかとする論文。

諸藤(2008)、諸藤秀幸、「ゲーミングの手法を用いた官製談合問題のモデル化の試み(制度設計分析の基礎付けを目指して)」、『会計検査研究』、第37号、2008年10月、115-129ページ。
工事の発注に関する入札を簡単なゲームに置き換え、談合などの発生をシミュレーションした研究論文。

公取(2006)、公正取引委員会事務総局、『公共調達における入札・契約制度の実態等に関する調査報告書』、2006 年(平成 18 年)10 月。
入札・契約制度の実態についての自治体や中央官庁に対するアンケートとヒアリング調査。

基盤(2008)、防衛調達基盤整備協会、『平成 20 年度中央調達の重要事項(電子入札への移行について)』、防衛装備品調達に関するセミナー資料、2008 年(平成 20 年)7 月 11 日。
電子入札の併用から原則電子入札に入札方法を変更するためのセミナー資料。

横須賀(2006)、横須賀市情報公開審査会、「公文書の非公開決定に関する異議申し立てについて(答申)」、横情審第 8 号、2006 年(平成 18 年)9 月 20 日。
上下水道の入札情報の開示の請求を非公開と決定したことに対する異議の申し立てに対して、横須賀市情報公開審査会がその全てを公開するべきであるとした答申。

国土交通省(2006)、国土交通省港湾局総務課長、「低入札価格調査制度対象工事に係る特別重点調査の試行について」、国港総第 685-2 号、国港建第 175-2 号、2006 年(平成 18 年)12 月 8 日。

低価格調査の実施について、国土交通省港湾局総務課長から各地方整備局総務部総括調整官と港湾空港部長に宛てて発せられた文書。

北海道(2007)、北海道建設部建設管理室建設情報課、「低入札価格調査制度における失格判断基準について」、及び「低入札価格調査制度における調査事務等の取扱いについて」低入札価格調査制度、北海道建設部建設管理室建設情報課ホームページ。

経済産業省(2002)、経済産業省、「加算方式による総合評価落札方式の導入について(情報システムに係る政府調達制度の見直し)」、経済産業省、2002 年(平成 14 年)7 月 15 日。

2002 年(平成 14 年)7 月 12 日から同 8 月 1 日以後に入札公告又は公示を行う調達案件について加算方式を適用した総合評価方式を適用することができるようになったことを伝える通達。

申合せ(2002)、調達関係省庁申合せ、「情報システムの調達に係る総合評価落札方式の標準ガイド」、2002 年(平成 14 年)7 月 12 日。

加算方式の総合評価の評価の項目を定めたガイド、ライフサイクルコストの単価についても項目を設定することが含まれている。

CIO 連絡会議(2004)、各府省情報化統括責任者(CIO)連絡会議、「府省庁共通業務・システム及び一部関係府省業務・システムならびに担当府省について」、2004 年(平成 16 年 2 月 10 日)。

電子政府構築計画で作る 21 の共通システムとその担当府省を決めた決定。

CIO 連絡会議(2004-2)、各府省情報化統括責任者(CIO)連絡会議、「業務・システム最適化計画策定指針(ガイドライン)」、2004 年(平成 16 年 2 月 10 日)。

電子政府構築計画で作る業務システムの計画の作り方を、業務の見直しの手順から、ソフトウェア、ハードウェアの構成図の記述要領に至るまで事細かに定めた指針で、本書 78 ページの他に、5 部から成り、全般事項、企画、計画の策定手順、仕様書の作成、予算要求の積算、設計、開発、進捗管理、評価の方法などに関する大部の詳細な指針が付いている。

CIO 連絡会議(2005)、各省庁情報化統括責任者(CIO)連絡会議、「最適化計画を策定する府省庁共通業務・システムについて」、2005 年(平成 17 年 6 月 29 日)。

2003 年の電子政府構築計画の趣旨に沿い文書管理業務の業務・システム最適化計画の策定を決めた決定。

CIO 連絡会議(2007)、各府省情報化統括責任者(CIO)連絡会議、「個別府省業務・システム及について」2007 年(平成 19 年 3 月 30 日)。

電子政府構築計画で作る各府省の個別システムの追加等見直しを決めた決定。

評価委員会(2007)、電子政府評価委員会、「電子政府評価委員会平成 18 年度報告書」、2007 年(平成 19 年)3 月。

平成 18 年 1 月にIT戦略本部が決定した「IT新改革戦略」のめざす「世界一便利で効率的な電子政府」に向けた政策について、電子政府評価委員会が行った平成 18 年度における評価をまとめた報告書、電子政府構築計画の進捗状況や、個別のシステムの評価が行われている。

CIO 連絡会議(2007-2)、各府省情報化統括責任者(CIO)連絡会議、「情報システムに係る政府調達の基本指針」、総務省行政管理局、2007 年(平成 19 年 3 月 1 日)。

調達計画の公表から、入力の方法や画面の要件に至る詳細な仕様書の作成方法、入札の方法、経費積算精度の向上、契約書の書き方など事細かな内容の指針。

(6)管理会計に関する最近の研究

桜井 (2003-1) 桜井通晴、『バランスト・スコアカードー理論とケース・スタディー』、同文館出版、2003。

桜井 (2003-2) 桜井通晴、「ABC と TOC の対立と統合 特集に当たって」、『オペレーションズ・リサーチ』、vol.48、No.9、2003 年 9 月、634 ページ。

岩田 (2003)、「ABC システムと TOC におけるパラダイムの相違－機械論的世界観と自然生命システム論的世界観－」、『オペレーションズ・リサーチ』、vol.48、 No.9、 2003 年 9 月、 635-641 ページ。

小林 (2003)、小林英三、「実務面から見た対立と矛盾」、『オペレーションズ・リサーチ』、vol.48, No.9, 2003,9, pp.642-649.

浜田 (2003)、浜田和樹、「TOC とABC/ABM の相互補完性と統合的管理」、『オペレーションズ・リサーチ』、vol.48、No.9、2003 年 9 月、650-655 ページ。

望月 (2003)、望月恒男、「ABC とTOC－戦略的コスト・マネジメントから戦略的マネジメント・システムへ－」、『オペレーションズ・リサーチ』、vol.48、No.9、 2003 年 9 月、656-661 ページ。

平山 (2003)、平山克己、「システムから見たBSC vs. TOC」、『オペレーションズ・リサーチ』、vol.48、No.9、 2003 年 9 月、663-669 ページ。

(7)各論

①土地の収用

Nosal (2001) Ed Nosal, 'The taking of land: market value compensation should be paid', *Journal of Public Economics*, vol.82, 2001, pp.431-443.

土地などの個人の資産を政府が徴収するにあたり、租税の物納や徴発は社会的厚生に関して適当ではなく、市場価格で収容することが社会的厚生において最適であることを理論的に示したもの。

②ワインの競売

Ginsburgh (1998) Victor Ginsburgh, 'Absentee Bidders and Declining Price Anomaly in Wine Auction', *Journal of Political Economy*, vol.106, No.6, 1998, pp.1302-1319.

ワインの競売においては、不在の応札者が過半を占めるなど、普通ではないことがあり、競売の一般的な研究に使うのは適切でないとする実証研究。

③材木の競売

談合の効果

Baldwin, Marshall, Richard (1997) Laura H. Baldwin, Robert C. Marshall, Jean-Francois Richard, 'Bidder Collusion at Forest Service Timber Sales', Journal of Political Economy, vol. 105, No.4, 1997, pp.657-699.

営林署の材木の競売に関する実証分析。供給の効果よりも、入札談合の効果の方が価格の下落の原因になっている可能性の高いことを示したもの。

量に関する情報の効果

Athey, Levin (2001) Susan Athey, Jonathan Levin, 'Information and Competition in U.S. Forest Service Timber Auctions', Journal of Political Economy, vol. 109, No. 2, 2001, pp.375-417.

営林署の材木の競売に関する実証分析。価格の入札で落札するために量の情報がどのように効果を発揮するかを、実証的に検証したもの。

④公債の入札

・同時に複数のものを競りにかける競売 multiunit auctions

この競売の研究は、工事や物品・役務の一般的な入札とは異なり、複数の案件を一度に入札するマルチユニットの競売である。

Nyborg, Rydqvist, Sundaresan(2002) Kjell G. Nyborg, Kristian Rydqvist, Suresh M. Sundaresan, ' Bidder Behavior in Multiunit Auctions: Evidence from Swedish Treasury Auctions', *Journal of Political Economy*, vol. 110, No.2, 2002, pp.394-424.

スエーデンの国債の競売で、不確実性と競売の規模が、応札者の行動に与える影響を計測したもの。不確実性の増大で値を下げ、需要量を減らし、応札価格のバラツキが大きくなる。入札の規模の影響は少ない。

Cammack (1991) Elizabeth B. Cammak, 'Evidence on Bidding Strategies and the Information in Treasury Bill Auctions', *Journal of Political Economy*, vol.99, No.1, 1991, pp. 100-130.

米国のTB市場のデータを分析すると、応札者の行動は、完全情報モデルよりも、不完全情報モデルの方が説明力がある。場外市場の値動きは競売の値動きに連動しているわけではなく、予想した以上にバラツキが大きい。

⑤防衛調達や軍産複合体の研究

Gorgol (1972) John Francis Gorgol, "The military-industrial firm", Praeger Publishers, 1972, pp.1-143.

企業や政府が多様な選択行動をとるとき、調達の現場に生じる現象をシミュレートしようとしたもの。

Galbraith(1967), John Kenneth Galbraith, *The New Industrial State,* Houghton Mifflin Co., Boston, 1967, 邦訳、『新しい産業国家』、都留重人 監修、石川通達、鈴木哲太郎、宮崎勇 訳、河出書房新社、1972 年、第 8 刷 1978 年。

テクノストラクチャーの存在(6～8 章)、生産計画のための価格の維持(17 章)などそれ以前に考えられていた企業とは異なる仕組みや目標で大企業が動いていることについての理論、軍と企業の関係(26 章)など後半は国家と企業の関係についても触れられている。

Galbraith (1969) John Kenneth Galbraith, *How to Control the Military*, Doubleday & Co., 1969, 邦訳、『軍産体制論』、小原敬士訳、小川出版、1970 年。

Lens (1970) Sidney Lens, *The Military-Industrial Complex*, United Church Press, Philadelpia, 1970,邦訳、『軍産複合体

制』、小原敬士訳、岩波新書、No.792, 1971 年。

DeGrasse (1983) Robert W. DeGrasse Jr., *Military Expansion Economic Decline (The Impact of Military Spending on U.S. Economic Performance),* Council on Economic Priorities, 1983, 邦訳、藤岡 惇、『アメリカ経済と軍拡(産業荒廃の構図)』、ミネルバ書房。

防衛産業と国防総省の間の官民の癒着の複雑な構造やその経済に及ぼす効果について記述したもの。

Mulligan (1998) Casey B. Mulligan, 'Pecuniary Incentives to Work in the United States during World War II', *Journal of Political Economy*, vol.106, No.5, 1998, pp.1033-1077.

第二次世界大戦において発生した労働の供給の増加を、賃金の上昇だけでは説明できないが、資産価格の仮説を株価、利子率、民間投資などに適用して考えると説明がつくとするもの。

Thistlethwaite (1963) Frank Thistlethwaite, 'III. The Results of the Revolution 1776-1801', *The Great Experiment,* The New American Library Inc., Cambridge University Press 1963, pp. 33-47.

米国の建国当時の経済的な利害関係や法整備に関する歴史。

Evans/Margulis/Yoshpe (1968) Stuart J. Evans, Harold J. Margulis, Harry B. Yoshpe, 'II. Procurement Authority and Responsibility', *Procurement,* Industrial College of The Armed Forces, Washington, D.C., 1968, pp.17-26.

米国の政府調達に関する権限の歴史を記述したもの。

⑥プロジェクトの評価の研究

・第二次世界大戦の作戦研究（Operations Research)

Morse,Kimball (1950) Philip M. Morse, George E. Kimball, 『オペレーションズ・リサーチの方法』、日本科学技術連盟訳、日本科学技術連盟、1950 年頃。

・予算やプロジェクトの評価の始まり（PPBS)

Hitch,McKean (1960) Charles J. Hitch, Roland N. McKean, *The Economics of Defense in the Nuclear Age,* RAND Corporation, 1960, 邦訳 前田寿夫、Harvard University 東洋政治経済研究所, 1967 年。

石沢 (1969) 石沢芳次郎、「第 2 章 国防予算の編成とマクナマラ改革」、『国民経済と防衛問題』、有信堂、1969 年。

惠羅 (1968) 惠羅嘉男、『PPBS の話』、日経文庫 120、日本経済新聞社、1968 年、10 版 1975 年。

・最近のプロジェクト評価の研究

宮川他 (1997) 宮川公男他、『政策科学の新展開』、東洋経済新報社、1997 年。

廣松、黒川、吉村、竹内 (2002) 廣松 毅、黒川和美、吉村 弘、竹内佐和子、「21 世紀の公の役割と計画行政」、計画行政、第 25 巻、第 1 号、2002 年、29-39 ページ。特に 34 ページ。

計画行政 (2002) 全国大会研究報告、計画行政、第 25 巻、第 1 号、2002 年、40-84 ページ。

・プロジェクト評価の体系的整理

橋山 (2001) 橋山禮治郎、「公的プロジェクト採択のための政策評価(多元的総合評価法の試み)」、千葉商科大学、博士論文、2001 年 9 月。

プロジェクトの公共性、政策決定過程における評価の役割、総合評価の必要性、多元的総合評価、実際の各種プロジェクトの評価、欧米における政策評価の動向について体系的にまとめ、総合評価の重要性を述べたもの。

・その他

樹下 (2003) 樹下 明、「都市コミュニティと情報化」、計画行政、第 26 巻、第 2 号、2003 年、10-19 ページ。

電子情報ネットワークによる電子化によって都市の概念が管理的統治から自立的経営へ変化しており、その中で、地域性、共同性という基本的な特性も変化してきている。社会的類似性、共感性といった概念で結びつくコミュニティが形成され、電子政府への参加、電子民主主義の研究、自治体の IT 化、コミュニティーネットワークサービスといったものが研究され始めていることをまとめた論文。

松井、渡辺(2003) 松井知己、渡辺隆裕、「オークションの設計理論と OR」、オペレーションズ・リサーチ、2003 年 7 月号、516-521 ページ、8 月号、574-579 ページ。

2. その他の文献

(1)公共財の供給

Smith (1776) Adam Smith, *An Inquiry into the Nature and Causes of the Wealth of Nations*, Edwin Cannan etd., 6th edition, 1950, 邦訳 大内兵衛、松川七郎、『諸国民の富』、岩波文庫 白 105-1～5. (特に訳書 4 分冊目、第5編)

(2)景気の補正

Keynes (1939) John Maynard Keynes, *The General Theory of Employment, Interest and Money*, Macmillan & Co., Ltd. 1939, Maruzen Co., Ltd. 1957

Chapter 10,pp.113-131 に **R.F. Kahn の投資の乗数**を紹介し、Appendix to Chapter 19, pp272-279 で Pigou の失業の理論つまり実質賃金と労働の実需のうち後者と乗数がかかわっていることが述べられている。

(3)財政支出と税制による調整政策の体系化

Musgrave (1959) Richard A. Musgrave, 'Part Three: Adjustments to budget policy: Classical Aspects', and 'Part Four: Compensatory Finance', *The Theory of Public Finance*, McGraw-Hill Book Company, 1959,pp.205-401, pp.405-615.

Musgrave,Musgrave (1973-2) Richard A. Musgrave, Peggy B. Musgrave, Chaper 24 'Fiscal Effects on Aggregate Demand and Employment' , Part Six: Fiscal Stabilization, *Public Finance in Theory and Practice*, McGraw-Hill, Inc. 1973, Second Edition, 1976, pp.517-610.

(4)産業連関表による投入産出分析

Leontief (1936) Wassily W. Leontief, 'Quantitative Input Output Relations in Economic Statistics', *The Review of Economic Statistics*, (early Review of Economics and Statistics), Vol. XVIII, August 1936, pp.105-125.

Leontief (1951) Wassily W. Leontief, 'Input-Output Economics', *Scientific American*, vol. 185, No.4, October 1951, pp.15-21.

Klein (1952) L. R. Klein, 'On the Interpretation of Professor Leontief's System', *The Review of Economic Studies*, Vol. XX(2), No.52,1952-1953, pp.131-136.

Dorfman (1954) Robert Dorfman, 'The Nature and Significance of Input Output', *The Review of Economics and Statistics*, Vol. XXXVI, May 1954, No.2, pp.121-133.

Leontief,Hoffenberg (1961) Wassily W. Leontief, Marvin Hoffenberg, 'The Economic Effects of Disarmament', *Scientific American*, vol. 204, No.4, April 1961, pp.47-55.

Leontief, Morgan, Polenske, Simpson, Tower (1965) Wassily Leontief, Alison Morgan, Karen Polenske, David Simpson, Edward Tower, 'The Economic Impact - Industrial and Regional - of an Arms Cut', *The Riview of Economics and Statistics*、Volume XLVII, No.3, August 1965.

Leontief, Carter, Petri (1977) Wassily Leontief, Ann P. Carter, Peter A. Petri, *The Future of The World Economy,* New York Oxford University Press, 1977.

Leontief, Duchin (1983) Wassily Leontief, Faye Duchin, *Military Spending*, New York Oxford University Press, 1983.

宮沢 (1986) 宮沢健一、「公共サービス化と医療経済の産業連関」、『季刊・社会保障研究』、Vol. 22,No.3,Winter 1986,pp.196-208.

今井(1987) 今井良夫、「国際緊急救助隊の波及効果」、『日本経済政策学会年報』、XXXV、1987, pp.167-171.

今井・田中(1988) 今井良夫・田中則仁、「防衛支出の波及効果の計測－－－投入産出分析の適用－－－」、新防衛論集(防衛学会論文誌)第 15 巻 4 号、1988 年 3 月、pp.51-69.

Imai (1988) Yoshio Imai, 'Economic Impact of Japanese Defense Expenditure: Input/Output Analysis', Proceedings of Japan/US Joint Seminar on OR (JUORS3),Japan Defense Agency, United States Forces Japan, & USCINCPAC. September 5-9,1988, pp.240-273.

今井(1988) 今井良夫、「ディマンドサイドから見た民間投資活性化の必要性」、『ESP』、＜上＞1988 年 3 月号、78-81 ページ、＜中＞1988 年 4 月号、82-85 ページ、＜下＞1988 年 5 月号、84-87 ページ。

(5)手を付けられていなかった特殊な経済主体の研究

Edlund, Korn (2002) Lena Edlund, Evelyn Korn, 'A Theory of Prostitution', *Journal of Political Economy,* 2002, vol. 110, No.1, pp.181-214.

売春の市場構造や需給メカニズムに関する研究、所得の向上が需要を減らす、移民の増加で増加するなどの結果を示したもの。

Iannaccone (1992) Laurence R. Iannaccone, 'Sacrifice and Stigma: Reducing Free-riding in Cults, Communes, and Other Collectives', *Journal of Political Economy,* 1992, vol. 100, No.2, pp.271-291.

奉仕や犠牲による会員の選別で、宗教や団体など集合消費をする集団はフリーライドを減らすことができるとする理論。

Harbaugh (1998) William T. Harbaugh, 'What do donations buy? A model of philanthropy based on prestige and warm glow' Journal of Public Economics, vol. 67, 1998, pp. 269-284.

寄付をするものは威信を買うのであり、金額のランクを付けておくと各ランクの最低の寄付が集まるというもの。

(6)供給に関する新しい考え方

・需要の不確実性と前売り割引の研究

Dana (1998) James D. Dana, Jr., 'Advance-Purchace Discounts and Price Discrimination in Competitive Markets', *Journal of Political Economy*, 1998, vol. 106, No.2, pp.395-422.

・生産者と小売業者の行動に関する研究

Bernheim, Whinston (1988) B. Douglas Bernheim, Michael D. Whinston, 'Exclusive Dealing', *Journal of Political Economy,* 1998, vol. 106, No.1, pp.64-103.

排他的な専属販売契約が、是か非かを論じる枠組みを提供した論文。独占禁止の立場から専属販売契約を禁止した場合、状況により結果が異なることを示したもの。

・限界費用と価格

Norrbin (1993) Stefan C. Norrbin, 'The Relation between Price and Marginal Cost in U.S. Industry: A Contradiction' *Journal of Political Economy*, vol. 101, 1993, pp.1149-1164

生産性ショックにより企業は費用にマークアップした価格で物を売っているという幾つかの過去の計測結果に反して、米国の各産業のマークアップ率は低いという計測結果。

(7)効用の理論

Stigler(1950) George J.　Stigler, 'The Development of Utility Theory', *Journal of Political Economy*, vol. LVIII, August and October 1950, re printed in G. J. Stigler: *Essays in the History of Economics*, The University of Chicago Press, 1965, pp.66-155, 邦訳　丸山　徹、『効用理論の発展』、日本経済新聞社、1979 年

(8)ゲームの理論

Neumann, Morgenstern(1944) Jhon von Neumann, Oskar Morgenstern, *Theory of Games and Economic Behavior,* Princeton University Press, 1944, John Wiley & Sons, Inc.

Luce, Raiffa(1957) R. Duncan Luce, Howard Raiffa, *Games and Decisions Introduction and critical survey,* John Wiley & Sons, Inc., Toppan Company, Chapman & Hall, Limited, 1957.

Rapoport,Chammah(1965) Anatol Rapoport, Albert M. Chammah, *Prisoner's Dilemma,* The University of Nichigan Press, Longmans Canada Ltd., 1965 , 邦訳　廣松　毅、平山朝治、田中辰雄、『囚人のジレンマ』、啓明社、1983 年。

(9)均衡の理論

Debreu(1959) Gerard Debreu, *Theory of Value (An axiomatic analysis of economic equilibrium)*, Cowles Foundation for Research in Economics at Yale University, 1959, Seventh printing, 1976.

(10)理論の数学的な体系化

Samuelson(1947) Paul Anthony Samuelson, *Foundations of Economic Analysis*, Harvard University Press, 1947, Eighth printing, Atheneum New York 1976.

Intriligator(1971) Michael D. Intriligator, *Mathematical Optimization and Economic Theory*, Prentice-Hall, Inc. 1971.

(11)政治家や有権者等をゲームのプレーヤーに加え財政の膨張を理論化したもの

Downs(1957) Anthony Downs, *Economic Theory of Democracy*, Herper & Row Publishers, 1957、監訳　古田精司、『民主主義の経済理論』、成文堂、1980 年。

Buchanan,Tullock(1962) James M. Buchanan, G. Tullock, *The Caluculus of Consent,* University of Michigan Press, 1962,
監訳　宇田川璋仁、『公共選択の理論』、東洋経済新報社、1972 年。

Buchanan(1967) James M. Buchanan, *Public Finance in Democratic Process,* University of North Carolina Press, 1967,
邦訳　山之内光躬、日向寺純雄、『財政理論』、勁草書房、1971 年。

Buchanan,Wagner (1977) James M. Buchanan, Richard Wagner, *Democracy in Deficit,* Academic Press Inc., 1977.
邦訳　深沢実、菊池威、『赤字財政の政治経済学』、文眞堂、1979 年。

Friedman(1977) James W. Friedman, *Oligopoly and the Theory of Games,* North-Holland Publishing Company, 1977.
ゲーム理論を用いて独占や結託の過去の理論を再構築したもの。

(12)年表

児玉(2008)、児玉幸多編、『日本史年表・地図』、吉川弘文館、初版 1995、第 14 版 2008 年。

亀井、三上、林、堀米(2008)、亀井高孝、三上次男、林健太郎、堀米庸三編、『世界史年表・地図』、吉川弘文館、初版 1995、第 14 版 2008 年。

文献索引

図表索引

〔著者紹介〕
今井良夫（いまいよしお）

都立戸山高校、防衛大学校（航空要員）、慶応義塾大学（経済学士）、上智大学大学院（経済学修士）、千葉商科大学大学院（博士（政策研究））。上智大学（理工学部助手）、防衛医科大学校（講師）、駿河台大学（講師）、通商産業省貿易研修センター（講師）、東京大学（研究員）、防衛庁防衛研究所（所員）、経済企画庁経済研究所（研究官）、中東経済研究所（副主任研究員）、ヨーク大学（英）（客員研究員）、北大西洋条約機構先端会議（英代表メンバー）、株式会社日本総合研究所勤務を経て、現在千葉商科大学（客員研究員）。専門は防衛支出、農業補助金、政府調達など経済政策の効果の研究。年金の破綻を予測し年金制度改革の端緒になった他、国際緊急援助隊やPKO活動などの提案者。

調達発注の理論

2011年6月30日　第1版発行

著　者　今井良夫
発行者　長谷雅春
発行所　株式会社五絃舎
〒173-0025　東京都板橋区熊野町46-7-402
電話・ファックス：03-3957-5587
印刷所　モリモト印刷

ISBN978-4-86434-005-2